이미 출간된 저자의 책들을 감명 깊게 읽었는데 이번에도 계속 밑줄을 치며 그 의미를 곱씹어 음미하게 만드는 글을 접했다. 저자는 우리에게 익숙한 성경 본문에서 그동안 빛을 보지 못하고 묻혀있던 보석과 같은 번득이는 통찰을 발굴해내는 데 남다른 은사가 있다. 그래서 성경 본문의 의미를 더 깊고 풍요롭게 펼쳐내 오늘의 다양한 상황에 시의적절한 메시지로 적용하는 탁월함을 드러낸다. 그것은 저자가 성경 본문의 원래 의미를 그 시대의 빛 가운데 조명해 보려는 치열한 탐구와 이 땅의 현실과 아픔을 온몸과 마음으로 끌어안고 무릎으로 씨름한 결과물일 것이다. 길지만 곳곳에 알알이 박혀 있는 진주같이 영롱한 아이디어를 발견하는 기쁨이 독서의 여정을 즐겁게 한다.

—박영돈 목사(작은목자들교회, 고려신학대학원 교의학 명예교수)

박윤만 교수님의 책은 항상 참신하고 통찰이 가득하다. 평이한 수준의 성경 읽기에서 벗어나 하나님의 말씀의 깊이를 체험하게 해준다. 이 책은 신구약성경이라는 본문의 세계, 말씀이 주어진 당시 사회와 역사, 그리고 오늘날 독자들이 처한 삶이라는 세 차원을 심도 있게 다루고 있다. 과거와 현재와 미래뿐 아니라 시간과 영원, 그리고 땅과 하늘 사이에서 사는 성도의 삶이 어떠해야 하는지 잘 보여준다. 땅에서 하늘에서처럼 살길 소망하는 성도에게 이 책은 무릎을 탁 치게 하는 깨달음을 준다. 이 책을 읽는 독자들에게 있을 내면의 울림과 얼굴의 미소를 떠올리며 많은 분들이 꼭 읽어보시길 추천한다.

—이풍인 목사(개포동교회, 총신대학교 신학대학원 신약학 교수)

공적이든 사적이든 저자의 마음과 생각은 산골에서 흘러내리는 물처럼 청량하다. 서로에게 기댄 창조계(땅과 사람, 남자와 여자), 하나님과 호흡하는 창조의 다양성 존중과 우월성 배격, 생명 보존, 생명체들의 공존, 신음하는 세상 속의 화해, 복음의 필요성과 산 돌이신 예수 그리스도. 오늘날 너무나 선명한 메시지도 흐려지고 있는 분위기 속에, 우리는 구원의 하나님을 바라고는 있는 것인가? 양심이 뛰는 신앙인 박윤만 교수는 충실한 묵상가의 한 사람으로서 오늘날 조국의 그리스도의 교회가 눈을 들어 시원스럽게 동서남북을 바라보기를 소망한다. 그분이 주신 푸른 생명으로 살기 원하는 신앙인에게 이 책을 일독하기를 소망하는 마음으로 추천한다.

—오민수 교수(대신대학교 구약학)

박윤만 목사님은 한국교회에서 보기 드문 성경 주해자이자 설교가이다. 특히 성경 본문(Text)과 성경 본문의 역사적 상황(Context) 사이에서 해석학적인 관점을 아주 잘 유지하고 있다. 동시에 성경의 콘텍스트와 오늘의 콘텍스트 사이의 유비(Analogy) 관계를 염두에 둔 적용도 진지하게 하고 있다. 그런 점에서 '그때 그곳'(Then and There)에서의 말씀이 '지금 여기'(Here and Now)의 말씀으로 들려지게끔 하는 아주 귀한 말씀 사역자이다.

—이문식 목사(광교산울교회, 남북나눔운동 이사)

우리의 손에 또 하나의 소중한 나침반이 들려지게 되었습니다. 이 나침반은 치열한 연구와 사색의 열매입니다. 박윤만 교수님의 학자로서의 부단한 노력과 목회자로서의 영혼 사랑의 고민이 담겨 있는 본서는, 신학도들에게는 시대정신을 읽는 눈을 열어 줄 것이고, 목회자들에게는 통찰력을 가지고 성경을 읽어 내는 문해력의 틀을 제공해 줄 것이며, 또한 평신도 지도자들에게는 성경과 시대를 읽어내는 즐거움을 가슴에 안겨줄 것입니다. 평소 박 교수님의 성경 사랑과 성도 사랑을 익히 알고 있기에, 독자들이 누릴 수많은 축복을 그려보며 본서를 기쁨과 감사를 담아 강력하게 추천합니다.

— 오정호 목사(새로남교회, 제자훈련 목회자 네트워크[CAL-NET] 이사장)

하나님의 섭리에 따라 140여 년 전 혼신의 힘을 다해 이 땅에 복음을 전해준 선교사들의 노력으로, 무지하고 가난했던 이 나라에 복음이 전해져 도시마다 교회와 기독교 병원, 학교들이 세워졌습니다. 이제 코로나 팬데믹을 거쳐 새로운 패러다임의 교육이 요구되는 시점에, 신대원 박윤만 원장님의 새로운 연구는 후학들에게 울림으로 남을 것입니다. 이번에 출간되는 『땅, 사람, 역사에 난 하늘 발자국: 고대 근동과 1세기 지중해 세계에서 오는 빛』은 "옛날을 기억하라 역대의 연대를 생각하라"(신 32:7)는 말씀처럼 후학들의 연구의 길잡이가 될 것을 확신하며 추천합니다.

— 최대해 총장(대신대학교, 영문학 박사)

땅, 사람, 역사에 난 하늘 발자국:
고대 근동과 1세기 지중해 세계에서 오는 빛

박윤만

땅, 사람, 역사에 난 하늘 발자국:
고대 근동과 1세기 지중해 세계에서 오는 빛

지음   박윤만
편집   김덕원, 이찬혁

발행처   감은사
발행인   이영욱
전화   070-8614-2206
팩스   050-7091-2206
주소   서울특별시 강동구 암사동 아리수로 66, 401호
이메일   editor@gameun.co.kr

종이책
초판발행   2023.04.24.
ISBN   9791190389969
정가   33,000원

전자책
초판발행   2023.04.24.
ISBN   9791190389976
정가   24,800원

Heaven-Footprints
in the Earth, Human Beings, History:
Light from the Ancient East
And the First-Century Mediterrean World

Yoon Man Park

| 일러두기 |
• 본서에서 사용된 성경은 개역개정판이고, 이때 가독성을 위해 구두점을 추가했습니다.

하늘깊은샘교회 영유아부와 초등부에 있는

시원, 예준, 예헌, 위주, 유주, 은별, 은솔, 은재, 은찬, 은혁, 이령, 이봄, 이수, 이환,

지은, 하랑, 하리, 하율, 하준, 한민, 한영을 향한 사랑을 담아

| 목차 |

프롤로그 / 11

제1부   고대 근동에서 오는 빛 / 15

　　제1장   땅, 사람, 하나님 / 17

　　제2장   탑 쌓던 사람의 꿈과 하나님의 현실 / 27

　　제3장   바벨탑 이후 한 가족의 생존기 / 41

　　제4장   화해와 평화의 길 / 53

　　제5장   요셉의 변화, 내 꿈을 넘어 하나님의 '꿈'으로 / 67

　　제6장   꿈을 실행하는 요셉 / 79

　　제7장   사라진 자의 말 / 91

　　제8장   영적 여정의 3단계 / 103

　　제9장   요나를 향한 하나님의 '선교' / 113

　　제10장 그릇과 뜨인 돌 / 131

　　제11장 악의 시대에 하나님의 길은 어디에 / 145

　　제12장 아버지다움에 대해 / 157

　　제13장 하루 세 번 기도, 영혼이 영혼에 잇대는 시간 / 165

제2부   팔레스타인에서 오는 빛 / 179

　　제1장   옛것과 새것에 대해 / 181

　　제2장   내가 너희를 쉬게 하리라 / 195

　　제3장   안식일에 대하여 / 207

　　제4장   참 자유를 찾아서 / 221

　　제5장   농부 예수 / 235

　　제6장   "저편으로 건너가자" / 247

　　제7장   익숙한 길이 장벽이 될 때 / 257

제8장   요안나 / 269

제9장   "마리아야" / 283

제10장   사랑하는 제자 / 293

제11장   하나님의 향, 마리아의 향, 그리스도의 향 / 303

제12장   신이 되려는 사회를 위한 복음 / 315

제13장   뒤바뀐 도착지 / 327

제3부   1세기 지중해 세계에서 오는 빛 / 343

제1장   두 번 나신 이 / 345

제2장   상징과 우상에 대해 / 359

제3장   자아에 대해 / 369

제4장   하나님의 은혜와 자기 가치감 / 381

제5장   사랑의 네 가지 단계 / 395

제6장   예수, 우리의 화평 / 407

제7장   오네시모의 귀환 / 415

제8장   하나님의 정의란 무엇인가 / 427

제9장   "복음의 진리" 위에 선 교회 / 441

제10장   기후 위기 앞에 선 교회: 구원의 총체성 / 453

제11장   은혜, 자연과 인간이 하나님과 함께 춤추게 하는 능력 / 465

제12장   하나님의 주권과 인간의 책임 / 477

제13장   바울이 말하는 참된 사도의 표지 / 491

성구 색인 / 507

프롤로그

성경 본문의 원의(original meaning)를 알기 위한 독서는 참으로 값지다. 원의를 깨닫는 일은 언어와 역사를 붙들고 씨름한 연구자의 것이다. 이런 연구가를 우리는 주해가라 부른다. 나아가, 그 많은 본문 중 오늘 우리 시대 혹은 매일의 삶에 펼쳐지는 다양한 상황에 보다 더 시급히 적용해야 할 본문이 어느 것인지를 식별해내는 독서는 숭고해 보이기까지 한다. 시대 분별은 하나님의 세상을 짊어지는 일을 마다하지 않는 자의 것이다. 이러한 독서가를 우리는 '선지자'라 한다. 그러나, 원의를 이해한 모든 자가 다 '선지자'가 되는 것은 아니다. 주해가는 골방을 지킬 때 탄생되지만 우리 시대 '선지자'는, 예수님이 그러셨던 것처럼, 이 땅의 역사와 온몸으로 씨름한 후 마침내 그 역사를 배경 삼아 본문 앞에 도달했을 때에야 탄생된다.

이 책은 지난 몇 년간 해온 씨름의 결과물이다. 씨름은 세 개의 세계와 진행됐다. 첫 번째 씨름의 대상은 하나님의 말씀인 신구약 성경 안에 펼쳐지고 있는 본문의 세계였다. 성경에 담긴 말씀은 하나님의 일방적 행동이나 선포로만 이뤄져 있지 않다. 구약부터 신약에 이르기까지 하나님은 다양한 방법으로 말씀하시고 일하셨고 성경의 인물은 그 말씀과 일하심에 각양각색의 반응을 보이며 살았다. 나의 성경 읽기는 무엇보다 하나님의 말씀은 무엇이었고 일하심은 또 어떠했는지와 함께 그에 대해 여러 인물들이 보인 다양한 반응과 그 결과에 집중됐다. 두 번째 씨름의 대상은 신구약 성경을 둘러싼 사회였다. 모름지기 성경은 진공 상태에서 주어진 계시가 아니다. 성경은 역사 속에서 하신 하나님의 말씀이다. 그러하기에 말씀의 뜻과 인물이 보인 반응을 알려면 그들이 처한 세계를 알아야 한다는 것이 성경 해석학의 주요 전제이다. 본 저서는 이런 전제를 진지하게 여기며 저술됐다. 세 번째 씨름의 대상은 성경 앞에 있는 한국 교회와 성도들의 세계였다. 하나님의 말씀 듣기는 나를 내려놓는 혹은 나를 뛰어넘는 읽기를 통해서 이뤄진다. 그럼에도 그 말씀이 내게 들리는 순간은 성경의 여러 본문의 상황과 독자인 나의 상황이 공통분모를 가질 때다. 하루가 다르게 변하는 한국 사회에 뿌리를 내리고 사는 교회와 성도는 정도의 차이는 있지만 매일매일 사회 경제적 문제는 물론이고 생존의 문제와 씨름한다. 주의 말씀을 내 발의 등이요 내 길의 빛이라는 고백을 하는 성도라면 말씀 읽기와 듣기를 하되 지금 나의 길을 비추는 말씀을 듣기 원한다. 그러려면 그 많은 하나님의 말씀 중 오늘 우리의 상황과 유사한 상황에서 기록된 본문을 찾아 읽어야 한다. 이 책은 교회의 그런 필요를 위해 저술됐다. 비록 책이 출간될 즈음에는, 본 책을 저술할 때 가졌던 고민과 상황이 이미 지난 일이 됐을 수 있겠다. 그럼에도 역사는 반복되고 하나님의 말씀은 변함없다는 것을 알기에 말씀의 세계와 나의 세계 사이에 고민하고 있는 또 다른 성도에게 이 책이 하나의 길이 되기를 바라는 마음을 가져본다.

　　끝으로 함께 하나님의 나라를 꿈꾸며 한 분 하나님을 예배해온 사랑하는 하늘깊은샘교회 성도들에게 감사의 말을 전한다. 귀한 성도들이 있었기에 이 글이 가능했다. 이 책을 부모 세대를 이어 하나님의 나라를 꿈꾸며 살아갈 하늘깊은샘교회 유년주일학교 아이들에게 헌정한다.

제1부

고대 근동에서 오는 빛

제1장
땅, 사람, 하나님

　창세기는 시작의 책이다. 천지와 인류의 시작(1-2장), 홍수를 통한 새 창조(6-9장), 아브라함을 부름으로 진행된 하나님의 새로운 사회의 시작(12-50장)이 창세기를 구성하는 주된 주제다. 창세기는 이런 주제 전개를 위해 과거 사실을 단순히 나열하기만 하지 않는다. 청자의 입장에서 이미 과거가 된 창세기의 이야기는 현재를 위한 선포가 되도록 하는 데까지 나아간다. 땅과 자연과 언약 백성이 하나님에 의해 시작됐으니 지금 여기에 있는 나와 니는 어떻게 살아가야 하는가에 대한 노선이 창세기에 담겨 있다. "왜 창세기를 읽어야 하는가"라고 묻는다면 창세기는 '지금 여기'를 사는 사람이 걸어야 할 길의 출발지의 책이기 때문이라 답할 것이다.

　천지 창조는 창세기 1-2장에서 두 번 언급된다. 첫 번째는 "태초에 하나님이 천지를 창조하시니라"(1:1)로 시작하여 "하나님이 그 창조하시며 만드시던 모든 일을 마치시고 그날에 안식하셨음이니라"(2:3)로 마치고, 두 번째는 "이것이 천지가 창조될 때에 하늘과 땅의 내력이니 여호

와 하나님이 땅과 하늘을 만드시던 날에"(2:4)로 시작하여 "아담과 그의
아내 두 사람이 벌거벗었으나 부끄러워하지 아니하니라"(2:25)로 끝난
다. 거칠게 말하자면 첫째 창조 기사(1:1-2:3)는 천지 만물의 창조 일반을
이야기한다면 둘째 창조 기사(2:4-25)는 인간의 창조에 보다 더 집중하고
있다고 할 수 있다. 본 장의 관심은 두 번째 창조 이야기에 등장하는 땅
과 사람과 하나님이다.

여호와 하나님이 창조주로 소개된 둘째 이야기는 땅의 상태를 묘사
함으로 시작한다.[1]

---

1.   첫째 창조 기사와 둘째 창조 기사의 차이를 주목해 볼 필요가 있다. 첫째, 1:1-2:3의
창조 이야기는 하나님의 안식으로, 2:4 이하의 창조 이야기는 남녀의 만남으로 마
무리된다. 둘째, 1:1-2:3의 창조 이야기는 창조의 기간이 칠 일이라 밝히며 각 날마
다 다른 창조가 진행됐다고 말하는데, 2:4 이하 창조 이야기는 날의 구분이 없이 창
조의 한 날("하나님이 땅과 하늘을 만드시던 날", 4절)에 집중한다. 이어지는 내용
(7, 18-25절)이 보여주듯 그 "날"은 사람이 창조되던 날이다. 모든 피조물의 시작을
말하는 첫째 창조 이야기와 달리 두 번째 창조 이야기는 사람의 시작에만 관심을
보여준다. 사실 하나님이 에덴동산을 "창설"하셨다는 말이 나오지만 그것 역시 창
조된 인간을 두기 위해서라고 밝힌다(2:8)는 점에서 그 숲의 창조 역시 인간 창조의
전망에서 이해된다. 셋째, 첫 번째 창조 이야기에서 하나님은 먼저 없던 것을 있게
하고(1:1), 있던 것은 자기 자리를 찾아가게 하거나 어떤 역할을 감당하도록 한다.
온 지면을 덮은 물을 한쪽으로 모아 바다가 되게 하고(9절), 물이 물러난 자리에서
는 육지가 솟아오르게 하여 그곳이 땅이 되게 한다(10절). 또 있던 흑암(2절)은 밤
이 되어 별과 달을 품고 빛나게 한다(5, 15절). 그런데 2:4 이하에 나오는 둘째 창조
이야기의 방식은 다르다. 이 이야기는 먼저 '하나는 있는데 다른 하나가 없다'고 말
한 후(2:5) 없는 것을 만드는 식으로 창조가 진행된다. 땅은 있지만 비가 없어 마른
땅이 되고, 땅은 있는데 갈 사람이 없어 초목 없는 광야가 된다(5절). 그러기에 하
나님의 창조는 홀로 있는 땅을 경작하여 그곳에서 생명(초목과 채소)을 일굴 사람
을 만드는 것이라 묘사된다. 또한 남자를 먼저 창조하시고 홀로는 좋지 않아 함께
할 여인을 만드신다. 마지막 넷째, 첫 창조 기사에서는 하나님은 어디선가(보다 정
확한 신학적 표현으로는 '모든 곳에서') 말씀으로 창조하신다("하나님이 이르시
되", 3, 6, 9, 11, 14, 20, 24, 26, 29절). 그런데 두 번째 창조 기사에서는 땅 위에서 그
의 손으로 사람을 만드신다. "여호와 하나님이 땅의 흙으로 사람을 지으시고 생기

땅에 비를 내리지 아니하셨고 땅을 갈['에르가제스타이'] 사람도 없었
으므로 들에는 초목이 아직 없었고 밭에는 채소가 나지 아니하였으며
(2:5).

사람을 창조하기 전 땅에는 생명의 원천인 비가 내리지 않았고 들
에는 동물이 먹을 초목이 없었으며 밭에는 사람이 먹고 살 채소가 나지
않았다. 세상은 황량했다. 창세기는 그 까닭이 땅을 갈 사람이 "없었으
므로"라고 설명한다. 인간이 창조되기 전 세상은 황량했다. 그런 후 땅
과 들과 밭이 기다린 인간의 창조가 이뤄진다.

여호와 하나님이 땅['아담아']의 흙으로 사람['아담']을 지으시고 생기
를 그 코에 불어 넣으시니 사람이 생령이 되니라(2:7).

사람이 창조되기 전 상황을 묘사하는 2:5의 맥락으로 해석하자면,
하나님이 사람을 창조하신 것은 땅을 '갈도록' 하기 위함이다. 땅을 '갈
다'에 쓰인 동사('에르가제스타이')는 성경에서 '일하다'라는 뜻으로 쓰인
다(창 3:23; 4:2, 12; 29:27; 출 36:8, 34 등). 즉, 일은 타락의 결과가 아니라 창조
의 목적이었다. 사실 두 번째 창조 이야기에 묘사된 하나님의 창조 행위
자체가 땅에서의 일이었다. "여호와 하나님이 **땅의 흙**으로 사람을 지으
셨다"고 말하기 때문이다. 하나님이 "땅"('아담아')의 흙으로 일하심으로
"사람"('아담')이 탄생했고, 그렇게 창조된 사람 역시 땅에서 일한다. 사

를 그 코에 불어 넣으시니 사람이 생령이 되니라"(2:7). 이처럼 1-2장의 두 창조 이
야기는 둘 다 하나님이 세상을 창조하신 이야기를 하지만 묘사가 다르다. 첫째 이
야기는 하나님의 창조 사역을 포괄적으로 말하고, 둘째 이야기는 앞선 창조 중 셋
째 날과 여섯째 날에 만들어진 땅과 사람에게 다시 집중한다.

람이 땅에서 일하는 것은 하나님을 닮은 행위다. 하나님이 땅에서 일하시어 생명을 탄생시켰듯이 인간 역시 땅을 갈아 초목이나 채소와 같은 생명을 일구기 때문이다. 하나님이 사람을 지으신 것은 황폐한 땅이 생명이 사는 곳이 되도록 일하게 하기 위함이었다. 초목도 채소도 자라지 않던 땅이 생명을 품는 곳이 되기 위해서는 인간의 손이 필요하다. 이런 일은 2:15("여호와 하나님이 그 사람을 이끌어 에덴동산에 두어 그것을 경작하며['에르가제스타이'] 지키게 하시고")에서 다시 한번 더 강조된다. 하나님은 인간으로 그 숲을 "경작하며 지키"도록 하셨는데, '경작하다'(에르가제스타이)는 말은 앞서 2:5에 나온 땅을 '갈다'(에르가제스타이)에 쓰인 단어와 동일한 말이다. 인간의 일은 "동산"(히브리어, '간'; 그리스어, '파라데이소스'[2])을 경작하고 돌보는 것이다. 에덴동산에서의 일은 앞서 언급된 '땅을 가는' 일과 약간의 의미 차이가 있다. 땅을 경작하는 것은 자기 먹을 초목과 채소를 재배하는 일이지만, 에덴동산에서의 일은 내가 먹고 사는 일만이 아니라 다른 생명체를 위해 어떤 환경을 만드는 것도 포함한다. 하나님의 이런 뜻은 아담에게 동물을 데려와 그것들의 이름을 짓도록 하셨을 때 드러났다. 아담이 동물의 이름을 지으려면 동물의 특성을 헤아려야 했고 또 그렇게 헤아려야 무엇이 그들을 위한 일인지 파악하고 행할 수 있었기 때문이다. 동산에 있는 동물을 위해 자기가 도울 일이 있는지, 또 돕더라도 어느 선까지 다가가야 하는지, 아니면 더 이상 다가가지 않는 것이 돕는 일인지 파악해야 더불어 사는 환경을 만들 수 있다. 그뿐만 아니라 에덴이라는 환경에서 하는 일은 아담 혼자 하는 것이 아니었

---

2. '동산'을 뜻하는 그리스어 '파라데이소스'는 '낙원'으로 번역될 수 있는 어휘로서 유대 문헌에서는 의인의 영원한 고향으로 여겨졌으며(『레위의 증언』 18:10-11) 예수님이 오른편 강도에게 "네가 오늘 나와 함께 낙원('파라데이소')에 있으리라"(눅 23:43)라고 하셨을 때도 등장한다(또한 고후 12:4).

다. 하나님은 후에 그의 갈비뼈를 취하여 여자를 만드시고 그에게 데려오신다. 에덴에서의 일은 함께하고 서로를 위해서 하는 것임을 알려 주신 것이다. 이처럼 하나님은 창조하실 때 모든 것을 완전하게 다 만들어 주시고 인간은 그곳에서 그냥 먹고 놀도록 하지 않으셨다. 낙원이란 그런 곳이 아니다. 오히려 인간이 해야 할 일이 있는 곳이다. 하나님은 그렇게 에덴을 만드셨다. 내가 먹고 살기 위해서 땅을 일구는 일을 해야 하고, 또 사람과 동물과 식물이 모두 함께 살아가는 환경을 만들고자 인간은 일을 해야 했다.[3]

　하지만 사람의 노동이 없다면 땅은 무용지물이라는 생각으로 자연 앞에 우쭐한 마음이 생길 때마다 기억해야 할 것이 있다. 사람('아담')은 땅('아담아')의 흙으로 빚어졌다. 하나님이 사람을 땅의 흙으로 빚으셨다는 사실은, 히브리어 '아담'(사람)과 '아담아'(땅)가 암시하듯이, 사람의 기원이 땅이라는 점을 기억나게 하는 대목이다. 땅을 '개발'하려는 사람은 그러므로 '난 땅에서 지음 받았다'라는 사실을 먼저 기억해야 한다. 근대와 현대에 들어 인간은 땅을 정복과 소유와 점령의 대상으로 여기며 개발이라는 이름으로 "지구의 골수부터 시작해 생명의 마지막 수성 성분까지도 쥐어짜 내느라 혈안이 됐다."[4] 창세기는 욕망에 경도된 인간이 행하는 일은 착취이며 파괴된 땅은 인간의 자기 파괴로 되돌아올 수밖에 없다고 말한다. 인간 생명은 땅에 의존되어 있기 때문이다. 창세기의 가르침은 대지와 인간은 서로가 서로를 필요로 하는 존재라는 것이다. 땅에서 인간이 나왔고 그렇게 나온 인간은 땅을 일구어 생명을 풍요

3.　미로슬라브 볼프, 『일과 성령』 (서울: IVP. 2019), 14-15.
4.　이 문장은 프랑켄슈타인의 작가 메리 셸리(1797~1851)의 소설 『최후의 인간』(1826)에 등장하는 '운명의 책'에 나오는 대목이다.

롭게 한다. 땅은 나를 필요로 하고 나 역시 땅을 필요로 한다. 인간은 땅에 기대고 땅도 인간에게 기댄다. 상호 의존이 인간과 자연의 삶의 방식이다.

남자와 여자, 나와 너

서로 의지하며 살도록 만들어진 것은 땅과 사람의 관계만이 아니다. 1:1-2:3의 창조 이야기에서 하나님은 사람을 한꺼번에 만드셨고, 2:4-25의 창조 이야기에서는 남자를 먼저 만드시고 그 후에 여자를 만드시는 순서로 인간의 창조가 진행된다. 남자를 만드신 후 이렇게 말씀하신다.

> 여호와 하나님이 이르시되 사람이 혼자 사는 것이 좋지 아니하니 내가 그를 위하여 돕는 배필을 지으리라 하시니라(18절).

홀로 있는 땅이 그 자체로 온전한 모습이 아니듯 사람 역시 홀로 있는 것이 좋지 않다는 말씀이다. 하나님은 땅의 흙으로 사람을 빚으셨듯이 남자의 갈비뼈로 여인을 만드셨다. 그리고 땅에서 만들어진 사람('아담')이 땅을 위해 일하듯이 갈비뼈로 만들어진 여자로 남자를 돕는 일을 하게 하신다. 땅은 사람을 필요로 하고 사람은 땅에 의존하며 산다. 마찬가지로 사람은 다른 사람이 있어야 '좋은'(참조. "좋지 아니하니", 18절) 삶이 가능하다. 두 번째 창조 이야기의 요지는 사람과 자연이나 사람과 사람은 서로가 서로를 필요로 하고 서로가 서로에게 의존하며 살도록 지음 받았다는 것이다.

하나님은 이 중요한 삶의 통찰을 인간에게 한꺼번에 다 주지 않으시고 인간 스스로 조금씩 깨달아 가도록 이끄신다. 하나님이 돕는 배필을 아담에게 데려오시는 과정을 보자.

> 하나님이 돕는 배필을 짓겠다는 선언(18절)
> 아담에게 동물의 이름을 짓도록 하심(19절)
> 아담이 돕는 배필이 없으므로(20절) 돕는 배필을 창조(21-22절).

하나님은 아담에게 돕는 배필을 만들겠다고 작정(18절)하셨지만 곧바로 실행에 옮기지는 않으셨다. 먼저 하신 것은 아담에게 여러 동물들을 데려와 이름을 짓도록 한 일이다(19절). 그 임무 수여 후에 "아담이 돕는 배필이 없으므로"라는 말이 다시 나온다(20절). 18절에서는 하나님의 시각에서 아담에게 돕는 배필이 필요하다고 했고, 20절에서는 아담이 주어가 되어 그가 돕는 배필이 없다고 말하는 것처럼 들리게 한다. 한 존재가 다른 존재를 필요로 하는 일은 하나님이 기뻐하시는 뜻이다. 그렇지만 하나님은 다른 존재를 한 존재에게 무작정 데리고 오지 않으시고 그가 필요로 할 때까지 기다리신다. 아담에게 동물의 이름을 짓도록 한 것은 이름 짓기라는 사람과 동물의 연결 행위를 통해 그 스스로 자기는 다른 사람을 필요로 하는 존재라는 사실을 깨닫고 지각히도록 하셨을 가능성이 있다. "아담이 돕는 배필이 없으므로"(20절 하반절)라는 설명이 나온 직후 하나님은 아담을 잠들게 하고 아담의 갈빗대로 여자를 만드셨다는 사실이 이를 뒷받침한다.

땅은 사람을 필요로 하고 사람은 땅을 필요로 한다. 남자는 여자를 필요로 하고 여자는 남자를 필요로 한다. 그게 사는 길이다. 삶이란 나는 당신을 필요로 하고 당신은 나를 필요로 하며 나는 당신에게 의존됐고 당신은 나에게 의존되어 있어, 우리 모두는 서로를 필요로 하고 서로에게 의존된 존재라는 사실을 깨닫고 인정하는 과정이다.

사람과 하나님

이제까지 땅과 사람, 사람과 사람의 관계를 이야기했다. 그런데 피
조물이 '좋은' 삶을 살기 위해 맺어야 하는 관계는 피조물 간의 상호 관
계만이 아니다. 두 번째 창조 이야기(2:4-25)는 가장 중요한 관계가 있다
고 말한다. 사람은 흙으로 지어졌지만 흙이 아니라 생령이다. 정확하게
말하자면, 흙이 생령이 됐다. 흙이 생령이 된 것은 하나님의 숨이 흙에
들어왔기 때문이다. 하나님은 자신의 형상대로 사람을 빚으신 후 그에
게 숨, 하나님의 숨을 불어 넣으셨다(2:7). 인간의 첫 숨은 하나님에게서
왔다. 인간에게는 땅의 가치와 하늘의 가치가 공존한다. 사람은 어디서
의미를 찾아야 온전해지는가. 사람은 하나님의 형상으로 지음 받았기
에 하나님을 닮아 일을 하며 살아야 한다. 다스리고 돌보며 생명을 가꾸
는 일 말이다. 그러니 사람은 하나님의 형상으로서 땅에서 노동하고 동
료 인간과 공존하며 살 때 삶의 행복이 올 수 있다. 그런데 창세기 2장
은 삶의 온전한 의미는 여기에 더해 하나님의 숨이 있어야 한다고 말한
다. 아무리 사람이 땅을 의지하고 땅도 사람을 의지하며, 남자는 여자를
의지하고 여자는 남자를 의지하여도, 사람이 만일 여호와 하나님의 호
흡으로 호흡하지 않는다면 결국 흙이 된다. 그렇다, 모든 인생은 한 줌
흙으로 돌아가 자연의 거름이 된다. 하지만 인간은 흙이 아니다. 시간
속에서 사람의 결론은 흙으로 돌아가는 일이라고 자연주의 철학을 명
분 삼아 아무리 정당화해도 우리는 안다. 인간이 흙에서 나왔지만 흙과
다른 고귀한 존재라는 것을 말이다. 우리의 호흡은 바람이 아니라 창조
주 하나님의 숨이 만들어낸 것이기 때문이다.

죄는 흙('아파르')에서 생령이 된 사람을 다시 흙('아파르', 창 3:19)으로 돌아가게 한다(욥 34:15). 더 나아가 죄의 힘은 죽어 흙이 되게만 하는 것이 아니라 살아있는 동안에도 다른 이에게 '먼지'(dust) 같은 존재가 되게 만든다. 하나님의 호흡을 거부하고 자기와 타인과 자연에게까지 상처를 주며 홀로 떠도는 존재가 되게 한다. 사람은 그렇게 먼지가 되어간다. 자연과의 관계에서는 공생보다 파괴를, 남녀 관계에서는 공존보다 우열을, 하나님과의 관계에서는 충성보다 반역을 추구하는 것이 바로 먼지로 전락해가는 인간의 실존적 모습이다.

하지만 먼지가 생령으로 소생하는 길이 있다. 하나님의 숨의 회복이다. 요한복음에서 예수님의 사역을 한마디로 말하자면 사람에게 하나님의 호흡을 다시 불어 넣으시는 재창조 사역이라고 할 수 있다(요 1:2-3; 5:17; 9:6-11).[5] 예수님은 부활하신 후 "유대인들을 두려워하여 모인 곳의 문들을 닫[고]" 숨은 제자들에게 찾아오셨다. 그러고는 "숨을 내쉬며" 그들에게 성령을 받으라고 하셨다(20:22). 예수님이 내쉰 숨은 죽은 자 가운데서 그를 살리신 하나님 아버지의 숨이었다. 이제 그 숨을 제자들을 향해 내쉬시며 "성령을 받으라"고 하셨다. 예수님이 내쉬신 숨은 이후에 그를 통해 오실 성령을 지시한다. 그렇게 오신 성령님은 예수님을 죽은 자 가운데서 살리시어 숨을 다시 쉬게 하신 것처럼 성령 받는 자도 살리실 것이다. 예수님에게 사용된 "숨을 내쉬며"라는 단어('에네퓌세

5.   이 점은 대부분의 요한복음 주석가들이 인정하는 바인데, 특히 Thomas Barrosse, "The Seven Days of the New Creation in the St. John's Gospel," *Catholic Biblical Quarterly* (1959): 507-516; Jeannine K. Brown, "Creation's Renewal in the Gospel John," *Catholic Biblical Quarterly* (2010): 275-290; John Suggit, "Jesus the Gardener: The Atonement in the Fourth Gospel as Re-Creation," *Neotestamentica* (1999): 161-168을 보라.

셴')와 창세기 2:7에 나오는 하나님이 인간의 코에 생기를 "불어 넣으시니"('에네퓌셰셴')라는 단어는 같은 말이다. 요한복음 전체에 새 창조의 주제가 나온다는 것을 고려하면 이것은 결코 우연의 일치가 아니다. 첫 창조 때 하나님은 '흙덩어리'에 생기를 주시어 생령이 되게 하신 것을 고려하면 만물의 창조에 참여하신 예수님이(요 1:3) 부활하신 후 사람에게 살리는 성령(6:63)을 다시 주는 것은 사람을 "위로부터 태어나게"(3:3-8)[6] 하는 새 창조 사역이라고 보게 한다.

* * *

인간은 자연을 경작하며 먹고 살고, 자연은 생명력을 꽃피우기 위해 때때로(비록 항상은 아니지만) 인간의 손을 필요로 한다. 한 사람은 다른 사람을 필요로 하며 그러기에 서로 의지하며 살아야 한다. 우리는 누구도 필요로 하지 않는 '온전한' 존재로 지음 받은 게 아니다. 온전함은 홀로 서기를 할 수 있을 때가 아니라 서로가 서로에게 기대고 무엇보다 흙으로 돌아갈 인생에게 하나님의 호흡이 오실 때 이루어지는 현실이다.[7]

---

6. 요한복음 3:3의 "거듭나다"에서 "거듭"에 해당하는 그리스어('아노센')는 '다시'라는 뜻과 함께 '위로부터'라는 뜻도 있다. 신약성경에서 '아노센'이 '다시'라는 뜻으로 쓰인 경우(눅 1:3; 갈 3:9)도 있지만 요한복음의 경우에는 '위로부터'의 뜻이 우세한 용례이다(요 3:31; 19:11, 23). 따라서 예수님은 니고데모에게 그가 '위로부터 태어나야 한다'는 뜻으로 말씀하셨다고 볼 수 있다. 위는 바로 하나님이 계시는 하늘을 가리키기에 위로부터 태어나는 일은 하나님께로 나는 일을 의미한다고 볼 수 있다.

7. 서로를 필요로 하는 존재 방식은 아직 타락이 일어나지 않은 때(창 2장)의 삶의 방식이다. 의지하며 사는 것은 타락의 결과가 아니라 창조의 아름다움을 지키는 삶이다.

제2장
탑 쌓던 사람의 꿈과 하나님의 현실

하나님이 사람을 지었음을 한탄하셨다(창 6:5-6). 그 까닭은 "보시기에 심히 좋았더라"(1:31)고 하신 사람이 "마음으로 생각하는 모든 계획이 항상 악할 뿐"(6:5)이었고, 또 "보시기에 좋았더라"(1:4, 10, 12, 18, 21)고 하신 세상에 "죄악"(6:5)이 가득 찼음을 보았기 때문이다. 대홍수(노아 홍수)는 이런 점에서 하나님의 아름다운 세상을 죄악으로 오염시킨 인간의 악행을 심판한 사건이다. 그러나 까닭 없는 한탄이 없듯이 목적 없는 심판 또한 없다. 성경 전체가 말하듯 하나님의 심판의 궁극적인 목적은 파괴가 아닌 새롭게 하심이다. 노아 홍수는 세상을 새롭게 하는 재창조의 사건이다.[1] 첫 창조 때도 물에 잠긴 땅을 밖으로 솟아나게 하셨고("천하의 물이 한곳으로 모이고 뭍이 드러나라 하시니 그대로 되니라 하나님이 뭍을 땅이라 부르시고", 1:9-10), 노아 홍수 때도 물로 온 땅을 40일간 잠기게 한 후 다시 땅

---

1. 대홍수를 세상의 재창조로, 노아를 새 인류로 보는 입장에 대해서는 Walter Brueggemann, *Genesis* (Interpretation; Atlanta: John Knox Press, 1982), 73-88; 고든 웬함, 『창세기 1-15』 (WBC 1; 서울: 솔로몬, 2006), 390-391.

이 드러나도록 하셨다("지면에서 물이 걷힌지라", 8:13).[2] 노아 홍수가 재창조라면 노아는 둘째 아담인 셈이다. 첫 창조 때 아담으로 인류가 시작됐듯이 새 창조의 인류는 노아에게서 시작된다. 아담이 세 아들(가인과 아벨과 셋)을 낳았듯이 노아 역시 세 아들을 낳는다. 셈과 함과 야벳이었다. 홍수 이후 새 출발을 하는 세 자녀가 새로워진 세상을 어떻게 살았는지를 두고 반복 강조하는 부분이 있다. 이런 강조는 10장에서 세 번 반복된 '나뉘다'라는 말에 암시된다.

이들로부터 여러 나라 백성으로 **나뉘어서**(5절).

에벨은 두 아들을 낳고 하나의 이름은 벨렉이라 하였으니 그때에 세상이 **나뉘었음이요**(25절).

이들은 그 백성들의 족보에 따르면 노아 자손의 족속들이요 홍수 후에 이들에게서 그 땅의 백성들이 **나뉘었더라**(32절).

홍수 후 물만 가득했던 세상이, 첫 창조 때 하나님이 복 주신 대로 (1:28), 다시 사람이 가득 차고 번성하게 됐다. 홍수 후의 번성의 출발지는 노아의 가족이다. 노아의 세 자녀와 그 후손은 나뉘어져 온 땅으로 퍼져 나간다. 그렇게 퍼져 나갈 때에 기준이 무엇인지에 대해 10장은 반복 설명한다.

---

2.   물속에 들어갔다가 나오는 것이 죽었다가 살아나는 것이라는 생각은 바울의 세례 이해에서도 이어진다(롬 6:1-5).

이들로부터 여러 나라 백성으로 나뉘어서 각기 **언어와 종족[씨족]과 나라대로** 바닷가의 땅에 머물렀더라(5절).

이들은 함의 자손이라 각기 **족속[씨족]과 언어와 지방[땅]과 나라대로** 였더라(20절).

이들은 셈의 자손이니 그 **족속[씨족]과 언어와 지방[땅]과 나라대로**였 더라(31절).

나님의 기준은 언어와 종족과 지방(땅)과 나라대로였다. 이전에 물로 뒤덮였던 세상 곳곳으로 나가 사람이 다시 살기 시작하되 다 같이 모여 살지는 않았다. 대신 같은 언어를 사용하는 종족끼리 각 지방에 나뉘어 살며 나라를 이루었다. 야벳과 그의 후손은 바닷가에 사는 사람이 됐고 (5절), 함의 후손은 주로 내륙에 살면서 도시 문화를 이루었다(6-20절). 함 의 후손 중에는 우리 귀에도 익숙한 나라와 지역이 나온다. 가나안, 앗 수르, 바벨, 니느웨, 블레셋, 소돔과 고모라 등이다. 마지막으로 셈의 후 손은 주로 고대 유목민의 거주지로 알려진 산시에 살았다(30절). 야벳과 후손은 어촌에 살며 고기잡이를 했고, 함과 그 후손은 도시에 살며 문명 을 이루었으며, 셈과 그 후손은 주로 산촌에서 유목민의 삶을 살았다. 재창조 후 인간은 같은 언어를 가진 씨족끼리 같은 땅에서 저마다의 "나라"를 구성하며 제각각의 정체성을 가진 채 살았다. 인류는 언어와 씨족과 사회적 삶의 방식과 땅과 나라를 토대로 각기 나름의 고유한 문 화적 정체성을 가지고 살았다는 것이 10장이 말하는 홍수 후에 펼쳐진 세상의 새로운 삶의 모습이다.

창세기는 새 창조 이후 노아 후손의 흩어짐과 다양한 삶의 방식을 긍정적으로 볼까, 부정적으로 볼까. 나뉨이라는 단어는 첫 창조 때도 나온다. 창세기 2:10-14에는 에덴동산에서 흘러나온 물이 네 줄기의 강을 만들어 땅을 네 지역으로 '나누었다'고 말한다.[3]

> 강이 에덴에서 흘러 나와 동산을 적시고 거기서부터 **갈라져** 네 근원이 되었으니(10절).

하나님은 첫 창조 때에 강물 줄기를 따라 그의 땅을 나누셨고, 생물을 지으시면서도 하나의 종으로 획일화하지 않고 "각기 종류대로" 만드신 후 "좋았더라"(1:12)고 하셨다. 사람도 남자와 여자로 각기 다르게 창조하셨다. 다양성을 가진 나뉨은 하나님이 창조하신 피조물의 특징이었다. 또 세상을 다양하게 지으시고 나누신 후 하나님은 자기 형상대로 지은 아담과 하와에게 '문화 명령'이라는 것을 주시며 온 땅에 충만하여 그 세상을 가꾸고 돌보고 개발하라 하셨다("생육하고 번성하여 땅에 충만하라", 1:22 하반절; 28절). 이렇듯 나뉨과 온 땅으로 퍼져 번성하는 일은 하나님의 선한 명령이다. 홍수로 세상의 죄악을 정화하신 후 하나님은 노아에게 "생육하고 번성하여 땅에 충만하라"(9:1, 7)는 말씀을 두 번이나 하셨다. 이것은 사람이 하나님이 지으신 세상을 돌보고 가꾸고 개발하며 살되 한곳에만 모여 '빼곡히' 살지 않고 온 세상으로 퍼져 나가 땅에 충만하게 사는 일은 하나님의 창조 명령에 순종하는 삶이라는 것을 말한다. 하나님이 주신 자원은 골고루 나누어져야 아름답듯이, 하나님이 지으신 모든 곳이 다 창조의 선함을 맛보는 곳이 되고 모든 지역이

---

3.   Laurence A. Turner, *Genesis* (Sheffield: Sheffield Academic Press, 2000), 57.

사람이 살 만하게 되는 그런 삶의 모습을 하나님은 기뻐하신다. 온 땅에 충만하고자 퍼져 나갈 때 언어와 종족에 따라 다양한 지역으로 퍼져 나가 각각의 정체성을 지키며 살았다는 것은 하나님의 명령에 순종하는 아름답고도 긍정적인 모습이자 창조의 선함을 드러내는 일이다.[4]

그런데 이런 흐름에 반하는 일군의 무리가 등장한다(11:1-9). 그들은 '온 땅으로 퍼져 충만하라'는 창조 명령을 부정하며 특정 지역, 한곳에만 모여 그곳에서 탑을 쌓아 위로, 위로만 올라가려 하다 결국 붕괴를 맞이한다. 그들이 본 장의 관심이다.

탑을 쌓는 사람

11장의 시날 땅에서 탑을 쌓는 사람은 10:10("시날 땅의 바벨")에도 등장한다. 그들이 누구이며 그들이 하는 일의 의미가 무엇인지 알려면 10장과 11장의 관계를 이해할 필요가 있다. 통상 10장과 11장의 이야기는 시간의 흐름에 따른 순서로 보는 입장과 역연대기 순서로[5] 보는 입장이 있어 왔다. 하지만 본문에는 10장과 11장 사이에 시간의 흐름이, 순차적으로든 역으로든, 있다고 보게 하는 어떤 증거도 없다.[6] 본 장은 11장의 비벨탑 이야기가 10장의 일군의 무리에게 일어난 일을 확대해서 보여주는 것이라고 말할 것이다.

11장은 "온 땅의 언어가 하나요 말이 하나였더라"로[7] 시작한다. 바벨

---

4.   이런 입장은 민경구(『다시 읽는 창세기』 [서울: 이레서원, 2019], 91-92)도 따르는 입장이다.
5.   11장이 먼저 일어났고 10장은 이후의 사건으로 보는 입장이다.
6.   존 E. 하틀리, 『창세기』 (서울: 성서유니온, 2019), 196.
7.   "온 땅의 언어가 하나요"와 "말이 하나였더라"를 연결하는 히브리어 접속사 '바브' 그리고 칠십인경의 '카이'는 부가적 설명의 기능이 있다. 그러므로 "온 땅의 언어가 하나요 [다시 말하면] 말이 하나였더라"는 뜻을 가질 수 있다.

의 단일 언어는 인류가 이미 각기 다른 언어를 사용했다고 말하는 10장 (5, 20, 31절)과 충돌되지 않는다. 10장이 말하는 각 종족이 사용한 고유한 언어는 "민족의 방언"이고 11:1의 언어는 탑을 쌓던 사람들이 사용한 공용 언어(lingua franca: 오늘의 영어와 같은 국제 공용어)를 가리킨다고 볼 수 있다.[8] 그렇다면 탑을 쌓는 이들은 10장에 나오는 이들 중 누구일까? 8절에 "세상에 첫 용사"라고 알려진 니므롯 사람이 나오고 이어지는 10절은 이 용사의 "나라가 시날 땅의 바벨 …에서 시작되었다"라고 말한다. "시날 평지"(11:2)의 "바벨"(9절) 지역에서 탑을 쌓은 사람의 이야기는 함의 후손 중 니므롯이라는 용사의 후손들의 이야기다. 그들은 흩어지지 않으려고 탑을 건설한다. 하나님은 온 땅에 충만하라 했는데, 퍼지지 않고 올라가려고 한다. "자, 성읍과 탑을 건설하여 그 탑 꼭대기를 하늘에 닿게 하여 우리 이름을 내고 온 지면에 흩어짐을 면하자"(11:4)라며 반역한다. 그 저항은 하나님을 향한 것이자 온 땅에 충만하라는 창조 명령에 맞선 것이다. 온 땅에 하나님의 아름다움과 선함이 있다 해도 그들은 한 곳으로만 모여 그곳에서부터 위로 올라가려고만 한다. 그들의 동기는 "탑 꼭대기를 하늘에 닿게 하여"(4절)라는 말에 담겼다. 성경에서 "하늘"이 하나님의 영역으로 알려졌다(전 5:2; 사 57:15; 시 115:15; 마 6:9)는 것을 고려하면 "하늘에 닿게 하여"라는 말은 그들 스스로 신이 되려는 동기로 탑을 쌓았다고 보게 한다. 첫째 창조 때는 아담이 선악과를 먹음으로 하나님처럼 되려고 했다면, 새 창조 이후에는 바벨 사람이 하늘에까지 닿는 탑을 쌓으면서 신이 되려고 한다. 홍수 전에는 "용사"(6:4)로 알려진

---

8.   빅터 해밀턴, 『창세기 I』(서울: 부흥과개혁사, 2016), 395. 사실 고대에는 해밀턴이 지적하듯이 사회적으로 수메르어, 바빌로니아어, 아람어, 그리스어가 국제 공용어로 사용됐다.

네피림이 하나님을 거역했는데, 홍수 후에는 "용사" 니므롯이 하나님에
맞서 저항한다. 네피림과 니므롯 모두 용사였다. 언어와 종족에 따라 사
는 세상에서 그들은 뛰어난 인간들(니므롯 후예들, 용사)을 중심으로 통합
하고 뭉쳤다. 인간이 탑을 세워 흩어지지 않으려 하는 것은 고대 문화에
서 본다면 하나의 제국을 건설하려 한 시도다. 제국은 힘센 한 용사와
한 나라를 중심으로 언어가 다른 종족(어촌 사람인 야벳 후손과 유목민인 셈의
후손)을 통합하여 획일적인 하나의 거대한 나라를 만들었다. 그런 나라
의 사람은 용사 니므롯을 닮는다. 자기가 하나님의 형상이라는 것보다
용사의 형상이라는 것에 자부심을 가지게 만드는 사회이다. 바벨 사람
은 한 집단의 언어만 우세하고, 하나의 인종만 우월하며, 하나의 문화만
우수하고, 하나의 지역에만 사람들이 몰려오는 제국을 건설했다. 그곳
에는 다양성은 없고 획일성만 있다. 바벨이 "시작"(11:6)이라는 이 말은
인간 역사에서 이와 같은 일이 계속 반복될 것을 암시한다. 그러니 하나
님은 바벨탑 사건을 통해 이런 일이 멈춰지지 않는다면 '끝'이 어떠할
지를 보여주시며 경고하신다.

　　땅에서 사람이 말한다. "자, 성읍과 탑을 건설하여 그 탑 꼭대기를
하늘에 닿게 하여 우리 이름을 내고 온 지면에 흩어짐을 면하자"(4절).
그러자 하늘에서는 하나님의 반응이자 경고가 들려온다. "자, 우리가
내려가서 거기서 그들의 언어를 혼잡하게 하여 그들이 서로 알아듣지
못하게 하자"(7절)라고 하셨다. 땅에서 "자, 올라가자. 그래서 흩어지지
말자"(4절)라고 하자, 하늘에서는 '자, 내려가자. 그래서 흩어버리자'라
고 하신 것이다. 하나님의 이동 방향은 위에서 아래로 내려와 사람이 온
땅으로 퍼지게 하는 것인데, 니므롯의 움직임은 '똘똘' 뭉쳐 위로 올라
가는 것이다. 하나님은 그런 집단의 작정에 개입하시어 그들의 언어를

혼잡하게 하신다. 언어의 혼잡은 사람의 언어가 달라졌다는 말일 수도
있고 다른 사람의 말을 이해하지 못하게 됐다는 말일 수도 있다. 소통하
고자 하는 말이 불통의 도구가 된 사회의 모습을 보여주는 게 본문의
목적이다. 언어가 다르면 못 알아 듣는다. 하지만 같은 언어를 쓰는데도
서로의 말이 들리지 않을 때가 있다. 서로가 자기가 더 잘났다고 생각을
할 때다. 말은 하는데 다른 사람의 말을 들으려 하지 않고 자기 말만 한
다. 오만한 사회다. 교만하면 말만 하고 듣지는 않는다.[9] 위로 올라가려
하는 사람은 서로 자기가 더 잘났다며 남의 말을 듣지 않는다. 하나님의
소리를 듣지 않자 이웃의 소리도 듣지 않는다. 교만은 소통의 단절과 언
어의 혼잡으로 이어져 사람들은 결국 온 지면으로 뿔뿔이 흩어진다(7, 9
절).

　창세기 저자는 그들의 흩어짐 배후에 하나님이 계셨다고 알려준다.
"여호와께서 거기서 그들을 온 지면에 흩으셨으므로"(8절). 하나님이 사
람을 흩으셨다는 말에는 그들의 악을 심판하셨다는 뜻과 함께 "온 땅에
충만하라"는 그의 창조 명령을 성취하셨다는 함의도 있다. 심판을 위한
심판이 아니라 창조주의 뜻이 실현되는 계기로서의 심판이었다.[10] 하나
님은 생육하고 번성하고 땅에 충만하라고 하셨다. 다양한 언어, 다양한
문화, 다양한 개성, 다양한 삶의 모습과 다양한 언어로 살아가는 모습이

9.　창세기 42:21에 보면 요셉의 형제들이 이집트에 가서 어려움을 겪자 자기들이 옛날
　　에 요셉에게 잘못했기 때문에 벌을 받는 것이라고 말하면서 다음과 같이 말한다.
　　"그가 우리에게 애걸할 때에 그 마음의 괴로움을 보고도 듣지 아니하였으므로 이
　　괴로움이 우리에게 임하도다." 이때 "듣지 아니하였으므로"는 상대방의 요구를 들
　　어주지 않았다는 뜻을 함축한다.
10.　민경구(『다시 읽는 창세기』, 93)도 10장의 흩어짐은 복이고 11장의 흩어짐은 심판
　　이라는 점을 지적하지만, 11장의 심판이 온 땅에 충만하라는 하나님의 복을 이루는
　　과정이라는 점은 언급하지 않는다.

하나님이 보시기에 아름다운 모습이었다. 신이 되려던 바벨 사람에게 나타난 특징은 이런 다양성을 없애고 획일화로 나아가는 모습이다. 수도권만 살아남고 지방은 소멸되고, 한 가지 문화만 지배적이고 나머지 문화는 천하게 여겨지고, 한 가지 언어만 통용되고 나머지 언어는 무시된다. 계급 구조적 사회 건설과 그에 따른 차별이 인간이 신이 되려는 사회에 일어나는 일이다. 교만의 특징은 나의 것만 최고이고 나머지는 무시되기에 획일화가 뒤따를 수밖에 없다. 바벨 사람에게는 다양성이 있어도 그것마저도 우월과 열등으로 가치를 매긴다. 특정 언어 사용자나 지역과 문화에 속한 이는 우쭐해지고, 다른 언어 사용자나 지역과 문화에 속한 이는 부끄러워하는 일이 일어나기도 한다. 아름다운 다양성이 수치스러운 일이 된 것이다. 하지만 하나님은 언어와 문화적 다양성을 획일화하려는 시도를 막으시고 온 땅에 흩어져 생육하고 번성하라는 '원래 복'으로 돌아가도록 하셨다. 혼돈을 통해서라도 그 뜻을 이루고자 하신 것이다.

바벨, 제국의 시작

11:6이 말하는 것처럼 바벨탑은 앞으로 일어날 제국의 시작이었다. 실제로 성경은 인간 역사 속에서 등장한 앗시리아, 바빌로니아, 페르시아, 헬라(마케도니아), 로마로 이어지는 다양한 제국을 소개하는데 어떤 제국(바빌로니아[예, 합 2:6-8], 헬라[예, 단 8:21-27])은 악하게 다른 제국(페르시아)은 선하게 묘사한다. 그 기준은 자기 나라와는 다른 언어, 문화와 인종을 대하는 태도에 놓여 있다. 구약성경이 앗시리아, 바빌로니아, 페르시아 중 가장 긍정적으로 묘사하는 제국은 페르시아다. 앗시리아와 바빌로니아를 두고는 심판이 선언되는 반면, 페르시아에 대한 심판은 그

어디에도 나오지 않는다. 오히려 이사야 선지자는 페르시아의 왕 고레스(주전 590-529년경)를 가리켜 "하나님의 목자"(사 44:28) 혹은 "하나님의 기름 부음 받은 자"("그리스도", 45:1) 곧 메시아라고까지 칭한다. 비록 고레스는 하나님을 몰랐지만 하나님은 그를 통해 그의 기뻐하시는 뜻을 성취하리라고 하셨다(44:28). 고레스는 다민족 정책을 장려했기 때문이다. 에스더는 페르시아 왕의 왕비가 됐고, 느헤미야는 술 관원이 됐으며, 느헤미야가 성벽을 수축하러 고국을 방문할 때 페르시아 왕은 아낌없는 지원까지 했다. 반면에 앗시리아와 바빌로니아는 징계의 대상이 된다. 이는 하나님은 모든 인종, 모든 언어, 모든 가족에게 복을 주어 땅에 다양성이 충만하도록 하셨지만 그들은 하나의 인종, 하나의 언어, 하나의 지역만 살아남고 나머지는 붕괴하는 제국을 건설했기 때문이다.

아브라함, 새로운 시작

하나님은 자신이 지으신 온 세상이 아름답고 선하다는 것을 보여주시려는 뜻을 포기하지 않으신다. 자신이 지으신 온 세상에 다양한 인간이 충만하고, 다양한 언어가 충만하며, 다양한 문화가 충만해지는 복이 자신의 세상에서 그냥 사라지도록 놔두지 않으신다. 바벨탑 이후 하나님이 아브라함을 부르셨다. 하나님이 아브라함과 그의 후손 이스라엘을 부르신 이유는 "땅의 모든 족속이 너로 말미암아 복을 얻[도록]" 하기 위함이다(12:3). 하나님이 아브라함을 통해 복을 주시려던 "모든 족속"은 10:5, 20, 31에 나오는 말이다. 하나님은 흩어진 종족을 기억하셨고 그들에게 복을 주시고자 아브라함을 부르셨다.[11]

---

11. 아브라함의 부르심을 이런 맥락에서 이해한 해석에 대해서는 다음 장을 보라.

오순절, 열국을 향한 축복의 출발

각기 종족을 복 주시려는 계획의 궁극적인 성취는 오순절에 이뤄진다. 오순절에 하늘에서 성령이 예수님을 주로 믿는 교회 위에 임했다. 성령 받은 교회는 하나님의 "큰 일"(행 2:11)을 이야기하고, 오순절 절기를 지키고자 각국에서 온 다양한 언어를 사용하는 다양한 종족이 다 하나님의 큰 일을 자기의 말로 알아듣는다('들음'이 세 번 반복된 것에 주목하라).

> 이 소리가 나매 큰 무리가 모여 각각 자기의 방언으로 제자들이 말하는 것을 **듣고**(6절).

> 우리가 우리 각 사람이 난 곳 방언으로 **듣게 되는 것**이 어찌 됨이냐(8절).

> 우리가 다 우리의 각 언어로 하나님의 큰 일을 말함을 **듣는도다** 하고 (11절).

언어가 달랐음에도 다양한 사람이 사도의 말을 알아들은 것은 성령께서 교회로 하여금 하나님의 큰 일을 말하게 할 때 말하는 사람의 언어가 아닌 듣는 사람의 언어로 말하게 하신 까닭이다. '언어적 성육신'이 일어난 것이다(본서 제3부 제6장을 보라). 하나님의 "큰 일"은 언어적 성육신을 통해 다양한 인종에게 전해졌다. 그러므로 듣는 이의 언어가 예수님과 사도의 언어와 다르더라도 하나님의 큰 일을 듣게 하신 오순절 성령의 강림 사건은 그리스도인이 되는 일에 우리의 언어, 우리의 종족, 우리의 문화적 정체성을 포기하지 않아도 된다고 말한다.

바벨탑 사람과 앗시리아, 바빌로니아, 헬라(마케도니아), 로마 등 인간이 세운 제국은 획일화를 통해 하나의 나라를 만들려고 했지만, 예수님이 가져오신 하나님의 나라는 나라마다 가지는 언어적·민족적 정체성을 포기하지 않아도 됐다. 하나님 나라의 도래는 모든 것을 용사 주위에 줄 세우는 바빌로니아 제국의 건설과 같지 않다. 자기의 정체성을 결정하는 언어와 인종과 직업 문화적 정체성을 포기하지 않아도 됐고 오히려 그 다양성이 하나님의 선하심과 영광을 경험하는 통로가 됐다. 인간이 신이 되려는 사회(본서 제2부 제12장을 보라)에서는 다양성의 아름다움이 사라지고 대신 획일적 문화가 탄생되지만 하나님이 인간이 되신 나라에서는 인간의 다양성이 존중되고 각각의 문화적 정체성이 존중받는다.

* * *

교회는 바벨탑을 쌓으려는 모임이 아니다. 그러므로 바벨탑 도시와 달라야 한다. 탑을 쌓는 사회에서는 하나의 언어, 하나의 종족, 하나의 지역만 우수하게 여기고 나머지는 변방으로 밀려났다. 피라미드 사회구조 배후에는 신이 되려는 인간의 교만이 있었다. 교회는 하나님이 되려는 사람의 모임이 아니라 하나님이 내려와 계시는 모임이다. 그곳은 다양한 언어, 다양한 종족, 다양한 지역, 다양한 사회 경제적 활동 모두가 다 하나님이 주신 복이라는 믿음으로 산다. 하나님의 큰 일이란 하나님 자신이 만드신 다양한 종류의 사람과 만물 가운데 찾아오셨다는 소식이다. 복음이 무엇이겠는가. 창조주이시자 새 창조주이신 하나님을 믿을 때 피조물 된 각 사람은 자기가 가진 개성과 언어와 문화와 사는 곳과 삶의 모습 모두가 하나님이 주신 선물임을 알게 되어, 그것으로 하나님과 이웃을 섬기며 살아가도록 하는 것이 복음이다. 하나의 언어, 하나의 문화, 하나의 인종, 하나의 지역만이 우월하고 나머지는 열등감을 느끼게 되는 그런 사회는 하나님의 나라가 아니다. 모든 나라가 각 나라의 언어와 각 나라의 고유의 악기와 고유한 문화로 하나님을 예배하는 곳이 교회다. 주 예수 그리스도를 믿을 때 얻는 복이란 이와 같다. 하나님이 주신 고유한 나를 잃지 않고도 하나님을 예배하며 살도록 하시려는 것이 하나님이 이 땅에서 하시려는 "큰 일" 중의 하나이다(참고, 시 117:1; 148:11-13; 계 7:9; 21:24-26).

그리스도는 만유이시며 만유 안에 계신다(골 3:11). 이 신앙을 근거로 교회는 "존경하기를 서로 먼저 하[는]"(롬 12:10) 사람들의 모임이다. 인간의 우월의식과 오만함은 서로를 무시하게 하지만 복음은 서로 안에, 세대 안에, 남녀 안에, 다양한 인종 안에, 다양한 문화권 안에 하나님이 찾아가신다는 소식이다. 교회는 이 소식을 선포하도록 부름을 입었다. 그러므로 교회는 나라가 수도권 중심으로 재편성되어 지방이 소멸되는 것은 바벨탑 도시의 재현이라 말해야 하고, 인간이 신이 되어 자연을 남용하는 것은 하나님의 창조질서에 역행하는 것이라 말해야 하며, 내가 살기 위해서는 남 위에 올라서야 한다는 학교 교육은 우리가 동의할 수 없다고 말해야 하고, 백만 권의 책을 판매하는 베스트셀러 작가 하나 만드는 것도 가치 있지만 일천 권의 책을 내는 일천 명의 작가를 양육하는 것이 하나님의 세계의 풍성함을 드러내는 것이라 말해야 한다. 과연 오늘날 한국 교회는 하나님의 큰 일을 말하고 있을까.

하나님이 아브라함을 부르셨다. 천지를 창조하신 분이 한 "민족"(창 12:2)의 족장이 될 사람을 부르신 것이다. 이 부름은 창조주가 부족 신으로 전락한 행위가 아니다. 오히려 특정 사람 아브라함과 특정 가족(아브라함의 후손)을 통해 세상("땅의 모든 족속", 3절)에 복을 주고자 함이었다. 복 주시려 한 세상은 첫 사람이 선악과를 움켜잡아 하나님이 되려다("눈이 밝아져 하나님과 같이 되어", 3:5) 죽음이 드리워진 세상이며, 탑을 쌓아 하나님의 영역에 도달하려다("그 탑 꼭대기를 하늘에 닿게 하여 우리 이름을 내고", 11:4) 붕괴되고 조각난 세상이다. 생육하고 번성하여 온 땅에 퍼지는 삶은 하나님이 주신 복(1:28)임에도 그들은 심판받아 흩어졌다. 그러므로 여호와께서 아브라함과 그 후손을 통해 세상에 하시려는 일은 심판을 복으로 바꾸려는 것이었다. "땅의 모든 족속이" 복을 받아 흩어진 곳에서 하나님의 생명으로 번성하고[2] 충만해지도록 하는 것("내가 네 자손이 땅

---

1. 본 장의 주석은 Turner, *Genesis*, 62에 빚진 바가 크다.
2. 불임의 아브라함과 사라가 이삭을 얻은 것처럼 말이다.

의 티끌 같게 하리니", 13:16; "하늘을 우러러 뭇별을 셀 수 있나 보라 ··· 네 자손이 이와
같으리라", 15:5), 그 일이 아브라함을 부르신 하나님이 가지신 뜻이었다.[3]

메마른 집안

아브라함의 일대기는 그가 하나님의 복의 통로로 세워져 가는 과정
의 이야기다. 이야기는 아버지 데라에서 시작된다(11:26-32). 데라가 갈대
아인의 우르에 있을 때 세 아들 아브람과 나홀과 하란을 낳았다. 아버지
데라의 출산 이야기는 곧바로 아들의 출산 이야기로 이어진다. 데라의
셋째 아들인 하란이 아들 롯을 낳았다. 하지만 데라의 집안은 금방 어두
워진다. 그의 셋째 아들 하란이 롯을 낳고 그 아들을 홀로 남겨둔 채 죽
는다. 아버지가 죽기도 전에 아들이 먼저 죽은 셈이다. 데라가 속한 셈
가문(11:10-26)에서 아들을 먼저 보냈다고 언급한 사람은 데라가 유일하
다.[4]

가정의 비극은 이것으로 끝나지 않는다. 데라에게 남은 두 아들 중
장남 아브람이 장가들었지만 며느리 사래의 불임으로 아이를 가질 수
없었다. 막내아들인 하란은 자녀를 낳고 죽었고 장남인 아브라함은 불
임이었다. 즉, 데라의 집안은 아버지 없는 손자와 자녀 없는 아들로 구
성됐다. 창세기 3:16에서 하나님은 아담과 하와가 죄를 범한 후 이렇게
말씀하셨다.

---

3. 그들은 스스로 "이름을 내[려]" 하다가(11:4) 심판받았지만, 하나님을 알고 믿을 땐
    하나님이 그들의 이름을 "창대하게"(12:2) 하시는 복을 주신다.
4. 창세기 5장에 셋 자손의 족보가 나온다. 그곳에서도 아버지가 살았을 때 아들이 먼
    저 간 예가 있다. 바로 야렛이 낳은 에녹이다. 에녹의 아버지 야렛은 962세를 살았
    는데 그의 나이 527세에 아들 에녹을 잃었다. 에녹이 하나님과 동행하던 중 하나님
    이 그를 데려가셨기 때문이다. 하지만 야렛과 달리 데라는 자신의 아들을 땅에 묻
    었다.

제3장 바벨탑 이후 한 가족의 생존기　**43**

또 여자에게 이르시되 내가 네게 임신하는 고통을 크게 더하리니 네가
수고하고 자식을 낳을 것이며(3:16).

　하나님은 아담과 하와에게 범죄로 인해 출산의 고통이 있으리라고
하셨다. 하지만 데라의 집안의 문제는 출산의 고통이 아닌 출산 자체가
되지 않고, 출산했더라도 때 아닌 죽음을 맛보아야 했던 점이었다. 생명
의 단축과 재생산 능력의 부재는 아브라함이 부름 받을 때의 집안 현실
이었다. 하나님이 이런 집안을 통해 무엇을 하실 수 있으셨을까. 하나님
은 사는 것이 고통이 되어버린 사람의 삶에 사는 게 복이 되도록 하시
고자 아브라함 집안을 택했는데, 그의 집안이 오히려 불임과 생명의 단
축을 경험하고 있다. 데라의 집안의 이런 현실은 보다 넓게는 그가 속한
셈 가문의 흐름과 맞물려 있다.

　셈은 … 아르박삿을 낳은 후에 오백 년을 지내며
　자녀를 낳았으며(11:10-11)
　아르박삿은 … 셀라를 낳은 후에 사백삼 년을 지내며
　자녀를 낳았으며(12 13절)
　셀라는 … 에벨을 낳은 후에 사백삼 년을 지내며
　자녀를 낳았으며(14-15절)
　에벨은 … 벨렉을 낳은 후에 사백삼십 년을 지내며
　자녀를 낳았으며(16-17절)
　벨렉은 … 르우를 낳은 후에 이백구 년을 지내며
　자녀를 낳았으며(18-19절)
　르우는 … 스룩을 낳은 후에 이백칠 년을 지내며

자녀를 낳았으며(20-21절)

스룩은 … 나홀을 낳은 후에 이백 년을 지내며

자녀를 낳았으며(22-23절)

나홀은 … 데라를 낳은 후에 백십구 년을 지내며

자녀를 낳았으며(24-25절).

데라와 아브라함이 나온 셈 가문의 사람은 첫 아이를 낳은 후의 수명이 갈수록 짧아진다. 셈은 오백 년을 살았는데, 그 이후 사백삼 년, 사백삼 년, 사백삼십 년, 이백구 년, 이백칠 년, 이백 년으로 줄어들다가 데라의 아버지 나홀은 백십구 년으로까지 수명이 짧아졌다. 때 이른 죽음과 불임의 고통을 겪는 데라와 아브라함의 집안 이야기는 그 집안의 선조 때부터 이어져 오는 생명의 단축 흐름과 맞물려 있다. 그 집안은 꺼져가는 촛불 심지였다. 게다가 셈을 제외하고는(그는 백 세에 첫 아이를 가짐) 모두 첫 아이를 이삼십 대에 가지는데, 아브라함의 아버지 데라는 나이 칠십에 아브라함과 나홀과 하란을 낳았다(26절). 데라는 셈을 제외하고는 가장 늦게 첫 생명을 얻은 셈이다. 가문 중에서 선조인 셈을 제외하면 생명을 가장 늦게 가지고, 가장 빨리 가족의 죽음을 맛본 사람이 데라였다. 그것도 가장 어린 막내아들의 죽음을! "생육하고 번성하라 땅을 정복하라"는 명을 받은 인류에게 닥친 죽음의 덫은 데라의 집안도 비켜가지 않았다. 아니, 오히려 그 덫의 정중앙에 걸렸다. 데라의 집안은 세상의 축소판이었다. 과연 데라의 집안은 살아남을 수 있을까. 아브라함과 그의 후손을 통해 하나님은 분명 새로운 일을 하실 것이다. 하지만 토양은 메마르고 척박했다. 이런 밭에 뿌려진 씨에 과연 싹이 날까.

이주하는 데라의 집안

데라는 본문에선 밝혀지지 않은 어떤 이유로 아브라함과 사라 그리고 롯을 데리고 고향 우르를 떠나 가나안을 향해 간다. 이 여정에 데라의 둘째 아들 나홀은 없다. 나홀은 고향 우르에 남아서 결혼하고 자녀를 낳아 데라의 아들 중 유일하게 소위 말하는 정상적인 가정을 이루었다 (22:23). 데라는 오직 아브라함과 사라 그리고 롯만 데리고 고향을 떠나 새로운 땅으로 이주한다. 이 가족의 이주는 어둡고 침울해 보인다. 가족 중 하나는 아버지가 없고 다른 이들은 자식이 없다. 그들의 여행은 바람에 나는 겨일까? 아니면, 민들레 홀씨일까. 이전에 가인의 유랑은 "죄벌"(4:13)이었고, 탑을 쌓는 사람은 "땅에 충만하라"는 복을 거부하며 한 곳에 정착한 채 '위로' 올라가려 하다 하나님의 심판으로 흩어졌다. 이 작은 가족의 유랑은 어떨까. 데라의 이주 동기는 밝혀지지 않았지만 그의 아들 아브라함의 '떠남'은, 이제 살펴볼 것처럼, 하나님의 명령에 순종한 결과이다. 그럼에도 이 가족의 미래가 밝지만은 않은 것은 새로운 땅으로 찾아가지만 그 땅을 채울 생명을 출산할 능력이 그들에게 없었기 때문이다. 가족은 세 명의 남자와 한 명의 여인으로 이뤄졌지만 가족 중 유일한 여인은 불임이었다!

하나님의 개입과 육성

하나님이 아브라함의 인생에 직접 개입하신 때는 바로 이때였다. 데라의 가족이 낯선 땅 가나안을 향해 가던 도중 하란에 잠시 "거류"(11:31)하던 때에 하나님은 아브라함에게 나타나 친히 말씀하신다. 창세기에서 하나님이 사람에게 직접 말씀하신 경우는 이때가 노아("생육하고 번성하여 땅에 충만하라", 9:1) 이후 처음이다. 긴 침묵을 깨시며 하나님은 아브라함에게 말씀하신다.

> 너는 너의 고향과 친척과 아버지의 집을 떠나 내가 네게 보여 줄 땅으로 가라['레크-레가'](12:1).

데라가 죽었던 나이와 아브라함이 하나님의 부름을 들었을 때의 나이를 계산해보면 아버지 데라는 아들 아브라함이 하나님의 말씀을 들었을 때에 여전히 생존해 있었다.[5] 그런데도 하나님은 지금까지 여행을 이끌어 오던 아버지 데라가 아니라 따라오기만 했던 아브라함에게 "내가 네게 보여 줄 땅으로 가라"는 말씀을 하셨다. 이때 아브라함에게는 세 가지 선택지가 있었다. 과거의 땅인 고향 우르로 돌아가든지, 아니면 아버지와 함께 현재의 땅인 하란에 계속 머물든지, 그것도 아니면 미래의 땅인 가나안으로 가든지, 셋 중의 하나를 선택할 수 있었다. 아브라함을 향한 하나님의 뜻은 미래의 땅에 있었다. 그래서 "보여줄 땅으로 가라"는 말씀을 하셨다. 이에 아브라함은 "여호와의 말씀을 따라"(4절) 앞으로 나아간다. 땅은 보이지 않았고 땅을 채울 사람을 출산할 능력도 없는 가운데서 아브라함은 오직 "말씀을 따라" 움직인다. 사실 아버지 데라도 가나안을 향해 왔다. 아브라함의 여행과 아버지 데라의 여행의 차이를 만드는 것은 하나님의 말씀이다. 아브라함은 가나안으로 가되 하나님의 말씀을 품고 그 말씀을 따라간다. 동일한 목적지였지만 그곳

---

5. 아브라함이 하나님의 말씀을 따라 아버지를 하란에 두고 롯을 데리고 사라와 함께 가나안으로 향할 때 나이가 75세였다. 데라가 아브라함을 70세에 낳았고, 아브라함은 나이 75세에 부름을 받았으니, 아브라함이 부름을 받았을 때 아버지 데라의 나이는 145세였다. 데라는 205세에 하란에서 죽었다고 11:32은 말한다. 곧 아브라함이 부름을 받았을 때 데라는 살아 있었다.

에 가는 방식이 달라졌다. 아버지가 아닌 하나님의 말씀이 나침반이 됐다. 여정 중에 그가 붙잡아야 했고 또 실제로 붙잡았던 것은 하나님의 말씀 하나였다. 결국 그가 도착한 곳은 가나안이었고, 그곳은 아버지가 가려고 했던 곳이었다. 목적지가 같다고 의미도 같은 것은 아니다. 그곳에 도착하는 동안 어떤 과정을 거쳤는가가 더 중요하다. 아브라함에게 가나안은 말씀에 의지하여 도달했던 곳이다.

데라의 집안은 생명과는 점점 거리가 멀어져 가던 집안이었다. 어떻게 저렇게 일이 잘 풀리지 않는가라는 말이 나올 법한 집안이었다. 하나님이 그런 가족에게 개입하시고자 하신 말씀은 "가라"('레크-레가')였다. 하나님의 "가라"는 말씀은 안정된 고향 땅도 아니고 어정쩡한 현재의 하란도 아닌 하나님이 함께하실 것을 믿고 미래를 향해 가라는 도전의 말씀이었다. 목적지에 무언가가 분명하게 있기에 가기보다 그 목적지에 가라는 하나님의 신실한 말씀을 믿고 가게 하는 것, 그것이 복의 통로로 만들기 위해 하나님이 아브라함에게 하신 훈련이었다. 출산력 없던 사라와 아브라함의 떠돌이 삶이 바람에 나는 겨 같지 않은 것은 그들을 걷게 한 동력이 생명을 창조하신 분의 말씀이기 때문이다. 말씀을 품고 앞으로 가는 그들의 여행은 민들레 홀씨의 생명의 여행이다.

이어지는 이야기에서 확인할 수 있듯이 아브라함의 허물은 적지 않다. 두 번씩이나 아내 사라를 누이로 속인 일이나 그의 후처 하갈과 아들 이스마엘을 내쫓은 일은 믿음의 사람에게 기대된 처신이 결코 아니다. 그런데도 아브라함이 하나 잘한 것은 "가라"는 말씀에 순종하는 일이었다. 아브라함의 일생 동안 하나님은 그에게 "가라"는 말씀을 두 번 하셨다. 그런데 동일한 말이었지만 그 말이 뜻하는 바는 서로 반대였다. 첫 번째로 "가라"고 하신 것은 아비와 고향을 떠나 하나님의 신실함을

믿고 새로운 땅의 미래로 가라는 말씀이었다. 그 말을 믿고 아브라함이
가나안에 도착한 후 약속대로 자식 이삭을 얻었다. 불모지에 꽃이 핀 것
이다. 그런데 어느 날 다시 한번 "가라"('레크-레가')는 말씀이 아브라함에
들려온다. 그때는 아브라함이 자기 집안에 있던 이스마엘과 그의 어머
니 하갈을 집에서 내보낸 후(21:8-21), 집안에 안정이 찾아 온 시점이었다.
"그 일 후에"(22:1) 하나님이 나타나셨다. 즉, 아브라함에게 마지막 걸림
돌이었던 이스마엘과 하갈을 내보낸 후에 하나님이 아브라함을 부르셔
서 말씀하신다.

> 네 아들 네 사랑하는 독자 이삭을 데리고 모리아 땅으로 **가서**['레크-레
> 가'] 내가 네게 일러 준 한 산 거기서 그를 번제로 드리라(22:2).

이번에 하나님이 하신 "가라"('레크-레가')는 말씀은 처음에 하셨던
"가라"('레크-레가', 12:1)와 어휘는 동일하지만 의미는 정반대였다. 처음에
"너는 너의 고향과 친척과 아버지의 집을 떠나 내가 네게 보여 줄 땅으
로 가라"는 말씀은 그와 그 후손이 세상을 복되게 할 땅(12:7; 13:15)으로
가라는 말씀이었다. 그런데 두 번째 "가라"는 말씀은 '이삭을 바치러 가
라'는 말씀으로서 받은 땅과 후손 약속을 없던 걸로 하자는 것이었다.
생명을 주겠다고 하실 때는 속히 주지 않으시다가 아브라함이 "자기 몸
이 죽은 것 같고 사라의 태가 죽은 것 같"이 됐음을 알았을 때(롬 4:19)에
야 주시고는 이제 그 생명을 없애라 하신다. 시험이 아브라함에게 왔다.

아브라함의 반응

두 번째로 "가라"는 말을 들은 아브라함은 간다. 비록 그 길이 첫 번

째 "가라"는 말씀의 반대 길이더라도. 그런데 아브라함은 어떻게 이 말씀에 순종할 수 있었을까? 엄밀하게 본다면 땅과 자녀의 문제 사이에서 아브라함은 태도의 차이를 나타낸다. 땅을 주시겠다며 가라고 하셨을 때 아브라함은 어떤 주저함도 없이 순종했다(참조. 15:8). 하지만 땅을 물려받을 후손을 주시겠다는 약속을 두고 아브라함은 흔들린다. 먼저 땅을 얻을 자손을 그의 몸에서 나게 하시겠다는 약속을 받은(15:4) 후 여종 하갈과 동침하여 아들을 얻는다(16:15-16). 하지만 하나님은 하갈에게서 낳은 이스마엘이 아닌 불임인 사라가 낳을 아들이 그의 후손이 될 것이라 하자 아브라함은 믿지 못한다("아브라함이 엎드려 웃으며 마음속으로 이르되 백 세 된 사람이 어찌 자식을 낳을까 사라는 구십 세니 어찌 출산하리요", 17:17). 그런 아브라함이 지금은 얻은 아들을 포기하라는 말씀에 기꺼이 순종한다. 후손과 관련해서 아브라함의 태도에 변화가 생긴 것이다. 내러티브의 흐름상 추론할 수 있는 변화의 근거는 그가 경험한 하나님의 신실함이다. "자기 몸이 죽은 것 같고 사라의 태가 죽[었]"음(롬 4:19)에도 그들에게 생명을 주신 하나님을 경험하자 하나님에게는 그들 안에는 없는 생명의 '창조력'이 있다는 것을 믿기 시작했다. 바울은 이런 점을 정확하게 짚어 내이 "[아브라힘이] 믿은 바 하나님은 죽은 자를 살리시며 없는 것을 있는 것으로 부르시는 이"(롬 4:17)시라고 말한다. 아브라함은 허물이 없는 인물이 아니었음에도 믿는 자의 조상이 된 것은 두 번의 '가라'는 말씀에 모두 순종했기 때문이고 그런 믿음의 배후에는 하나님의 신실함이 있었다.

바벨 사람들이 탑을 쌓으며 하나님을 맞서 대항하다 뿔뿔이 흩어져 죽어가고 있을 때(창 11:1-9), 하나님은 데라의 가족 중 아브라함을 불러 그를 통해 "땅의 모든 족속"에게 복을 주시고자 하셨다(11:10-12:4). "땅의 모든 족속"이 아브라함을 통해 하나님에게서 받을 복은 그들도 아브라함의 가족, 곧 하나님의 가족이 되어 창조주의 생명을 유업으로 받는 것이었다. 그런데 복의 통로로 부름을 받았을 때 아브라함 역시 죽음의 덫에 걸려 있었다. 하나님은 그런 아브라함을 불러 "가라"고 하셨다. 죽어 가던 집안이 다시 사는 길은 하나님의 말씀을 붙들고 살아가는 것임을 가르치시기 위함이었다. 땅은 보이지 않았고 그 땅에 살 후손도 없었지만 아브라함은 "가라"는 하나님의 말씀을 붙들고 갔다. 무엇이 기다리고 있는지도 모르는 미지의 땅으로 가라는 말씀이었지만 말이다. 그 결과 그 땅을 상속받을 생명의 복을 얻었다. 하지만 하나님은 아브라함에게 다시 한번 가라고 하셨다. 두 번째 "가라"는 말씀에는 이미 성취된 약속을 없었던 걸로 하자는 뜻이 내포돼 있었다. 하지만 이번에도 아브라함은 아무 말 없이 간다. 생명은 하나님에게 있음을 믿었기 때문이었다. 하나님은 아브라함과 그 후손을 통해 세상을 복 주기 전에 먼저 그와 그 가족이 먼저 복을 받도록 하셨고, 그 복은 창조주 하나님으로부터 생명과 땅을 상속물로 받는 것(참고, "아브라함이나 그 후손에게 세상의 상속자가 되리라고 하신 언약", 롬 4:13)이었다. 그리고 그것은 생명의 능력이 하나님에게 있음을 믿고 말씀을 의지하여 '가는' 훈련을 통해 현실화됐다.

* * *

2020년대를 지나는 한국 교회는 아브라함이 부름을 받았을 때 데라의 가족에 찾아온 '불임'의 고통을 겪고 있는 듯하다. 무엇보다 2020년에 시작된 코로나 팬데믹을 거치는 동안 한국 교회 지형이 확연히 바뀌었다. 교회 출석 성도 수는 줄어들었고, 젊은이의 급감으로 주일 학교

는 축소 내지 운영되지 않는 곳이 점점 늘어나고 있으며, 다음 세대에게
로 복음을 전수하는 일 역시 위기를 맞고 있다. 그뿐이 아니다. 하루가
다르게 변하는 사회가 다양한 질문을 하지만 교회는 제대로 답변을 하
지 못하고 있고, 교회 지도자 사이에 불거진 크고 작은 윤리 문제로 교
회의 추락은 끝이 보이지 않는다. 교회의 위기가 과장된 것이 아님을 뒷
받침하는 리서치 결과가 있다. 2022년 4월 국민일보와 사귐과섬김부설
코디연구소가 발표한 여론 조사에 따르면 2022년도 한국 교회 신뢰도
는 18.1%였다. 이는 2020년 1월에 기독교윤리실천운동에서 조사한 2년
전의 신뢰도 31.8%와 2021년의 20.9%보다 더 추락한 모습이다.[6] 한국
교회의 생명력이 소진되고 있다. 이런 한국 교회의 모습은 아브라함이
부름 받기 직전 그가 속했던 데라의 가족의 모습과 크게 다르지 않다.
변화는 단시간에 오지 않을 것이고 해법 또한 다차원적 접근이 필요하
다. 하지만 출발이 무엇이 되어야 하는지는 본 장의 결론이 말해준다.
세상에 믿음을 가지라고 말하기 전에 교회부터 먼저 '믿음'을 가지는
것이다. 아브라함이 가졌던 하나님의 생명의 능력을 믿는 믿음 말이다.
생명은 교회 안에 있는 게 아니라 교회가 믿는 하나님에게 있다. 이런
믿음을 기지고 교회는 오래 걸리더라도 묵묵히 그리스도의 몸으로서
교회의 길을 '가야' 한다. 그리스도를 통해 하나님의 나라가 도래하기
시작했던 것처럼 그리스도의 몸 된 교회 역시 하나님 나라의 교두보이
자 하나님이 가져오실 새 창조의 선취(先取) 영역이라는 말씀을 붙들고
말이다. 그럴 때, 하나님이 아브라함에게 생명을 주셨던 것처럼 아브라

---

6.   https://news.kmib.co.kr/article/view.asp?arcid=0924242488(2023년 2월 24일 검
     색): 2022년 4월 27일 기사([한국 교회 세상속으로…] 추락하는 교회 부활의 길은)
     를 참고.

함의 후손인 한국 교회에도 그 능력을 다시 회복시켜주실지 누가 알겠
는가.

제4장
화해와 평화의 길[1]

화해는 기독교의 핵심 가치 중 하나다(마 5:24; 롬 3:25; 5:10; 고후 5:18-19). 본 장은 야곱과 에서의 이야기(창 32-33장)를 화해의 주제로 읽는다.[2] 이를 통해 한국 교회가 화해의 가치를 분단된 한반도에 어떻게 실천하며 살 것인지를 고민해 보려 한다.

야곱은 20년 동안 얹혀 살던 삼촌 라반을 뒤로하고 이제 막 고향 땅을 밟으려 한다. 야곱의 발걸음은 무겁고 얼굴에는 깊은 그늘이 드리웠다. 그의 발걸음이 향하는 고향에 형 에서가 있기 때문이었다. 아버지를 속여 자기 축복을 가로채 도망갔던 동생의 귀향을 형이 어찌 가만히 보

---

1. 본 장의 주제를 화해와 평화로 설정한 것은 이문식, 『통일을 넘어 평화로』(서울: 홍성사, 2007), 25-44에 실린 "브니엘"이란 제목의 설교를 읽는 중 동기부여됐음을 밝힌다. 이 자리를 빌려 이문식 목사님에게 감사의 말을 전한다. 더불어 본문의 구체적 주해는 Turner, *Genesis*, 138-146의 도움을 받았음을 밝혀둔다.
2. 이런 점에서 이 본문은 헤이스(Richard Hays, *Reading Backwards: Figural Christology and the Fourfold Gospel Witness* [Waco, Texas: Baylor University Press, 2014])가 말한 "거꾸로 읽기"의 한 예로 볼 수 있다.

고만 있겠는가라고 야곱은 생각했을 게 분명하다. 생각에 생각을 거듭
하자 발걸음은 더 무거워졌다. 그렇다고 귀향하지 않고 삼촌 라반과 함
께 하란에서 계속 살 수만도 없었다. 야곱은 삼촌과의 동거가 불가능할
만큼 재산이 늘었고 헤어질 때는 라반과 돌무더기를 쌓아두고 서로 그
것을 넘지 않겠다고 약속했던 터였다. 이제 야곱의 선택지는 고향뿐이
었다. 상황이 이러한데도 야곱이 고향으로 내려올 용기를 낼 수 있었던
데에는 일전에 하란으로 올라가는 길에 벧엘에서 자다가 들었던 하나
님의 약속의 말씀이 한몫했다.

> 네 자손이 땅의 티끌같이 되어 네가 서쪽과 동쪽과 북쪽과 남쪽으로 퍼
> 져나갈지며 땅의 모든 족속이 너와 네 자손으로 말미암아 복을 받으리
> 라. 내가 너와 함께 있어 네가 어디로 가든지 너를 지키며 너를 이끌어
> 이 땅으로 돌아오게 할지라(28:14-15).

하나님의 약속이 현실이 되기 위해선 야곱이 해야 할 일이 있었다.
형과의 화해다. 야곱에게 화해는 하나님의 약속 성취는 물론 그의 가족
의 생존을 위해서도 반드시 이뤄내야 하는 일이었다. 사실 화해는 야곱
에게만 아니라 하나님에게도 중요했다. 하나님이 아브라함과 그의 후
손에게 그 땅을 주시며 세상을 복 주시려 한 일 역시 야곱이 형과 화해
를 만들어내지 못하면 이뤄질 수 없었기 때문이다. 야곱이 에서를 만나
러 가는 길에서 하나님이 세 번씩이나 그에게 나타나신 것도 바로 이런
이유 때문이었다.

첫 만남

삼촌과 헤어진 야곱이 가던 길을 계속 가려하자 그 앞에 한 무리의
사람(전령들)이 나타났다.

> 야곱이 길을 가는데 하나님의 사자들이 그를 만난지라(32:1).

야곱을 만난 사람은 하나님의 사자였다. 그런데 사자의 태도가 이상
하다. 보냄을 받았다면 무슨 소식을 가지고 와야 하는데, 야곱을 만난
사자들은 말이 없다. 그럼에도 영적으로 예민해져 있던 야곱은 그들의
모습에서 하나님의 메시지를 읽어낸다.

> 야곱이 그들을 볼 때에 이르기를 이는 하나님의 군대['마하네']라 하고
> 그 땅 이름을 마하나임이라 하였더라(32:2).

야곱은 하나님이 그에게 주시려는 메시지가 그들의 등장 모습에 담
겨 있다고 본 것이다. "하나님의 사자들"을 본 야곱은 "하나님의 군
대"('마하네')라고 외친다. 야곱이 읽어낸 메시지는 무엇일까. 야곱은 길
에서 "하나님의 군대"('마하네')를 본 후 그 장소를 "마하나임"(두 무리/두
떼 또는 한 쌍)이라 이름 짓는다. 야곱은 분명 다수의 하나님의 사자(혹은 천
사)를 보았고, 그곳 지명을 '두 무리'의 뜻을 가진 복수(쌍수) "마하나임"
이라 지은 것에서 알 수 있듯이 사자들이 두 떼로 나타났다는 것 역시
분명하다. 그런데도 야곱은 두 떼를 통칭하여 "하나님의 군대", 곧 '마
하네'라고 외쳤다. 야곱은 환상을 통해 주시는 하나님의 메시지를 제대
로 이해했다. 하나님이 야곱 앞에 두 무리로 구성된 하나님의 군대를 보

낸 것은 지금 야곱이 직면한 현실을 보여준다. 그 두 떼는 서로 나뉘어 지난 이십 년의 세월을 원수처럼 지내온 야곱의 진영과 형의 진영을 가리킨다. 야곱이 그 두 떼를 보고 단수로 "하나님의 군대"라 탄성을 지른 것은 야곱이 그 장면을 나뉜 형과 자신의 집안을 하나님께서 자신의 지휘 아래서 하나로 만들어 주실 것이라는 약속으로 받아들였다는 것을 보여준다. 앞서 본 것처럼 야곱은 지금까지 그가 벧엘에서 하나님에게 들었던 약속의 말씀인 "너를 이끌어 이 땅으로 돌아오게 할지라"(28:15)를 굳게 붙잡았다. 그러던 중 하나님의 군대 환상을 보며 그와 형의 가족이 하나님의 지휘 아래에서 화해를 이루어 다시 한 가족이 될 것이라고 야곱은 믿었던 것이다. 하나님의 약속이 환상을 해석하게 했다.

두 번째 만남 전의 야곱의 행동

야곱은 하나님의 군대 환상을 본 후 용기를 얻어 두 가지 행동을 취한다. 첫째는 사자를 형 에서에게 보낸다. 하나님이 사자를 자신에게 보내어 화해의 메시지를 보여주신 것처럼 야곱 역시 특사를 에서에게 보내 화해의 메시지를 전해준다. 야곱이 준 메시지는 자신에게 소와 나귀와 양 떼와 노비가 있으니 "내 주께 은혜를 받기를 원하나이다"(32:5)였다. 이 말은 그가 형을 속여 아버지께 받은 복을 형에게 다시 돌려주겠다는 것을 내포한다. 에서의 입장에서 본다면 동생이 화해를 위해 현실적이고 정당한 조치를 했다고 볼 수 있다.

곧이어 보냈던 전령이 돌아오는데 이게 심상치 않다. 그들은 에서가 "사백 명을 거느리고 주인을 만나려고 오더이다"(6절)라고 말한다. 그들은 아마 달려오는 에서의 위엄에 눌려 다가가 야곱의 말을 전달하지도 못한 채 그냥 돌아와 이 소식을 전해 준 것 같다. 전령의 말을 들은 야곱은 그 자리에서 무너진다("야곱이 심히 두렵고 답답하여", 7절). 사실 돌아온 특사는 에서가 왜 사백 명이나 되는 무리를 거느리고 오는지에 대해서는 아무런 설명을 하지 않았다. 그런데도 야곱은 사백 명이 오고 있다는 말한마디에 두려움에 눌려 마음이 무너졌다. 아마 야곱은 '형은 화해를 원치 않는 거구나. 사백 명이나 되는 군대를 동원하여 나와 우리 집을 파괴할 것이 틀림없다'라고 생각했을 것이다. 그러나 야곱의 두려움은 현실에 바탕을 둔 것이 아니었다. 후에 에서는 야곱을 보자마자 "달려와서 그를 맞이하여 안고 목을 어긋맞추어 그와 입 맞추고 서로 울었다"(33:4). 또 야곱이 예물을 주려하자 에서는 "내 동생아 내게 있는 것이 족하니 네 소유는 네게 두라"(9절)고 한다. 에서의 마음은 올 때부터 이미 변해 있었는데 그것은 동생이 보낸 선물 때문에 일어난 일이 아니었다. 결론적 이해이긴 하지만 에서가 사백 명을 데리고 온 것은 야곱을 호위하기 위해서였다고 보는 것이 더 자연스럽다(12절). 하지만 야곱은 사자의 한마디 말에 하나님의 약속과 하나님의 군대 환상도 다 망각한 채 오직 자기 생각이 만들어낸 두려움에 눌린다.

야곱은 자구책을 찾는다. 가족과 재산을 "두 떼"(32:7)로 나눈다. 에서가 한 떼를 치면 나머지 한 떼는 도망시킬 참이었다. 그렇게 해서라도 피해를 최소화하려 했다. 그런데 자신의 재산과 가족을 "두 떼"로 나누려는 생각은 어디서 온 것일까. "두 떼" 곧 "마하나임"은 야곱이 환상을 보고 지은 이름이었다. 그 환상에서 본 무리의 편대대로 자기 가족의 피해를 최소화하고자 나누어 이동시킨 것이다. 하나님의 뜻은 바뀌지 않았지만 두려움이 야곱의 마음을 바꾸어 놓았다. 환상을 통해 하나님은 야곱과 형을 화해시켜 하나로 만들 것이란 메시지를 주었지만 두려움에 사로잡히자 믿음은 위축되고 야곱은 환상을 한 방향으로만 재해석한다. 화해를 가로막는 가장 큰 장애는 두려움과 오해와 불신이다. 야곱의 예에는 작금의 남북관계에 주는 메시지가 있다. 비록 이상적이라는 비판을 받을 수 있지만 성경은 두려움을 극복하고 상호 신뢰와 협력에 기초한 남북관계가 평화의 토대라고 말한다. 최고의 안보는 힘이 아니라 평화와 화해이다.

두 번째 만남

야곱은 에서가 사백 명을 거느리고 오고 있다는 이야기를 듣고서 기도를 시작한다.

> 여호와여 주께서 전에 내게 명하시기를 네 고향, 네 족속에게로 돌아가라, 내가 네게 은혜를 베풀리라 하셨나이다. 나는 주께서 주의 종에게 베푸신 모든 은총과 모든 진실하심을 조금도 감당할 수 없사오나 내가 내 지팡이만 가지고 이 요단을 건넜더니 지금은 두 떼나 이루었나이다. 내가 주께 간구하오니 내 형의 **손**에서, 에서의 **손**에서 나를 건져내시옵소서. 내가 그를 두려워함은 그가 와서 나와 내 처자들을 칠까 겁이 나기 때문이니이다(32:9-11).

이 기도의 요지는 그가 하나님의 신실한 약속을 다시 믿고 붙들겠다는 것이다. 두려움이 만든 생각 때문에 무너졌던 믿음을 기도 중에 다시 일으켜 세운다. '내가 네게 은혜를 베풀리라는 약속을 믿고 고향으로 돌아왔으니 거기서 저를 기다리는 "내 형의 손에서, 에서의 손에서 나를 건져내시옵소서"'라고 기도한다. 야곱은 형의 "손"이 두려웠다. 에서의 손은 야곱이 평생 잊을 수 없는 사건과 관련되어 있다. 지난 20년 동안 야곱은 자신의 손을 볼 때마다 에서의 손을 기억했을 것이다. 이전에 아버지를 속이고자 자신의 손을 에서의 손이라며 내밀었다. 자신의 손을 염소 털과 가죽으로 위장하여 에서 행세를 했다(27:16). 그때 아버지 이삭이 "음성은 야곱의 음성이나 손은 에서의 손이로다"(22절)라고 했던 말이 생생하게 기억에 남았을 것이다. 그 당시에 야곱이 가진 '에서의 손'은 속임의 손이었고, 지금 다가오는 '에서의 손'은 복수의 손이다. 야곱이 에서의 손에서 구원해 달라는 말은 형을 속였던 자신의 손을 용서해 달라는 기도이자 형의 복수를 면하게 해달라는 간청이었다. 야곱은 하나님이 자신에게 "은혜를 베풀겠다"고 하셨고 베푸실 은혜는 "네 씨로 바다의 셀 수 없는 모래와 같이 많게 하리라"(32:12)고 하셨지 않았냐며 기도한다. 하나님 자신이 나와 아버지 그리고 할아버지를 통해 하고자 하셨던 일, 곧 세상을 복 주시려는 뜻을 이루시려면 지금 나를 에서의 손에서 건져내 주셔야 한다는 것이다.

야곱은 기도를 끝내자마자 형 에서에게 예물을 보낸다. 야곱이 형에게 주려고 한 "예물"은 33:11에서 다시 사용됐는데 원문에서 예물은 "축복"('베라카')이라는 단어로 쓰였다. 이전에 야곱이 형 대신 아버지에게 복을 받은 후 이사이 에서에게 "네 아우가 와서 속어 네 복['베라키']을 빼앗았도다"(27:35)고 했을 때 나온 "복"과 "예물"은 원문에서 같은 단어다. 야곱은 자신이 속여 빼앗은 복을 이제 형에게 돌려주고자 한다. 이런 절차는 화해를 위한 정당한 절차이다. 하지만 본문은 에서의 마음이 그것 때문에 변화됐다고 말하지 않는다. 이어지는 이야기는 야곱이 화해를 위해 물질 전달보다 먼저 해야 하는 것이 있다고 말한다.

야곱은 예물을 먼저 보내고 가족과 함께 늦은 밤까지 뒤에 남았다. 한밤중이 됐을 때 야곱이 갑자기 일어나 두 아내 레아와 라헬과 두 여종 그리고 열한 아들을 데리고 얍복강의 나루터로 간다. 거기 도착한 야곱은 놀랍게도 가족들만 강을 건너게 하고 자신은 뒤로 빠진다. 위험한 곳은 강 건너가 아니라 강 이쪽이다. 그런데도 야곱은 강 건너로 가족을 보내고 자신은 뒤에 남는다. 기도하고자 남은 것이 아니다. 이때까지 야곱의 행동을 보면 여차하면 도망가기 위함이었다.

얍복강에 남은 야곱, 그에게는 이제 남은 것이 아무것도 없다. 그동안 받은 가족과 재산 등 모든 복은 그의 손을 떠났다. 아무것도 없이 몸 하나만 강가에 남았다. 형을 피해 삼촌에게 도망갈 때도 그랬다. 그때도 빈손 홀몸이었다. 얍복강에서 야곱은 벧엘로 되돌아간다. 그때도 이때도 아무것도 없이 몸 하나만 있었다. 하나님이 야곱에게 찾아오신 시점은 바로 이때였다.

세 번째 만남

"어떤 사람"이 한밤중에 강가에 홀로 있는 야곱을 찾아온다. 그러고는 밤새도록 그와 씨름한다. 이 장면은 유사 발음으로 흥미롭게 묘사됐다. "어떤 사람"이 얍복('야보크')강에 머무는 야콥('야아코프')에게 찾아와 씨름('예아베크')한다(32:24). 운율을 가진 이 묘사 방식은 현 사건을 오래 기억하도록 돕는다. 씨름한 후 그 사람은 야곱에게 "네가 하나님과 사람들과 겨루어 이겼음이니라"(28절)고 한다. 분명 야곱은 한 사람과만 씨름했는데 씨름 후에는 "사람들과 겨루어 이겼"다고 말한다. 야곱이 한 그 씨름은 지금까지 그가 살아온 삶의 방식이었다. 지난날의 삶이 '씨름'과 같았음을 보여주는 상징적 사건이다. 야곱은 지금까지 씨름하듯 싸움하듯 하나님을 만나고 씨름하듯 싸움하듯 여러 사람들과 관계를 맺으며 살아왔다. 야곱의 눈에는 태어날 때부터 나보다 남이 더 좋은 자리를 차지하고 더 나은 위치에 있고 더 뛰어난 이들처럼 보였다. 그래서 그 좋은 자리에 오르고 그 자리를 차지하고자 싸우듯 인생을 살아왔다. 태중에서 형과 싸우다가 엉겁결에 에서의 발목을 잡고 태어났고, 태어나서는 에서의 장자권을 죽 한 그릇으로 빼앗았으며, 아버지를 속여 축복을 찬탈했고, 라반을 속여 재산을 축적했다. 그러니 야곱이 얍복강에서 씨름했던 그 사람은 야곱이 속여 축복권을 빼앗았던 형이자, 속여 축복을 받아내려 했던 아버지이며, 재산을 가져오려 했던 라반을 상징하는 인물이다. 그가 씨름한 대상에 하나님도 예외가 되진 못했다. 그가 아버지와 형을 피해 낯선 땅으로 도망갈 때 하나님에게 아래와 같은 약속을 받는다.

> … 땅의 모든 족속이 너와 네 자손으로 말미암아 복을 받으리라. 내가 너와 함께 있어 네가 어디로 가든지 너를 지키며 너를 이끌어 이 땅으로 돌아오게 할지라. 내가 네게 허락한 것을 다 이루기까지 너를 떠나지 아니하리라(28:14-15).

야곱은 약속을 받은 후였지만 하나님께 시원을 하며 다음과 같이 말한다.

> 하나님이 나와 함께 계셔서 내가 가는 이 길에서 나를 지키시고 먹을 떡과 입을 옷을 주시어 내가 평안히 아버지 집으로 돌아가게 하시오면 여호와께서 나의 하나님이 되실 것이요(28:20-21).

하나님은 야곱을 통해 그의 뜻을 이루실 것이기에 그를 지켜주겠다고 약속하셨다. 그럼에도 야곱은 하나님이 그를 지켜주시는지 어떤지 보고난 후에 그때 자신이 섬길지 말지를 결정하겠다고 말했다. 하나님과 밀고 당기는 일종의 거래를 시도했다. 그런데도 하나님은 다 들어주셨다. 야곱의 입에서 먼저 순종하겠다는 말이 나오지 않았는데도 그를 내치지 않고 기도대로 부와 가족을 일궈 고향으로 돌아오게 해주셨다. 그는 하나님과의 '거래'를 성사시켜 결국 자신의 뜻을 이뤄냈다. 하지만, 원하는 바를 얻어 낸 지금, 승리한 야곱에게 무엇이 남았는가. 그동안 그렇게 모은 모든 것(가족과 재산)이 다 그의 손에서 빠져나가고 그만 홀로 남았다. 원점으로 돌아간 셈이다. 장자권을 얻은 자의 복이 뭐 이러한가라는 생각을 하지 않을 수 없게 됐다.

씨름의 결과

그래도 야곱에게 성한 몸 하나는 남았었다. 하지만 이제 그 몸마저 손상된다. 하나님은 씨름에서 야곱이 이겼다고 선언하신 후 그의 허벅지 관절을 탈골시키셨다(32:25). 굳이 허벅지 관절을 탈골시킨 것은 도망가려던 야곱을 막으려는 조치였다고 보면 쉽게 이해된다. 야곱이 싸움에서 이겼는데, 가족과 재산은 형에게로 가고, 뒤에 남아 있던 몸은 망가졌다. 부러진 허벅지 관절을 가지고는 형을 피해 도망갈 수도 없게 됐다. 이제 야곱이 할 일은 형에게 나아가 화해를 이루는 것 외에는 아무것도 없다. 화해 없이는 과거(재산과 가족)는 물론 미래도 없었다. 화해와 평화적 공존이 살길이었다. 결론적인 이야기이긴 하지만, 야곱이 화해를 위해 형에게 나아갔을 때 형과의 화해를 위한 그의 역할은 제한적이었다. 에서는 동생을 만나기 전에 이미 마음이 누그러져 있었다. 따라서 야곱이 화해를 위해 형에게 나아갔을 때 그가 깨달아야 하는 사실은 다른 것이었다. 참 화해자는 하나님이시라는 사실이다. 싸우듯 인생을 살아온 탓에 야곱은 형을 비롯하여 많은 사람과 적이 됐다. 하지만 하나님은 그것을 바꾸어 이미 에서 안에 화해를 이룰 마음을 심어 놓으셨다. 야곱에게 이 사실을 깨닫는 일은 아브라함의 가족을 통해 세상을 복 주시려는 하나님의 뜻이 어떻게 이뤄지는지를 아는 일과 다름이 아니었다.

하나님이 참 화해자라는 사실을 깨닫기 위해서 야곱은 형에게 나아가야 했다. 그래야 하나님의 일을 볼 수 있다. 하나님은 뒤에 남은 야곱으로 하여금 형 에서에게 나아가도록 하기 위해 두 가지 일을 하셨다. 먼저는 그가 뒤로 더 이상 못 가도록 허벅지 관절을 탈골시킨다. 하지만 이것은 도망 못 가게만 할 뿐이었다. 앞으로 나아가게 하기 위해서는 그 다음 일이 필요했다. 야곱은 탈골이 일어난 씨름 중 하나님이 그에게 하셨던 일이 무엇이었는지를 직접 들려준다.

> 야곱이 그곳 이름을 브니엘이라 하였으니 그가 이르기를 내가 하나님
> 과 대면하여 보았으나 내 생명이 보전되었다 함이더라(32:30).

야곱은 하나님의 얼굴을 뵌 것이다. 벧엘에서 야곱은 하나님에게 '제 얼굴을 봐달라', 곧 도와달라고 간청했다(28:20-21). 그러던 그가 이제 하나님의 얼굴을 대면하여 본다. 그러자 나를 위한 하나님에게서 하나님을 위한 나를 보게 된다. 민족과 세상의 화해자로 살아가는 길은 싸워 이기는 길이 아니라 하나님의 얼굴을 뵐 때 시작된다. 하나님의 얼굴을 봐야 하나님의 복을 세상에 줄 수 있고 하나님의 얼굴빛을 봐야 세상에 빛을 비출 수 있다. 기독교인이 따라야 할 화해의 방식은 이와 같다.

에서와의 만남

야곱은 다리를 절며 드디어 에서를 만나러 간다. 그것도 대열의 선두에 선다. 지금까지는 뒤로 빠져 있던 그가 이젠 다른 사람을 뒤로 하고 앞장서서 나아간다("자기는 그들 앞에서 나아가되", 33:3). 그렇게 에서를 마주한 야곱은 형의 얼굴에서 "하나님의 얼굴"(33:10)을 보고 그 앞에 일곱 번 절한다. 이는 고대 근동에서 주종관계를 맺을 때 종이 주인에게 하는 인사법이다. 아버지 앞에서 형 형세를 하며 아버지께 축복을 받아냈을 때 야곱은 아버지 이삭에게 "만민이 너를 섬기고 열국이 네게 굴복하리니 네가 형제들의 주가 되고"(27:29)라는 말을 들었다. 하지만 그를 섬길 "열국"을 대변하는 에서를 만났을 때 야곱은 그 앞에 일곱 번 절을 하며 그를 섬기겠다고 한다. 그런 후 형에게 "예물"을 돌려준다(33:11). 화해를 위한 일에 앞장섰고, 형을 만났을 때는 일곱 번 절했으며, 그가 가진 예물(복)을 돌려주는 야곱의 새로운 삶의 태도 배후엔, 하나님의 얼굴을 대면한 은혜가 있었다. 화해자가 되는 일은 결국 하나님의 화목, 하나님의 얼굴빛, 하나님의 복과 은혜를 맛보고 나누는 일이라는 것을 창세기는 야곱을 통해 말한다.

* * *

고대 근동에서 일어난 하나님의 계시적 사건이 21세기 한반도에 주는 메시지가 있다. 남한은 북한과의 화해를 위해 많은 물질을 보냈다. 한국 교회 역시 이 일에 적극 동참했다. 그럼에도 경제적 지원은 마중물에 불과하다는 것을 우리는 안다. 사회 일각에는 남한의 경제력을 바탕

으로 북한을 흡수통일 할 수 있다는 견해를 피력하는 사람이 있다. 통계
청이 2022년 12월 26일에 발표한 '2022 북한의 주요 통계지표'에 따르
면 2021년 북한의 명목 국민총생산(GDP)은 35조 9000억 원, 명목 국민
총소득(GNI)는 36조 3000억 원으로서 이는 대한민국의 명목 국민총생
산(GDP)인 2071조 7000억 원, 명목 국민총소득(GNI)인 2094조 7000억
원의 각각 58분의 1 수준이다. 북한의 1인당 국민총소득(GNI)은 142만
3000원이었고 한국은 4048만 2000원으로 북한의 28배다.[3] 이러니 경
제적 지원이 북한의 마음을 열 것이라 생각할 법도 하다. 하지만 경제적
부로 화해를 이뤄낼 수 있다는 것은 물질만능주의의 또 다른 모습에 불
과하지 않은지 돌아봐야 할 일이다. 서독이 동독을 흡수통일 했지만 그
이후 경제적으로 잘사는 서독이 그렇지 않은 동독 사람을 2등 시민으로
취급하는 일이 자주 일어나 통일 독일의 사회적 문제가 되고 있다는 것
을 우리는 잘 안다. 또 동독 사람과 서독 사람이 결혼하는 일이 매우 드
문 것도 같은 맥락에서 이해할 수 있다. 통일은 했지만 골은 점점 더 깊
어지고 있다. 물질이 화해를 이뤄낼 수 없다. 야곱이 그러했고, 서독이
그러하다. 그러면 어떻게 해야 하나. 에서 진영과 야곱 진영의 화해를
위한 일에 누가 앞장설 때 하나님의 군대로 동합됐는가. 야곱이다. 하나
님을 뵌 야곱, 하나님만 의지하는 야곱이 제일 앞장설 때 화해의 길이
열렸다. 야곱 입장에서 보면 에서는 하나님이 바꾸셨다. 에서의 변화는
하나님께 맡겨두고 야곱 자신만 바뀌면 된다. 남북한 화해와 공존을 위
해 누가 앞장서야 하는가. 남녀의 화해를 위해 누가 앞장서야 하는가.

3. https://m.khan.co.kr/economy/economy-general/article/202212261616001#c2b
(2023년 2월 24일 검색); 《경향신문》 2022년 12월 26일 기사(북한 2년 연속 역성장
… 국민소득은 한국의 28분의 1)를 참고.

동북아 화해를 위해 누가 앞장서야 하는가. 그리스도이자 한국 교회이다. 하나님의 얼굴을 보고, 온 세상을 화목하게 하시려는 그리스도의 마음을 품은 그리스도인이다.

상대방이 바뀌면 만나겠다는 말은 정치인의 수사다. 강대강으로 맞받아쳐 상대를 굴복시키겠다는 것은 하나님이 아닌 힘을 숭배하는 세상의 '외교' 전략이다. 교회의 입장은 달라야 한다. 예수님이 시작했고 (마 5:24) 바울이 확장한 화해 사역(고후 5:18-19)은 세상의 외교 전략과 달랐다. "우리가 원수 되었을 때에 그의 아들의 죽으심으로 말미암아 하나님과 화목하게 [된]"(롬 5:10) 곳이 교회라면 교회가 따라야 할 화목은 그리스도의 모델이다. 이것은 야곱이 결국 취한 화해의 길로서 저쪽은 하나님이 바꿔주실 것을 믿고 앞장서서 화해를 이야기하는 노선이다. 신뢰와 협력이 화해의 길이라고 주장해야 한다. 교회가 믿는 분이 우리가 아직 죄인 됐을 때 화목케 하는 일을 먼저 시작하신(롬 5:8) 분이라는 것을 참으로 믿는다면 말이다. 두려움은 불신을 낳고 불신은 힘을 통한 평화를 이야기한다. 하지만 예수를 주로 믿고 순종하는 자는 신뢰와 대화가 평화의 길이고, 평화가 가장 확실한 안보라고 말해야 한다. 힘보다 신뢰를 말하며 사는 것, 그것이 바로 분단 현실을 사는 한국 교회가 가야 할 화해자로서의 길이다.

제5장
요셉의 변화, 내 꿈을 넘어 하나님의 '꿈'으로

내가 무엇을 기억하는지가 내가 누군지를 결정한다. 과거를 어떻게 기억하느냐에 따라 현재 의미가 결정되고 현재를 어떻게 기억하느냐에 따라 미래의 방향이 결정된다.[1] 기억의 이런 역할을 잘 보여주는 대표적인 인물 중 하나가 요셉이다. 요셉의 이야기 중 특히 어린 시절부터 이집트에서 형제들을 다시 만나기까지(창 37:1-45:15)의 이야기는 요셉의 꿈과 그 성취 과정의 전망에서 이해되고는 했다. 요셉의 생애에서 꿈의 중요성은 부인할 수 없지만 요셉 내러티브를 이끄는 또 다른 중요한 플롯은 요셉의 성장 이야기 곧 과거에 형제들이 그에게 행한 악행을 기억하는 방식의 변화 과정이다.

요셉이 겪은 변화의 3단계
1단계, 이집트에서 형제들을 다시 만나기 전. 어린 시절 요셉은 형제

---

1. 인간의 기억과 존재의 상관관계 이해를 위해서는 미로슬라브 볼프, 『기억의 종말』 (서울: IVP, 2016)을 보라.

들에 의해 팔려 남의 나라에 끌려갔다. 꿈 때문이었다. 형제들을 가리키
는 곡식 단이 자신에게 절한다는 꿈을 형제들에게 말했다가 형제들에
게 미움을 사 아버지와 고향 땅에서 뿌리 뽑혀 남의 나라에 내던져졌
다.[2] 요셉은 꿈을 꾸고 싶어 꾼 것이 아니었다. 어쩌다 꾸게 된 꿈을 나
눈 것이 화근이 됐다. 믿었던 사람에게 버림받는 일은 쉽게 헤어날 수
없는 트라우마를 가져오는데, 요셉에게 그 일이 일어났다. 그는 이 기억
을 어떻게 다루었을까. 나쁜 기억 하나는 수많은 좋은 기억들을 무의미
하게 만들기도 한다. 어쩌면 요셉의 삶은 이 기억과의 씨름이었다고 해
도 과장이 아니다. 내러티브상에서 요셉이 드러내놓고 말을 하지는 않
지만 그런 싸움이 내면 깊숙한 곳에서 얼마나 치열하게 진행됐는지를
보여주는 한 예가 있다. 요셉은 총리가 된 후 온의 제사장 보디베라의
딸 아스낫과 결혼하여 아들 둘을 낳는다. 첫째는 므낫세이고 둘째는 에
브라임이었다. 요셉은 첫째를 낳고 이름을 므낫세라 지었는데 그 이름
의 뜻은 '잊어버림' 혹은 '잊어버리게 하는 사람'이었다. 요셉이 첫 아들
을 낳고 이름을 그리 지은 것은 지난날의 아픔을 잊겠다는 뜻이었을 것
이다. 믿었던 형제들에게서 받은 배반의 기억이 그동안 요셉을 얼마나
괴롭혀 왔는지를 보여주는 대목이다. 요셉은 망각을 위한 싸움을 홀
로 하지 않았다. 아이의 이름을 므낫세라 지은 후 그는 이렇게 말한다.

> 하나님이 내게 내 모든 고난과 내 아버지의 온 집 일을 잊어버리게 하
> 셨다(41:51).

---

2.   이런 점에서 요셉은 고조부 아브라함, 증조모 리브가, 아버지 야곱에 이어 뿌리 뽑
힌 유랑의 삶의 대열에 참여하게 된다.

요셉은 하나님이 그를 총리에 오르게 하셨고 그렇게 하심으로 과거의 아픔을 상쇄하시는 분이라 고백한다. 지금이 총리가 된 시점이라는 걸 고려하면, 요셉이 이해한 하나님은 과거에 있었던 나쁜 기억을 잊도록 하고자 현재에 성공을 주셨다. 과거의 비극을 현재의 부요함의 원천이 되게 하심으로 고통의 기억을 잊어버리게 하시는 분이 '총리' 요셉이 만났던 하나님이었다.

요셉은 망각과 함께 용서까지 생각했을까. 요셉은 막강한 권력을 가진 이집트의 총리가 된 후 아버지와 형제들을 한 번도 찾아가지 않았다. 형제들과의 만남은 그들이 양식을 구하러 이집트에 옴으로 이뤄졌다. 요셉이 형제들을 용서했다면 적어도 총리가 된 후 아버지와 형제들에게 사람을 보내어 뭔가 조치를 취했어야 하지 않았을까. 요셉은 용서보다 망각을 택했을 가능성이 높다. 그것도 하나님의 이름으로. 하지만 요셉의 이야기는 여기서 끝날 수 없었다. 망각을 넘어 용서로 간다(45:5, 8). 어쨌든 요셉은 총리가 되고 결혼하여 자녀까지 낳은 후 지난날의 아픔을 잊고 새로운 출발을 하고자 했다. 아픈 과거를 잊으려는 요셉의 노력은 지속된다. 하지만 잊어버리게 하는 사람이란 뜻을 가진 므낫세의 이름은 아이러니하게도 요셉으로 하여금 과거를 기억나게 한다. 요셉은 그를 부를 때마다 잊어야 하는 과거를 떠올려야 했다.[3]

2단계, 형제들을 만난 요셉. 양식을 구하러 이집트에 온 형제들을

3.　미로슬라브 볼프, 『배제와 포용』(서울: IVP, 2012), 220-221에서 요셉은 이런 식으로 과거의 아픔을 기억했기에 후에 형제들을 용서할 수 있었다고 말하며, 용서는 기억을 토대로 한다고 주장한다. 하지만 요셉은 지금 기억하려는 것이 아니라 잊기 위해 아들 이름을 므낫세로 지었고, 하나님 역시 "잊게 하시는 분"으로 이야기한다는 점은 분명하다.

처음으로 보았을 때 요셉은 자신(의 과거)을 숨긴다("요셉이 보고 형들인 줄을
아나 모르는 체하고", 42:7). 그의 행동은 복수도 용서도 아닌 무시였다. 그
앞에 낮은 자세로 선 형제들을 만난 순간 그동안 잊고 있었던 한 생각
이 요셉의 뇌리를 스친다. 과거 꿈("요셉이 그들에게 대하여 꾼 꿈을 생각하고",
9절), 곧 형제들을 가리키는 곡식 단이 자기에게 절하는 꿈이었다(37:7).
곡식을 구하고자 자신의 발아래에 찾아온 형제들을 보며 요셉은 드디
어 자신의 꿈이 성취됐음을 깨달았다. 깨달음이 온 순간 요셉의 태도는
돌변한다. 형제들에게 억울한 누명을 씌워 그들을 첩자로 몰아간다. 그
들은 아니라고 부정했지만 요셉은 막무가내였다. 이어지는 대화에서
요셉은 그들의 막냇동생(베냐민)을 데려오면 그들의 말을 믿어주겠다고
했다. 요셉의 행동을 어떻게 이해해야 할까. 얼핏 형제들이 이전에 자신
에게 한 억울한 일을 되갚는 것처럼 보인다. 하지만 막강한 권력을 가진
이 마당에 진짜 복수를 하려 했으면 형제들에게 누명을 씌우는 간접적
인 방법을 택하지는 않았을 것이다. 요셉의 이런 조처 배후에는 그들이
과거 자신에게 한 잘못과 유사한 일을 겪게 함으로써 스스로 뉘우치게
하려는 의도가 있었다고 보는 게 흐름상 더 자연스럽다. 졸지에 첩자로
몰린 형제들은 요셉이 그 자리를 떠나자 요셉이 의도한 대로 잘못을 뉘
우친다.

> 그들이 서로 말하되 우리가 아우의 일로 말미암아 범죄하였도다. 그가
> 우리에게 애걸할 때에 그 마음의 괴로움을 보고도 듣지 아니하였으므
> 로 이 괴로움이 우리에게 임하도다(42:21).

억울한 누명을 쓴 형제들은 회한의 눈물을 흘린다. 그러자 요셉도

눈물을 흘리지만 장소를 옮긴다(24절). 뉘우치는 형제들을 보며 요셉의 마음이 풀어졌지만 그가 해야 할 또 다른 일이 남은 것 같다. 요셉은 여전히 자신의 정체를 드러내지 않은 채 그들을 집으로 돌려보내며, 하인을 시켜 돈을 그들에게 도로 돌려주고, 양식도 주도록 한다. 요셉은 형들을 미워하는 마음이 예전 같지 않게 된 것은 맞지만 그들과 같이 살고 싶은 마음은 없었다. 다만 곡식을 나눠 주며 그의 꿈의 연장선에서 권력자의 미덕을 형제들에게 실천하려 한다.

요셉은 그러면서 현실적인 바람 하나를 이루고자 한다. 친동생 베냐민과 함께 이집트에서 사는 것이었다. 한편으로는 형제들에게 복수를 하는 대신 자비를 베풀며 하나님이 주신 꿈을 이루고자 했으며, 다른 한편으로는 현실적인 바람을 이루고자 한다. 이를 위해 요셉은 시므온을 볼모로 잡아 베냐민을 데려 오면 시므온을 풀어주겠다며 거래를 했다. 형제들은 집으로 돌아가 이 모든 사실을 아버지 야곱에게 아뢰지만, 아버지는 절대로 베냐민을 데려갈 수 없다고 못을 박는다. 시간이 지나 양식이 다시 다 떨어졌다. 이제 어떻게 할 것인가. 양식을 구하러 이집트에 가야 하지만 베냐민을 데리고 가야 쌀도 시므온도 구할 수 있었다. 결국 형제들은 아버지 야곱을 설득하여 베냐민을 데리고 요셉이 기다리고 있는 이집트로 간다.

이집트에 있던 요셉은 그의 계획대로 베냐민이 동행한 것을 보고 다음 계획에 들어간다. 그들에게 양식을 다시 후하게 준 후 집으로 돌려보내며, 신하에게 베냐민의 쌀자루 안에 보화를 넣어 두도록 했다. 이집트의 물건을 훔친 자만 남게 하여 베냐민을 곁에 두려 했다. 이윽고 신하가 그들을 뒤따라 쌀자루를 확인한 결과 예상대로 베냐민의 쌀자루에서 보화가 나왔다. 요셉은 형제들을 향해 악감정을 드러내지 않았다.

대신 자비를 베풀며 조용히 관계를 정리하려고 했다. 그가 진정으로 원한 것은 소박하게도 친형제인 베냐민과 함께 사는 것이었다. 요셉은 어쩌면 선한 사람이라 할 수 있다. 그는 형제들의 악을 망각하려 했고, 자기 잘못을 뉘우치게 했으며, 뉘우치는 모습을 보자 자비까지 베풀었다. 그러니 요셉은 하나님이 이루어 주신 꿈을 잘 사용한다는 칭찬을 들을 만하다. 요셉의 꿈은 성취됐고, 그의 기억은 하나님 앞에서 잘 정리됐는가. 요셉 이야기는 아직 끝나지 않았다. 요셉의 꿈은 아직 이뤄지지 않았고, 그의 과거 기억 또한 아직 하나님 앞에서 온전하게 '해석'되지 않았다. 무엇보다 변화되어야 할 부분은 형제들만 아니라 요셉에게도 있었다. 이런 주제가 펼쳐지는 마지막 이야기로 들어가 보자.

3단계, 유다의 말을 들은 요셉. 요셉의 변화는 45장에 나온다. 그곳에서 만나는 요셉은 지금까지의 요셉과 다르다. 여태까지 감정을 잘 통제해왔던 요셉이 더 이상 통제를 못하고, 숨겨왔던 자신(의 과거)을 드러낸다. 무엇보다 그의 인생에서 하나님이 하시는 일을 두고 그가 가진 이해는 물론이고 꿈을 이루려는 방식에도 변화가 일어난다(45:1-8). 요셉의 변화는 유다의 긴 언설(44:18-34)을 들은 직후에 일어났다. 무엇이 요셉의 변화를 일으켰는지 보려면 유다의 언설에 집중해야 한다. 아버지 야곱에게 돌아가던 길에 베냐민의 자루에서 보석이 나온 것을 본 형제들은 다 함께 이집트로 다시 돌아온다. 돌아와 요셉 앞에 선 장면부터 가족 일의 주도권은 이제 유다가 잡는다("유다와 그의 형제들이 요셉의 집에 이르니…", 14절; "유다가 말하되…", 16절). 유다는 요셉에게 형제들을 대표해서 '우리와 은잔이 발견된 자 모두가 자신의 종이 되겠다'고 말한다(16절). 이 말은 진짜 그러겠다는 것이 아니라 자신의 진정성을 알아달라는 뜻으로 말한 것이다("우리가 어떻게 우리의 정직함을 나타내리이까", 16절 상반절). 하지만 요셉은 '은잔이 발견된 자만 종이 되고 나머지는 평안히 아버지에게 돌아가라'며 끝까지 자신의 입장을 굽히지 않는다(17절). 베냐민에 대해서는 한 치의 양보도 하지 않는다. 유다는 요셉의 태도가 강경한 것을 보자, 지금까지 뒷전에 밀려나 있었던 존재이자 요셉의 변화를 이끌어 낼 수 있는 인물을 화두로 삼는다. 바로 아버지 야곱이다(19절). 요셉은 형제들을 만났을 때 아버지의 생존 소식을 들었음에도(42:13; 43:28) 형제들에게 베냐민만 데려오라 했다. 유다는 요셉에게 잊히고 있던 아버지를 다시 전면에 부각시킨 것이다. 먼저 유다는 베냐민을 향한 아버지 야곱의 각별한 사랑을 주제로 그의 이야기를 시작한다(44:20-26). 유다는 야곱의 베냐민 사랑이 왜 특별한지를 설명하되 아버지의 말을 직접 인용하며(아래 제시된 인용문에 굵은 글씨로 되어 있다) 그가 사랑하던 요셉의 죽음 소식과 연결시킨다.

> 주의 종 우리 아버지가 우리에게 이르되 **너희도 알거니와 내 아내가 내게 두 아들을 낳았으나 하나는 내게서 나갔으므로 내가 말하기를 틀림없이 찢겨 죽었다 하고 내가 지금까지 그를 보지 못하거늘 니희가 이 아이도 내게서 데려가려 하니 만일 재해가 그 몸에 미치면 나의 흰 머리를 슬퍼하며 스올로 내려가게 하리라** 하니(27-29절).

　유다의 요지는 아버지가 자신의 생명처럼 여기는 베냐민을 잃는 것은 아버지에겐 죽음을 의미한다는 것이었다. 요셉은 지금까지 자신의 태도를 결정할 때 아버지의 존재를 고려한 적이 없다. 베냐민과 관련해서는 더욱 그렇다. 자신의 혈육이라는 것만 생각했지, 베냐민과 자신이

아버지의 아들이라는 것, 그와 베냐민이 아버지의 사랑을 얼마나 받았
고 받는 존재인지는 망각했다. 유다의 독백은 잊혔던 아버지 야곱의 사
랑("요셉은 노년에 얻은 아들이므로 이스라엘이 여러 아들들보다 그를 더 사랑하므로",
37:3)을 요셉에게 되살아나게 했던 것이 틀림없다. 무엇보다, 요셉이 통
제력을 잃고 울기 직전에 들었던 말은, 유다가 베냐민을 두고 한 말로
서, "아버지의 생명과 아이의 생명이 서로 하나로 묶여 있[습니
다]"(44:30)라는 말이었다. 이 말을 듣고 감정이 복받쳐 올 때 유다가 요
셉을 바꾸는 결정적인 말을 마지막으로 한다.

> 이제 주의 종으로 그 아이를 대신하여 머물러 있어 내 주의 종이 되게
> 하시고 그 아이는 그의 형제들과 함께 올려 보내소서(33절).

유다는 베냐민 대신 자신이 종이 되겠다고 했다. 자기를 희생하여
동생을 살리겠다는 것이다. 유다의 자기희생은 베냐민을 살리려는 뜻
에서 비롯된 것만은 아니다. 그가 한 긴 언설의 대부분이 아버지의 마음
을 헤아리는 내용이었다는 것을 감안하면 유다의 자기희생 역시 아버
지를 위한 동기에서 비롯됐다고 보아야 한다. 요셉은 베냐민만을 생각
했지만 유다는 베냐민과 아버지 모두를 위하는 사람이었다. 유다의 말
을 듣는 순간 요셉에게 변화가 찾아온다. 오직 자신의 감정과 베냐민만
생각하며 지금까지의 상황을 통제해 오던 요셉이 통제력을 잃고 운다.
그리고 말을 한다. "나는 요셉이라, 내 아버지께서 아직 살아 계시니이
까"(45:3). 자기의 정체를 드러낸 요셉이 한 첫 질문은 아버지의 생사 여
부였다. 잊었던 아니 어쩌면 잊으려 했던 아버지 야곱의 존재가 요셉의
삶의 중심에 다시 자리 잡게 되는 순간이다. 그 순간 요셉의 태도가 배

제가 아닌 포용으로 돌아서게 된다.

전환점, 아버지를 기억함

요셉은 형제들의 악행은 물론이고 아버지의 존재도 가능한 잊고 베냐민만 곁에 두면 된다고 생각했다. 유다가 없었다면 이야기는 그렇게 마무리될 수 있었다. 하지만 유다로 인해 요셉은 자기와 베냐민만 생각하는 사람에서 아브라함의 후손인 야곱의 가족 전체를 돌보는 사람으로 변화된다. 유다가 요셉에게 떠올려 준 것은 아버지의 마음이었다. 그건 아버지가 자녀를 사랑하는 마음이었다. 무엇보다 '내가 종이 될 테니 그 아이와 형제는 아버지에게 가게 하소서'라는 유다의 자기희생적 태도는 요셉의 자기만을 생각하는 태도와 대조가 된다. 유다는 아버지를 위해, 아버지에게 슬픔을 안겨다 주지 않기 위해 자신을 희생하려고 했다. 그 결과 요셉은 잊었던 아버지를 기억하고, 아버지 야곱이 사랑하는 자녀들 전체를 품는 데까지 나아간다.

요셉은 아버지의 생사를 물은 다음 형제들에게 자책하지 말라는 말을 한다. "당신들이 나를 이곳에 팔았다고 해서 근심하지 마소서, 한탄하지 마소서"(5절 상반절). 그전까지는 베냐민만 포용하고 다른 형제들은 배제하고자 그의 지혜를 사용했지만 이제 모든 형제를 다 포용한다. 용서 없는 포용은 없기에 요셉의 포용은 용서를 기반으로 한다. 요셉도 그들을 용서하고, 형제들도 그들의 죄를 깨닫고는 용서받을 기회를 가지게 됐다.

변화, 하나님의 전망에서 과거를 재조명함

요셉에게 일어난 변화의 중심에는 신(神) 지식의 변화가 있었다. 이

전에는 하나님이 자신에게 현재의 성공을 허락하심으로 과거 아픔을 잊게 하시는 하나님이었는데, 지금 그에게 하나님은 고난이든 성공이 든, 과거 모든 일을 사용하여 생명을 구원하시는 분이시다.

> 당신들이 나를 이 곳에 팔았다고 해서 근심하지 마소서, 한탄하지 마소 서. 하나님이 생명을 구원하시려고 나를 당신들보다 먼저 보내셨나이 다. … 하나님이 큰 구원으로 당신들의 생명을 보존하고 당신들의 후손 을 세상에 두시려고 나를 당신들보다 먼저 보내셨나니 그런즉 나를 이 리로 보낸 이는 당신들이 아니요 하나님이시라(5-8절).

현재 자신에게 성공을 주심으로 과거를 잊게 하시는 하나님에서 인 간의 과거 잘못을 바꾸어 현재 위기에 처한 생명(그의 가족과 이집트인의 생 명)을[4] 구원하는 계기로 삼으시는 하나님으로 그의 신 지식이 바뀌었다. 과거를 잊게 하시는 하나님이 아닌 과거를 사용하시어 그의 뜻을 이루 시는 하나님을 새롭게 만났다.

요셉이 가진 신 지식의 변화는 언제 일어났을까. 그가 총리가 됐을 때는 아니다. 요셉은 총리가 되고 난 후에도 하나님을 그의 아픈 기억을 잊게 하시는 분으로만 이해했다. 그리고 형제들을 처음 만났을 때도 아 니다. 당시 그의 관심은 베냐민을 곁에 두려는 것과 자신의 상처 난 감 정을 해결하려는 것이 전부였다. 하나님은 나를 영광의 자리에 오르게 하심으로 꿈을 이루게 하시는 분이자 과거 상처를 치유하시는 분에서 나를 통해 온 가족은 물론 가족의 후손까지도 구원하시는 분으로 그 이 해가 바뀐 시점은 유다가 그에게 아버지 야곱의 존재를 상기시켰을 때

---

4.   이 주제는 다음 장에서 상세히 다룬다.

였다. 요셉은 아버지 야곱을 기억하게 되자, 야곱의 하나님을 기억하게 된다. 나의 하나님으로만 생각하던 요셉이 아버지의 하나님을 기억하자 이제 하나님이 아버지에게 하신 약속이 기억난다. 하나님이 야곱에게 약속하신 것은 아브라함과 이삭과 야곱에게 해주셨던 약속으로서 그 가족을 통해 온 세상에 복을 주시려는 계획이다(창 12:1-2; 28:13-14; 본서 제1부 제3장을 보라). 그러니 요셉이 변화되기 위해서는 아버지의 존재가 전면에 부각되는 일이 중요했고 그 일을 유다가 한 것이다.

* * *

요셉의 변화 배후에는 유다라는 존재가 있었고 유다 배후에는 아버지 야곱이 있었으며 야곱의 배후에는 하나님 곧 아브라함과 이삭과 야곱의 하나님이 계셨다. 요셉이 섬겨오던 하나님은 그의 하나님이기 전에 그 지은 세상을 복 주시고자 아브라함과 이삭과 야곱과 그의 후손을 부르신 분이다. 요셉의 하나님 이해가 '하나님은 요셉 자신의 꿈을 이뤄주시는 분'이라는 데서 '하나님은 그분의 꿈을 이루시고자 요셉 자신의 꿈을 이루시는 분'으로 옮겨간 까닭은 망각된 아버지의 존재가 다시 그의 삶의 중심을 차지했기 때문이다. 하나님을 누구로 만나느냐에 따라 지금 이곳에서의 삶의 이유와 방식이 결정된다. 요셉은 야곱과 그의 하나님을 기억함으로 변화됐고 그 배후에는 유다가 있었다.

사실 우리는 다 요셉 같고, 요셉의 형제들 같다. 변화는 어떻게 해야 가능할까. 유다와 같은 존재가 필요하다. 내 상처와 문제에만 골몰하며 살던 우리 앞에 유다와 같은 존재가 나타났다. 곧 예수 그리스도이다. 요한계시록 5:5은 예수 그리스도를 "유대 지파의 사자 다윗의 뿌리"라고 말한다. 예수님은 사람을 향한 아버지 하나님의 마음이 어떠한지 친히 보여주셨다. 예수님의 마구간 탄생은 우리와 함께하시고자 하신 아버지 하나님의 마음이며, 예수님의 죽음은 우리에게 새 생명을 주시려는 아버지 하나님의 마음이다. 예수님의 십자가는 둘이 원수된 것을 하나가 되게 했다. 아버지의 마음, 곧 분쟁과 갈등 그리고 파괴로 얼룩진 그의 세상이 화해와 용서와 공존의 삶을 살기를 원하시는 아버지의 마음이 그렇게 전달됐다. 우리는 선택해야 한다. 내 감정만 해결할 것인지, 아니면 아버지의 마음을 따라 화해와 평화의 삶을 살 것인지를 말이다. 하나님은 내 꿈을 이루고 내 상한 감정을 치유하시는 분이다. 하지만 하나님에게도 '꿈'이 있다. 상처받은 당신과 온 세상을 치유하시려는 꿈 말이다.

제6장
꿈을 실행하는 요셉

앞 장에서 요셉은 형제들을 만났을 때 그가 '지금 여기에 있는 것'은 하나님이 생명을 구원하시려고 '미리 보내신 것'이라는 신앙고백을 했다. 본 장은 야곱의 하나님을 자기의 하나님으로 고백한(창 45:7-8)[1] 요셉이 실제로 그 신앙을 역사 속에서 실천하는 이야기(46:31-47:26)에 주목한다.

시간은 이집트에 기근이 찾아왔을 때이다. 사실 농사와 관련된 몇몇 주제(곡식과 기근)는 요셉 이야기를 이끌어 온 주된 모티브다. 요셉이 형들에게 미움을 받아 먼 나라에 팔려간 것은 자기 꿈에서 형제들을 가리키는 곡식 단들이 자기에게 절하더라고 말했기 때문이었고, 팔려간 요셉이 총리가 된 것은 앞으로 닥칠 풍년과 흉년을 예고하는 바로의 꿈을 해석해 주었기 때문이었다. 이후 요셉이 이집트에서 형제들을 다시 만나게 된 것도 형제들이 가나안에 닥친 흉년을 피해 이집트에 양식을 구

---

1. 앞 장의 결론부를 보라.

하러 왔을 때였다. 요셉은 자신의 곡식 꿈 이야기를 했다가 나락으로 떨어졌고, 다른 사람의 곡식 꿈을 잘 해석하여 승진했으며, 현실에 닥친 기근으로 인해 형제들과의 재회의 기회가 열렸다. 이제 우리가 묵상할 주제도 기근을 예고하는 바로의 꿈이 현실이 됐을 때 요셉이 가족과 더 나아가 이집트인의 생명을 돌보는 이야기다.

바로와 형제들의 만남

요셉의 형제 다섯이 바로를 만나는 장면에서 시작해보자(47:1-2). 바로가 요셉의 소개로 그 앞에 선 형제들에게 묻는다. "너희 생업이 무엇이냐"(3절 상반절). 형제들이 말한다. "종들은 목자이온데 우리와 선조가 다 그러하니이다"(3절 하반절). 바로가 그들의 생업을 물은 것이나 그들이 그리 대답한 것은 요셉이 사전에 준비해서 이뤄진 일이다. 요셉은 형제들에게 바로가 그들의 직업을 물을 것이니 준비하라고 당부했고(46:31-34), 바로에게 가서는 형제들이 고센 땅에서 가축을 돌보는 자들이라며 그들의 직업에 대한 관심을 일으켰었다(47:1). 바로가 형제들의 직업이 목자라는 것을 알고 요셉에게 뭔가를 지시한다. 그 내용은 요셉이 바라던 바였다. 바로가 말한다. "그들 중에 능력 있는 자가 있거든 그들로 내 가축을 관리하게 하라"(6절). 이집트에 남겨진 고대 비문에 따르면 이집트 왕 라암세스 3세는 3,264명을 고용하여 자기 가축을 돌보게 했는데 대부분이 외국인이었다.[2] 외국인을 고용한 것은 이집트인이 목축을 천하게 여겼기 때문이라고 볼 여지를 준다. 어쨌든 요셉은 이런 문화를 알고서 아버지와 형제들이 외딴 고센 땅에서 소와 양을 기르며 살도록 했

---

2.   N. M. Sarna, *Genesis* (JPS Torah Commentary; Philadelphia: Jewish Publication Society, 1989), 319.

고, 장기적으로 본다면 그렇게 함으로 그의 가족이 기근의 때를 통과할 환경을 만들었다.

요셉의 등장

기근은 점점 심해지고 있었다(41:54-57). 그런 때에 요셉의 가족은 소와 양을 먹이고자 고센 땅으로 올라갔고, 그 후에도 기근은 더욱더 심해져 갔다.

> 기근이 더욱 심하여 사방에 먹을 것이 없고 애굽 땅과 가나안 땅이 기
> 근으로 황폐하니(47:13).

위쪽 가나안에 가뭄이 와도 이집트가 그래도 견딜 수 있었던 것은 이집트에는 길이가 6,650km에 이르는 세계에서 가장 긴 강인 나일강이 있었기 때문이었다. 하지만 기근이 장기화되자 나일강도 별 수 없이 마르기 시작했다. 이제 야곱의 가족과 이집트인들은 어떻게 할 것인가. 무엇보다 야곱의 가족은 기근을 피해 이집트에 왔는데 이집트에까지 기근이 따라왔다. 기근 앞에서 야곱의 가족과 이십트인은 공동 운명에 처하게 됐다. 요셉이 이야기의 전면에 나서게 된 것은 바로 이때였다. 바로가 그를 총리로 세운 것도 기근의 때가 올 경우를 대비해서였고, 요셉 역시 전에 형들이 자기를 알아보고 두려움 가운데 있을 때를 언급하며 기근에 대해 말한다.

A. 하나님이 생명을 구원하시려고 나를 당신들보다 먼저 보내셨나이
다(45:5).

B. 이 땅에 이 년 동안 흉년이 들었으나 아직 오 년은 밭갈이도 못
하고 추수도 못할지라(6절).

A′. 하나님이 큰 구원으로 당신들의 생명을 보존하고 당신들의 후손을
세상에 두시려고 나를 당신들보다 먼저 보내셨나니(7절).

형들이 자기가 팔았던 요셉이 총리가 되어 그들 앞에 '나타난' 모습
을 보고 두려워 떨 때, 요셉은 근심하지 말라고 한 후 하나님이 흉년의
때(B)를 대비해서 나를 보낸 것이라며 두 번(A, A′) 반복해서 말한다.

자신이 믿고 사랑했던 사람에게 배신을 당한 것은 평생 지고 가야
하는 트라우마일 수 있다.[3] 하지만 요셉은 그 트라우마에 휘둘리지 않는
다. 그럴 수 있었던 힘은 인간의 악을 선으로 바꾸시는 하나님을 향한
믿음에서 나왔다. 요셉은 말을 이어간다. '이 땅에 이 년 동안 흉년이 들
었고 앞으로도 오 년 동안은 추수할 엄두도 못 낼 기근이 계속 이어질
것이지만 하나님은 형제들이 나를 판 일을 기근을 겪는 생명을 보존하
는 계기로 삼으셨다'고 말한다. 모든 사람은 이 세상을 사는 동안 크고
작은 트라우마를 겪는다. 그러나 신자에게는 트라우마에 휘둘리지 않
을 능력이 있다. 그 능력은 요셉을 통해 드러난 것으로 개인적인 비극을
다른 사람의 생명을 보존하는 계기로 바꾸시는 하나님의 능력이다.

---

3.   트라우마가 한 인간의 몸과 뇌에 가져오는 변화와 의학적 치료에 대해서는 의학박
사이자 신경과 의사의 진지한 고민이 담긴 책인, 베셀 반 데어 콜크, 『몸은 기억한
다』 (서울: 을유문화사, 2016)를 참고할 만하다.

누구의 생명을 보존하시려는 것인가

하나님이 형들의 악을 선으로 바꾸시면서 보존하고자 하신 생명은 누구일까. 요셉은 "생명"을 두 번 말한다. 한 번은 5절("하나님이 **생명**을 구원하시려고 나를 당신들보다 먼저 보내셨나이다")에서 말하고, 다른 한 번은 7절("당신들의 **생명**을 보존하고 당신들의 후손을 세상에 두시려고 나를 당신들보다 먼저 보내셨나니")에서 말했다. 요셉이 형제들에게 2인칭 복수를 붙여 "당신들의 생명"(7절)이라 했을 때 그 생명은 아버지 야곱과 형제들의 생명을 구체적으로 지시한 것이 틀림없다. 그러면 앞서 그냥 "생명"(5절)이라 말할 때는 누구의 생명을 가리킬까. 요셉이 이집트 총리로 있다는 것을 고려하면 그 생명은 야곱의 가족만 아닌 이집트인의 생명까지도 포함된 지시어로 보는 게 자연스럽다. 자신의 생명을 헌신짝처럼 버린 형들의 악을 바꾸며 하나님이 하고자 하신 것은 이집트에 찾아온 자신의 가족의 생명과 함께 이집트인의 생명을 보존하기 위함이라고 요셉은 믿었다. 이것이 닥친 트라우마를 이겨낸 요셉의 신앙이다.

이 신앙은, 앞 장에서 살펴본 것처럼, 증조부 아브라함과 조부 이삭 그리고 아버지 야곱에게서 왔다. 다음은 요셉이 '생명'에 관해 두 번째로 한 말이다.

> 하나님이 큰 구원으로 당신들의 생명을 보존하고 당신들의 후손을 세상에 두시려고 나를 당신들보다 먼저 보내셨나니(7절).

요셉은 하나님이 그를 이집트에 보내신 것은 그의 가족의 생명을 보존하여 그들을 "세상에 두시[기]" 위해서라고 말한다. 세상을 복 주기 위해 세상 한복판에 있는 야곱의 가족을 상상하며 요셉이 떠올린 것은 하나님이 증조부 아브라함과 조부 이삭 그리고 아버지 야곱에게 주신 "세상 모든 민족이 너와 네 후손으로 말미암아 복을 받으리라"(22:18; 26:4; 28:14)는 약속이 틀림없다. 요셉은 '내가 세상에 선 것은 나를 통해 우리 가족이 사는 것은 물론이고 이집트(세상)도 살아 아브라함의 후손을 향한 하나님의 뜻이 이뤄지기 위함'이라는 믿음이 있었다. 이것이 위기의 때를 산 요셉의 소명관이다.

현실이 된 기근

하지만 소명을 품는 일과 소명을 현실화하는 일은 다르다. 우리의 관심은 요셉이 소명을 현실화하는 과정이다. 현실에서는 기근이 악화되고 있었다. 이집트 땅이 가뭄으로 황폐해 가자(47:13) 요셉은 왕궁에 비축해 둔 곡식을 이집트 사람에게 판다. 우리나라의 경우로 말하면 정부미를 팔기 시작했다고 볼 수 있다. 그는 판매해서 번 돈을 바로의 궁에 비축한다. 하지만 기근은 쉽게 끝나지 않았고 집집마다 왕궁에서 사 왔던 곡식이 다 떨어지더니 심지어 돈까지 떨어졌다. 그러자 이집트인들이 요셉을 다시 찾아와 말한다. '돈이 다 떨어져 이젠 곡식을 사 먹을 수도 없으니 그냥 먹을거리를 달라'(15절)고 했다. 이에 요셉은 가축을 가져오면 곡식을 주겠다는 제안(16절)을 하고 이집트인은 가축을 가져온다. 가축이야 농사를 지을 수 있을 때에야 필요하지 오랜 가뭄으로 농사를 더 이상 지을 수 없는 마당에 양과 소는 아무런 소용이 없다고 판단했을 것이다. 요셉은 가축을 받고 한 해 동안 먹을 만큼의 음식을 나눠 주었다(17절). 왕궁에 가축이 들어오자 모두 바로의 궁 소유로 넘겼다(18절; 참고, 20절).[4] 이집트인의 가축이 바로의 것이 됐다.

---

4.   물론 직접적으로 "바로의 소유"가 됐다는 말은 토지와 관련해서만 나온다(20절).

생명 보존

본문의 관심은 요셉으로 인해 바로의 재산이 늘었다는 데 있지 않다. 바로는 요셉이 그의 형들을 만났을 때 요셉에게 말했다.

그들 중에 능력 있는 자가 있거든 그들로 내 가축을 관리하게 하라(6절).

바로의 가축은 야곱의 가족들이 관리하도록 되어 있었다. 기근의 때에 왕궁에 들어온 소 떼와 양 떼는 바로의 소유가 되고, 바로의 소유는 야곱의 가족들이 관리했다. 요셉의 지혜로 야곱의 가족은 기근의 때에 생명을 보존하게 됐다. 하나님은 요셉을 통해 그의 백성을 살리시고 계신 것이다. 하지만, 하나님은 세상은 죽어가는데 아브라함과 그 자손들만 살리실 분이 아니다. 요셉을 미리 이집트에 보내신 것은 "당신들의 생명"만 아니라 이집트인의 생명 또한 보존하기 위함이었다. 그러면 요셉이 이집트의 생명을 구원하는 일은 어떻게 진행될까. 돈 받고 곡식 주고, 가축 받고 먹을 것을 주는 생명을 보존하는 방식도 구원의 방식이다. 하지만 요셉의 생명 살리는 사역은 이것보다 더 깊고 근본적이다.

종자

이집트인은 가축을 주고 곡식을 받아 근근이 살았는데, 그래도 기근이 계속되자 필사적으로 요셉을 찾아와 말한다.

하지만 18절에서 이집트인들이 요셉에게 와 "우리의 가축 떼가 주께로 돌아갔사오니"라고 하는 본문을 근거로 볼 때 "주"가 지시하는 요셉은 바로의 총리 역할을 했기에 요셉에게 '돌아간' 가축은 바로의 소유가 됐음을 유추할 수 있다.

우리의 돈이 다하였고 우리의 가축 떼가 주께로 돌아갔사오니 주께 낼
것이 아무것도 남지 아니하고 우리의 몸과 토지뿐이라. 우리가 어찌 우
리의 토지와 함께 주의 목전에 죽으리이까. 우리 몸과 우리 토지를 먹
을 것을 주고 사소서. 우리가 토지와 함께 바로의 종이 되리니 우리에
게 종자를 주시면 우리가 살고 죽지 아니하며 토지도 황폐하게 되지 아
니하리이다(18-19절).

돈도 가축도 다 없어지고 난 다음에 남은 건 밭과 몸이었다. 이제 그
것을 가지고 요셉에게 다시 찾아왔다. 자신의 밭과 노동력을 팔아 "먹
을 것"을 얻고자 했다. 여기까지 들으면 요셉은 흉악해 보인다. 사람들
의 어려움을 이용하여 바로만 부요하게 하는 나쁜 총리처럼 보인다. 가
난해진 이들을 위해 왜 무료로 곡식을 나눠주지 않았을까. 코로나 팬데
믹 상황에서 소상공인에게 코로나 지원금을 주었듯이 말이다. 하지만
요셉은 근대 민주국가의 총리가 아니다. 요셉의 행동은 당시 법과 문화
의 전망에서 이해해야 한다. 레위기 25:14-43에서는 여러 이유로 농사
를 지을 수 없는 사람의 땅을 구입하거나 그들을 종으로 받아들여 먹여
주고 재워주는 일을 하나의 자선 행위로 보았다. 특히 요셉은 땅을 구입
한 후 밭의 수입의 5분의 1만 내고 나머지 5분의 4는 그들이 가지도록
했다(창 47:24). 그러니까 수입의 20%를 바로에게 주고 80%는 그들이
가져가게 했던 것이다. 이런 일은 착취가 아니라 위기 때 사람이 먹고살
도록 해 준 지혜다. 고대 함무라비 법에 따르면 소작농은 곡식의 3분의
2를 땅 주인에게 바쳐야 했다. 이스라엘이 시리아에 점령당했을 때 유
대인은 자기들이 지은 농사 소출의 3분의 2를 왕에게 바쳐야 했다(마카
비1서 10:30). 그것에 비하면 요셉이 이집트 사람에게 5분의 1(수입의 20%)

을 바치도록 한 것은 너그러운 세금이다. 여러 비문에 따르면 당시 소작
농의 평균 세금은 33.3%였다. 무엇보다, 요셉의 이런 제안(창 47:23-24)을
들은 이집트인은 요셉에게 말한다.

> 주께서 우리를 살리셨사오니 우리가 주께 은혜를 입고 바로의 종이 되
> 겠나이다(25절).

이집트 사람이 말하는 것처럼 창세기 본문이 궁극적으로 말하고 싶
었던 점은 요셉이 생명을 살렸다는 것이다. 요셉이 무엇을 했기에 사람
을 살렸다고 말하는가. 단지 세금을 적게 매겼기 때문은 아니다. 그들이
"우리를 살렸다"고 한 더 근본적인 이유는 요셉이 이집트 사람에게 준
것 때문이다. 요셉이 마지막으로 그들에게 준 것은 쌀이 아니라 종자였
다. 이집트 사람들이 요셉에게 나아와 말한다.

> 우리에게 **종자**를 주시면 우리가 살고 죽지 아니하며 토지도 황폐하게
> 되지 아니하리이다(19절).

요셉도 그들의 간청을 들은 후 말한다.

> 오늘 내가 바로를 위하여 너희 몸과 토지를 샀노라. 여기 **종자**가 있으
> 니 너희는 그 땅에 뿌리라(23절).

종자가 무엇인가. 종자는 쌀이 아니라 씨앗이다. 쌀은 오늘을 위해
입에 넣지만 종자는 내일을 위해 밭에 뿌린다. 아마 기근이 끝나가고 있

음을 안 이집트 사람은 마지막에는 쌀이 아니라 씨앗을 달라고 했다. 그
들에게는 다시 시작할 씨앗이 없었기 때문이었다. 그들이 종자를 가지
고 있지 않은 이유는 어렵지 않게 추론할 수 있다. 농경사회 어디에서나
추수로 거둬들인 곡식은 전부를 다 밥해 먹지 않고 그중 얼마는 항아리
나 독에다가 넣어 종자로 보관했다. 그래야 다음 해에 씨를 뿌릴 수 있
기 때문이다. 아무리 배가 고파도 종자는 까먹지 않아야 한다. 그것은
다시 시작할 기초이기 때문이다. 기근이 오래되자 그들은 자기 집 항아
리에 있던 종자까지도 다 밥을 해 먹어버렸다. 희망을 포기했다. '내일
이 다 무슨 소용인가, 오늘 밥이 없는데'라고 말하며 종자마저 다 밥해
먹어버렸다. 옛말에 '굶어 죽어도 씨앗은 베고 죽는다'는 말이 있다. 굶
어 죽을 때 씨앗을 베고 죽으면 죽은 자리에서 곡식이 새로 나온다는
것을 안 까닭에 생긴 속담이다. 그런데 그들은 계속된 기근으로 내일을
생각할 여유를 가질 수 없었다. 하지만 요셉은 끝까지 종자를 남겨 두었
다. 내일의 소망을 포기하지 않았다. 왜 그랬을까. 요셉은 하나님의 도
움으로 바로의 꿈을 해석했다. 창세기 41:25에서는 바로의 꿈을 해석해
주면서 요셉은 "하나님이 그가 하실 일을 바로에게 보이심이니이다"라
고 말했다. 요셉은 기근에 반드시 끝이 있다는 것을 알았다. 하나님의
계획을 믿었기에 기근 중에서도 끝까지 종자를 품을 수 있었다. 결국 품
었던 종자를 꺼내 주어 이집트인으로 하여금 땅에 그것을 심게 한다. 이
집트인이 돈을 가져왔던 첫 번째 때나 가축을 가져온 두 번째 방문 때
는 그들의 현재적 필요(음식)를 제공했고, 마지막 방문 때는 그들의 미래
의 필요를 채워준다. 요셉은 그들로 다시 시작하게 했다. 다시 꿈을 품
게 했다. 종자를 받아 든 이집트 사람이 요셉에게 주께서 우리를 살리셨
다고 한 말은 빈말이 아니었다. 그들에게 밥 그 이상을 주었다. 미래와

꿈을 주었다. 모두가 깃발을 내렸을 때 요셉은 결코 내리지 말아야 할 깃발이 있다는 것을 알고 그것을 지켰다.

이것이 요셉을 통해 아브라함의 소명이 이뤄지는 방식이었다. 아브라함에게 하나님은 너와 네 후손을 통해 세상이 복받을 것이라고 하셨다. 요셉도 이것을 알았다. 하나님이 자신을 이집트에 보내신 것은 그 가족을 살려 세상에 두시기 위함이었다. 세상에 두셔서 종자를 나눠주고자 하심이었다. 하나님은 이 세상을 포기하지 않고 메말라가는 땅에 생명을 다시 일구실 것이다. 먼저 요셉 홀로 이 소망을 품었고 이제 종자를 이집트인에게 주며 그들 역시 그 소망을 품는 일에 합류시키신다.

신약에서 하나님은 다시금 죽어가는 세상에 '종자'를 주셨다. 예수님이다. 예수님은 죽어가는 우리에게 종자를 주셨다. 성령님이다. 우리 안에 새 생명의 씨앗인 성령을 주시어 우리로 이 세상을 살지만 새 생명의 삶을 살게 하셨다. 주역에 "석과불식"이라는 말이 있다.[5] 과실나무 끝에 매달린 과실은 따먹지 않는다는 것이다. 그 과실은 씨 과실이다. 그것은 먹지 말고 땅에 심어야 한다. 요셉은 종자를 남겨 두었고 모두가 포기할 때 그 종자를 내놓았다. 하나님은 그 아들 예수님을 종자로 세상에 주셨다. 하나님과 예수님은 성령님을 우리에게 새 생명의 종자로, 이 땅에 우리 가운데 심으셨다.

* * *

요한복음 20:21에서 부활하신 예수님이 방문을 안에서 잠그고 있던 제자들에게 '나타나' "아버지께서 나를 보내신 것 같이 나도 너희를 보

---

5.   주역의 23번째 괘(卦)인 산지박괘(山地剝卦)에 나오는 말이다.

내노라"고 하셨다. 밭에 씨를 뿌리듯 예수님은 교회를 세상에 뿌리셨다. 세상에 뿌려진 교회가 이곳에서 끝까지 품어 틔워야 할 씨가 무엇인가. 예수의 생명이다. 외로움을 말하는 이들에게 교회는 그리스도의 우정을 말하고, 사회가 절망을 말할 때 교회는 희망을 말하며, 사회가 증오를 말할 때 교회는 화목을 말하고, 사회가 경제적 효용성만을 말할 때 교회는 생명의 가치를 말해야 한다. 또한 사회가 힘에 기반한 평화를 말할 때 교회는 신뢰와 협력에 기초한 평화를 말하고, 사회가 이념을 말할 때 교회는 복음을 말하며, 사회가 죽음을 말할 때 교회는 부활을 말해야 하고, 무엇보다 사회가 이 짧은 인생의 허무를 말할 때 교회는 현재 시작된 영생을 말해야 한다. 이것이 세상에 뿌려진 교회가 사회에 전해야 하는 종자이다.

우리는 요셉처럼 영향력을 미치는 위치에 있지 않아 우리(교회)의 말이나 가치와 삶이 사회에 '씨도 안 먹힐 것'이란 선입견이 있다. 그렇지만 씨의 힘을 믿어야 한다. 생명은 종자 자체에 있다. 씨를 필요한 사람에게 제때 나눠 주는 지혜도 중요하고 그것을 받아 땅에 뿌리는 고된 수고도 중요하다. 하지만 땅이 그 소산을 내는 것은 바로 씨의 생명 때문이다. 우리는 씨의 생명을 믿어야 한다. 우리 안에 심어진 '종자'이신 성령의 능력을 믿어야 한다. 이 생명이 우리로 기근의 시절을 믿음으로 지내게 하시고, 인격적으로 전해진 복음이 이웃들의 삶에 열매 맺게 하시며, 쓸모없다고 내버린 돌도 성전 돌이 되게 하신다. 그러니 아무리 세상이 어둡고 한반도가 불안해 보이며 한국 교회는 쇠락의 길에 들어섰다 하더라도, 어찌 교회가 창조주 하나님이 자신이 지으신 세상을 포기하지 않으신다는 소망을 이 시대에 심는 일을 포기할 수 있겠는가.

제7장
사라진 자의 말

    요셉의 보호로 낯선 땅 이집트에서 생육하고 번성하던 이스라엘 자손에게 새로운 국면이 시작됐다. 그것은 요셉을 알지 못하는 바로의 등장이었다. 학대가 시작되어 삶은 고역이 되고 노동은 노역이 됐다. 이에 하나님은 아브라함과 이삭과 야곱에게 약속하신 것처럼 그의 백성이 세상의 종이 아닌 세상의 빛으로 살도록 하시고자 삶의 '토양'을 바꾸신다. 이 일에 모세가 쓰임 받았다. 이집트에 들어가 그곳을 복되게 하는 일에 요셉이 쓰임 받았다면 더 큰 세상에 들어가는 일에는 모세가 쓰임 받았다. 그런 모세가 새로운 땅을 지척에 두고 죽는다(신 34:1-12). 곧, 이스라엘은 세상의 종이 아니라 세상의 빛으로 살도록 부름 받은 창조주 하나님의 언약 백성임을 일깨워 준 사람이 죽는다. 사십 년간의 광야 생활 동안 하나님의 약속을 붙들고 살던 사람이 약속 성취를 눈앞에 두고 광야에서 죽게 된 것이다. 아브라함과 이삭과 야곱의 하나님은 모세의 죽음을 통해서 무슨 말씀을 하실까.

어디서 어떻게

모세의 죽음을 통해 하시는 하나님의 말씀을 듣기 위해서는 그가 어디서 어떻게 죽었는지를 기억해야 한다. 모세는 이스라엘 백성을 이끌고 드디어 모압 평지에 도달했다(신 1:1). 앞에는 요단강이 흐르고 그 강 너머로는 하나님이 주시겠다던 약속의 땅이 광활하게 펼쳐져 있었다. 사십 년간의 광야 생활을 뒤로 한 채 약속의 땅을 바라보던 백이십세의 모세는 감정이 복받쳐 올라왔다. 하나님이 사백오십 년 전에 단 한 사람 아브라함에게 하셨던 약속 "[이] 땅을 내가 너와 네 자손에게 주리니"(창 13:15)라는 그 말을 이루실 것을 믿고 모세는 걷고 또 걸었다. 그리고 마침내 약속이 현실이 되는 지점에 도달한 것이다. 어찌 어려움이 없었겠는가. 백성은 사백 년도 더 되는 옛날에 했다는 약속을 믿고 출발은 했지만 막상 믿고 따라온 현실에서 메마른 광야가 계속되자 '괜히 따라왔다', '이집트가 더 낫다, 돌아가자'라는 말을 어디 한두 번만 했는가. 또 어떨 때는 '신이 어디 여호와뿐인가, 주위에 있는 게 신들이고 그들 모두가 다 현실적인 약속을 하는데 왜 우린 보이지도 않는 땅을 주겠다는 약속만 믿고 무작정 걸어가야 하는가'라는 말을 스스럼없이 내뱉었다. 하지만 모세는 그 모든 말을 온몸으로 받아 삭히고 도저히 견딜 수 없을 때는 기도하며 하나님께 맡겼다. 그러고는 다시 백성을 설득하여 결국 사백오십 년 전의 약속이 현실이 되고, 사십 년의 방랑이 끝나 믿음이 현실이 되는 지점에 도달했다. 이때 모세는 하나님께 간청한다.

구하옵나니 나를 건너가게 하사 요단 저쪽에 있는 아름다운 땅, 아름다운 산과 레바논을 보게 하옵소서(신 3:25).

그러자 하나님은 모세의 말을 듣지 아니하시고 모세에게 말씀하신다.

> 그만해도 족하니 이 일로 다시 내게 말하지 말라. 너는 비스가산 꼭대기에 올라가서 눈을 들어 동서남북을 바라고 네 눈으로 그 땅을 바라보라. 너는 이 요단을 건너지 못할 것임이니라(26-27절).

모세는 귀를 의심했을 것이다. 하나님이 무슨 말씀을 하시는 것인가. 내가 가야 할 곳이 저기 저 앞이 아니면 도대체 어디란 말인가. 민수기에는 조금 다른 식의 말씀이 있다.

> 내가 이스라엘 자손에게 준 땅을 바라보라. 본 후에는 네 형 아론이 돌아간 것 같이 너도 조상에게로 돌아가리니(민 27:12-13).

하나님은 모세에게 '넌 그 땅을 보기만 해라. 넌 여기까지다'라고 하셨다. 그렇게 모세는 광야와 약속의 땅의 경계선에서 인생을 마쳐야 한다는 소리를 들었다. '하나님 도대체 무슨 말을 하시는 겁니까? 나를 들어가게 하지 않을 것 같았으면 왜 이곳까지 나를 인도하셨습니까?'라는 탄원을 했을 법하다. 또는 '아니다, 하나님은 어쩌면 나를 시험하고 계실지도 모른다'고 들은 말의 뜻을 달리 생각했을 수도 있다. 옛날에 하나님은 아들 이삭을 두고 아브라함을 시험하셨다. 아브라함에게 땅을 유업으로 이어받을 자식을 주시겠다며 반복해서 약속하셨음에도 수십 년이 지나도록 주지 않으셨다. 그러다가 결국 사라의 육체적 생산 능력이 완전히 죽었을 때에야 생명을 주신 후에는 그렇게 얻은 아들을 제물로 바치라 하셨다. 이에 아브라함이 실제로 칼을 빼들자 하나님은 급히 자신의 말을 취소하지 않으셨던가. 모세는 어쩌면 그때 그러셨던 것처럼 하나님은 지금도 그러실 수 있다고 생각했을 법하지만, 하나님은 '넌 그리로 들어가지 못하리라'고 단호하게 말하셨다.

땅을 보여주심

신명기 마지막에 이르러 하나님은 모세를 산으로 올라오라고 부르셨다. 먼저 올라간 곳은 느보산이었다. 느보산에 오르자 하나님은 약속의 땅이 좀 더 잘 보이는 비스가산으로 가자고 하신다. 비스가산 꼭대기에 도달하자 요단강과 그 너머의 모든 지형이 한눈에 다 들어왔다. 하나님이 모세에게 그 광경을 보이셨다는 말이 신명기 34장에 세 번이나 반복된다. 1절("보이시고"), 3절("보이시고"), 4절("네 눈으로 보게 하였거니와"). 사실 이 땅은 하나님이 아브라함에게 보여주셨던 곳이었다. 조카 롯이 소돔과 고모라를 향해 갈 때 뒤에 남은 아브라함에게 하나님이 말씀하셨다. "너는 눈을 들어 너 있는 곳에서 북쪽과 남쪽 그리고 동쪽과 서쪽을 바라보라. 보이는 땅을 내가 너와 네 자손에게 주리니 영원히 이르리라"(창 13:14-15). 하나님은 그때 아브라함에게 보라고 했던 땅을 모세에게 보이시며 자신이 말만 하지 않고 말한 바를 이루는 신실한 자임을 확증하고 계신다.[1]

모세는 그 앞에 펼쳐진 약속의 땅을 번갈아 보며, 하나님이 말이나 글에서만 존재하시는 분이 아니라 역사 속에서 일하시는 분임을 확신하게 됐다. 바로 그때 하나님의 음성이 다시 들린다.

---

1. 고대 로마법과 성경법에서 한 사람이 자신에게 속한 토지를 남에게 이전할 때는 새로운 소유자에게 그 땅을 보여주었다.

여호와께서 그에게 이르시되 이는 내가 아브라함과 이삭과 야곱에게
맹세하여 그의 후손에게 주리라 한 땅이라. 내가 네 눈으로 보게 하였
거니와 너는 그리로 건너가지 못하리라 하시매(신 34:4).

하나님은 일전에 모세에게 말씀하셨던 바를 최종적으로 확증하신
것이다. 하나님은 자신이 말씀하신 바를 신실하게 이루시지만 하나님
에 대한 그런 경험은 모세가 아닌 그 후손들에게만 허용됐고 모세는 홀
로 광야에 남아 경계의 땅 광야에서 죽어 장사되어야 했다. 왜 하나님은
모세에게 요단강을 건너가는 것을 허락하지 않으셨는가. 모세의 죽음
이 말하는 바가 무엇인가. 모세의 기력이 약해져 그 땅에 들어가는 동안
해야 했던 싸움에 나서지 못할 것 같아 광야에서 죽게 하셨는가. 아니
다. 모세는 백이십 세셨지만 "그의 눈이 흐리지 아니하였고 기력이 쇠
하지 아니하였[다]"(34:7). 모세의 죄 때문에 그가 광야에서 죽었는가. 죄
때문이라는 것은 민수기 27:12-14에서 말하는 바인데 모세의 죄는 민수
기 20:1-13에 나온다. 하지만 '모세의 무덤이 말하는 바가 죄가 있으면
약속의 땅에 못 들어간다'는 말인가. 그러면 들어간 백성은 죄가 없어서
들어갔는가. 아니다. 다 죄가 있었지만 그들은 들어갔고 모세는 들어가
지 못했다. 그의 범죄 때문에 광야에서 죽었다는 주장은 신명기 34장의
지지를 받지 못하는 입장이다. 게다가 신명기의 최종 결론이 담긴
34:10-12은 "이스라엘에 모세와 같은 선지자가 일어나지 못하였나니
모세는 여호와께서 대면하여 아시던 자요"라고 말한다. 그러니 모세의
무덤이 '망령된 행실로 강을 건너지 못한 사람의 무덤'이라고 말할 수
없다. 죽음이 말하는 바를 들으려면 그가 죽어 묻힌 곳에 가야 한다.

누가 어디에 모세를 묻었는가

모세가 죽었을 때 그는 "벳브올 맞은편 모압 땅에 있는 골짜기에 장사되었[다]"(6절). 우리말로는 "장사되었다"(수동태)라고 되어 있지만 원문은 "장사하다"(능동태)이다. 누군가가 그를 장사했다고 말한다. 이 '장사하다'는 말의 주어는 3인칭 단수이다. 모세는 하나님이 산 정상에 올라오라 하셨을 때 혼자 산에 올라간다. 그가 그곳에서 죽었을 때 그 곁에 아무도 없었다. 오직 한 분 여호와 하나님만 그와 함께 계셨다. 그러니 장사하다의 3인칭 단수 주어는 1절부터 모세의 대화 상대자로 나오신 하나님이다.[2] 모세를 땅에 묻으신 분은 여호와이시다. 하나님은 모세를 어디에 묻으셨나.

> 벳브올 맞은편 모압 땅에 있는 골짜기에 장사되었고 오늘까지 그의 묻힌 곳을 아는 자가 없느니라(신 34:6).

모세의 무덤이 어딘지 아무도 모른다. 사람이 묻었으면 모세의 무덤의 위치를 기억할 텐데 하나님이 묻었으니 아무도 모르게 됐다. 하나님이 모세를 묻으신 구체적인 장소는 나오지 않지만 묻힌 대략적인 지역은 언급된다. "벳브올 맞은편 모압 땅에 있는 골짜기"이다. 모세의 죽음이 말하는 바를 듣기를 원하는 사람이 모세의 무덤을 찾다가 결국 도착할 수밖에 없는 지점은 모압 골짜기 입구이다. 그곳이 어디인지는 정확히 모르지만 하나 분명한 점은 약속의 땅 안이 아니라 그 땅을 바로 앞에 둔 광야였다는 사실이다. 하나님은 모세를 광야에 묻으셨다. 모세는 광야에서 살다가 광야에서 죽었고 광야에 묻혔다. 그의 말은 광야에서

---

2.   두에인 L, 크리스텐센, 『신명기(하)』 (WBC 6; 서울: 솔로몬, 2007), 680.

들려온다. 특히 약속의 땅과 바로 붙은 광야에서 들려온다.

모세, 기다림의 사람

광야에서 죽은 모세는 자신의 죽음으로 말한다. 또한 하나님은 모세의 죽음으로 그의 후손에게 질문하신다. '너는 약속만을 붙들고 살면서 그 약속의 성취는 다른 사람이 맛본다 해도, 일평생 그 약속을 붙들고 견디며 기다리고 믿고 살 수 있는가.' '약속의 성취는 하나님이 이루실 것을 믿고 사십 년의 광야를 견디며 살 수 있는가.' 모세는 그렇게 살았다. 팔십 세에 출애굽 한 후 아무것도 없는 광야에서 그는 하나님의 신실함 하나만 믿고 모진 세월을 견뎌냈다. 때론 광야의 모진 비바람을, 때론 불화살과 같은 백성의 원망을 온몸으로 받아냈다. 그가 그렇게 할 수 있었던 것은 타고난 성품이 온유했기 때문일 수도 있겠지만 모세의 궁극적 힘은 신실하신 하나님에게서 나왔다. 하나님은 이 백성을 자신의 백성으로 삼아 그중에 항상 계시고 큰 영광을 받으시겠다는 약속을 이루실 분이라는 믿음 하나만 붙들고 혹독한 세월을 견뎌냈다. 그리고 모두가 강을 건너 약속의 땅에 들어가며 하나님의 신실함을 찬양하면서 앞으로 나아갈 때 모세는 홀로 뒤에 남아 선조들이 있는 곳으로 돌아간다. '약속의 성취는 후손들이 볼 것이라 믿고 자신은 그 성취로 나아가는 중간 단계의 산파 역할만 하면 된다'는 믿음을 가진 자, 그가 모세였다. 하나님은 모세를 그렇게 만드셨다. 기다림의 아이콘으로. 그러니 약속의 땅에 들어간 이들에게 하나님이 모세의 죽음을 통해 하시는 질문은 '성취의 영광은 다음 세대가 맛보고 나는 다만 하나님의 나라의 가치를 붙들고 인내하며 이 과정을 견디며 살겠다'라는 고백을 할 수 있겠느냐이다. 사실 약속의 땅에 들어간 이들은 모세와 같은 믿음이 필요했다. 그들이 들어가게 된 땅은 완성된 하나님의 나라도 아니고 천국도 아닌 또 다른 중간 지점, 곧 완성된 하나님의 나라로 가는 중간 지점에 불과했기 때문이었다. 그러니 그 땅에 들어간 이들에게 필요한 삶의 태도 또한 모세와 같은 것이었다. 하나님의 신실함 하나만을 믿고 어정쩡한 이 세상을 믿음과 인내로 살아가면서, 약속의 성취는 후손들이 봐도 된다는 자세로 사는 또 다른 모세가 필요했다. 광야에 있던 모세의 무덤을 통해 하시는 하나님의 말씀이 만들어 내는 삶이 바로 그런 것이었다. 모든 완성과 성취를 다 맛보려 하지 않고 영광은 후에 하나님이 이루실 것을 믿으며 그저 견디며 믿음으로 사는 삶 말이다.

어머니

어머니는 2021년 12월 25일 성탄절에 코로나에 감염되셨고 그 후 한 달 동안 일인 음압실에서 코로나와 사투를 벌이다 그렇게 돌아오고 싶어 하셨던 집으로 오지 못하신 채 홀로 하나님의 부름을 받으셨다. 어머니가 마지막 숨을 거두시는 모습을 나는 병원 간호사실에서 시시티브이(CCTV) 화면으로 지켜보았다. 돌아가시기 3일 전까지 어머니는 폴더폰으로 자녀들에게 전화하시며 '내 다 나았다. 휠체어 가지고 빨리 데리러 오거래이'를 반복해서 말씀하셨다. 우리 가족에게 그렇게 많이 말씀하셨다면 하나님에게는 얼마나 많이 기도하셨을까. 그런데 우리 가족도 어머니의 마지막 소망을 이뤄드리지 못했고 하나님도 들어주지 않으셨다. 기도하고 또 기도하면서 어머니의 마지막 간구가 응답이 되지 않은 것이 무엇을 말하는지 하나님께 물었다. 그래도 온전한 뜻을 알 수는 없었다. 하지만 어느 날 어머니의 마지막 모습과 모세의 마지막 모습이 겹쳐졌다. 어머니와 모세 모두 "나로 강을 건너가게 하소서"라고

외쳤지만 하나님은 허락하지 않으셨다. 하나님은 왜 그 기도를 들어주
지 않으셨을까. 하나님은 어머니가 십 대 소녀였을 때 부르셔서 팔십 평
생 하나님을 믿고 주를 섬기며 살게 하셨다. 특히 어머니가 사십 대에
들어설 때 특별한 소명을 주셨고 그 소명을 따라 살게 하셨다. 아픈 자,
눌린 자, 깨어진 자들이 어머니에게 찾아와 함께 기도한 후 새로운 삶을
시작했다. 처음에는 가정에서 모이다가 사람이 많아지자 얼마 후 건물
을 빌려 모였고, 마지막엔 아버지가 평생 해오시던 양계장을 기도처로
바꾸어 이 소명에 순종하며 사셨다. 그렇게 자신의 몸을 돌보지 않으시
며 사역하는 동안 어머니의 몸 이곳저곳이 하나둘 약해지기 시작했다.
두 다리는 인공관절을 하셨고, 갑상선 저하증, 부신 저하증, 대장암, 뇌
출혈, 오른쪽 인대 파열, 안구 건조증이 있으셨으며, 여든 나이에 척추
협착증 수술을 받으셨지만, 코로나가 오기 전까지 기도하는 사역을 멈
추지 않으셨다. 병원에 입원하신 후 코로나 균이 폐에 들어가 점점 그
균을 퍼뜨려 폐에 산소량이 90%, 80%, 70%로 점점 떨어질 때에도 그
렇게 집에 오고 싶어 하셨던 것은 이곳이 어머님이 자신의 소명에 따라
사신 사십 년 사역의 열매가 있는 곳이기 때문이 아니었을까 생각해 본
다. 하지만 모세처럼 어머니에게 그 열매를 마지막으로 맛보는 일은 허
락되지 않았다. 어머니는 홀로 병실에 계시다가 하나님께로 돌아가셨
다. 그렇게 하신 하나님의 깊은 뜻을 우리가 어떻게 알겠는가. 하지만
모세의 죽음이 말하듯, 그리고 우리에 앞선 수많은 믿음의 선배들의 삶
이 말하듯, '약속의 성취는 하나님께 맡기고 우리는 약속만 붙들고 견디
고 인내하며 믿음으로 이 땅에서의 삶을 살아야 한다'는 말을 마지막으
로 남기시고 어머니는 돌아가셨다.

　모세의 죽음은 내가 수고했으니 그 열매까지 보겠다는 우리의 마음

을 내려놓으라고 말한다. 약속의 성취는 후손들 아니 예수님에게 맡겨 두고 자신은 광야 같은 이 인생을 인내하며 기다리고 살아가는 것, 그것 이 신앙인의 삶이고 그렇게 사는 게 불가능한 삶이 아니라고 모세는 우 리에게 말한다.

예수님과 모세의 만남(막 9:4)

하나님은 그렇게 들어가고자 했던 땅에 들어가는 것이 허락되지 않 은 채 광야에서 죽었던 모세를 광야 무덤에 외롭게 남아 있게만 하셨는 가? 아니다. 예루살렘으로 올라가시던 예수님이 어느 날 갑자기 산에 오르신다. 그러고는 제자들 앞에서(막 9:2) 그 모습이 바뀌시더니 이내 예수님 앞에 두 인물이 나타났다. 그중 하나가 모세였다. 이에 제자들은 예수님과 함께 서 있는 모세를 보게 된다. 하나님은 산 위에서 죽은 모 세로 하여금 약속의 땅에 들어가는 것은 허락하지 않으셨지만 온 인류 를 해방시키는 메시아를 만나는 영광은 허락하셨다. 제자들의 눈에 이 광경이 들어왔다는 것은 모세만 아니라 하나님의 약속의 성취인 주 예 수 그리스도를 믿고 충성하며 살아가는 모든 자가 마지막으로 얻게 될 영광이 무엇인지를 하나님이 그들에게 보여주신 것이라 이해해야 한 다. 그 영광은 마지막 날 주 예수님이 친히 무덤 문을 열고서 그들을 나 오게 하신 후 죽음과 슬픔에서 해방된 새로운 몸을 입혀주시는 영광과 다름 아니다.

* * *

모세는 사십 년간 광야의 모진 비바람을 맞으며 견뎌왔다. 그는 '하

나님이 약속하셨으니 이 구원을 마치실 것이다. 시작하신 이가 마치시
는 자가 되신다'는 믿음으로 광야를 걸어왔다. 또 하나님이 '너의 영적
여정은 여기까지다'라고 하셨을 때는 걸음을 멈춘다. 그리고 여호수아
를 세워 그가 요단강을 건너도록 한다. 이처럼 모세의 산고의 기다림과
믿음 그리고 인내 덕분에 후손이 가나안 입성이라는 열매를 맛볼 수 있
었다. '기다림 없이는 성취도 없다. 그러니 하나님을 기다려라.' 이것이
모세의 죽음이 말하는 바다. 우리는 어떤가. 기초만 다지고 떠나더라도
그것으로 만족할 수 있는가. 우리가 인내하고 기다리고 참고 견딜 때 열
매는 그 후에 오는 사람이 먹을 것이라 믿고서 '난 여기까지'라고 말할
준비가 되어 있는가. 이런 믿음의 삶을 살아갈 때, 모세가 예수님과 대
화를 했던 것처럼 마지막 부활절 아침에 우리 역시 일어나 '우린 그저
살아왔고 그 약속을 이루신 분은 당신이었군요.'라고 말하면서 모든 하
나님의 약속을 이루신 예수님을 만나 그에게 면류관을 드릴 날이 주어
질 것이다.

제8장
영적 여정의 3단계

시의 구조

목자와 양의 여행 이야기가 나오는 시편 23편은 그 전체 배경이 목장이라고 생각하기 쉽지만, 푸른 초장은 시의 시작 부분에만 잠시 나온다. 시의 배경은 곧바로 푸른 초장에서 목장과 전혀 어울리지 않는 사망의 음침한 골짜기로 넘어간다. 푸른 초장에서 사망의 음침한 골짜기로 배경이 바뀐 지점은 시편 23편의 중심부다. 시의 중심부에는 죽음의 골찌기기 자리 잡고 있는 셈이다. 하지만 그것도 잠시 시는 사망의 음침한 골짜기에서 다시 여호와의 집으로 옮겨가고 그곳에서 종결된다. 이런 장소의 변화는 여호와를 "나의 목자"로 삼은 양에게는 살면서 거치는 여정이 있다는 것을 말한다. 그 여정은 푸른 목장에서 시작하여 사망의 음침한 골짜기를 지나 마침내 여호와의 집에 도달하는 것이다.

푸른 초장 ⇨ 사망의 음침한 골짜기 ⇨ 여호와의 집

모습을 달리하시는 하나님

양의 여정만 아니라 목자 되신 하나님에게도 변화가 있다. 시가 진행됨에 따라 하나님도 그 모습을 바꾸신다. 초반부(1-3절 상반절)에 하나님은 목자로 나오신다. 중반부(3절 하반절-4절)에 들어서 하나님은 2인칭 대명사 "당신"(개역개정에는 "주"로 번역됐다)으로 나오신 뒤 후반부인 5절까지 이어진다.

> 당신께서 나와 함께하심이라 당신의 지팡이와 당신의 막대기가 … 당신께서 … 내게 상을 차려 주시고 당신께서 기름을 내 머리에 부으셨으니(4-5절, 저자 번역).[1]

마지막 장면(5-6절)에서 하나님은 손님들에게 밥상을 차려주는 집주인으로 나온다. 시는 그렇게 끝난다.

목자 ⇨ 당신 ⇨ 집주인

하나님이 모습을 바꾸시는 것은 그의 백성 때문이다. 그가 돌보시는 이들이 처한 환경에 따라 하나님은 다른 모습으로 다르게 일하신다. 백성이 푸른 초장에 있을 때는 여호와가 목자로 나타나시어 돌보신다. 그러나 그의 백성이 사망의 음침한 골짜기를 지날 때는 하나님이 당신으로 등장하신다. 시에서 가장 어두운 부분인 사망의 음침한 골짜기에서

1.　2-3절에서는 하나님이 3인칭으로 등장하셨다("그가 나를 푸른 풀밭에 누이시며 그가 나를 쉴 만한 물가로 인도하시는도다. 그가 내 영혼을 소생시키고 그가 나를 그의 이름을 위하여 의의 길로 인도하시는도다", 저자 번역).

하나님은 가장 가깝고 친밀한 '당신'으로 다가오셨다. 그리고 그의 백성이 집에 도착하자 하나님은 이제 집주인으로 등장하셔서 그들에게 식탁을 차려주신다. 하나님은 우리가 처한 환경에 따라 그의 모습을 달리하신다. 그렇다면 하나님을 만나고자 할 때 우리가 처한 곳이 어딘지를 먼저 봐야 한다. 그래야 그곳에서 일하고 계시는 하나님을 만날 수 있다. 우리가 처한 곳은 사망의 음침한 골짜기인데도 하나님이 목자처럼 다가와 생수를 먹이시고 푸른 초장으로 이끄실 것을 기대한다면 우리는 실망할 수밖에 없다. 음침한 골짜기에서 하나님은 지팡이와 막대기로 인도하신다. 때에 맞게 다가오시는 하나님을 알아야 하나님과 우리의 만남이 가능해진다. 시편 23편은 바로 이 점을 우리에게 알려주고 있다.

시의 처음과 끝

시는 푸른 초장에서 양에게 풀과 물을 먹이는 이야기로 시작했다가 마지막은 여호와의 집에서 상차림을 대접받는 것으로 마무리된다. 먹는 일로 시작했다가 먹는 일로 마무리된다. 하지만 같은 먹는 일이라도 처음 먹는 일과 마지막 식탁에는 의미상의 차이가 있다. 푸른 초장에서 하니님은 먹을 곳이 있는 곳으로 양을 인도했지만 마시막에 주의 집에서는 하나님이 직접 밥상을 차려주신다. 푸른 초장에서 먹는 것도 은혜이고 기쁨이지만 여행 마지막에 도달했을 때 하나님이 차려주는 밥상은 영광 중의 영광이다. 마지막 밥을 먹으러 우리는 성도의 여행을 하고 있다. 우리 여행의 끝에는 주님의 밥상이 있다.

목장과 목자 그리고 양(1-2절)

양은 자신은 아무런 부족함이 없다고 선언한다. 세상에는 채울 수 없는 두 가지가 있는데 하나는 밑 빠진 독이고 다른 하나는 인간의 마음이다. 특히 인간의 마음은 결핍증이라 할 만큼 만족하는 법을 잘 모른다. 부족함을 느끼는 인간의 마음은 그 무엇으로도 채울 수 없는 것처럼 보인다. 인간은 왜 결핍을 느끼는 것일까? 1절을 근거로 본다면 결핍증은 자신이 목자가 되려는 사람에게 찾아온다. 반면에 "내게 부족함이 없다"는 선언은 여호와가 "나의 목자"가 될 때에야 할 수 있는 고백이다. 푸른 초장의 풍성함이나 마르지 않는 시냇물 때문이 아니라 여호와가 나의 목자이기에 할 수 있는 고백이다. 풀이 아니라 목자에 대한 믿음이 결핍을 채우는 길이다. 푸른 풀밭에 있는 사슴이나 토끼를 생각해보자. 그들에게서 양의 여유를 보기는 쉽지 않다. 그들 앞에 동일한 풀밭과 시냇물이 있는데도 사슴과 토끼의 시선은 불안을 감출 수 없다. 먹을 것이 없기 때문이 아니라 목자가 없기 때문이다. 하지만 양은 "여호와는 나의 목자시니 내게 부족함이 없다"고 고백한다. 풀과 시냇가가 어디에 있는지는 목자가 관심을 가져야 할 영역이며, 양이 해야 할 모든 것은 그 목자를 나의 목자로 삼고 신뢰하는 것이다.

2절은 신뢰 관계에 있는 양과 목자에게 어떤 일이 일어나는지를 정확하게 보여준다. 동사 두 개(아래 제시된 인용문에 짙은 글씨로 되어 있다)를 눈여겨보자.

> 그가 나를 푸른 풀밭에 **누이시며**
> 쉴 만한 물가로 **인도하시는도다**(2절).

푸른 풀밭에서 목자가 하는 일은 양을 그 가운데에 눕게 하고 또 물가로 인도하는 것인데 그곳은 쉴 만한 곳이다. 목자가 푸른 초장에서 하는 일의 핵심은 **쉼과 양식의 공급**이다. 그리고 이런 쉼과 양식의 공급의 목적은 우리의 영혼을 소생시키기 위함이다(3절 상반절). 당연히 양은 어떤 여행도 하지 않았기에 피곤한 상태가 아닐 것이다. 그런데도 "영혼을 소생"시키기 위해서 푸른 초장과 쉴 만한 물가로 양을 인도하는 것은 이상하게 보일 수 있다. 하지만 이어지는 절에서 이런 의문은 해소된다.

길이 난 푸른 초장(3절 상반절)

푸른 초장과 쉴 만한 물가에 쉬고 있던 양들에게 약간의 긴장이 일어난다. 목자가 양들에게 푸른 초장 끝 한쪽에 나 있는 "길"을 보여주고 있기 때문이다. 그 길은 양들이 푸른 초장과 쉴 만한 물가를 뒤로하고 떠나야 할 여정이 있다는 것을 말한다. 양들은 마냥 이곳에 머물렀으면 좋겠다고 생각했을 수 있다. 그러나 성도에게 푸른 초장과 쉴 만한 물가는 삶의 전부가 아니다. 아름답고 양식으로 충만한 그곳은 출발지에 불과하다. 가야 할 곳이 있고 그러니 떠나야 할 길이 있다. 목자가 양들을 푸른 초장과 쉴 만한 물가에서 "영혼을 소생시키셨다." 영혼의 소생에는 목적이 있었다. 우리의 삶이 평생 푸른 초장과 쉴 만한 물가와 같지는 않다. 우리는 가야 할 곳이 있고 그곳에 가려면 거쳐야 하는 곳이 있다. 그 길에는 푸른 초장이 더 이상 없고 물은 바싹 메말라 있는 깊은 골짜기가 있다. 그렇기 때문에 눈앞에 물이 있고, 푸른 초장이 마음껏 펼쳐져 있으며, 하늘 문이 열려 하늘에서 만나가 쏟아져 내려올 때 우리의 영혼을 소생시켜 놓아야 한다. 지금까지 내가 한 것이 별로 없고 그래서 그렇게 필요하지 않아 보여도 은혜가 부어질 때 그것을 받아야 한다. 곧 새로운 여행이 기다리고 있기 때문이다. 인생의 여정에서 보면 푸른 초장은 십 대나 이십 대 시절이다. 젊은 시절 수련회와 주일 예배, 찬양 시간과 사경회 때 하늘에서 거저 주어지는 은혜를 받아야 사회로 길을 나서는 삼십 대와 사망의 음침한 골짜기와 같은 중년의 위기가 시작되는 사오십 대를 넉넉히 통과할 수 있다.

자기 이름을 위해 인도하심(3절 하반절)

길을 나서는 양들에게는 분명 두려움이 생긴다. 아무리 목자가 함께 있더라도 전혀 낯선 환경으로 가야 하기 때문이다. 어쩌면 길을 걷는 것은 말이나 소에게 어울리는 일이라는 생각이 들 수도 있다. 목자는 그런 양들을 안심시키고자 하나의 약속을 한다. 그 약속은 "자기 이름을 위하여 의의 길로 인도[하겠다]"는 것이다. 길 여행 동안 내 이름, 내 명예를 걸고 너희를 인도하겠다고 약속한다. 목자의 길 지식과 상황 판단력을 믿고 따라오기만 하라는 뜻이 담겼을 것이다. 또 푸른 초장에서는 시냇가와 푸른 풀밭이 눈에 많이 들어왔다면 지금부터는 나만 보고 와야 한다는 뜻이 담겼을 것이다. 길을 걷는 이가 명심해야 할 것은 바로 이 약속이다.

사망의 음침한 골짜기(4절 상반절)

양은 목자의 말을 믿고 그를 따라 길을 나섰다. 그러나 양은 '이게 무슨 일인가'라는 생각이 들게 하는 상황을 마주하게 된다. 길에서 목자가 이끄는 곳은 사망의 음침한 골짜기였다. 양은 이제 푸른 풀밭이나 생명의 물가가 아니라 죽음의 그림자가 드리워진 골짜기를 마주 통과해야 한다. 양은 시의 가장 한복판인 죽음의 깊은 골짜기에 도달했다. 이곳에는 푸름은 없고 어둠만 있으며 시냇가는 없고 메마름만 있다. 언제라도 양을 잡아먹을 야생 짐승들이 이곳에 기다리고 있다. 바위 뒤에 숨어서 소리를 낸다. '목자는 정말로 너희를 사랑할까? 사랑한다면 왜 이런 죽음의 골짜기로 인도했겠는가!' 살면서 시원한 답도 내릴 수 없는 이런 종류의 질문이 끊임없이 우리를 엄습한다. 사망의 음침한 골짜기에 처했다고 생각하는 사람이 잘 기억해야 할 것이 있다. 그곳은 죽음이 아니라 '죽음의 그림자'가 있는 골짜기라는 사실이다. 아직 죽은 것이 아니다. 게다가 그곳은 종착지가 아니라 지나가야 하는 과정이다. 목자가 인도하는 길은 푸른 초장에서 사망의 음침한 골짜기로 끝나는 막다른 골목이 아니다. 그럼에도 두려움은 쉽게 사라지지 않을 것이다. 이때 기억해야 할 것은 목자가 이전에 했던 말이다. "자기 이름을 위하여 의의 길로 인도하시는도다." 이 사망의 음침한 골짜기에서도 하나님은 여전히 그 양을 인도하신다. 그러나 어떻게 인도하실까. 하나님은 양이 푸른 초장에 있을 땐 목자로 양들을 이끌고 인도하셨다. 그러나 죽음의 골짜기에서는 하나님이 그 모습을 달리하신다. 사망의 음침한 골짜기에 도달했을 때 시인은 하나님을 더 이상 목자로 부르지 않는다. 하나님은 2인칭 대명사인 "당신"으로 묘사된다. 가장 어두운 시절, 죽음이 눈앞에 다가온 것 같은 시간에 하나님은 시인에게 가장 가까이 계시는 모습으로 경험된다. 지난날의 우리의 인생을 돌이켜 보며 언제 주님을 가장 가까이에서 만났는지 생각해 보자. 내가 죽음의 깊은 골짜기에 들어섰을 때가 아닌가. 죽음이 바로 목전에 다가왔을 때 하나님 역시 바로 앞에 나타나시어 우리를 인도하시고 이끄신다. 고난의 한복판에 있는 사람을 구하기 위해 하나님은 고난 그 한복판으로 몸을 던지는 분이시기 때문이다.

지팡이와 막대기(4절 하반절)

죽음의 계곡에서 하나님이 그의 성도를 이끄는 특별한 인도법이 있다. 지팡이와 막대기이다. 지팡이는 양들을 해치려는 짐승이나 다른 적을 몰아낼 때 사용하는 것이고(삼하 23:21), 막대기는 곁길로 가고 한눈파는 양들을 바른 길로 인도할 때 사용하는 도구이다.[2] 우리를 이끄시는 하나님의 손에는 지팡이가 있다. 그 지팡이는 사망의 골짜기와 같은 장소와 시간에 처해 있을 때 우리를 공격하는 악한 이들을 막는 하나님의 도구이다. 하나님의 또 다른 손에는 막대기가 있다. 그 막대기는 바로 우리들을 위한 것이다. 사망의 골짜기에 있을 때 그곳에 있는 그 짐승들이 두려워 혹은 너무 어두워 길을 잘 못 가든지, 아니면 목자보다 들짐승들이 더 매력적으로 보여 그 늑대를 따라 가고자 할 때 하나님은 막대기를 사용하여 '정신 차리라'고 우리를 징계하실 때도 있다. 지팡이만 우리를 보호하는 것이 아니라 막대기 역시 우리를 안위한다고 고백한다. 사망의 골짜기에서 가장 무서운 적은 늑대라기보다는 바로 자기 자신이기 때문이다. 우리를 안위하는 그 지팡이와 막대기는 때로는 하나님의 말씀일 수 있고, 때로는 주위 사람들의 권면일 수 있으며, 또 때로는 여러 상황과 사건일 수도 있다.

어쨌든 사망의 골짜기에서 자신과 외부 상황과 싸울 때 언제나 잊지 말아야 할 것이 있다. 이곳이 우리 여정의 종착지가 아니라는 것이다. 이 골짜기가 아무리 어둡고 아무리 깊고 그리고 죽음의 냄새가 나더라도 이곳이 끝이 아니다. 사망의 음침한 골짜기는 과정이다. 조금만 참

---

2. Hans-Joachim Kraus, *Psalms 1-59 A Commentary,* trans Hilton C. Osward (Minneapolis: Augsburg Publishing House, 1988), 308. 개역개정의 삼하 23:21에서 "막대기"에 해당하는 히브리어('세베트')는 시 23:4에 사용된 "지팡이"('세베트')와 동일 단어다.

고 조금만 더 가면 여호와의 집이 있다.

여호와의 집(5-6절)

5절로 넘어가자 분위기는 급반전된다. 방금 전까지만 해도 사방이 어두운 사망의 음침한 골짜기였는데 갑자기 주의 집이 나타난다. 여호와의 집은 사망의 음침한 골짜기에서 천 길 떨어진 곳에 있는 것이 아니라 골짜기의 코너만 돌면 바로 그 앞에 있는 것이다. 가장 어둡다는 것은 새벽이 바로 앞에 다가왔다는 것을 의미한다. 주의 집에 들어서는 순간 하나님은 이제 집주인으로 바뀌어 우리를 위해 일하신다. 먼저 하나님은 우리에게 잔칫상을 차려 주신다. 그것도 원수가 보는 앞에서 그렇게 하신다. 우리를 집어삼키기 위해 사망의 골짜기에서 끝까지 쫓아왔던 그 원수는 아무것도 하지 못한 채 그저 바라만 볼 뿐이다. 그런데 이런 일은 우리의 몸이 여호와의 집에 들어갈 때 일어난다. 사망의 음침한 골짜기에서 아무리 지쳐도 목자를 신뢰하는 가운데 살면 여호와의 집이 바로 앞에 보이기 시작하고, 그 집의 주인이신 하나님께 우리의 지친 몸을 던지기만 하면 승리를 맛볼 수 있다. 사망의 음침한 골짜기를 지나는 동안 양들은 어쩌면 냉소주의나 절망에 감염됐을 수 있다. 그래서 '이곳이 끝이야. 우리가 도착해야 할 다른 곳은 없어. 혹 그런 곳이 있더라도 그곳에 간다고 무슨 대단한 일이 일어나겠어'라는 생각이 그를 괴롭힐 수 있다. 그럴 때 우리는 '결코 그렇지 않다. 그 집에 들어갈 때 무슨 일이 일어난다'고 외쳐야 한다. 일주일이 아무리 힘들어도 주일 예배당에 교회로 모이면 무슨 일이 일어난다. 원수의 능력이 결코 어떻게 할 수 없는 능력이 하늘에서 주어지기 때문이다. 이 땅이 아무리 힘들어도 마지막 날 주의 앞에 설 때 무슨 일이 일어난다. 그때 마지막 원수와 부패와 죽음과 우울증과 암과 두려움은 다 사라지고 하나님은 우리에게 승리의 잔칫상을 베풀어 주실 것이기 때문이다.

여호와의 집에 들어선 이들을 위해 하나님은 밥상을 차려주신다. 양들은 푸른 초장과 시냇가에서도 음식을 먹었다. 그때 음식은 먼 길을 떠나기 전 영혼을 소생케 하는 양식이었다. 그러나 지금 여호와의 집에서 가지는 식사는 긴 여정을 끝낸 후 주님과 함께하는 마지막 승리의 잔칫상이다. 원수도 어쩔 수 없어 그냥 바라볼 수밖에 없는 영광의 식탁이다.

끝 날의 고백, 여호와의 선하심과 인자하심

이제 시인은 이 모든 여정을 돌이켜 보며 마지막 고백을 한다.

> 내 평생에 선하심과 인자하심이 반드시 나를 따르리니 내가 여호와의
> 집에 영원히 살리로다(6절).

시인이 여호와의 집에 도착했을 때에야 깨닫게 된 사실을 들려준다. 자신의 인생 전체가 하나님의 인자하심과 선하심을 경험하는 과정이었다는 것이다. 푸른 초장에 있을 때만 아니라 사망의 음침한 골짜기에 있을 때에도 하나님의 선하심을 경험하는 시간이었다는 것이다. 그러니 시인은 "내 평생에 선하심과 인자하심이" 있었다고 고백한다. 우리의 영적 여정 중 지금 어느 단계에 있든지 기억하자. 여호와의 인자하심과 선하심이 우리를 붙들고 있다.

제9장
요나를 향한 하나님의 '선교'

　　이스라엘 사회 특히 왕정 시대에 하나님의 뜻을 왕과 백성 그리고 간혹 이방 나라에 전한 사람을 선지자라 한다. 요나는 이웃 나라 앗시리아의 수도 니느웨에 가서 하나님의 말씀을 전하도록 부름을 받은 선지자이고, 요나서는 선지자가 니느웨에 가서 하나님의 뜻을 전하는 과정을 담은 책이다. 그런데 다른 선지서와 달리 요나서에 소개된 선지자의 실제 대언 활동은 매우 짧고(욘 3:4), 책의 대부분은 요나가 보냄 받지 않은 곳(배, 바다 밑, 고기 배 속, 언덕)에 머문 이야기가 주를 이룬다. 게다가 책의 결론부는 요나가 니느웨 성 맞은편에 올라가 내리쬐는 무더위 때문에 짜증내는 이야기다. 물론 요나가 결국 가야 할 곳에 간 것은 사실이다. 하지만 앗시리아에 가서 하나님의 말씀이라고 전한 한 마디 말은 이렇다.

　　사십 일이 지나면 니느웨가 무너지리라(4절).

이 한 마디도 "사흘 동안 걸을 만큼 하나님 앞에 큰 성읍"(3절)이라고 말해진 성에서 그가 단 하루만 다니며 했던 말이었다. 요나의 선포는 짧고, 성의 없으며, 건성으로 대충했다. 선지서를 기록한 구약의 선지자 중 이런 유의 선지자는 요나가 유일하다. 놀라운 것은 이 성의 없고 짜증이 난 선지자의 짧은 선포가 울려퍼진 이방 앗시리아에서 왕과 대신들부터 시작해서 백성과 심지어 동물들까지 베옷을 입은 채 물도 마시지 않고 금식하며 자기 행동을 부끄러워하고 뉘우친다는 점이다. 선지자의 선포는 단 한 절뿐이었는데 이방 사람의 회개 장면은 다섯 절(5-9절)이나 할애되어 상세히 설명된다.

더 놀라운 것은 선지자 요나는 심판하시는 하나님만 이야기했는데, 이방 니느웨 사람은 하나님의 인애를 말하며 회개한다.

> 하나님이 뜻을 돌이키시고 그 진노를 그치사 우리가 멸망하지 않게 하시리라. 그렇지 않을 줄을 누가 알겠느냐(9절).

하나님의 성품을 말해야 하는 선지자 요나는 침묵하는데, 심판의 대상인 니느웨 사람은 하나님의 인애를 말한다. 요나서는 누가 선지자인가를 묻는다.

요나서의 요지는 무엇인가

요나서 시작의 바로 앞 장에는 오바댜 선지자가 이방 나라 에돔을 향해 선포한 내용이 나온다. 특히 주목할 것은 "네가 행한 대로 너도 받을 것인즉 네가 행한 것이 네 머리로 돌아갈 것이라"(옵 1:15)는 선포다. 오바댜서는 공의의 하나님을 이야기한다. 하지만 요나서는 심판이 예정됐다 하더라도 뉘우치면 재앙을 거두시는 인애의 하나님을 말한다. 그런데 하나님의 그 같은 성품을 실제로 믿고 행동한 사람은 니느웨 성 사람들이었다(욘 3:10). 이후에 보겠지만 요나는 알지만 실천도 선포도 하지 않는다(참고, 4:2). 이런 점에서 요나서는 선지자를 통해 이방 사람 을 회개시키는 이야기라기보다는 회개하는 이방인을 통해 완고한 선지 자를 바꾸려는 이야기다. 요나서의 독자 역시 이방인이 아닌 언약 백성 인 이스라엘이라는 점을 고려하면, 요나서는 선지자 요나가 대변하는 이스라엘 백성을 위한 하나님의 '선교' 이야기로 보아야 한다. 요나서를 읽을 때는 저자의 의도처럼 요나의 모습 안에서 우리의 모습을 발견하 고 변화의 대상은 다른 사람이 아니라 바로 나 자신이라는 점에 초점을 맞춰야 한다. 남이 아니라 나다.

부르심[1]

"일어나 저 큰 성읍 니느웨로 가서 그것을 향하여 외치라"(1:2 상반 절). 이것이 요나의 소명이었다. 무엇을 외쳐야 하는지는 이어지는 말이 암시한다.

> 그 악독이 내 앞에 상달되었음이니라(2절 하반절).

하나님은 니느웨의 악독이 그 앞에 상달됐기에 요나를 보내어 니느 웨에 무엇을 외치라고 했다. 하나님이 요나가 가서 무엇을 외치기를 바 라셨는지 알려면 하나님 앞에 도달한 니느웨의 악독이 무엇인지 알아

1.   이 섹션에서 이뤄진 주석은 김창대, 『한 권으로 꿰뚫는 소예언서』 (서울: IVP, 2013), 209-222을 참고했음을 밝혀 둔다.

야 한다. 그 악독을 가리키는 히브리어('라아')는 두 가지 뜻을 가진다. 하
나는 '악독'이고 다른 하나는 '고통' 혹은 '재앙'이다. 요나서에서는 이
두 가지 뜻이 다 쓰인다. 3:8에서 앗시리아 왕이 회개하며 말한다.

> 사람이든지 짐승이든지 다 굵은 베 옷을 입을 것이요 힘써 하나님께 부
> 르짖을 것이며 각기 악한['라아'] 길과 손으로 행한 강포에서 떠날 것이
> 라(3:8).

여기서 사용된 "악한"은 1:2의 "악독"에 쓰인 말과 같은 말이다. 그
런데 바다에서 선원들이 폭풍을 만나 외치는 말 속에서도 동일한 말이
나오는데 그때는 전혀 다른 뜻으로 나온다.

> 그들이 서로 이르되, 자 우리가 제비를 뽑아 이 재앙['라아']이 누구로
> 말미암아 우리에게 임하였나 알아보자(1:7).

바다에서 만난 폭풍을 "재앙"이라 하는데, 이 재앙은 1:2에 나온 하
나님 앞에 도달한 니느웨의 "악독"('라아')과 같은 말이다. 이방 사람에게
임한 재앙은 누구 때문에 왔는가(우리는 후에 이 주제를 묵상할 것이다). 그리
고 요나가 마지막에 무더위로 괴로워할 때 하나님이 박넝쿨을 보내어
"그의 괴로움['라아']을 면하게"(4:6) 하셨다. 여기에 나오는 "괴로움"도
하나님 앞에 도달한 니느웨의 "악독"에 쓰인 단어와 같은 말이다. 그러
므로 니느웨의 '라아'가 하나님 앞에 도달했다는 것은 니느웨의 악독과
니느웨의 고통 둘 다가 하나님 앞에 도달했다는 말로 보아야 한다.[2] 악

---

2.   이런 해석은 악한 앗시리아 사람이 낯선 선지자의 무성의한 외침에 그렇게 쉽게 회

은 이로움을 주겠다고 약속하지만 실제로 주는 것은 고통과 재앙이다. 이제 하나님은 어떻게 하실 것인가. 하나님은 공의로운 분이기에 그들의 악을 심판하셔야 한다. 하지만 하나님은 인애와 긍휼이 풍성하기에 고통이 가중되는 그들을 그냥 두실 수 없으셨다. 그래서 하나님은 요나를 보내신다. 이는 일기예보하듯 심판의 도래를 예고하기 위함이 아니다. 하나님은 그들의 악을 심판하시지만 뉘우치면 재앙을 거두시는 인애가 풍성하신 하나님이심을 선포하도록 요나를 보내셨다.[3]

피함

하지만 요나는 다시스로 도망하여 욥바로 내려간다. 니느웨는 이스라엘 북동쪽에 있고 다시스와 욥바는 이스라엘 남서쪽에 있다. 그렇게 요나는 하나님이 가라고 하신 삶의 정반대 방향으로 여행을 시작한다. 이유는 "여호와의 얼굴"(1:3)을 피하기 위해서다. 그가 외면하려 한 것은 악한 자가 얼굴을 하나님에게로 향하면 하나님도 그에게로 돌리시는 그런 하나님의 얼굴이었다. 요나는 그런 하나님이 싫었다. 그래서 하나님의 성품, 하나님이 하시는 일의 영향을 안 받는 삶의 자리를 찾아 여행을 시작했다.

개하는 모습을 손쉽게 이해하게 해준다. 그들의 악으로 인해 재앙이 가중되어 매우 겸손해진 상태에서 그들은 요나의 선포를 들었다.
3.   고대 근동 문서에 따르면 요나가 이스라엘에서 활동하던 주전 8세기 중엽 앗시리아 제국에 기근과 지진과 전쟁이 유난히 많이 일어나 나라에 큰 위기가 찾아왔다는 기록이 있다(대략 아슈르단 3세, 재위 주전 773-755년). 안팎으로 여러 재난을 겪는 바람에 고통이 가중되어 사람이 자기를 돌아보았다. 이런 자연적인 재난이 최고조에 달하자, 그곳 제국의 백성의 마음이 겸손해져 창조주의 소리를 들을 준비가 되어 있었던 차에 웬 낯선 선지자가 와서 회개하라고 하자 그의 말에 귀를 기울이고 스스로 자신을 낮추며 회개하기 시작한 것이다.

강풍

그가 바다에 오르자 만난 것은 하늘에서 불어온 강풍이었다. 본문은 하나님이 그 바람을 바다 위에 내리셨다("여호와께서 큰바람을 바다 위에 내리시매", 4절)고 한다. 하나님의 얼굴을 피하려고 간 그곳이 하나님이 보낸 사자(바람)를 만나는 자리가 된다. 그곳이 어디든지 바람이 불어온다면 (참고, 창 2:7; 또한 본서 제1부 제1장을 보라) 우리가 하나님의 낯을 피할 공간은 없다. 바람이 요나가 탄 배를 막아선다. 하나님의 낯을 피하려는 요나의 여행은 '좌초'된다. 그 바람 때문에 배는 방향을 잃었지만 요나의 삶의 방향은 하나님(의 소명)을 향해 더 가까이 간다. 폭풍우 한가운데에서는 모른다. 시간이 지나야 강풍도 하나님의 사자라는 것을 알게 된다. 시간이 지나 다른 사건과의 관계 속에서 폭풍우 사건을 뒤돌아보아야 안다. 그러니 여행은 인내심을 가지고 계속 진행돼야 한다.

선원

배는 아수라장으로 변하고 선원들은 살기 위해 모든 노력을 다하여 짐을 배 밖으로 던진다. 하지만 요나는 배 바닥으로 내려가 깊은 잠을 잔다. 요나는 자기 바깥에 일어나는 세상일에 신경을 꺼버리려 한다. 나라 밖에서는 니느웨 사람이 그들이 저지른 악으로 인해 탄성을 지르고, 배 위에서는 닥친 강풍으로 선원들이 공포에 질리는데 요나는 깊은 잠 곧 무관심의 세계로 들어간다. 그러자 선장이 배 밑바닥에 내려와 요나를 깨워 이 상황을 위해 너의 신에게 기도하라고 야단을 친다. "자는 자여 어찌함이냐, 일어나서 네 하나님께 구하라"(1:6). 교회가 기도하지 않자 사회가 교회에게 기도 좀 하라고 하는 모양새다. 하나님은 방향을 잃어버린 요나를 위해서 큰바람을 보내어 그를 좌초시켰다. 이어서 하나님은 세상에 대한 문제의식을 잃어버리고 자기만의 세계에 갇힌 요나에게 선장을 보내어 '너의 하나님이 이 일 가운데 일하시도록 기도하라'고 말한다. 자연으로 말씀하셨던 하나님이 이번엔 믿지 않는 선원들을 통해 우리가 함께 사는 이 사회의 문제가 남의 일이 아니라 바로 내 일이라는 사실을 일깨우신다.

큰 물고기

하나님과 요나의 숨바꼭질은 언제까지 진행될까. 니느웨에 악독과 고통이 닥쳤듯이 배에도 재앙이 닥치자 선원들은 닥친 큰 폭풍이 누구 때문인지 묻는다. 그리고 그것을 알고자 제비뽑기를 한다. 요나의 제비가 뽑히고 선원들은 요나 때문에 재앙이 그들에게 닥쳤다는 것을 알게 된다. 하나님의 선지자가 제 역할을 감당하지 않자 세상이 고통을 당한다고 본문이 말하고 싶었던 것일까. 어쨌든 선원들은 '왜 이런 일이 일어났는지 설명하라'고 말하며 그의 직업, 민족 그리고 나라를 물었다. 그러자 요나는 자신을 히브리 사람이라고 간단하게 소개한 후 그들이 묻지도 않는 자신의 신앙을 고백한다. 그의 신앙 고백은 당시 히브리 사람의 정통 표준 신앙 고백문이다.

바다와 육지를 지으신 하늘의 하나님 여호와를 경외하는 자로라(9절).

그리고 이런 어려움을 만난 것이 바로 자기가 여호와의 얼굴을 피했기 때문이라고 말한다. 요나는 정통적인 신앙을 고백할 수 있었고 일어난 어려움이 무엇 때문인지에 대한 신학적 분석까지도 할 수 있었다. 더 나아가 2장이 말하듯 물고기 배 속에서는 기도까지 할 수 있는 사람이었다. 하지만 요나는 배 밑바닥에서 신경 끄고 잠만 잔다. 요나의 신앙 고백과 폭풍의 이유를 들은 선원들은 "심히 두려워"한다(10절). 하나님을 두려워하는 마음은 요나가 가져야 하는데 그는 말로만 하나님을 경외한다고 하고 오히려 진심으로 두려워하는 사람은 이방 선원이었다. 그들이 요나에게 말한다. "네가 어찌하여 그렇게 행하였느냐"(10절). 선지자가 이방 사회에 해야 할 '거룩한' 꾸짖음을 이방 선원이 선지자에게 한다. '천지의 주관자이신 하나님을 믿으면서도 어찌 그분의 낯을 피할 수 있다고 생각할 수 있느냐. 천지의 주관자이신 하나님을 믿는 네 주위에서 이 모든 어려움이 닥치는데도 어찌 신자인 너는 나 몰라라 하고 잠을 잘 수 있느냐!'

원인 진단만 한 채 시간이 흘러간다. 바람은 점점 더 거세지고 바다는 지칠 줄 몰랐다. 이에 선원들이 요나에게 묻는다. "우리가 너를 어떻게 하여야 바다가 … 잔잔하겠느냐"(11절). 이때 요나의 선택이 무엇이어야 하겠는가. '나를 니느웨로 보내시오. 그래야 나도 살고 당신도 살고 니느웨 사람도 살 것이오.' 하지만 요나는 '나를 바다 속으로 보내시오.'("나를 들어 바다에 던지라", 12절)라고 말한다. 자신을 바다에 던지라는 말은 죄를 지었기에 자신은 죽어야 한다고 생각했다는 말이다. 죄인은 죽어야 하고 그래야 다른 사람이 피해를 덜 본다는 생각으로 그런 말을 했을 것이다. 하지만 선원들이 어떻게 할까? 자기가 살기 위해 요나를 바다에 던지는가. '우리는 차마 그럴 수 없다'고 하며 계속 노를 저으며 다 함께 살고자 한다. 우리가 살고자 당신을 죽일 수 없다는 것이다. 요나와 정반대의 모습이다. 요나는 죄인은 죽어야 한다고 생각했지만 선원은 죄인도 살려 다 같이 사는 길을 택하려고 한다. 요나는 하나님의 심판만 생각했지만 선원들은 인애를 생각한다. 이런 선원에게서 우리는 죄인이지만 생명을 사랑하는 하나님의 모습을 볼 수 있다. 하나님의 얼굴을 피한 요나에게 하나님은 선원의 모습으로 다가와 죽어가는 생명을 향해 하나님이 어떤 얼굴을 하고 계시는지 보여준다. 요나는 '니느웨 사람이 죽어 마땅한 죄를 지었기에 그냥 죽게 내버려둬야 한다'(참고, 4:2)며 그곳으로 가지 않았다. 하지만 선원들은 죄지은 요나를 죽게 내버려 두지 않는다. 이런 점에서 선원들은 죄지은 니느웨를 그냥 죽도록 내버려 두지 않으시고 요나를 보내신 하나님을 닮았다. 선원들이 요나가 잃어버린 하나님의 인애를 가르쳐 주고 있다!

　하지만 걷잡을 수 없을 정도로 바다가 흉흉해지자 선원들이 모여 하나님께 기도한다.

> 여호와여 구하고 구하오니 이 사람의 생명 때문에 우리를 멸망시키지 마옵소서. 무죄한 피를 우리에게 돌리지 마옵소서. 주 여호와께서는 주의 뜻대로 행하심이니이다(14절).

선장과 선원들은 요나에게 바다가 잠잠하도록 하나님께 기도하라고 했다. 하지만 요나가 기도했다는 말은 없다. 기도하는 사람은 선지자에게 기도하라 했던 이방 선원들이다. 항해하던 사람을 기도하는 사람으로 바꾸는 게 선지자의 역할인데, 요나가 자신의 소명을 이룬 과정은 자신이 할 바를 하지 않을 때였다. 누가 일하시는가? 하나님이다. 어쨌든 선원들은 기도 중에 요나를 "무죄한 피"라고 말한다. 그를 죄인 취급하여 막 대하지 않고 그를 위해 기도한다. 죽어가는 죄인을 위해 기도한 후 그들은 요나를 바다에 던져 넣는다. 그러자 흉흉하던 바다가 곧 그치고 조용해진다. 기도가 응답이 되는 것을 본 선원들은 "여호와를 크게 두려워하여 여호와께 제물을 드리고 서원을 하였[다]"(16절). 이방 땅에 가라는 명령을 거역하고 도망간 그곳이 선교지가 되게 하시는 것, 그것이 요나를 통해 하시는 하나님의 '선교'다.

큰 물고기

이제 장면은 바뀌어 바다 밑이다. 요나가 바닷물 속으로 떨어졌을 때 큰 물고기가 다가왔다. 다가온 큰 물고기를 두고 본문은 "여호와께서 이미 큰 물고기를 예비하사"(17절)라는 말을 들려준다. 하나님은 바다 위에선 강풍을, 바다 밑에선 큰 물고기를 예비하여 하나님의 낯을 피하려는 요나를 맞이한다. 다가온 큰 물고기는 요나를 삼킨다. 그런데 씹지 않는다. 그냥 삼킨다. 씹지 않고 그냥 삼키는 물고기를 준비해 두신 것은 어쩌면 이방 선원들의 기도를 하나님이 들었기 때문일 수 있다. 죄인을 불쌍히 여겨 달라는 기도를 들으시는 하나님이다. 어쨌든 하나님은 큰 바람(자연)을 보내시고, 선원(사람)들을 보내시며, 이제는 큰 물고기(동물)를 통해 요나에게 말씀하신다. '선원과 심지어 물고기도 생명을 사랑한다. 그런데 요나 넌.'

요나의 기도

물고기 배 속에 들어간 요나는 그곳에서 기도를 드린다. 도망가던 배 밑바닥에선 잠만 자다가 바다 밑바닥에 내려오자 요나는 기도를 드린다. 요나는 그가 내려온 바다 밑을 무덤으로 이해하며 기도한다. "내가 스올의 뱃속에서 부르짖었더니"(2:2). 스올은 무덤을 가리키는 히브리어다. 물고기 배 속을 무덤에 빗댄 것이다. 하나님을 피해 가는 그의 여정은 내려감의 연속이었다. 그는 하나님을 피해 욥바로 내려갔고(1:3)

배에 오른 후에는 배 밑층에 내려갔으며(1:5) 그 후 바다 밑 산의 뿌리까지 내려갔다(2:6). 하나님을 피하자 그가 도착한 곳은 스올이었다. 그곳은 비단 하나님의 낯만 아니라 다른 사람의 생명과 심지어 자신의 생명마저 하찮게 여기다가 결국 제 발로 걸어 들어간 곳이었다. 그렇게 피하고 외면하며 내려가다가 더 이상 내려갈 곳이 없는 바다 밑 "산의 뿌리까지" 도달했을 때에야 요나는 위로 올라가기 위해 이렇게 기도한다.

> 내가 산의 뿌리까지 내려갔사오며 땅이 그 빗장으로 나를 오래도록 막았사오나 나의 하나님 여호와여 주께서 내 생명을 구덩이에서 건지셨나이다(6절).

요나는 바다 밑바닥 경험을 산의 뿌리까지 내려간 경험이라고 한다. 고대 사람은 산의 뿌리는 바다 밑에 있다고 믿었기에 바다에 내려간 것을 산의 뿌리까지 갔다고 말한다. 가장 높으신 하나님을 피하려고 내려가고 내려가다가 결국 가장 높은 산의 밑바닥에 내려갔을 때 요나는 그곳에서 하나님의 건지심을 위해 기도했고 또 구원을 경험했다. 요나 자신의 구원 경험이 요나서에서 의미하는 바가 있다. 요나의 바다 밑바닥 경험은 그가 지금까지 외면했던 선원들의 경험이며 외면하려 한 니느웨 사람의 현실이다. 요나는 이제 그가 외면했던 사람의 입장에 처하게 됐다. 그곳은 요나가 타인의 형편을 외면하다가 제 발로 찾아간 환경이었다. 그곳에서 지금까지 그가 회피했던 구원을 위한 기도를 하되 자신의 구원을 위해 간구한다. 요나가 기도하기 전에 선원들은 환난 가운데서 기도하여 구원받았고 또 곧 경험하게 될 것처럼 니느웨 사람도 구원을 위해 기도할 것이며 그들도 구원받을 것이다. 선원들의 기도와 니느

웨 사람의 기도 중간에서 요나 역시 이제 건짐 받고자 기도한다. 그 기
도는 사실 그가 외면했던 선원들이 했던 것이며, 니느웨 사람과 그곳 짐
승들이 내고 있는 소리였다. 하나님은 선지자 요나로 하여금 그가 도와
야 할 사람의 고통을 직접 경험하게 하셨다.

하나님은 요나의 기도를 들으실까. 환난 가운데 있던 이방 선원의
간구에서 이미 확인됐고 재앙 중에 있는 니느웨 사람의 기도를 통해서
도 확증될 것처럼 하나님은 죄인의 기도를 들으시는 분이다. 하나님의
얼굴을 피해 여기까지 온 요나의 간구도 하나님은 외면하지 않으신다.
하나님은 고통에 빠진 이와 자신을 동일시하는 분이시다. 이런 동일시
가 하나님의 인애다. 요나는 자신이 그 가운데 빠지기 전까지는 고통을
겪는 이의 마음을 헤아리지 못했지만 하나님은 달랐다. 그들이 바로 자
신의 것이자 자신의 소유였기 때문이다. 요나나 폭풍 속에서 멸절해 가
는 선원들이나 니느웨에서 악독과 고통으로 죽어가는 사람 모두를 하
나님이 자신과 같은 존재이자 자신이 사랑하고 돌보던 자로 여겼다. 자
기의 잘못으로 벌받기에 고통이 당연하다고 하나님은 생각하지 아니하
신다. 요나는 자신이 죄를 지었기에 죽어야 된다고 생각하며 바다 속으
로 빠져 죽으려고 했지만 하나님은 물고기를 준비하여 그의 생명을 보
존하신다. 구원받은 요나는 이제 하나님이 니느웨 사람도 사랑하신다
는 현실을 받아들일까.[4] 그의 얼굴을 피해 도망가는 길이, 하나님을 만

---

4.   요나는 언제 이 사실을 깨닫게 됐을까? 2:6은 요나가 이미 구원을 경험했다고 말한
다. 이 요나의 기도는 나중에 구원받은 후에 고기 배 속에 있을 때의 경험을 돌아보
며 드린 기도라고 볼 수 있다. 고기 배 속에서 나온 요나의 태도가 이전과 달라지지
않았다는 점이 이를 지지한다. 우리는 진짜 힘들 땐 기도조차 할 수 없다. 그러나 언
제, 조금 그 고통이 사라질 때, 그때 고통의 의미와 함께 자신을 돌아볼 수 있다. 고
통의 순간에는 그저 침묵하고, 아파하며 … 그래도 믿음으로 한발 한발 나아갈 뿐
이다. 중요한 것은 이제 그 아픔에서 건짐을 받았을 때이며 그때 우리에게 필요한

나고 그의 소명을 저버리는 여정이, 선지자를 만드는 과정이 되게 하시는 분이 하나님이셨다. 그러니 요나의 결말이 부정적이지만은 않을 것을 예상할 수 있다. 결말로 옮겨 가보자.

니느웨에 온 요나

3장은 육지 위로 올라온 요나와 그에게 다시 말씀하시는 하나님으로 시작한다. 하나님은 요나에게 두 번째로 임하셔서 "일어나 … 니느웨로 가서 내가 네게 명한 바를 그들에게 선포하라"(3:2) 명하셨다. 이제 요나는 하나님의 말씀에 즉각 반응한다. "요나가 여호와의 말씀대로 일어나서 니느웨로 가니라"(3절). 요나가 바뀐 것일까? 이후 행보를 보면 요나는 변화되지 않았다. 요나가 천신만고 끝에 도착한 후 그 성을 향해 예언하기 시작했다. 그런데 요나는 "하루 동안 다니며 … 사십 일이 지나면 니느웨가 무너지리라"(4절)고 선포했다. 사흘 길을 다녀야 다 돌아다닐 수 있었던 곳을 단 하루만 할애하여 다니며 메시지를 전한다. 그 메시지도 단 한 문장이다. 무엇을 보여주는가. 그는 건성으로 선포했고 그 선포에 진심이 담겨있지 않다. 하나님은 회개하면 인애를 베푸는 분이라고 말해야 했지만 심판만 선언했다. 망하지 않으려면 어떻게 해야 하는지는 말하지 않았다. 요나는 사람의 생명에 관심이 없었다. 선지자의 무성의한 선포보다 더 놀라운 것은 그런 선포를 들은 사람의 반응이다. 니느웨 사람은 요나가 건성으로 한 선포를 듣고 베옷을 입고 금식하며 회개한다(5절). 이어지는 6절은 이런 회개가 누구에 의해 어떻게 시

것은 돌아봄이다. 왜 나에게 그런 일이 일어났는지 돌아보고 성찰할 때 하나님의 손을 볼 수 있다. 그 순간 아픔의 의미를 알 수 있고 방황 속에서 향방을 잡을 수 있는 나침반을 발견할 수 있다.

작됐는지를 말해준다. 그 시작은 왕이었다. 왕은 "그 일" 곧 낯선 나라에서 온 선지자 요나의 재앙 선포를 들은 후 왕복을 벗고 보좌에서 내려와 재 위에 앉는다. 그리고 온 나라에 조서를 내려 회개와 금식(물까지도!)과 베옷 착의를 법제화한다. 심지어 동물까지 베옷을 입히고 금식하게 했다. 회개는 구원을 위한 간구이기에 왕의 이런 조치는 자기 백성은 물론 자기 백성이 기르는 동물까지 사랑한 왕의 마음을 드러낸다. 사람과 동물을 향한 왕의 사랑은 니느웨 성의 사람과 가축을 아끼시는 하나님의 마음("니느웨에는 좌우를 분변하지 못하는 자가 십이만여 명이요 가축도 많이 있나니 내가 어찌 아끼지 아니하겠느냐", 4:11)을 정확하게 반영한다. 하나님의 마음을 대변해야 할 선지자는 심판만 선언했지만 이방 왕은 하나님이 생명을 사랑하는 분임을 행동으로 보여준다. 무엇보다 니느웨 왕은 하나님의 인애에 근거하여 회개 기도를 드린다.

> 하나님이 뜻을 돌이키시고 그 진노를 그치사 우리가 멸망하지 않게 하시리라. 그렇지 않을 줄을 누가 알겠느냐(3:9).

왕은 하나님이 생명을 사랑하시는 분이시기에 우리가 회개하면 마음을 돌이키시어 재앙을 거두실 수 있다는 믿음을 가지고 있었다. 이에 하나님은 니느웨 왕이 기도 중에 말한 대로 "뜻을 돌이키사 그들에게 내리리라고 말씀하신 재앙을 내리지 아니하[신다]"(10절). 니느웨 왕의 기도를 들으신 것이다. 그가 하나님의 마음을 어떻게 알게 됐는지는 알 수 없다. 분명 요나를 통해서는 아니었다. 그는 하나님의 인애를 선포하지 않았기 때문이다. 다만 하나님은 어떻게 해서라도 사람을 재앙에서 건지시기를 원하셨고 우리가 알지 못하는 방식으로 일하셨다. 어쨌든 본문은 이스라엘 선지자보다 이방 왕이 하나님의 깊은 속뜻을 더 잘 알고 있다는 암시를 준다.

하나님도 이방 왕도 다 기뻐하는데 이 와중에 싫어하는 사람 하나가 있다. 요나다. 요나는 "매우 싫어['라아']"한다(4:1). 요나서 시작부(1:2)에서 '라아'(악독, 고통)는 니느웨 사람의 것이었는데, 요나서 마지막에 이르니 요나가 '라아'에 빠졌다. 니느웨 사람이 악독과 고통에 있을 때 건짐 받아야 했던 것처럼 요나 역시 구원의 대상이 됐음을 '라아'의 단어 사용이 보여준다.

이어지는 요나의 말(4:2)은 그가 왜 "매우 싫어"했는지를 설명해 준다. 요나는 죄악으로 고통 중에 있는 니느웨 사람이 회개하면 하나님은 고통을 은혜로 바꾸시는 분이라는 것을 정확하게 알았다. 하지만 그들의 고통의 자리가 은혜 받은 자리가 되게 하라는 부름은 외면했다. 바다에선 하나님이 천지를 주관하시는 분이라 고백했지만 선원들을 위해 기도하지 않았고, 니느웨에서는 하나님이 긍휼이 풍성하신 분이심을 알았지만 하나님의 긍휼(4:10-11)을 품지는 않는다. 그는 하나님이 사람과 살아 있는 모든 생명 각각을 향해 어떤 마음을 품고 계시는지 알았지만 하나님의 마음이 그의 마음이 되지는 못했다. 요나의 '라아'는 그가 하나님의 마음을 품지 않은 까닭에 찾아온 고통이었다. 하나님은 요나에게 다시스로 가라고 말씀하실 때 하나님을 알아가는 여정을 하도록 출발시키셨다. 자신을 살리려는 선원을 통해, 자신을 삼키지만 씹지는 않는 물고기를 통해, 동물에게까지 베옷을 입혀 생명을 살리려는 니느웨 왕을 통해, 하나님을 만나게 하셨다. 그럼에도 요나의 변화는 더디다.

박넝쿨 사건

죽을 생명을 살리시는 하나님의 인애를 들은 요나는 화가 나 "내 생명을 거두어 가소서. 사는 것보다 죽는 것이 나음이니이다"(4:3)라고 말한다. 요나가 왜 이런 '과한' 반응을 하는지는 명확하지 않다. 그럼에도 그의 태도는 하나님의 태도와 대조가 된다는 것만은 분명하다. 요나는 남의 생명은 물론 자신의 생명도 귀하게 여기지 않는다. 선지자는 하나님과의 대화를 끝낸 후 니느웨 성 건너편에 올라가 뜨거운 태양 빛을 피하고자 초막을 짓고 그곳에서 성이 어떻게 되는지 구경하고자 한다. 그런 요나를 위해 하나님은 그가 더위에 힘들 것을 생각하여 박넝쿨을 보내신다. 이후 벌레가 나타나 박넝쿨을 다 갉아먹는다. 그러자 요나는 다시 "사는 것보다 죽는 것이 내게 나으니이다"(8절)라는 말을 습관처럼 내뱉는다. 이에 하나님이 요나에게 "네가 이 박넝쿨로 말미암아 성내는 것이 어찌 옳으냐"(9절 상반절)라고 하시자 요나는 "내가 성내어 죽기까지 할지라도 옳으니이다"(9절 하반절)라며 더욱더 신경질적으로 말대꾸한다. 4장에서 세 번 반복된 요나의 '사는 것보다 죽는 것이 낫다'는 말은 그가 사랑하지 않았던 생명에 자신의 생명까지 포함됐음을 결정적으로 드러낸다. 바다에서 자신을 '바다에 던져버려라'고 말할 때 이런 태도가 암시됐는데 그는 심지어 큰 물고기 배 속에서 구원받은 후에도 변함이 없었다. 하나님은 요나로 하여금 그가 박넝쿨을 아끼는 것이 옳다는 반응을 이끌어내신 속뜻이 있으셨다.

> 여호와께서 이르시되 네가 수고도 아니하였고 재배도 아니하였고 하룻밤에 났다가 하룻밤에 말라 버린 이 박넝쿨을 아꼈거든 하물며 이 큰 성읍 니느웨에는 좌우를 분변하지 못하는 자가 십이만여 명이요 가축

도 많이 있나니 내가 아끼지 아니하겠느냐 하시니라(10-11절).

하나님은, 요나가 일전에 배에서 고백한 것처럼(1:9), 천지 만물을 만드신 분이셨다. 요나는 박넝쿨이 그의 더위를 가려주기에 아꼈지만 하나님은 니느웨 사람과 동물이 그가 만드시고 복 주신(창 1:22) 존재이기에 아끼신다. 지금까지 요나가 해온 여행은 생명을 사랑하는 존재와의 만남의 연속이었다. 하나님의 얼굴을 피해 바다로 갔을 때에 생명을 사랑하는 뱃사공을 만났고, 바다 밑으로 내려갔을 때에는 그를 씹지 않고 삼키는 큰 물고기를 만났으며, 니느웨에 도착한 후로는 동물까지 회개시키는 이방 왕과 하루 있다가 사라지는 박넝쿨을 아끼고 사랑하고 있는 자기 자신을 만난다. 이 모든 이야기의 결론으로 요나는 그의 피조물을 사랑하는 하나님을 만나게 된다. 요나는 그런 하나님을 머리로만 알고(4:2) 마음으로는 품지 못했는데, 하나님은 그의 여행을 통해 하나님의 사람 사랑을 닮은 사람과 동물을 만나게 하시어 요나 자신을 제외하고는 모두가 생명을 사랑한다는 사실을 알려주신다. 이후 요나 역시 하나님의 마음을 깨달아 그 마음을 전하는 사람이 됐을까? 요나서는 이 질문에 답을 내리지 않고 끝을 맺는다. 요나서의 열린 결론은 요나의 깨달음보다 더 중요한 것은 요나서를 읽는 사람의 깨달음이라는 것을 암시하는 듯하다.

* * *

하나님은 우리를 '라아'의 세상으로 가라며 교회로 부르셨다. 교회는 하나님의 부르심에 어떤 반응을 해야 하는지가 분명하지만 지금 한국 교회는 내부의 문제로 세상과 이웃의 신음을 돌볼 처지가 아니다. 그 결과 어떤 사람은 바다 위에서 강풍을 만나고 있고, 또 어떤 사람은 배 밑바닥에서 모든 신경을 끈 채 잠자는 중이며, 다른 사람은 바다 아래 스올과 같은 물고기 배 속에 있고, 또 다른 사람은 세상에서 일어나는 고통과 참사에 무심한 채 요나처럼 언덕 위에 무책임한 방관자나 혹은 관찰자로 앉아 있을 수 있다. 우리의 여정이 어떠하든지 요나의 여행을 자신이 지으신 사람과 자연을 향한 하나님의 마음을 품는 여행으로 변화시키신 분이 바로 하나님이심을 기억해야 한다. 요나의 여행을 변화시키신 하나님은 우리의 여정 역시 변화시키실 것이다. 그 지으신 자연과 사람의 '라아'가 그 앞에 상달됐기 때문이다.

제10장
그릇과 뜨인 돌

다니엘서는 이어지는 이야기를 읽을 때 염두에 두어야 할 역사적 배경을 간략하게 소개하며 시작한다.

> 유다 왕 여호야김이 다스린 지 삼 년이 되는 해에 바벨론 왕 느부갓네살이 예루살렘에 이르러 성을 에워쌌더니 주께서 … 하나님의 전 그릇 얼마를 그의 손에 넘기시매 그가 그것을 가지고 시날 땅 자기 신들의 신전에 가져다가 그 신들의 보물 창고에 두었더라(단 1:1-2).

바벨론 포로라는 역사적 사건에 내포된 신학적 의미는 깊다. 시날 땅에 세워졌던 탑 사건(창 11:1-9)을 배경으로 하나님은 시날 땅 우르에서 아브라함을 불러내어 약속의 땅으로 인도하시어 그와 후손을 통해 세상을 복 주고자 하셨다(11:27-12:3).[1] 하지만 지금 유다의 역사는 원점으로 돌아갔다. 아브라함이 나왔던 곳으로 그의 후손이 다시 붙잡혀 들어갔

---

1.   우르는 시날 땅에 속한 도시다.

다. 아브라함과 그 후손을 통해 세상을 복되게 하시려는 계획은 이제 취소된 것일까. 다니엘서는 이 질문과 씨름을 한 듯하다. 다니엘서의 씨름은 유대에서 시날 땅으로 옮겨진 것이 무엇인지를 소개함으로써 시작한다. 바벨론 왕은 예루살렘을 침략하여 하나님의 성전에서 사용하던 그릇 얼마를 가져가 자기 신들의 보물 창고에 두고(단 1:2) 그것과 함께 다니엘과 세 친구와 같은 "왕족과 귀족 몇 사람"을 잡아 왕궁에 데려왔다고 말한다(3-6절). 하나님의 전의 그릇은 신들의 창고로, 하나님의 사람은 이방 나라 궁으로 강제 이주됐다. 먼저 주목할 것은 바벨론 왕이 "하나님의 전 그릇"을 가져갔다는 언급이다. 하나님의 전 그릇은 성소에서 사용되던 용기(5:2-3)였기에 하나님의 임재와 통치를 드러내는 도구였다(참조. 출 25:8-9; 수 4:7).[2] 그런 그릇이 이방 신들의 보물 창고로 '강제 이주'당했다. 하나님은 이제 어디에 임재해 계시며 도대체 그의 능력은 어떻게 나타나는가. 하나님의 전 그릇이 이방 신들의 보물 창고에 들어갔다는 사실(단 1:1-2)과 곧이어 유대 왕족과 귀족인 다니엘과 세 친구가 이방 나라 왕궁에 잡혀 왔다는 내용이 소개된 것은 우연이 아니다. 다니엘서는 하나님이 사용하시는 참된 그릇은 식사 그릇이 아닌 사람 그릇이며, 그의 임재와 통치 그리고 세상을 복 주는 일은 지혜롭고 깨어 있는(1:20; 12:2-3) 사람을 통해 계속됨을 보여줄 참이었다. 창조주 하나님은 당신의 그릇이 보물 창고에 들어갈 때 함께 창고에 가둬지는 분이 아니다. 1:2 상반절은 "주께서 … 하나님의 전 그릇 얼마를 그[바벨론 왕]의 손에 넘기시매"라고 말한다. 바벨론 왕이 하나님의 전 그릇을 가져간 것은 하나님이 허락하셨기 때문이다. 아브라함이 나왔던 바벨론으로 그의 후손이 도로 잡혀가는 것을 허락하심은 온 세상의 참된 통치

---

2.   C. L. Seow, *Daniel* (Louisville; WJKP, 2003), 22.

자가 누구인지를 이제 세상 한복판에서 드러내 보여주시기 위함이었다. 그릇을 넘겨주신 하나님이 여기서 "주"라고 표현된 것도 같은 맥락에서 이해되어야 한다. 하나님의 임재와 거룩을 담던 전통적 매체들이 더 이상 제 역할을 못하는 시대에 지혜롭고 깨어있는 사람이 하나님의 임재와 능력을 담는 새로운 그릇이 됐다. 사실 다니엘과 세 친구는 일전에 여호와를 향한 신앙이 없는 게 이상한 사회에 살았지만, 지금은 유일신을 위한 신앙을 가진 것이 이상하게 여기지는 사회를 살아가야 한다. 다니엘서는 그 사회에서 그들이 어떤 영웅적인 삶을 사는지 보라고만 하지 않는다. 더불어 하나님이 그들을 통해 어떻게 일하시는지도 보라고 한다. 이것이 다니엘이 가진 이중 주제다.

이야기는 왕의 꿈으로 시작한다. 바벨론의 느부갓네살 왕이 아침에 일어났을 때 마음에 번민이 가득했다. 간밤에 분명 중요하고 의미 있는 꿈을 꾼 것 같은데 그게 무엇인지 알지 못했기 때문이다. 왕은 바벨론에서 용하다는 점쟁이들과 박수와 술객을 부른다. 그리고 말하기를 '내가 밤에 꿈을 꾸고 번민이 생겼다'고 했다. 그러자 술사들은 '왕이시여 말씀만 하옵소서. 그러면 그것을 잘 풀어 드리겠나이다'고 말했다. 이에 왕은 '내 말은 내 꿈을 해석해 달라는 것이 아니라 내가 무슨 꿈을 꾸었는지를 먼저 내게 말해주고 그런 후 그걸 해석하라는 말이다'라고 했다. 그리고 왕은 말을 이어간다. '만일 내 꿈이 무엇이며 또 그 뜻은 무엇인지 말해주지 않으면 당신들은 다 죽을 줄 알라'며 엄포를 놓았다. 이에 바벨론 술객과 점쟁이들이 "왕께서 물으신 것은 어려운 일이라 육체와 함께 살지 아니하는 신들 외에는 왕 앞에 그것을 보일 자가 없나이다"(2:11)라고 반응하자 왕은 진노하여 "모든 지혜자들을 다 죽이라"는 명령을 내렸다(12절). 명을 받은 근위대장 아리옥이 왕의 명령대로 지혜

자들을 죽이러 나가는데, 그때 왕의 모사로 궁에서 살던 다니엘이 그를
보고 "왕의 명령이 어찌 그리 급하냐"(15절)라고 말한다. 근위대장이 자
초지종을 설명한다. 그의 말을 들은 다니엘이 왕을 만나러 들어간다. 보
통 왕의 소환이 없으면 왕을 만나러 들어갈 수 없는데, 다니엘은 왕궁
관례를 위반하면서까지 죽음을 무릅쓰고 (에스더처럼) 왕에게 나아가 말
한다. "[왕이시여] 시간을 주시면 왕에게 그 해석을 알려 드리리이
다"(16절). 방금 전까지만 해도 그렇게 급했던 왕은 무슨 일인지 다니엘
에게 시간을 주겠다고 했다. 급히 집에 돌아온 다니엘은 기도한다. 하지
만 홀로 하지 않는다.

> 하늘에 계신 하나님이 이 은밀한 일에 대하여 불쌍히 여기사 다니엘과
> 친구들이 바벨론의 다른 지혜자들과 함께 죽임을 당하지 않게 하시기
> 를 그들로 하여금 구하게 하니라(18절).

다니엘은 그의 세 친구 하나냐와 미사엘과 아사랴에게 그 일을 알
리고 친구들과 함께 기도한다. 하나님은 빛나고 큰 그릇을 사용하시기
도 한다. 왜 사용하지 않으시겠는가. 하지만 하나님은 또한 옹기종기 모
인 작은 그릇 공동체를 사용하여 그의 임재와 능력을 담아내신다. 다니
엘과 세 친구는 작은 기도 공동체를 만든다. 하나님의 전 그릇은 창고에
있지만 사람 그릇은 사회에 남아 같이 기도한다. 기도를 시작한 그날 밤
에 하나님은 다니엘에게 나타나 바벨론 왕이 꾼 꿈과 그 해석을 알려주
신다("이에 이 은밀한 것이 밤에 환상으로 다니엘에게 나타나 보이매", 19절). 이후 다
니엘은 하나님을 찬송(20-23절)한 후 근위대장 아리옥에게 '바벨론 지혜
자들을 죽이지 말고 나를 왕 앞으로 인도해 주시오. 그러면 내가 그 해

석을 왕께 알려 드리리라'고 한다. 근위대장의 인도를 받아 왕 앞에 나아간 다니엘이 왕에게 입을 열고 말한다.

> 오직 은밀한 것을 나타내실 이는 **하늘에 계신 하나님**이시라 … 왕의 꿈곧 왕이 침상에서 머리 속으로 **받은** 환상은 이러하니이다. 왕이여 왕이 침상에서 장래 일을 생각하실 때에 은밀한 것을 나타내시는 이가 장래 일을 왕에게 알게 하셨[나이다](28-29절).

왕은 자기가 꿈을 꾸었다고(2:3) 생각했는데, 다니엘은 하늘에 계신 하나님이 꿈 곧 환상을 주었고 왕은 그것을 '받았다'고 말한다. 느부갓네살은 여호와가 창고 골동품이 됐다고 믿었는데, 다니엘에게서 하나님은 창고가 아니라 하늘에 계셔서 현재와 미래의 역사를 주관하고 있으시다는 말을 듣는다. 느부갓네살은 이제 새로운 신을 만난다. 고대 사회에서 한 나라가 패망하면 그 나라의 신이 패한 것이라 생각했는데, 유다의 하나님은 그의 백성이 사로잡혀 올 때 함께 그곳에 오시어 그의 백성만 아닌 사로잡은 나라 위에서 역사의 현재와 미래를 다스리고 계시는 분이셨던 것이다. 역사의 주관자가 왕이 아니라 하나님이라는 점을 상기시킨 후 다니엘은 왕이 꾼 꿈의 내용과 해석을 알려준다.

다니엘의 설명

하나님이 바벨론 왕에게 보여준 것은 네 종류의 금속과 진흙으로 만들어진 신상이었다. 그 신상은 순금으로 된 머리와, 은으로 된 가슴과 두 팔, 놋으로 된 배와 넓적다리, 쇠로 만들어진 종아리와 발을 가졌다. 하나의 신상에 각 부분이 다른 금속과 재질로 된 것은, 역사는 하나인데 그 역사를 주도하는 왕과 나라는 다름을 의미한다. 그런데 중요한 것은 신상의 대부분이 금속인 데 반해, 한 부분만 다른 재질이다. 곧 발의 일부분은 진흙이었다. 그리고 다니엘의 설명에서 시작은 머리이고 마침은 발이다. 이것은 역사의 흐름을 뜻한다. 그런데 신상은 갈수록 쇠약해진다. 역사는 발전하는 것 같지만 점점 더 허술해지고 취약해진다. 이후 다니엘이 말을 잇는다. '왕이시여, 왕이 신상을 보고 감탄하는데, 어디선가 사람이 손대지 않은 돌 하나가 나와서 신상을 치자' "쇠와 진흙과 놋과 은과 금이 다 부서[졌나이다]"(35절 상반절). 돌이 날아와 친 부위는 어딜까. 뜨인 돌은 그 신상의 발을 친다. 우상에게 가장 약한 부분이 바로 발에 있었던 까닭이다. 그러자 돌은 발만 건드렸는데, 우상의 전체가 무너진다. 그런데 특이하게도 다니엘의 꿈 해석에 따르면 우상 중 가장 강한 부분이 놋과 진흙으로 된 발 부분이라고 설명한다. 순금으로 된 머리는 바벨론의 느부갓네살 왕이고, 은으로 된 가슴과 두 팔은 느부갓네살보다 못한 나라를 가리키며, 놋으로 된 배와 넓적다리는 온 세계를 다스리는 나라의 등장을 말한다. 그리고 마지막 네 번째인 쇠로 된 종아리와 발이 가리키는 나라는 40절에서 "강하기가 쇠 같으리니 쇠는 모든 물건을 부서뜨리고 이기는 것이라. 쇠가 모든 것을 부수는 것 같이 그 나라가 뭇 나라를 부서뜨리고 찧을 것"이라고 말한다.[3] 쇠로 된 종아리

---

3. 이 다니엘의 꿈 해석의 요지는 다음과 같다. 하나님이 당시 근동(近東)을 장악하던 바벨론 제국의 왕에게 장래 역사의 흐름을 꿈으로 보여주신 후 다니엘을 통해 해석하게 하신 것은 역사의 흐름을 누가 섭리하는지 보여주시기 위함이다. 여러 재질로 만들어진 신상을 꿈에 보여준 것은 하나님이 여러 나라의 흥망성쇠 등 역사의 흐름을 주관한다는 것이다. 그러니 신상을 통해 주관하는 하나님의 주권을 인정하고 신뢰하라는 뜻이다. 그렇다면 느부갓네살 왕이 꿈에 본 신상의 재질인 금, 은, 놋, 쇠는 무엇을 가리키는가? 나라인가 아니면 왕인가? 이것은 통상 네 나라를 가리키는 것으로 해석되어 왔다. 곧 바벨론(순금으로 된 머리)-메대(은으로 된 가슴과 두 팔)-

와 발의 나라가 제일 강하다는 의미이다. 그런데 문제는 신상에서 가장 강한 나라가 가장 치명적인 약점을 지녔다는 점이다. 그것은 발의 얼마를 차지한 흙이었다. 요한계시록 13장에서는 두 짐승에게 권세와 힘을 주던 실체가 용이라고 말하는데, 그 용이 예수의 증거를 가진 자들과 싸우려고 선 곳은 다름 아닌 "바다 모래 위"였다(계 12:17). 하나님을 대적하여 높아진 모든 세력은 기초가 가장 허약하다. 그러니 드러난 겉모습이 강하고 크면 클수록 더욱 쉽게 무너질 수밖에 없다. 뜨인 돌은 바로 그 허점을 알고 있었고 그것을 건드려 우상을 무너뜨렸다. 신상이 고대 근동의 네 왕 혹은 네 제국을 가리킨다면 그 모든 제국을 무너뜨릴 뜨인 돌은 무엇인가? 그 돌은 당연히 종국적으로 하나님이 세우실 하나님의 나라를 가리킨다.

> 이 여러 왕들의 시대에 하늘의 하나님이 한 나라를 세우시리니 이것은 영원히 망하지도 아니할 것이요 그 국권이 다른 백성에게로 돌아가지도 아니할 것이요 도리어 이 모든 나라를 쳐서 멸망시키고 영원히 설 것이라(단 2:44).

페르시아(놋으로 된 배와 넓적다리)-마케도니아(쇠로 된 종아리: 얼마는 쇠, 얼마는 진흙으로 된 발은 마케도니아 제국의 분열)이다. 하지만 다니엘이 네 개의 다른 "나라"가 나타날 것이라고 했는데, 여기서 사용된 "나라"는 다니엘서에서 나라만 아니라 한 왕의 통치를 가리킬 때도 사용된 단어이다(느부갓네살 왕을 위해서는 4:26, 32, 36; 벨사살 왕을 위해서는 5:18, 26, 28; 8:1; 다리오 왕을 위해서는 6:26, 28; 고레스 왕을 위해서는 6:28). 그리고 현 맥락에서 그 시작은 개인 왕을 가리킨다. 다니엘은 금 머리는 느부갓네살 왕을 가리킨다고 분명히 한다(2:37-38). 그리고 은 가슴과 팔은 느부갓네살 왕보다 왕권을 행사하는 사람을 말한다. 다니엘서에서 느부갓네살 왕보다 못한 왕은 그를 뒤이은 아들(손자)인 벨사살이다. 놋으로 된 배와 넓적다리가 가리키는 셋째 왕은 메대의 다리오(6:1)이고, 쇠와 진흙으로 된 종아리와 발이 가리키는 넷째 왕은 페르시아의 고레스(6:28)이다.

하나님의 나라가 한낱 돌에 비유된 것은 왜일까? 금속과 돌의 싸움에서 승리는 금속의 것이라고 볼 수 있는데도 하나님이 왕으로 하여금 그 반대 현상이 일어나는 꿈을 꾸게 하신 것은 돌에 빗대어진 하나님 나라가 가진 역설적 능력을 말하기 위해서이다. 금속 우상 앞에서 돌은 작고 보잘 것 없어 보이지만 하나님 나라의 능력은 외적 조건으로 좌우되는 게 아님을 가르치시기 위함이다. 다니엘은 "우상을 친 돌은 태산을 이루어 온 세계에 가득하였[다]"(35절)고 말한다. 처음 우상을 칠 때는 돌이 하나였는데, 후에는 우상은 간데없고 천지가 돌산이 된다. 산이 처음부터 산이었겠는가. 돌 하나둘이 모여 언덕이 되고, 언덕이 모여 동산이 되고, 동산이 모여 태산을 이루는 것이다. 역사 속에서 하나님의 나라는 그렇게 작은 돌 하나로부터 시작되고 진행한다. 그런데, 다니엘은 그 작은 돌의 등장을 먼 후일의 사건이라고만 하지 않고 이미 돌이 떠서 회전하고 있다고 말한다. 그 돌은 바로 다니엘이다. 다니엘의 말이 끝나자 왕은 그 자리에 서 있지 못하고 다니엘 앞에 엎어지며 고백한다.

> 이에 느부갓네살 왕이 엎드려 다니엘에게 절하고 명하여 예물과 향품을 그에게 주게 하니라. 왕이 대답하여 다니엘에게 이르되 너희 하나님은 참으로 모든 신들의 신이시요 모든 왕의 주재시로다. 네가 능히 이 은밀한 것을 나타내었으니 네 하나님은 또 은밀한 것을 나타내시는 이시로다(46-47절).

왕은 신상의 머리에 빗대어진 존재인데, 그가 다니엘 앞에 엎드려 그의 하나님을 모든 왕의 주재로 고백한 것은 꿈에 본 신상의 무너짐이

현실에서 재현된 모습이다. 그렇게 하나님은 이미 다니엘을 뜨인 돌로
사용하고 계셨다.

새로운 국면

이야기는 아직 끝났지 않았고, 바벨론은 하나님의 나라로 접수되지
않았다. 이어서 놀라운 반전이 시작된다. 꿈에서 깨어나 현실로 돌아온
느부갓네살 왕은 금으로 만든 신상을 세운다. 그러고는 모든 사람을 그
앞에 모아 나팔과 피리와 수금과 삼현금과 양금과 생황과 모든 악기 소
리가 울려 퍼질 때 그 앞에 절하도록 명을 내린다. 특히 금 신상을 '세웠
다'는 말이 총 9번 반복되는데(3:1, 2, 3[2회], 5, 7, 12, 14, 18) 그때마다 세우는
이가 느부갓네살 왕이라고 언급된다. 금 신상을 세워 모든 사람으로 하
여금 그 앞에 경배하게 하는 이 아이디어는 도대체 어디서 온 것일까?
그의 꿈이다. 왕은 꿈에 본 우상을 현실에서 실제로 만들었다.

그런데 현실화된 우상에게서 이상한 점이 발견된다. 꿈에 본 환상에
서 금은 머리의 재질이기만 했고 나머지 부분은 은, 놋, 쇠, 진흙이었다.
하지만 현실에 나타난 우상은 모든 부분이 다 금으로 만들어졌다. 느부
갓네살 왕이 꿈에 본 우상과 다른 우상을 만든 데에는 이유가 있다. 꿈
에 본 신상은 치명적인 약점이 발에 있었다. 금속으로 된 나머지 부분과
달리 발만큼은 진흙이었기 때문이다. 후에 하나님의 나라를 가리키는
뜨인 돌이 날아와 친 부분도 바로 그 진흙으로 된 발이었다. 이것을 안
왕은 머리부터 발끝까지 금으로 된 우상을 만들었다. 은도, 놋도, 쇠도
다 금으로 바꾸고 무엇보다 진흙을 아예 없애버렸다. 절대로 약점이 없
는 나라, 흠이 없는 나라, 곧 완벽한 제국과 나라와 인간 역사를 만들고
자 시도했다. 뜨인 돌이 아무리 날아와도 부서지지 않는 제국을 만들어

보겠다는 야망을 그 신상에 담아내었다. 게다가 다니엘의 해석에 등장
한 순금으로 된 머리 부분은 느부갓네살 왕을 가리켰다(2:38). 그가 만든
신상에서 머리만 아닌 전신이 다 금이 된 것에는 자기 야망의 확대 혹
은 자기 우상화가 반영됐다고 봐야 한다. 우상은 바로 인간의 욕망이다.

어쨌든 느부갓네살 왕은 한층 '진보'한 우상을 만들었다. 꿈에 본 우
상이 인간 역사 혹은 제국의 역사라면 왕이 만든 현실의 우상은 인간과
제국의 역사는 진보한다는 신념이다. 게다가 '진화'된 신상은 다니엘의
계시와 해석을 들은 후 탄생됐다! 이제 하나님은 어디서 어떻게 일하실
까. 인간이 하나님의 지혜를 이용하여 점점 더 완벽해져서 결코 무너지
지 않는 더 온전한 제국을 건설하고자 할 때 하나님은 어디서 어떻게
일하시는가. 세상 역사도 진보한다면, 하나님의 방식도 '발전'된다. 2장
에서는 다니엘이 '뜨인 돌'로 등장하여 왕의 꿈을 해석하며 그를 하나
님 앞에 엎드러지게 했다면, 3장에서는 새로운 모습의 '뜨인 돌'이 등장
한다. 그 돌은 금 우상에게 절하지 않는 세 친구이다. 절하지 않으면 풀
무불에 넣겠다고 왕이 말하자 다음과 같이 말한다.

왕이여 우리가 섬기는 하나님이 계시다면 우리를 맹렬히 타는 풀무불
가운데에서 능히 건져내시겠고 왕의 손에서도 건져내시리이다. 그렇게
하지 아니하실지라도 왕이여 우리가 왕의 신들을 섬기지도 아니하고
왕이 세우신 금 신상에게 절하지도 아니할 줄을 아옵소서(3:17-18).

금 신상 앞에 절하지 않은 그들은 다니엘과 함께 하나님께 기도하
면서 왕이 꿈에 본 것이 무엇이고 그 뜻이 무엇인지 알려주시도록 간청
했었다(2:17-18). 그 후에 다니엘이 꿈과 그 해석을 하나님으로부터 들어

알게 됐을 때 친구들에게 알려주었을 것이 틀림없다. 세 친구는 다니엘과 함께 우상의 실체와 역사의 진행 방향에 대한 분명한 이해를 가질 수 있었다. 왕이 꿈에 본 권력은 절대 권력이 아니라 하나님이 잠시 빌려준 것이며, 역사의 주재자는 왕이 아니라 왕에게 꿈을 주신 여호와 하나님이심을 알았다. 무엇보다 다니엘의 해석에서 드러난 것처럼 우상은 갈수록 점점 약해지고 결국 뜨인 돌에 의해 무너진다는 것 역시 들어서 알았다. 무엇보다 현실에서 왕이 금으로 만든 우상은 하나님이 꿈에 보여준 것과 다른 '조작'된 것이기에 그것은 허상에 불과함을 분명히 알 수 있었다. 이처럼 그들은 뜨인 돌에 대해 다니엘에게서 듣자, 현실에서 뜨인 돌처럼 살아간다. 요즘 말로 하면 세 친구는 역사 의식을 가지고 살았다. 그러니 신상의 화려함, 거대함이 주는 환상에 속을 수 없었다. 왕은 신상을 보며 왕을 보라고 했지만 그들은 신상을 보며 그것을 보여주신 하나님을 보았다. 그런 신앙의 자세가 결정적인 순간에 엎드리지 않게 했다. 평상시에 왕을 보면서 왕 위에 계신 하나님을 보는 사람은 왕을 존대하지만(벧전 2:17), 왕의 힘이 과도해질 때는 그의 명령을 거부할 수 있다.

세 친구는 하나님이 계시다면 그들을 풀무불과 왕의 손에서 건져내시겠고 "그렇게 하지 아니하실지라도 왕이여 우리가 왕의 신들을 섬기지도 아니하고 왕이 세우신 금 신상에게 절하지도 아니할 줄을 아옵소서"(단 3:18)라는 말을 남기고 불에 던져졌다. 하지만 타 죽지 않았다. 금속과 돌이 부딪쳤는데, 돌이 깨지지 않은 것이다. 세 친구 곁에 "신들의 아들"(25절) 같은 이가 함께 있었기 때문이다. 금 우상은 사람에게 굴종을 강요하지만 하나님은 고난 가운데 있는 그의 백성과 함께 머무신다는 것을 "신들의 아들"의 함께함을 통해 보여준다. 이후 그들이 불에서 죽지 않은 것을 본 왕은 두려워하며 그들을 불 가운데서 건져낸 후 말한다.

> 사드락과 메삭과 아벳느고의 하나님을 찬송할지로다. 그가 그의 천사를 보내사 자기를 의뢰하고 그들의 몸을 바쳐 왕의 명령을 거역하고 그 하나님 밖에는 다른 신을 섬기지 아니하며 그에게 절하지 아니한 종들을 구원하셨도다. 그러므로 내가 이제 조서를 내리노니 각 백성과 각 나라와 각 언어를 말하는 자가 모두 사드락과 메삭과 아벳느고의 하나님께 경솔히 말하거든 그 몸을 쪼개고 그 집을 거름터로 삼을지니 이는 이같이 사람을 구원할 다른 신이 없음이니라 하더라(28-29절).

금 신상이 다시 무너졌다. 왕이 조서를 내려 세 친구의 하나님을 경솔히 말하는 자는 몸을 쪼개고 그 집을 파괴하여 거름터로 만들라고 했다(29절). 일전에 바벨론 왕이 꿈에 본 뜨인 돌이 하는 일이 이런 것이었다. 스스로 높아진 존재를 부서뜨리는 뜨인 돌(2:34-35) 같은 세 친구는 사람을 세우기도 하고 무너지게 하는 하나님이 계심을 알리는 존재가 됐다. 그들은 금 신상을 대표하는 왕을 무너지게 한 뜨인 돌 공동체였다.

* * *

우리 시대의 영화나 드라마에서 기독교는 희화화되는 경향이 있다. 그러다 보니 어느새 우리 시대는 웃음거리가 될 각오를 하고 자신이 그리스도인임을 밝혀야 하는 시대가 된 것 같다. 전통적인 하나님의 임재와 영광을 드러내던 전 그릇이 골동품이 된 다니엘 시대와 비슷하다. 하지만 하나님의 새로운 그릇은 그때도 지금도 있다. 바로 사람 그릇이다. 하나님은 사회 한복판에 사는 작은 뜨인 돌 공동체 가운데 계시며 그들을 그릇 삼아 당신의 영광과 능력을 담아내신다. 그 작은 공동체가 하나님의 능력과 통치를 드러내는 길은 결코 어렵지 않다. 한 인간은 그 자체가 목적이 아니고, 그 위에 계신 분과 그의 섭리를 드러내는 존재라는 것을 고백하고, 고백한 대로 살아갈 때 하나님이 사용하시는 그릇이 됐다. 세상에서 절대화된 인간, 국가, 사회제도를 겸손케 하여 위를 보게 하는 돌 공동체, 그 돌 공동체가 오늘날에는 누구인가? 살아계시고 살리시는 돌, 산돌이신 예수님(벧전 2:5)을 기초로 삼아 살아가는 공동체다. 산돌 위에 집을 짓고 사는 이들이 뜨인 돌 공동체다. 그들은 곧 이 땅에서 오직 하나님 한 분만을 섬기고 경배하는 공동체다.

제11장
악의 시대에 하나님의 길은 어디에

하박국 선지자가 활동하던 시기(주전 615-598년) 전후로 근동의 국제 정세는 요동치고 있었다. 그동안 패권을 지켜오던 앗시리아는 바벨론에 의해 멸망당하고 바벨론이 새로운 강대국으로 부상했다. 근동의 작은 나라 이스라엘의 운명은 주위 강대국의 흥망과 분리될 수 없었다. 하박국 선지자가 활동을 할 때 북이스라엘은 이미 앗시리아에 의해 멸망했고 남유다를 향한 신흥 강대국인 바벨론의 압박은 점점 더 중해져 가고 있었다. 이런 정세 속에서 하박국 선지자가 유다 내부의 불의와 국세 사회의 악에 대해 날선 질문을 하고 하나님이 응답하시는 것으로 하박국서의 전체 구조가 짜여있다. 하지만 하박국서는 단순한 질의응답서가 아니다. 질문과 응답이 오가는 동안 선지자가 변한다. 선지자는 불평(합 1:2-4)으로 시작하지만 기쁨과 즐거움(3:18-19)으로 하나님과의 대화를 끝낸다. 대화 중 그의 고민이 해결됐기 때문이다. 무엇이 하박국 선지자로 하여금 기쁨과 즐거움의 고백으로 대화를 끝내게 했을까.

하박국의 첫 질문(1:2-4)

책은 선지자의 날선 질문으로 시작한다. 하박국은 그의 백성인 이스라엘 사회에 불의와 폭력이 자행돼도 왜 하나님은 보고만 계시는지 따진다. 세상의 빛으로 삼으시고자 세우신 그의 백성이 하나님과 맺은 언약을 깨뜨렸는데, 왜 하나님은 그냥 계시는가. 하나님이 그냥 계시니 율법은 점점 더 해이해지고, 정의의 시스템은 마비되어가며, 의인들은 소수로 전락한 채 악인들에 둘러싸여 숨이 막힐 지경이 됐다고 말한다. 하박국은 하나님이 과연 이 폭력적인 사회에서 의인을 구원하실 수 있는지, 아니 구원할 의지가 있으신지 날카롭게 질문한다.

하나님의 첫 응답(1:5-11)

하나님은 가만히 있지 않을 것이라고 대답하신다. 그의 백성 내부에 있던 불의를 공의에 입각하여 심판할 것이라고 말씀하셨다. 하지만 선지자는 하나님의 해답은 문제 해결책이 아니라 더 큰 문제를 일으킬 수밖에 없다며 다시 목소리를 높인다. 하나님이 그의 백성의 악을 해결하고자 사용하시려는 도구 때문이었다. 하나님은 당시 강대국 앗시리아를 무너뜨리고 이집트까지 점령한 신흥 강대국 바벨론 제국, 그 나라를 일으켜 남쪽 유다를 심판하는 도구로 삼겠다고 말씀하셨다. 이 말씀 후 하나님은 선지자가 반박할 틈을 주지 않으신 채 곧바로 자신의 도구인 바벨론이 어떤 나라인지 말해주신다. 바벨론은 잔인하고 자만하는 나라이다. 잔인함으로 말하자면 그들이 모는 말이 표범보다 빠르고 굶주려 먹이를 사냥하는 저녁 이리보다 사나우며, 교만으로 말하자면 자기 힘을 신으로 여겨 자기 힘이 곧 법이고 정의인 나라라고 하신다. 하나님은 그런 충동적이고 교만한 나라가 그의 백성 유다를 향해 남진할 것을 허락하시겠다고 말씀하신다.

하박국의 두 번째 질문(1:12-17)

하박국은 점점 더 혼돈에 빠진다. 이스라엘이 아무리 악해도 바벨론의 악에 비하면 경건한 축에 속하는데, 어떻게 그런 무지막지하고 교만한 나라가 그분의 언약 백성을 침략하는 것을 정의 집행이라는 이름으로 허용하실 수 있냐고 반문한다. 하박국 입장에서는, 그것은 결코 공의의 실행이 아니었다. 아픔을 치료하고자 사용한 약이 병보다 더 나쁘다고 보는 것과 같다. 하박국이 생각하기에 바벨론을 정의 실행의 도구로 사용하는 것이 일으킨 문제는 이중적이다. 첫째는 지금까지 고통당하던 이스라엘 내의 의인은 그 결과로 이중적인 악(유대 내의 악과 열국의 악)에 의해 더 괴로움을 받을 것이고, 둘째는 악인을 향한 정의 실행을 어떻게 더 악한 자를 사용하여 하시는가의 문제였다. 흥분한 선지자는 바벨론 왕이 사람 생명을 이윤의 도구로만 보는 비인간적인 왕이라며 그는 그물을 쳐서 고기를 잡듯이 사람을 마구잡이로 포획하는 존재라고 고발한다. 만일 하나님이 그의 침략을 허용하시면 이런 허용은 악을 없애기는커녕 악을 더 확산시키는 결과로 이어질 것이라며, 이전보다 더 강하게 하나님께 탄원한다(13-16절).

날선 질문 후 하박국은 자리를 옮겨 '높은 곳' 성벽 위로 간다(2:1). 그러고 나서 그곳에 세워진 망대에 올라 파수병이 하듯이 자신 역시 하나님이 어떻게 일하실 것인지 지켜보겠다고 으름장을 놓는다. 정말로 하나님이 악한 바벨론이 유다에 오는 것을 허락하시는지 성벽 망대 위에서 지켜볼 참이었다.

하나님의 두 번째 응답(2:2-20)

이때 하나님은 하박국에게 두 번째로 응답하시는데 내용이 길다. 곧, 2장 전체가 그 응답의 말씀이다(짧게 말하면 또 대꾸할 수도 있었기 때문일까?!). 하나님은 이 응답의 서두에서는 "너는 이 묵시를 기록하여 판에 명백히 새기되 달려가면서도 읽을 수 있게 하라"(2절)고 하시고, 마지막에서는 "오직 여호와는 그 성전에 계시니 온 땅은 그 앞에서 잠잠할지니라"(20절)고 하신다. 하나님은 선지자에게 내가 말하는 것을 판에 적어 두고 눈을 떠 온 세상이 당신 앞에서 입을 다물 수밖에 없는 일을 어떻게 하시는지 지켜보라고 말씀하신다. 하나님은 이제 하박국에게 영원한 규례가 될 말씀을 하실 참이었다.

정한 때

이후 하나님은 "묵시는 정한 때가 있나니"(3절)라는 말씀으로 응답을 시작하신다. 묵시는 하나님이 하박국에게 보여줄 앞일(환상)이다. 하나님이 보여줄 묵시의 '내용'은 선악 간의 심판이다. 하나님은 하박국에게 악인에 대한 심판과 의인에 대한 생명의 보응이 이뤄지되 각각 그 정한 때에 이뤄진다고 말씀하신다. 역사와 시간에는 하나님이 만드신 '흐름'이라는 게 있다. 역사 속에서 악을 심판하실 때는 그 흐름을 무시하지 않으신다. '묵시는 정한 때가 있다'는 말씀은 하나님이 역사 속에서 일을 하실 때는 한꺼번에 모든 것을 다 하시지 않으시고, 각각의 일을 그 정한 때에 하신다는 말씀이다. 앞서 행하신 일 하나만을 보면, 어쩌면 하나님의 일이 불완전해 보이고, 또 문제를 해결하시기보다 더 꼬이게 하시는 것 같아 보이기도 하며, 병자에게 주는 약이 병을 더 악화시키는 재료처럼 보일 수도 있다. 그러하기에 하나님의 보다 더 온전한 뜻을 보려면 그다음 사건이 일어날 때까지 기다려야 한다. 시간 속에서 하나님을 보려면 기다리는 법을 배워야 한다. 시간과 역사 속에 사는 이상 하나님의 선하심과 공의로우심을 맛보려면 인내가 필요하다. 시간을 만드시고 흐르게 하신 분이 하나님이시고 죄에 대한 형벌과 악에 대한 심판 역시 하나님에 의해 이뤄질 것이기에 시간의 흐름 속에서 하나님의 때를 기다려야 한다. 그렇게 하나님은 "묵시[환상]는 정한 때가 있나니"라고 말씀하시며 '기다리라'고 하셨다.

때가 됐을 때 악을 심판하시는 길

그렇다면 시간이 됐을 때 공의의 하나님은 불의한 세상에서 어떻게 정의를 실행하시는가. 그 모습은 2:8, 10, 17, 3:14에 나온다.

> 네(바벨론)가 여러 나라를 노략하였으므로 그 모든 민족의 남은 자가 너를 노략하리니(2:8).

> 네(바벨론)가 많은 민족을 멸한 것이 네 집에 욕을 부르며 네 영혼에게 죄를 범하게 하는 것이 되었도다(2:10).

> 네(바벨론)가 레바논에 강포를 행한 것과 짐승을 죽인 것 곧 사람의 피를 흘리며 땅과 성읍과 그 안의 모든 주민에게 강포를 행한 것이 네게로 돌아오리라(2:17).

> 오직 주께서 그들의 전사의 머리를 그들의 창으로 찌르셨나이다(3:14).

역사 속에서 악을 멸하시는 하나님의 방식은 악이 악을 멸하게 하는 것이다. 자신이 일으킨 싸움이 바로 자신이 패하는 길이 되게 하고, 자기가 휘두른 칼에 자신이 베임을 당하게 하는 것이 하나님이 역사 속에서 악인을 심판하시는 방식이다. 악은 자멸한다. 악은 파괴적이기에 자신마저 파멸시킨다. 결국 바벨론은 주전 539년 10월 13일 밤에 페르시아에 의해 패망한다(단 5:30-31). 『고대 근동 아시아 문헌』(*ANET* 315-16)에 따르면 페르시아가 침공하던 날 밤에 백성은 페르시아 군대를 해방자로 맞아 성문을 열어 주어서 피 한 방울 흘리지 않고 바벨론을 손에 넣었다.[1] 그때 바벨론의 왕은 느부갓네살의 딸과 결혼한 사위 나보니두스(재위 기원전 556-539년)였고 나보니두스는 자신의 아들 벨사살을 왕으로 세우고 뒤에서 섭정했다.[2] 벨사살을 통해 멸망으로 이끈 그의 악한 통치 방식은 다니엘 5장에 상세하게 나온다. 패망한 날 주전 539년 10월 13일 밤에 벨사살은 그의 아버지가 예루살렘 침공 당시 성전에서 가져온 금 그릇으로 술을 마시며 잔치를 했다. 그때 손가락이 나타나 벽에 글자를 썼는데 그것을 다니엘이 해석하면서 다음과 같이 말한다.

> 지극히 높으신 하나님이 왕의 부친 느부갓네살에게 나라와 큰 권세와 영광과 위엄을 주셨고 그에게 큰 권세를 주셨으므로 백성과 나라들과 언어가 다른 모든 사람들이 그의 앞에서 떨며 두려워하였으며 그는 임의로 죽이며 임의로 살리며 임의로 높이며 임의로 낮추었더니 그가 마

---

1. 이 문헌에 따르면 페르시아 왕 고레스가 바벨론을 수중에 넣었다고만 하고 당시 바벨론의 왕이 누구였는지는 밝히지 않는다.
2. 벨사살의 역사성과 그가 나보니두스의 아들이라는 것에 대해서는 『고대 근동 아시아 문헌』(*ANET* 313)과 노만 포르퇴우스, 『다니엘』(서울: 한국신학연구소, 1989), 83을 보라.

음이 높아지며 뜻이 완악하여 교만을 행하므로 그의 왕위가 폐한 바 되며 그의 영광을 빼앗기고 … 벨사살이여 왕은 그의 아들이 되어서 이것을 다 알고도 아직도 마음을 낮추지 아니하고 도리어 자신을 하늘의 주재보다 높이며 그의 성전 그릇을 왕 앞으로 가져다가 왕과 귀족들과 왕후들과 후궁들이 다 그것으로 술을 마시고 … 하나님께는 영광을 돌리지 아니한지라(18-23절).

바벨론 왕의 패망의 내적 원인은 교만이었고 외적 원인은 자기 힘을 키우기 위해 의존했던 전쟁이었다. 그가 전쟁으로 힘을 얻자 교만해졌고 그 결과 교만과 전쟁으로 인해 패하게 된 것이다. 교만한 자를 망하게 하는 것은 교만이고 힘을 의지하는 자는 힘에 의해 망한다. 이것이 역사 속에서 하나님의 정의가 시행되는 방식이었다.

선지자가 하나님의 백성 가운데서 불의를 없애달라고 기도했을 때, 하나님은 세상의 악한 일이 그의 사랑하시는 백성에게 닥치는 것을 허용하셨다. 그렇게 해서 그의 백성의 죄악을 정화하시고, 또 더 큰 악 자체도 자멸하도록 하시기 위함이다. 악은 속성상 자기 파괴적이기에 이스라엘의 악은 또 다른 파괴적인 세력이 나라 안에 들어오도록 만들었다. 이스라엘의 악은 그렇게 멸망한다. 또 이스라엘의 악을 멸망시킨 바벨론의 악 역시 자신이 의지해 온 전쟁과 교만으로 패망한다. 하나님은 공의의 실행을 위해 이런 일이 일어나는 것을 허용하셨다. 하나님은 악을 조장하지 않으시고 허용하신다. 허용하시는 이유는 악을 멸하기 위해서다.

하나님의 섭리 방식을 알던 시편 저자는 거대 악을 직면할 때마다 정의가 이뤄지도록 기도한다.

하나님이여 그들을 정죄하사 자기 꾀에 빠지게 하시고(시 5:10)

그가 웅덩이를 파 만듦이여 제가 만든 함정에 빠졌도다(7:15).

이방 나라들은 자기가 판 웅덩이에 빠짐이여 자기가 숨긴 그물에 자기 발이 걸렸도다. 여호와께서 자기를 알게 하사 심판을 행하셨음이여 악인은 자기가 손으로 행한 일에 스스로 얽혔도다(9:15-16).

그들이 자기가 베푼 꾀에 빠지게 하소서(10:2).

악은 파괴적이기에 악을 사용하는 자는 자기 파괴로 끝난다. 악을 사용하는 자는 악에 의해 망한다. 악을 만나면 어떻게 해야 하겠는가. 악에 손을 대면 안 된다. 그냥 두면 스스로 망한다. 하나님은 선지자에게 선악 간의 정의 실행을 위한 묵시는 정한 때가 있다고 하셨다. 그 말에는 정한 때가 되면 자신이 저지른 악이 자신에게 되돌아와 자신을 멸한다는 뜻이 담겨 있다. 예수님은 "악한 자를 대적하지 말라"(마 5:39)고 하셨다. "대적하다"는 어휘의 문자적 뜻은 '맞선다'('아니스테미')이다. 악한 자가 사용하는 무기로 악한 자를 이기려 하는 것, 그것이 악한 자를 대적하는 것이다. 또 베드로가 예수님을 잡으러 온 자들을 향해 칼을 빼겨누자 예수님은 칼을 칼집에 꽂으라고 하셨다(26:52). 칼을 사용하는 자는 칼로 망하기 때문이다. 만일 그러지 않고 악한 자의 방법으로 맞받아치면 악인과 함께 멸망할 것을 예수님은 아셨다. 이스라엘은 끝내 이 메시아의 말을 거부하고 로마와 동일한 무기로 그들과 싸우려 하다가 결국 기원후 70년에 성전이 파괴되고 예루살렘은 로마에 함락된다.

칼을 내려놓으라는 예수님의 가르침은 권력을 남용하던 로마를 옹호하거나 악에 굴종하라는 말이 아니다. 언약 백성이 악을 이기겠다고 칼을 빼드는 것은 이미 악에게 종이 된 증거라는 것을 예수님은 아셨기 때문이다. 예수님 역시 유혹을 받으신 적이 있었다. 사역을 시작할 즈음에 광야에 계실 때 사탄이 다가와 예수님에게 자신에게 절하면 온 세상을 다 주겠다고 했다(마 4:9; 눅 4:7). 사탄의 유혹은 허리를 굽혀 자신에게 절을 한 번 하라는 것과 같은 종류가 아니다. 사탄적 방법으로 메시아의 과업을 성취하라는 유혹이었다. 메시아의 과업은 메시아가 세상의 빛이 되어 이방이 그의 통치하에 들어오도록 만드는 일이었다(시 2:1-12). 사탄은 세례 때 시편 2:7("너는 내 아들이라")의 소리를 들으신 예수님에게 메시아적 과업을 위해 칼로 이방을 제압하여 세상이 우러러보도록 하라고 유혹했다. 그러나 예수님은 "사탄아 물러가라"고 하신 뒤 "하나님만 경배하라"고 하시며(마 4:10; 눅 4:8) 사탄적 방법이 아니라 하나님을 공경하는 방법, 하나님의 방법으로 메시아의 소명을 이루겠다고 공표하셨다. 악은 힘으로 남을 누르라고 했지만 예수님은 힘으로 남을 섬기고 자신의 목숨을 내려놓는 일, 그것이 "하나님의 일"이자(마 8:33) 하나님을 섬기고 세상에 화해와 평화를 가져오는 길이라 믿으셨다. 결국 칼을 빼들었던 로마도 무너지고 로마에 감염되어 로마의 칼을 빼들었던 예루살렘도 무너졌지만 예수님은 지금도 살아 온 세상의 왕으로 다스리고 계신다.

하나님이 하박국에게 알려주신 내용도 이와 다르지 않다. 하나님이 때로 악을 허용하시는 이유는 그 악을 무너뜨리기 위함이었다. 종말에 하나님이 그의 아들 예수 그리스도를 통해 단번에 악을 멸망시키실지라도 역사 속에서는 이런 방식을 사용하기도 하신다는 것을 하박국 선지자에게 보여주셨다.

의인의 길(합 2:4)

아직 해결되지 않은 일이 있다. 이중적인 압박을 받던 의인의 문제이다. 이 상황에서 의인이 할 일은 무엇인가. 하박국에서 의인이라는 말은 두 번 나오는데 2:4과 1:4에서이다. 1:4에서 처음으로 나올 때 의인은 악에 겹겹이 둘러싸인 이로 소개된다. 곁에는 동족인 악인이 있어 그들에 의해 둘러싸였고, 뒤에는 하나님이 허용한 악한 열국이 둘러싸고 있어 의인은 숨쉬기조차 힘들어 했다. 그때 하나님은 하박국에게 2:4의 말씀을 하신다.

> 의인은 그의 믿음으로 말미암아 살리라.

사는 길로 제시된 "믿음"(그리스어 '피스티스')은 '신뢰'(faith)와 '충성'(faithfulness)이라는 뜻을 동시에 가진다.[3] 글의 쓰임에 따라 그 두 뜻 중 어느 의미가 우세한지 결정할 수 있지만 때로는 두 의미를 모두 내포하는 것(다의성)도[4] 사실이다. 만일 현 맥락에서 '믿음'의 다의적 사용을 인정한다면 창조주 하나님은 그의 세상을 아름답고 선하게 지켜내시고자 세상 역사 한복판에서 공의와 긍휼로 일하고 계시는 분이라 믿고 충성하는 사람, 그가 의인이라고 말할 수 있다. 그리고 믿음은 의인

---

3. 이런 단어 뜻을 위해선 신약성경 그리스어 사전인 BDAG에 나열된 어휘 '피스티스'(πίστις)를 보라.
4. 다의성(polysemy)이란 한 단어가 두 가지 이상의 뜻을 가지는 현상을 말한다.

으로 하여금 하나님이 그러하시듯이 인애와 공의를 세상에서 행하며 살게 하는데, 이는 여호와를 믿고 그에게 충성하는 자는 그분과 동일한 길을 걸을 수밖에 없기 때문이다. 그것이 악의 시대를 믿음으로 사는 의인의 길이다.

하박국의 변화(3:1-19)

하나님의 응답을 들은 하박국은 변한다. 하나님은 세상 가운데서 공의와 긍휼을 베푸시되, 그 정한 때에 따라 교만한 나라는 망하게 하시고 대신 겸손한 나라를 일으켜 세우심으로 역사 속에서 긍휼과 정의를 베푸신다는 말을 듣고 하박국은 고백한다. "여호와여 주는 주의 일을 수년 내에 부흥하게 하옵소서. 이 수년 내에 나타내시옵소서. [그러나] 진노 중에라도 긍휼을 잊지 마옵소서"(3:2). 하나님의 정의 실행을 촉구하면서도 마지막은 긍휼을 잊지 말라는 간청으로 끝내는 것은 하나님의 긍휼 없이는 열국도, 유다도, 심지어 선지자 자신도 하나님 앞에 설 수 없다는 것을 알았기 때문이다. 처음에는 정의 실행만을 간구하던 하박국이 결국은 하나님의 긍휼을 간구하는 사람으로 바뀌었다. 이것은 정의를 버리고 긍휼을 택했다는 것이 아니다. 오히려 '부흥시켜 달라'는 주의 일은 공의와 인자하심을 모두 베푸는 일이기 때문이다. 그러하기에 하박국은 지금 하나님께 공의를 집행하시더라도 인애를 잊지 말아달라고 간청드린다. 무엇보다, 하박국 전체에서 긍휼을 구하는 일이 마지막으로 나온 것은, 그가 하나님은 정의를 베푸실 때조차도 긍휼과 자비를 베풀기 위함임을 알았다는 방증이다. 하나님이 정한 때에 선악 간의 정의를 집행하시는 까닭도 악에 의해 가려졌던 하나님의 아름다움과 선하심을 온 세상이 다시 맛보도록 하시기 위함이었다(2:14).

선지자는 이제 3:16-19에서 자신이 어떻게 살 것인지 고백한다. 하박국의 고백은 두 가지이다. 첫째, 그는 "우리를 치러 올라오는 환난 날을 내가 기다리므로"(3:16)라고 말한다. 환난을 기다리는 사람, 의인에게도 환난이 올 수 있다는 것을 그는 인정한다. 그 환난이 의인의 죄는 정화하고 악인의 악은 들추어내 자멸을 초래한다는 것을 알았기 때문이었다. 둘째, 무화과나무에 무화과가 없고, 포도나무에 열매가 없으며, 감람나무에 소출이 없고, 우리에 양이 없으며, 외양간에 소가 없을지라도 난 여호와로 말미암아 즐거워하며 나의 구원의 하나님으로 말미암아 기뻐하겠다는 고백을 한다. 이 고백은 세상의 일에는 관심이 없고 하나님만 생각하겠다는 말이 아니다. 이 고백은 세상의 모든 악을 스스로 무너지게 하시되, 시간의 흐름 속에서 정의를 집행하시는 하나님, 그래서 자신의 세상의 선과 아름다움을 회복하시고 악을 선으로 바꾸시는 하나님, 그 하나님 한 분만으로, 구원의 하나님만으로 즐거워하겠다는 고백이다. 의인은 하나님의 성실하심에 대한 믿음으로 살 수 있다. 그러니 기억하자. 하나님의 말씀은 역사 속에서 이뤄지는 때가 있다. 더디게 보일지라도 성실한 하나님을 믿으며 기다리자.

제12장
아버지다움에 대해

조금은 오래됐지만 영국문화협회에서 조사한 '가장 아름다운 영어 단어'를 뽑는 온라인 설문조사에서 1위를 차지한 Mother("어머니")와는 대조적으로 Father("아버지")은 70위 안에도 들지 못했다.[1] 이 시대 아버지에게는 깊은 반성과 함께 변화가 필요한 것 같다. 그 연장선에서 '아버지다움'이 무엇인지 함께 생각해 보려고 한다. 자라온 배경이 다르고 아버지 된 이의 성격도 저미디 디른데 '아비지다운 아버지'상이라는 게 있는지 의구심이 생길 법도 하다. 하지만, 성경에는 가장 아버지다운 아버지가 계신다. 모든 아버지의 아버지가 되시는 하나님 아버지시다. 하

---

1. 2004년 11월 25일(목) 〈매일경제〉에 따르면 2004년 영국문화협회는 세계 102개 비영어권 국가 4만 명을 대상으로 '가장 아름다운 영어 단어'를 묻는 온라인 설문조사를 실시했는데, 그 결과 1위를 차지한 가장 아름다운 단어는 Mother(어머니)였다고 밝혔다. 2위는 Passion(열정), 3위는 Smile(미소)이고, 4위는 Love(사랑), Lollipop(막대사탕)은 42위, Hiccup(딸꾹질)은 63위, 그리고 Gum(껌)은 69위였다. 그런데 Father(아버지)은 70위 안에도 들지 못했다.

나님은 초월적 존재이시고 우리는 흙에서 난 인간인데, 어떻게 흙이 하늘을 흉내 낼 수 있을까라는 반문이 뒤따를 수 있다. 성경은 이런 반문에 해답을 가지고 있다. 하나님이 흙을 빚어 사람을 만든 것은 사람이 평생 '빚어지도록' 하기 위함이다. 누구의 모양대로 빚어져 가야 할까. 토기장이 하나님(사 45:9; 렘 18:6; 롬 9:21-23)은 사람을 자기 형상대로 빚어 가신다. "하나님이 자기 형상 곧 하나님의 형상대로 사람을 창조"(창 1:27)하셨다는 말씀이 암시하듯이 사람은 이미 하나님의 형상대로 빚어졌고 하나님을 닮도록 만들어졌다. 그래서 성경은 하나님을 계속 닮아 가라고 말한다. 레위기 19:2에서 "너희는 거룩하라. 이는 나 여호와 너희 하나님이 거룩함이니라"고 하셨고, 예수님 역시 "하늘에 계신 너희 아버지의 온전하심과 같이 너희도 온전하라"(마 5:48)고 하셨다. 하나님 닮기는 신구약 성경 전체가 일관되게 말하는 바이다. 그러니 성경의 관점에서 보았을 때 인간 아버지가 닮아야 할 본(本)은 하나님 아버지시다는 말이 틀린 말은 아니다.

아버지 하나님, 성 편견.

오해하지 말아야 할 점이 있다. 하나님에게서 아버지다움을 찾아보자고 하면, 우리 시대는 하나님을 향한 신앙을 남성 중심이나 가부장적 관점에서 이해하려고 한다고 생각할 수도 있다. 또 하나님을 아버지라고 말하는 것은 가부장적 문화의 산물이기에 오늘날과 같은 성 평등 사회에서는 '하나님 어머니'라는 칭호도 만들어야 한다고 말할 수도 있다. 아버지라는 말에 거부감을 가지게 만드는 역기능 가정이 있을 수 있다는 것은 아무도 부인할 수 없다. 하지만 그렇다고 해서 성경에 나오는 '하나님 아버지'라는 호칭을 바꾸어야 한다는 것은 본말을 전도하는 일

이다.[2] 변화가 필요한 자는 '하나님 아버지'가 아니라 아버지를 향한 거
부감을 가지게 만든 우리 시대 아버지이자 아버지에게 상처를 받은 우
리 자신이다. 하나님 안에서는 당시의 문화가 생각한 남성다움과 여성
다움의 구분이 사라지는데, 이는 하나님 아버지가 그 시대가 말하는 아
버지 역할과 어머니 역할 모두를 하고 계시기 때문이다. 예컨대, 이사야
49:14-16을 보자.

> 오직 시온이 이르기를 여호와께서 나를 버리시며 주께서 나를 잊으셨
> 다 하였거니와 여인이 어찌 그 젖 먹는 자식을 잊겠으며 자기 태에서
> 난 아들을 긍휼히 여기지 않겠느냐. 그들은 혹시 잊을지라도 나는 너를
> 잊지 아니할 것이라. 내가 너를 내 손바닥에 새겼고 너의 성벽이 항상
> 내 앞에 있나니(사 49:14-16).

그곳에서 하나님은 젖먹이 아이를 품에 안은 어머니에 비교된다. 아
버지 하나님이 어머니처럼 자식을 돌본다. 자식 돌보는 것이야 어머니
와 아버지가 어찌 다르겠는가? 하지만 방식이 다르다. 당시 아버지는
하루 종일 집 밖에 나가 일히면서 가족을 먹여 살리고, 어머니는 집에서
아이와 함께 있으며 실제로 젖을 먹이며 자식을 먹여 살린다. 그런데 지
금 아버지 하나님은 당시 어머니가 자식을 돌보는 방식으로 그의 백성
을 돌보신다. 하나님의 아버지다움은 어머니다움을 포함한다. 하나님이
자신을 젖 먹이는 어머니에 비유하시며 드러내려 하신 아버지다운 돌

---

2.   수산네 하이네(Susanne Heine, *Women and Early Christianity: Are the Feminist
      Scholars Right?* [London: SCM, 1987])는 그녀의 책 전체에서 만일 우리가 인간의
      왜곡된 성(gender/sex) 사용 때문에 하나님의 성마저 바꾸기를 원한다면 여성신학
      은 '이데올로기'로 전락해 버린다고 주장한다.

봄이 있다. 우리 사회에서는 우스갯소리로 이런 말을 한다. '대한민국에서 자녀를 대학에 보내려면 필요한 게 어머니의 정보력, 할아버지의 재력, 할머니의 시간, 그리고 아버지의 무관심이다.' 아버지의 무관심이라니, 씁쓸하다. 하지만 아버지 하나님은 우리 시대 아버지상과는 거리가 멀다. 어머니가 젖먹이 자식을 품에 안듯이 하나님도 그의 자녀를 손바닥에 둔다.[3] 이사야 40:10-11에도 비슷한 흐름이 있다.

> 보라 주 여호와께서 장차 강한 자로 임하실 것이요 친히 그의 팔로 다스리실 것이라. 보라 상급이 그에게 있고 보응이 그의 앞에 있으며 그는 목자같이 양 떼를 먹이시며 어린양을 그 팔로 모아 품에 안으시며 젖 먹이는 암컷들을 온순히 인도하시리로다(40:10-11).

이사야에 따르면 하나님은 그의 백성에게 찾아오시되 '장차 강한 자로 임하시어 그의 팔로 다스리실 것이라'고 예언한다. 이 얼마나 '남성적'인 하나님의 모습인가! 그런데 이어진 하나님의 모습은 "어린양을 그 팔로 모아 품에 안으시며 젖 먹이는 암컷들을 온순히 인도하시리로다"라고 말한다. 하나님은 당시 사회가 생각한 아버지다운 '강한 팔'과 어머니다운 부드러운 품으로 새끼를 안고 계시는 분으로 묘사된다. 아버지 하나님의 자기 백성 돌보심에는 사회가 흔히 '어머니답다'고 말하는 모습이 배제되지 않는다. 그러하기에 하나님 안에서 우리 시대 아버지들의 아버지다움을 찾는 것은 우리 시대 남성상을 하나님에게 투영하여 찾는 것이 아니다.

---

3. 베드로전서 2:1-3에는 신령한 젖을 말씀에 비유한다. 하나님이 말씀을 주는 것은 어머니가 젖을 아이에게 먹이는 것에 비유된다. 하나님이 우리를 말씀으로 인도하고 가르치는 것은 어머니가 자식에게 젖을 먹이는 모습에 비유된다.

겁 없는 아버지 하나님

하나님이 보여주신 아버지다움(남성다움)은 무엇일까. 이미 우리는 앞서 두 모습을 살펴보았다. 우리의 아버지 하나님이 젖 먹이는 어머니와 같다는 것은 우리 시대 아버지들의 가족 돌보는 일이 밖에 나가 돈 벌어다 주는 일만 아니라 젖 먹이는 어머니가 아이를 돌보듯 자녀와 신체적으로 보다 많은 접촉을 가지고 보다 많은 시간을 가족과 함께 보내는 일을 포함한다. 그리고 강한 팔로 어린양을 품에 안는 아버지 하나님의 모습은 우리 시대 아버지가 추구해야 할 아버지다움이 약한 어린 자녀를 품에 안아 온순히 인도하는 부드러움을 포함함을 말한다. 이와 함께, 이사야가 보여주는 하나님의 또 다른 아버지다운 성품은 담대함(용기)이다.

> 여호와께서 용사같이 나가시며 전사같이 분발하여 외쳐 크게 부르시며 그 대적을 크게 치시리로다(42:13).

하나님의 몸짓은 용사의 몸짓과 같고, 하나님의 목소리는 전사의 외침과 같다. 이런 비유가 드리내려 한 것은 하나님의 담대함이나. 평상시에 젖먹이 아이를 안아 돌보시는 하나님이 적 앞에서는 전사로 돌변하시는데(그 반대가 아니다!), 이것이 하나님의 담대함이다. 하나님은 이사야 44:8에서 그의 자녀들에게 말씀하신다.

> 너희는 두려워하지 말며
> 겁내지 말라. …
> 너희는 나의 증인이라.

나 외에 신이 있겠느냐(44:8).

"겁내지 말라"고 하시고 "너희는 나의 증인이라. 나 외에 신이 있겠느냐"는 말을 덧붙이신 것은 살아계시고 유일하신 신을 믿어 그가 누군지를 증언하는 사람은 겁이 없고 용감한 마음가짐을 기본으로 해야 함을 가르치시기 위해서이다. 하나님은 겁이 없으시기 때문이다. 그러니 그를 아버지로 믿는 사람에게도 겁이 없어야 한다.

하나님의 담대함이 우리의 담대함이 되는 길

하나님에게는 용기가 있는데 우리에게는 없다. 하나님은 담대한데 우리는 그렇지 못하다. 그 까닭은 하나님에게는 없는데 우리에게는 있는 그 무엇 때문이다. 바로 겁이다. 하나님은 겁이 없는데 우리는 겁이 많다. 도대체 우리는 무엇을 겁내는가? 두려움 혹은 겁은 그 성격상 무슨 일이 닥치기 전에 생긴다. 모든 일에는 최악의 상황이라는 게 있는데, 두려움은 그것이 일어나기 전임에도 어떤 조짐이 보이면 최악의 일이 자신에게 닥칠지도 모른다는 생각이 가져오는 감정이다. 작은 조짐을 보면서 그 일이 최악으로 이어질 것이라는 생각이나, 최악의 상황에 이미 처해 있을 때 이 상황이 계속 지속될 것이라는 생각이 겁을 가져온다. 하지만 하나님 아버지에게는 겁이 없고 용기가 있다. 그분에게는 삶의 아름다움을 추함으로 바꾸고, 선을 악으로 바꾸며, 평안을 불안으로 바꾸고, 생명을 죽음으로 바꾸는 요인이나 세력을 거꾸로 뒤집어 놓을 능력이 있다. 추함을 아름다움으로, 악을 선으로, 불안을 평안으로, 죽음을 생명으로 바꾸시는 분이 하나님이고 그렇게 하시는 것이 역사 속에 증명된 아버지 하나님의 능력이다. 무슨 일이 일어날 조짐이 있을

때 그 조짐을 선으로 바꾸시고, 이미 최악의 상황에 처해있다면 그 최악
을 최선으로 바꾸시는 능력이 그분에게 있다. 우리 시대 아버지들이 용
기를 가지려면 하나님을 아버지로 모시면 된다. 하나님 아버지는 우리
시대 아버지가 두려워하는 '문제' 혹은 최악의 상황을 최선의 상황으로
바꿀 수 있으시고 실제로 예수 그리스도의 죽음을 부활로 바꾸심으로
그 능력을 증명해 보이셨다. 그 하나님을 나의 아버지로 삼는 것, 그것
이 우리 시대 아버지의 용기의 비결이다.

무엇에 용기를 내야 하는가

우리 시대 아버지가 하나님을 믿어 겁이 점차 줄어들기 시작할 때
용기를 내야 하는 영역이 있다. 위험의 순간에 아버지가 솔선하여 문제
를 해결하는 것도 용기이다. 또 가정을 경제적 궁핍에서 지켜 보호하고
자 치열한 '전투' 현장과 같은 사회에 나가 가족 부양의 의무를 다하는
것도 용기이다. 이와 함께 우리 시대에서 기독교가 점점 더 소수로 전락
하는 상황을 진지하게 고려한다면 모든 그리스도인 아버지는 기독교
진리를 우리의 자녀에게 전수하는 일에 용기를 내야 한다. 지금은 가정
에서조차 신앙의 전수기 점점 어려워지고 있다. 특히 고등학교 때까시
는 교회에 다니지만 대학이나 취업 현장에 들어가 자신의 세계를 구축
하기 시작하면 신앙은 뒷전으로 밀려나기 일쑤다. 이게 기독 가정의 현
실이자 우리 자녀가 맞닥뜨린 세상의 현실이다. 세상 가치와 흐름을 무
조건 나쁘게 볼 필요는 없다. 하지만, 그렇다고 시대의 흐름을 무조건
배우라고 말하는 것도 지적으로 영적으로 무책임한 태도다. 아버지들
에게 지적이고 영적인 용기가 필요하다. 자녀들이 읽는 책과 그들이 사
는 세상에 뛰어들어 가 세상의 조류와 가치 그리고 시대정신을 배우는

용기 말이다. 하지만 배우는 것만으로는 부족하다. 그렇게 배워서 그것의 장점을 이야기하고 또 그것이 가진 문제를 하나님 나라의 관점에서 지적하고 복음 진리를 대안으로 제시하는 데까지 나아갈 필요가 있다. 대화에는 지혜가 필요하고 지키는 일에는 용기가 필요하다. 무엇보다 기독 아버지에게는 사회의 가치와 주류 사상에 '쫄지' 않을 용기와 담대함이 필요하다. 사실 부모들에게는 생명과 같은 신앙이지만 자녀들에게는 그것이 더 이상 아무런 의미도 없는 것처럼 보이게 만드는 우리 시대 철학과 사상은 무척이나 복잡하고 어렵다. 그러나 우리가 아버지라 부르는 하나님을 믿고 겁먹지 말고 용기를 가지자. 용기의 이유는 진리 자체에 있는데, 아버지 하나님은 모든 악을 선으로 뒤집어 놓는 유일한 주관자시며, 무엇보다 우리 시대 기독 아버지의 싸움이 아버지만의 싸움이 아니라 하나님 우리 아버지의 싸움이기 때문이다.

* * *

아버지 하나님은 젖먹이 아이를 업고 기르는 어머니처럼 가족을 돌보는 분이시며, 아버지 하나님은 강한 팔로 약한 어린양을 품에 안는 분이시고, 죽음을 겁내지 않고 용기를 내어 죄악과 맞서 구원을 이루어낸 분이시다. 하나님 아버지께서 그와 같다면, 아버지다운 아버지 역시 젖먹이 아이를 업고 기르는 어머니와 같은 아버지, 강한 팔로 가장 약한 이를 품에 안고 기르는 부드러운 아버지, 용기를 내어 죽음을 겁내지 않고 가족과 교회를 진리로 지키는 아버지다.

남자답게 강건하라(고전 16:13).

제13장
하루 세 번 기도, 영혼이 영혼에 잇대는 시간

하루 세 번 드리는 기도는 초기 교회에 뿌리 내리고 있었던 기도 전통이다.[1] 최근 한국 교회에서도 이 기도 전통을 이어가려는 움직임을 엿볼 수 있다.[2] 본 장에서는 성경이 하루 세 번 기도를 지지하는지, 그리고 만일 지지한다면 그 이유는 무엇인지에 대해 살펴보려 한다. 더불어 하루 세 번 기도를 시행할 경우, 구체적으로 어떤 방법으로 해야 하는지를 생각해 보려 한다.

성경 속의 하루 세 번 기도

먼저 시편 55:16-17을 읽어보자.

나는 하나님께 부르짖으리니 여호와께서 나를 구원하시리로다. 저녁과

---

1. 『디다케』 8:1-3; Tertullian, *On Prayer* 25; Clement of Alexandria, *Stromata* 7.7.40.3;
2. 구글 검색에서 '하루 세 번 기도' 검색어를 입력해보면, 많은 교회에서 이 기도 전통을 시행하려는 움직임이 있다는 것을 확인할 수 있다.

아침과 정오에 내가 근심하여 탄식하리니 여호와께서 내 소리를 들으
시리로다(시 55:16-17).

여호와는 듣는 신이시다. 그렇게 시편 기자는 하루 세 번, 저녁과 아
침과 정오에 들으시는 여호와께 내 근심과 탄식 소리를 올려 드린다고
말한다. 하나님은 이 소리를 듣고 구원을 베푸신다. 이 시편이 기록된
시기가 정확하게 언제인지 알 수는 없지만 시의 표제는 이것이 주전
1000년경의 다윗의 시라고 말하고 있다.[3] 그렇다면 지금 우리가 하고
있는 하루 세 번 기도는 지금으로부터 3,000년 이전에 시작됐고, 또한
그때 다윗의 영혼을 지킨 기도 방식이었다고 볼 수 있다.

다니엘

다니엘은 주전 500년 후반부의 인물이다. 그 역시 하루 세 번 기도
를 드린다. 다니엘 6:10이다.

다니엘이 이 조서에 왕의 도장이 찍힌 것을 알고도 자기 집에 돌아가서
는 윗방에 올라가 예루살렘으로 향한 창문을 열고 전에 하던 대로 하루
세 번씩 무릎을 꿇고 기도하며 그의 하나님께 감사하였더라(단 6:10).

---

3.   표제의 "다윗의"라는 언급은 시의 저자가 다윗이라는 말일 수도 있고(저작권) 아니
      면 이 시가 다윗이 수집해 놓은 시(그러므로 소유권)임을 말할 수도 있다. 또 "다윗"
      이라는 이름이 이스라엘의 두 번째 왕 다윗을 가리킬 수도 있고 다윗 집안의 왕을
      지시하는 말(호 3:5)일 수도 있다(A. A. Anderson, *The Book of Psalms 1-72* [NCB;
      London: Oliphants, 1972], 43-45). 본 장에서는 이 시가 실제로 다윗이 저작한 시
      라고 간주했다.

메대와 페르시아 제국 관리들은 자기들보다 더욱 민첩하고 지혜와 총명이 뛰어난 다니엘을 음해할 거리를 찾다가 결국 찾게 된 것이 그의 기도 습관이었다. 이들은 다니엘이 메대와 페르시아 제국에는 없던 기도 습관을 가지고 있었던 것을 발견했다. 더구나 다니엘이 제국에 있으면서도 그 제국의 신이나 왕의 이름이 아닌 여호와 하나님의 이름을 부르며 기도하는 것을 들었다. 그들은 제국의 것과는 다른 다니엘의 총명과 지혜와 명철이 어디서 시작되는지 알고서는 다니엘의 기도 습관을 없애려 했다. 하지만 다니엘은 제국에서 생존하고자 기도의 문을 닫지 않았다. 그의 이야기는 당대를 살아가면서 그 시대의 종이 아니라 시대를 능가하는 삶을 살아가는 비결이 바로 하루 세 번 기도에서 시작됐음을 가르쳐 준다. 다윗을 지키고 다니엘을 다니엘 되게 했던 것이 하루 세 번 기도였다.

예수님

누가는 예수님이 기도하시되 "습관을 따라" 하셨다고 말한다(눅 22:39). 그렇게 습관을 따라 기도하신 때는 예수님이 잡히시던 날 밤이었다.

> 예수께서 나가사 습관을 따라 감람산에 가시매 제자들도 따라갔더니 그곳에 이르러 그들에게 이르시되 유혹에 빠지지 않게 기도하라 하시고 그들을 떠나 돌 던질 만큼 가서 무릎을 꿇고 기도하여(22:39-41).

예수님이 습관을 따라 감람산에 가셨다는 말을 단순히 습관을 따라 산에 올라가셨다는 말로 이해해서는 안 된다. 산에 가서는 기도를 하셨

기에 그분이 따랐던 "습관"은 바로 기도 습관이다. 그렇게 예수님에게
는 기도 습관이 있었다. 예수님이 잡히시던 날 겟세마네 동산에서 기도
하신 시간은 저녁이었기에 그 습관은 아마 저녁에 드린 기도 습관이라
고 볼 수 있다. 예수님의 저녁 기도 습관은 누가복음 6:12에도 나온다.

> 이때에 예수께서 기도하시러 산으로 가사 밤이 새도록 하나님께 기도
> 하시고(6:12).

마가복음에서는 예수님의 또 다른 기도 시간대를 가리켜 이른 아침
이라고 말한다.

> 새벽 아직도 밝기 전에 예수께서 일어나 나가 한적한 곳으로 가사 거기
> 서 기도하시더니(막 1:35).

이로 보아 구약의 입장에서 본다면 예수님이 따랐던 기도 습관은
그보다 천 년이나 앞서 다윗에게도 있었고 다니엘로 이어졌던 저녁과
아침 그리고 정오에 드리는 세 번 기도 습관이었다고 보는 것이 자연스
럽다. 다윗에게 하루 세 번 기도는 그의 탄식을 아뢰고 하나님의 구원을
맛보는 시간이었으며, 다니엘에게 하루 세 번 기도는 제국의 가치를 저
항하며 하나님의 나라의 지혜와 통찰을 얻는 시간이었다. 예수님에게
있어서 습관에 따른 기도는 결국 십자가라는 어둠 속에서 하나님의 뜻
을 찾아 그 어둠 속으로 뛰어들어 가게 하는 능력의 근원이 됐다.

초기 교회

예수님만 아니라 제자들 역시 하루 세 번 기도 전통을 이어갔다. 사도행전 10:9이다.

> 그때에 베드로가 기도하려고 지붕에 올라가니 그 시각은 제 육 시더라 (행 10:9).

여기서 "제 육 시"란 정오 12시를 가리킨다. 아마 베드로는 하루 세 번 기도 중 정오 기도 시간을 지키고자 성전으로 올라간 것 같다. 베드로는 이 기도 시간에 하나님께서 이방인들을 그의 백성으로 받으신다는 환상을 보았다. 기도 중에 세상을 보는 지평이 넓어져 하나님의 시선을 가지게 된 것이다.

쉬지 말고 기도하라

이런 유대 전통을 기억한다면, 바울이 데살로니가전서 5:17에서 "쉬지 말고 기도하라"는 말은 하루 세 번 기도 전통을 지켜가라는 말로 이해할 수 있다. 특히 데살로니가교회는 유대인이 아닌 이방인으로 구성된 교회였기에 바울이 이방 교회에도 하루 세 번 기도 전통을 가르쳤다고 볼 수 있다.

기도의 시작, 저녁 기도

무엇이든지 시작이 중요하다. 하루 세 번 기도는 하루의 시작을 기도로 한다는 것을 말해준다. 그런데 시작 기도는 어느 시간대의 기도일까? 우리는 통상 아침 기도라고 생각하는데, 시편 55:17에 따르면 하루

기도는 저녁 기도로부터 시작한다.

> 저녁과 아침과 정오에 내가 근심하여 탄식하리니 여호와께서 내 소리
> 를 들으시리로다(시 55:17).

저녁, 아침, 정오 이렇게 기도 시간이 진행된다. 저녁 기도가 하루 기도의 시작이라고 보는 것의 기원은 무엇일까? 창세기 1장이다. 1장에는 창조의 첫째 날부터 여섯째 날까지 나오는데, 매 날에 "저녁이 되고 아침이 되니 이는 ○○ 날이니라"(창 1:5, 8, 13, 19, 23, 31)라는 어구가 덧붙여져 있다. 이런 전통을 따라 유대인은 하루의 범위를 해가 진 저녁을 시작점으로 하여 그다음 날 저녁까지 잡았다. 현대적 시간관에서 새로운 날은 밤 12시에 시작한다. 태양의 위치에 따라 정한 시간 계산이다. 하지만 성경은 하루가 저녁에 시작된다고 보았다. 성경의 날 기준은 태양의 위치가 아니라 하나님의 창조다. "날"은 하나님의 창조로 탄생된 것이기에 "날"이 완성된 것은 창조가 끝난 저녁이었다. 저녁이 하루가 탄생한 시간이기에, 저녁에서 다음 날 저녁이 되기 전까지를 하루라고 본 것이다. 하루의 시작이 아침이 아니라 저녁이라고 말하는 성경의 이해가 의미하는 바가 있다. 곧, 하루하루의 삶은 하나님의 창조의 선물이라는 뜻이다. 저녁 기도로 하루를 시작한다는 것은 기도라는 것이 하나님이 이미 일하셨고 지금도 일하고 계심을 보는 시간이라는 것을 의미한다.

그런데 왜 세 번일까? 세 번이라는 횟수는 하루를 삼등분으로 나눈다. 하루에 기도를 세 번 하게 되면, 하루는 저녁부터 아침, 아침에서 정오, 정오에서 저녁으로 나눠진다. 태양이 가져오는 빛의 전망에서 본다

면 어둠이 시작되는 저녁의 기도, 빛이 어둠을 물리치는 시간의 아침 기도, 빛이 정점에 도달했다가 다시 점점 어두워져 가는 정오 기도로 나누어 이해할 수 있다. 현대의 날 이해에 따르면 하루 동안의 우리의 몸과 생활은 대략 이 세 등분으로 나누어진다. 오전은 하루를 시작하는 시간이며 모든 몸의 에너지가 활성화되기 시작하는 시간이다. 정오에 우리는 삶의 한복판에 있다. 몸의 에너지도 최고로 왕성하다. 저녁은 하루의 일을 마무리할 때이며 몸의 에너지가 차분히 가라앉는다. 현대와 같은 다양한 삶의 환경에서는 반드시 이런 식으로 몸과 삶의 리듬이 진행된다고 볼 수 없지만 삶이 단순했던 고대 사회에서는 그러했다. 다시 성경의 날 이해로 되돌아가서 본다면, 하루의 일이 마무리되고 이제 자기의 손으로 할 수 있는 것은 없어 힘이 빠져 있을 때, 첫 기도를 드리며 '일은 하나님이 하시는 것이며 우리가 한 노동 역시 하나님이 주관하고 그의 뜻을 이루는 쪽으로 이끄실 것'이라 믿고 모든 것을 맡긴다. 그리고 아침에 일어나 저녁에 기도했던 그 일을 하나님과 함께 시작하겠다는 기도를 드린다. 그러고 나서 삶의 한복판에서 다시 하나님 앞에 나아가 힘을 공급받고, 일이 복잡하게 돌아갈 때 골방에 들어가 이 모든 삶은 내가 주관하는 것이 아니라 하나님이 내 안에서 행하시는 일이라는 인식을 새롭게 한다. 이런 세 번 기도는 우리의 하루 삶이 하나님에 의해 이뤄지고, 하나님 앞에서 이뤄지며, 하나님 안에서 이뤄지고 있음을 깨닫게 한다. 세 번 기도는 하루를 그리스도 안에 묶어 놓는 동아줄과 같다.

세 번 기도의 유익

하루 세 번 기도는 일상의 삶을 사는 자리에 영적 차원을 가져오게 한다. 기독교인의 영적 리듬은 칠 일 단위로 흐른다. 월요일부터 토요일까지 일상을 산다. 그러다가 주일이 가까이 오면 우리 몸과 마음과 생각도 점점 하나님과 예배에 집중하게 된다. 주일 하루 동안 교회에 모여 예배하고 식사하고 교제하고 찬양하는 동안 우리의 몸과 삶과 언어와 내면은 하나님으로 충만해진다. 그러다가 월요일이 돌아와 다시 일상이 시작될 때 주일의 영성은 보통 화요일까지는 그런대로 유지된다. 하지만 한 주의 한복판인 수요일쯤이 되면 주일의 은혜는 서서히 잊혀 간다. 그러다가 다시 금요일이 되어 주일이 가까워지면 신자는 다시 몸과 마음과 생각을 주일 예배에 조금씩 맞추기 시작한다. 이것이 성도들의 일주일 삶의 리듬이다. 주일 예배를 통해 우리의 일주일 영적 리듬을 만들어가듯이 하루 세 번 기도는 하루 동안의 영적인 리듬을 가지도록 한다. 아침 기도 후 6시간을 살다가 다시 정오 기도를 드린 후 6시간을 살고, 그리고 저녁 기도 후 12시간을 지내다 다시 아침 기도로 하루를 시작한다. 일주일의 하루를 온전히 하나님과 함께 보낼 때 일주일의 영적 리듬이 유지되는 것처럼 하루 세 번 온전한 기도 시간을 지킬 때 우리의 하루는 세상에 살지만 하나님의 나라 백성으로 살아가는 시간이 된다. 특히 하루 세 번 기도는 6시간 단위의 영적 깨어 있음을 제공한다. 그러하기에 이 기도가 반복되어 습관이 되면 일하기 위해 하루를 살기보다 세 번 기도하기 위해 하루를 살아가는 삶의 태도가 생기기도 한다. 다니엘이 바벨론, 메대, 페르시아로 이어지는 제국의 변화 속에서도 여전히 하나님의 나라에 대한 비전을 가지고 세상 한복판에 남아 있을 수 있었던 비결은 하루의 삶을 사는 방식에 있었다는 것을 기억해야 한다. 하루를 기도의 칼로 세 조각을 낼 때 그 하루를 하나님께 번제로 드릴 수 있다. 기도의 칼로 하루를 쪼갤 때 쪼개지는 것은 하루가 아니라 우

리의 몸과 마음과 삶이다. 삶을 기도로 쪼개어 하나님 앞에 산 제사가
되게 하는 것 그것이 바로 세 번 기도다.

세 번 기도의 방식

이제 마지막으로 제일 중요한 것을 묵상하고자 한다. 세 번 기도의
방식이다.

멈춤

모든 기도의 시작은 멈춤이다. 아침 기도이든, 정오 기도이든, 저녁
기도이든 기도는 멈춤으로 시작한다. 아침에는 일터로 나가려는 준비
를 멈추고, 정오에는 오전 내내 씨름했던 생각과 일과 회의와 대화를 멈
추고, 저녁에는 오후 내내 했던 일과 그 일에 대한 평가 및 쉬고 싶은 몸
의 욕구에 따른 행동을 멈춘 뒤, 전혀 다른 생각인 하나님의 뜻을 품고
전혀 다른 삶의 자리인 골방에서 전혀 다른 자세인 기도의 자세를 잡는
것으로 시작한다. 밀레가 그린 〈만종〉이라는 그림을 우리는 잘 알고 있
다. 그 그림은 저쪽 멀리에 조그맣게 보이는 교회 첨탑에서 종이 울리는
소리를 듣고 밭에서 감자 캐는 일을 하던 부부가 일제히 일손을 놓고
방금까지 일하던 밭 한복판에 서서 기도하는 모습이다. 교회에서 울리
는 종은 삼종, 곧 아침, 점심, 저녁 기도를 알리는 종이자 성부, 성자, 성
령의 임재를 알리는 종이었다. 그들은 이 종소리에 기도로 응답한 것이
다. 부부의 기도는 괭이를 그대로 땅에 꽂아 둔 채, 감자 바구니에는 반
쯤만 감자를 담아 놓은 채, 진흙으로 더럽혀진 그 손을 기도의 손으로
모은다. 고개를 숙인 부부의 옷은 땀과 흙으로 얼룩져 있고 기도하는 부
부 뒤쪽으로 종소리와 함께 석양이 붉게 비춰오고 있다.

한때 '노동이 기도다'라는 말이 유행했던 적이 있었다. 그 말은 노동을 기도하듯이 하라는 말로 이해할 수 있다. 하지만 서구 사회는 노동자들이 주일 예배나 기도 생활도 없이 일만 하도록 그 말을 오용하기도 했다. 노동은 물론 거룩하다. 일하는 것 자체로도 하나님을 예배할 수 있다. 하지만 아무리 노동이 거룩하다 해도 기도나 예배 자체를 대체할 수는 없다. 주류 기독교 이천 년 역사 그 어느 때도 노동이 기도를 대체할 수 있다는 말이 받아들여진 적은 없었다. 강하게 말하면 대체할 수 있다는 말은 거짓이다. 기독교는 매일이 안식일이라는 믿음을 가지지만 주일에 따로 모여 예배드리는 일을 멈추지 않았다. '날을 정해' 예배드리는 것이 없고 일상과 분리된 골방이 따로 없다면 모든 날이 예배가 되고 모든 삶이 기도가 되는 일은 불가능하다는 것을 알기 때문이다. 우리는 인간이다. 아직 부활의 몸을 가지지 못했다는 것을 잊지 말자.

시간 정하기

그러니 세 번 기도는 시간을 정해 놓고 드리되, 가급적 그 시간을 지킬 필요가 있다. 아직 모든 것이 정리가 덜 됐더라도, 그리고 캐야 할 감자가 더 남았더라도, 만나야 할 사람이 아직 있고, 받아야 할 전화, 보내야 할 공문이 남아 있더라도 정해 놓은 시간이 됐다면, 잠시만 멈추고, 몸을 골방이나 화장실로, 창고로, 카페로 옮기는 것이 좋다. 이렇게 정해진 기도 시간에 맞춰 기도를 드리고자 일상을 멈추고 골방에 들어가는 행위 그 자체만으로도 일 자체가 하나님이 된 시대에 일의 의미는 일 자체가 아닌 하나님으로부터 온다는 사실을 알려주는 '기도 행위'가 된다. 그렇게 골방에 들어가 두 눈을 감고 가만히 있는 동안 내가 일하지 않고 있어도 하나님은 일하고 계신다는 것을 보게 된다. 다윗이 하루

기도를 저녁 기도로 시작했던 이유가 바로 이것이었다. 이미 다 하나님이 일을 하셨고 일을 하고 계신다는 것, 그것을 기억하는 것이 바로 기도의 근본 정신이다.

말씀 묵상으로 시작하는 아침 기도

하루를 말씀 묵상으로 시작해야 한다는 것은 더 이상 강조할 필요가 없는 경건 생활의 초석이다. 각자의 방식으로 말씀 묵상을 끝낸 후 아침 기도는 그 말씀을 기초로 삼자. 그 말씀에서 만난 하나님을 찬양하기도 하고, 그 말씀이 깨닫게 해 준 내 죄를 회개하기도 하고, 오늘 만나고 해야 할 결정에 그 말씀의 원리가 적용되도록 기도하자. 그리고 더불어 아침 기도에는 그날 만날 사람을 위해 기도하고, 하루 동안에 해야 할 일, 내려야 할 결정 기준, 일어나는 일이나 들려오는 말에 대한 나의 반응이 너무 즉각적이지 않고, 아침에 묵상한 말씀이 그때마다 생각이 나서 하나님의 뜻에 따라 내가 행동하고 말하고 생각하고 결정하고 판단할 수 있도록 기도하라.

말씀을 되새김질하는 정오 기도

삶의 한복판에 있는 시간인 점심 때 기도를 드리는 것은 쉽지 않다. 하지만 필자의 경우에 하루의 영적 리듬은 점심 기도를 드리느냐 그렇지 못하느냐에 따라 좌우되는 것을 많이 경험했다. 점심 기도를 오래 드리기 힘들다면 5분이라도 정해 놓아야 한다. 그 5분이 이후 5시간의 오후의 삶을 하나님 앞에서 깨어 있게 하는 능력의 시간이 된다. 정오 기도를 위해서는 먼저 점심 때 기도드릴 장소를 고정해 놓아야 한다(필자의 기도 장소는 학교에서는 연구실 책상 뒤편과 강의동 옥상이고 집에서는 거실이다).

점심 기도는 두 가지 방법으로 드릴 수 있다. 먼저는 아침에 곱씹다가 가슴에 넣어 두었던 말씀을 다시 끄집어내어 한 절 한 절 묵상하는 방법이 있다. 이런 묵상 후 말씀을 토대로 오전 삶을 돌아보고 오후 삶을 맡기는 기도를 드리는 것이다. 두 번째는 한 해 동안 점심 기도 때 묵상할 말씀을 정하고 그 말씀을 매 점심 때 암송한 후 한 절 한 절을 되새김질하는 묵상 기도를 드리는 것인데, 묵상 기도 후 오후의 일과를 맡기는 기도를 드릴 수도 있다. 두 번째 방식은 필자가 최근에 따랐던 방법이기도 하다. 이런 말씀을 기초로 기도드릴 때 내 생각과 마음이 방금 전까지 나를 붙들고 누르던 일에서 자유롭게 되어 그 기도 후에는 그 일을 할 때 하나님의 말씀에 잡힌 바 된 채 일을 할 수 있다.

주기도문으로 드리는 저녁 기도

저녁 기도를 너무 늦게 잡지 않도록 주의할 필요가 있다. 현대적 생활 리듬에 따르면 저녁이 늦어질수록 몸과 마음이 많이 지치기 때문에 초저녁에 혹은 가급적이면 저녁 먹기 전에 드릴 필요가 있다. 그래서 필자는 저녁 6시로 저녁 기도 시간을 잡았다. 저녁 기도의 내용은 주기도문으로 기도를 드리는 것이다. 매 저녁 주기도문 전체를 묵상하며 기도드리되, 한 절을 묵상하고 기도하고 그리고 다시 그다음 절을 묵상하고 기도드리는 것이다. 예컨대, "하늘에 계신 우리 아버지여"를 기도할 때, 하나님이 하늘에 계신다는 사실을 묵상한다. 이때 모든 것을 초월해서 주관하고 있는 하나님을 묵상할 수 있다. 그리고 "이름이 거룩히 여김을 받으시오며"라고 기도를 드릴 때는 하나님의 이름, 창조주, 재창조주, 심판주 하나님의 이름이 온 땅에서, 한반도에서, 가정에서, 내 직장에서, 내 몸에서 인정받으시기를 기도할 수 있다. 그리고 교회를 통해서, 나를 통해서 주님의 이름이 거룩히 여김을 받으시도록 기도를 하는 것도 한 방법이다. "나라가 임하시오며"의 기도에는 하나님의 통치가 예수님의 이름으로, 교회 안에, 교회를 통해 이 땅과 한반도와 교육, 정치, 경제 등에 임하시도록 기도하되, 악이 무너지고 하나님의 아름다움과 선하심이 인정되도록 기도한다.

* * *

하루의 삶은 영원의 삶의 축소판이다. 그러니 하루를 그리스도와 함께 살고, 그리스도 안에 살아가는 일은 영원을 그리스도와 함께 그리스도 안에서 살아가는 것의 예행 연습이다. 그리스도인은 영원을 지금 여기서 맛보며 사는 이들인데, 그것이 실제로 현실이 되는 때가 바로 하루 세 번 골방에 들어가는 시간이다. 그러니 멈추고 들어가 앉아 말씀을 되새김질하고 삶을 되돌아보고 내다보며 주기도문을 읊으며 우리의 삶 전체를 하나님에게 맞추자. 그러다 보면 내가 기도 시간을 지키는 것이 아니라 기도가 나를 지키고 있는 새로운 차원의 영적 현실을 맛보게 될 것이다.

제2부

팔레스타인에서 오는 빛

제1장
옛것과 새것에 대해

고대 사회는 옛것에 권위를 부여하는 사회였다.[1] 권위는 믿음을 가지기에 고대인은 오래된 것에는 믿음을 주고 새것은 미심쩍게 보았다. 노인은 존경을 받고 젊은이는 훈계를 받았다. 옛것을 권위 있게 보는 관습은 계몽주의 시대까지만 지속됐다고 보기도 하지만 현대 사회에서도 그 전통은 이어지고 있는 것 같다.[2] 여전히 우리는 종종 무엇을 어떻게 해야 할지 쉽게 결정하기 어려울 때에 '최후의 보루'로 관행을 선택하기도 한다. 반면 새로운 시도기 있는 곳엔 '옛닐에는 안 그랬었는데, 꼭 이렇게 해야 되는가'라는 질문을 하곤 한다. 성경은 어떨까. 옛것과 새것이 있을 때 어느 것을 택하라고 할까. 잠언은 당시 전통을 따라 백발은 영광이라고 말한다(잠 16:31). 하지만 구약과 신약에서 들려오는 또 다

---

1. John Barton, *Holy Writings Sacred Text the Canon in Early Christianity* (Louisville, Kentucky, 1997), 65-66.
2. 오래된 것이 새것보다 좋다는 이해가 중세 혹은 계몽주의 이전까지 지속됐다는 입장에 대해서는 A. J. Minnis, *Medieval Theory of Authorship: Scholastic literary Attitudes in the Later Middle Ages* (Aldershot: Wildwood. 1988), 9을 보라.

른 목소리가 있고, 그 소리는 일관되다. 새로운 것, 새로운 일, 이제 막 태어날(난) 일에 대한 기대와 선호가 구약과 신약 전체에 이어진다.

새 노래, 새 일을 행하신 하나님을 노래함

시편은 하나님을 찬양하되 새 노래로 하라는 내용이 이어진다(33:3; 40:3; 96:1; 98:1; 149:1). 특히 시편 96, 98, 149편은 각 시를 시작하자마자 하나님을 향해 노래를 부르자며 초대의 말로 "새 노래"를 말한다.

> 새 노래로 여호와께 노래하라 온 땅이여 여호와께 노래할지어다(시 96:1).

> 새 노래로 여호와께 찬송하라 그는 기이한 일을 행하사 그의 오른손과 거룩한 팔로 자기를 위하여 구원을 베푸셨음이로다(98:1).

> 할렐루야 새 노래로 여호와께 노래하며 성도의 모임 가운데에서 찬양할지어다(149:1).

말이 노래가 되는 때는 마음에 울림이 일어날 때다. 하나님을 향해 노래를 부르는 것은 하나님으로 인해 마음에 큰 울림이 일어났다는 것이고, 부르는 노래가 새 노래라는 것은 이전 찬양으로는 감당할 수 없는 새로운 일을 하나님이 행하셨고 행할 것이라는 의미다. 사람은 '삶은 원래부터 그렇다'며 지금까지의 전통과 기존의 틀에서 생각하고 말하는 경향이 짙다. 이런 경향은 하나님을 향한 우리의 기대에도 이어져 나의 반복된 일상 경험이나 신체 경험에 의해 형성된 이해의 범주 안에서만 하나님의 일하심을 생각하려 한다. 하지만 새 노래로 하나님을 찬양하라는 시를 지은 시인이 만난 하나님은 그가 만든 자연 질서와 역사의 흐름 혹은 전통을 무시하지는 않지만 예측된 일만 하시는 프로그램화된 신이 아니었다. 특히 96:1은 새 노래로 여호와께 노래해야 할 대상을 "온 땅"으로 규정한다. 이는 창조주 하나님이 하실 새로운 일을 경험할 이는 특정 지역에 있는 특정한 사람만 아니라 온 땅에 있는 모든 사람이 될 것임을 알았기 때문이다. 시인의 상상력은 세상에서 일어나는 반복된 불의에 길들여지지 않았다. 그 비결은 창조주는 그 지으신 세상의 뒤틀림을 체념하시기보다 바르게 고쳐 나가시는 신실한 분이라는 믿음에 있었다(96:10, 13; 98:2, 9; 149:6-7). 이런 점에서 하나님을 노래하되 새 노래로 하라는 시편은 바뀌지 않는 불의한 현실에 체념하고 길들여져 가기 쉬운 우리에게 신실한 하나님에 대한 기대를 중단하지 말라는 외침이다.

시편이 후반부로 갈수록 새 노래로 하나님을 찬양하라는 말이 서두를 차지하듯 성경의 마지막이자 인류 역사의 종말의 도래와 완성을 말하는 요한계시록에는 새 노래가 집중된다.

> 네 생물과 이십사 장로들이 … **새 노래**를 불러 이르되 두루마리를 가지시고 그 인봉을 떼기에 합당하시도다. 일찍이 죽임을 당하사 각 족속과 방언과 백성과 나라 가운데에서 사람들을 피로 사서 드리시고 그들로 우리 하나님 앞에서 나라와 제사장들을 삼으셨으니 그들이 땅에서 왕 노릇 하리로다(계 5:8-10).

그들이 보좌 앞과 네 생물과 장로들 앞에서 **새 노래**를 부르니 땅에서

속량함을 받은 십사만 사천 밖에는 능히 이 노래를 배울 자가 없더라
(14:3).

5:8-10에서 땅의 모든 피조물을 대표하는 네 생물과, 구약(열두 지파)
과 신약(열두 사도)의 백성을 대표하는 이십사 장로들이 어린양을 향해
새 노래를 부른다. 이는 하나님 아버지께서 어린양 예수를 통해 하신 구
속이 전에 없었던 새로운 일이기 때문이다. "일찍이 죽임을 당한" 어린
양(6절)이 하신 일은 유례없는 일로서 자신의 죽음으로 사람들을 "사서"
그들로 이 땅에서 왕 노릇 하도록 만드신 것이다(9절). "사서"에 해당하
는 그리스어('아고라조')는 고대 사회에서 시장 속 물건이나 노예를 구입
하는 거래 행위를 가리킨다. 네 생물과 이십사 장로들은 종노릇하던 사
람을 자기 피로 사서 하나님 앞에서 왕 노릇하며 사는 자로 변화시킨
어린양의 자기희생적 구원 행위를 노래하고 있다. 종노릇하던 자를 왕
노릇 하는 자로 바꾼 것은 사람을 종노릇하게 하던 '세상 권세'가 무너
지고 어린양이 새로운 통치자로 등극하셨기 때문이다(5:5-6; 12:1-5; 20:1-
6). 이 일은 시편이 노래하듯 하나님에게는 이미 기대된 일이지만 실제
로 인류 역사에서는 지금까지 일어나지 않았던 새로운 일이기에 새 노
래가 그들의 찬양 형식이 될 수밖에 없었다. 이런 흐름은 14:3에서도 이
어지는데 땅에서 구속함을 받은 당사자인 십사만 사천이 새 노래를 배
우고 부른다. 하나님은 예수 그리스도를 통해 땅과 사람을 새롭게 하는
일을 결정적으로 이루시며 인류 역사에 새 창조(종말)를 시작하신다. 그
러니 사람과 시간과 세상의 새 창조를 경험한 구속받은 사람은 하나님
과 어린양이 그의 세상에 행한 일을 송축하고자 '새' 노래를 부르지 않
을 수 없었다. 요한계시록에 따르면 인류 역사는 하나님의 새로운 일 곧

새 창조를 향해 나아가고 있고(21:1) 그에 따라 구속받은 백성이 다 함께 새 노래를 부를 날을 향해 가고 있다.

새 언약, 관계를 새롭게 하시는 하나님

하나님은 새로운 일만 아니라 사람과의 관계도 새롭게 하신다. 예레미야 선지자는 그래서 하나님은 새 언약을 체결하시는 분이라고 말한다.

> 여호와의 말씀이니라. 보라 날이 이르리니 내가 이스라엘 집과 유다 집에 새 언약을 맺으리라. 이 언약은 내가 그들의 조상들의 손을 잡고 애굽 땅에서 인도하여 내던 날에 맺은 것과 같지 아니할 것은 … (렘 31:31-32).

언약은 결혼처럼 두 당사자가 상호 헌신의 관계로 들어가는 약속 행위다. 하나님이 새 언약을 맺으신다는 것은 하나님은 인간과 이미 맺은 관계를 새롭게 하시는 분이라는 것을 말한다. 한 번 맺은 언약을 유지하지 않으시고 왜 새 언약을 맺으시겠다는 것일까. 이유는 하나님을 섬기며 살겠다는 언약을 인간이 깨뜨렸기 때문이다. 하나님은 신실하신데 인간은 신실하지 못했다. 하나님은 이제 어떻게 하실까. '너도 배반했으니 나도 배반하겠다'는 언약 폐지는 하나님의 길이 아니다. 하나님은 자신을 부인하실 수 없다("우리는 미쁨이 없을지라도 주는 항상 미쁘시니 자기를 부인하실 수 없으시리라", 딤후 2:13). 인간이 하나님을 믿고 충성하겠다는 약속을 파기했다고 하나님도 그 언약을 없던 일로 하지 않으셨다. 하나님은 언약 파기가 아니라 언약 갱신의 길을 가셨고 새 언약은 그 절정이다. 하나님은 새롭게 일하시는 분이다.

새 영과 새 마음, 사람을 새롭게 하시는 하나님

하나님은 관계만 아니라 사람 자체를 새롭게 하신다. 에스겔 선지자
의 말이다.

> 또 새 영을 너희 속에 두고 새 마음을 너희에게 주되 너희 육신에서 굳
> 은 마음을 제거하고 부드러운 마음을 줄 것이며(겔 36:26).

새 영과 새 마음을 주어 인간을 새롭게 하시겠다는 이유가 있다. 사
람이 그와 언약을 맺었음에도 지키지 못한 것은 사람의 굳은 마음 때문
임을 하나님은 아셨다. 그러니 하나님이 새 언약을 맺으실 때는 사람의
마음을 새롭게 하시고자 그의 영을 그 속에 두시어 하나님이 인간에게
그러시듯이 인간도 하나님을 향해 충성의 삶을 살도록 하겠다는 것이
다.

새 하늘과 새 땅, 세상을 새롭게 하시는 하나님

이사야는 하나님의 새로움을 말하는 데 있어서 시편이나 예레미야
와 에스겔보다 한 걸음 더 나아간다.

> 보라, 내가 새 하늘과 새 땅을 창조하나니 이전 것은 기억되거나 마음
> 에 생각나지 아니할 것이라(사 65:17).

하나님은 일을 새롭게 하시고, 관계를 새롭게 하시고, 사람의 마음

과 영을 새롭게 하시는 분일 뿐만 아니라, 세상을 새롭게 하는 분이시다. 선지자 이사야에 따르면 하나님은 지금의 세상 그대로에 만족해하고 계신 분이 아니다. 이사야가 만난 하나님은 '세상은 원래 그런 곳이야'라고 말씀하시는 분이 아니라, '세상은 원래 그런 곳이 아니다. 그러니 ('원래대로 되돌려 놓겠다'가 아니라) 새롭게 하겠다'는 분이시다. 하나님은 결코 죄와 악한 사회 현실에 익숙해지시는 분이 아니다.

하나님의 성품

지금까지 우리가 살펴본 것은 새 노래, 새 언약, 새 영과 새 마음, 새 창조의 주제였다. 하나님이 이런 일을 하시는 것은 그의 성품에 따른 조치이다. 하나님은 아침마다 새로운 분이시다. 예레미야애가 3:22-23에서 선지자는 말한다.

> 여호와의 인자와 긍휼이 무궁하시므로 우리가 진멸되지 아니함이니이다. 이것들이 아침마다 새로우니 주의 성실하심이 크시도소이다(3:22-23).

인간은 살다 보면 삶에 익숙해져 '세상은 원래 그런 거다'며 그냥 산다. 그렇게 살다 보면 젊었을 때의 날선 정의감도, 예수님을 처음 만났을 때 가진 영적 예리함도 무디어 간다. 죄와 부패가 나와 사회 안에 깃드는 방식은 그런 익숙함을 통해서임을 우리는 안다. "만물보다 거짓되고 심히 부패한 것은 마음이라"(렘 17:9-10)는 말씀이 드러내는 것은 옛것의 편안함 아래서 진행되는 만물과 인간의 부패였다. 이처럼 우리 인간은 옛것에 묻혀 그냥 그렇게 살아가지만 하나님은 아니다. 제도권에 속한 왕과 제사장의 눈에는 보이지 않던 하나님의 성품이 제도권 밖에 있던 선지자의 눈에는 보였다. 선지자가 본 하나님은 아침마다 새로운 분이셨다. 하나님은 세상, 관계, 일을 새롭게 하실 것이라고 선포한다. 예레미야 선지자의 말을 다시 한번 더 들어보자. "여호와의 인자와 긍휼이 무궁하시므로 우리가 진멸되지 아니함이니이다. 이것들이 아침마다 새로우니 주의 성실하심이 크시도소이다." 예레미야가 만난 하나님은 그가 창조한 세상이 부패됐다고 해서 '원래 그런데 뭐'라고 말하시는 분이 아니었다. 하나님은 결코 자신이 지으신 피조물의 부패에 익숙해지시는 분이 아니다. 오히려 그것을 새롭게 바꾸어 나가시는 분이다. 창조주의 신실하심으로 하나님은 새로운 일을 하신다. 하나님은 그의 백성에게 인자와 긍휼을 베풀어 주시되 마치 첫 사랑을 하시듯 인자와 긍휼을 베푸신다. '과거의 범죄로 이제 진절머리가 난다. 사랑해 봐야 또 그럴 건데 뭐'라는 태도는 상처받은 인간의 태도이다. 하지만 성실하신 하나님은 아침마다 새롭다. 아침마다 새롭게 믿어주시고 새 출발을 하자며 말씀하신다.

예수의 죽음, 새로운 관계의 시작

새것과 옛것을 향한 예수님의 태도는 어땠을까. 듣던 이는 예수님의 가르침을 "권위 있는 새 교훈"(막 1:27)이라 했고, 예수님 역시 "새 포도주는 새 부대에 넣[어야 한다]"(2:22)고 하셨다. 예수님의 사역을 특징짓는 한마디는 '새로움'이다. 무엇보다 예수님은 마지막 만찬에서 잔을 들고서 "이 잔은 내 피로 세우는 새 언약이니 곧 너희를 위하여 붓는 것이라"(눅 22:20)고 하신다. 이 말은 예수님의 죽음이 말하는 바가 무엇인지 알려준다. '새로움'이라는 주제와 관련해서 말한다면 예수님의 죽으심

은 하나님이 사람과의 관계를 새롭게 하기를 원하시는 분이라는 것을
드러낸다. 다시 사랑하시고, 다시 용서하시고, 다시 그의 백성 삼으시
며, 하나님이 사람에게 충성하듯이 사람도 하나님을 믿고 충성하는 그
런 언약관계를 다시 시작하겠다는 것, 그것이 예수님의 죽으심이 의미
하는 바이다. 그럼 부활은 무엇인가.

예수의 부활, 새 창조의 시작[3]

바울은 고린도전서 16:2에서 매주 첫날에 모일 때 해야 할 헌금을
말하는데, 이것은 그리스도인이 기원후 1세기 초부터 한 주의 첫날 곧
일요일 아침에 모여 예배를 드렸다는 것을 알려준다. 안식일이 지난 후
첫날에 모여 드린 예배에는 새로움이 있다. 유대교와 기독교를 제외하
고 시간을 일주일 단위로 나눈 민족이나 문명은 없었다. 유대교와 기독
교가 처음으로 시간을 일주일 단위로 나눴고, 후에 로마가 기독교를 받
아들이면서 교회의 시간 계산법을 표준으로 삼은 것이 오늘날 서구문
명에까지 이어졌으며, 우리나라에는 구한말에 서양력이 들어오면서 일
주일 단위가 자리 잡게 됐다. 어쨌든 유대인들은 구약성경을 근거로 일
주일 단위로 시간을 나누며 한 주의 마지막 날인 토요일을 안식일로 거
룩히 지켰다. 그런데 기독교에서는 안식일이 지난 후 첫날이자 한 주가
시작되는 첫날인 일요일에 모여 예배를 드렸다. 혁신에 혁신을 이어갔
다. 이런 혁신이 생긴 까닭은 예수님의 부활이 일요일 아침에 일어났기
때문이다. 기독교인은 일요일 아침에 모여 예배를 드리면서 예수님의
부활을 기억하고 기념했다. 옛 창조가 한 주의 첫날인 일요일부터 시작
됐던 것처럼 새 창조도 예수님이 부활하신 한 주의 첫날인 일요일에 시

---

3. 주일과 안식일의 관계는 다음 장에서 집중적으로 다룰 것이다.

작됐다는 사실 때문이었다. 이런 이유로 기독교인은 매주의 첫날인 일요일 아침에 모여 새 창조를 시작하셨고 또 완성하실 하나님 아버지와 아들 예수님을 예배해 왔다.

예수님의 삶과 죽음과 부활이 보여주는 것은 하나님은 새로운 분이시고 새롭게 일하시는 분이라는 사실이다. 예수님의 죽음은 하나님이 인간과의 관계를 다시 시작하시는 분이라는 것을 보여주고, 예수님의 부활은 하나님이 인간과 세상을 새롭게 창조하시는 분이라는 사실을 보여준 사건이다. 예수님이 계시하신 하나님은 결코 죄와 부패와 썩어짐에 익숙해지지 않으시고 결국 새롭게 하시는 새로운 분이셨다.

바울과 새것

바울이 새것을 향해 가진 입장은 갈라디아서에 암시된다. "할례나 무할례가 아무것도 아니로되 오직 새로 지으심을 받은 것만이 중요하니라"(갈 6:15). 지금도 다를 바 없지만 1세기 유대 사회와 그리스-로마에서 내가 누군지는 생득 조건이 결정한다. 어느 민족에서 태어났는가, 어느 집안에서 태어났는가, 어떤 성별로 태어났는가 이런 것들이 결정적이었다. 유대인 남성은 태어난 후에 몸에 할례를 했는지에 따라, 여성의 경우는 할례를 한 유대인 남자와 결혼했는지에 따라 정체성이 결정됐다. 그런데 바울은 다른 조건을 말한다. 생득적 조건은 아무것도 아니로되 "새로 지으심을 받은 것만이 중요하니라." 새로운 인간의 탄생을 말한다. 바울이 말하는 새 인류가 무엇인지는 고린도후서 5:17이 알려준다.

그런즉 누구든지 그리스도 안에 있으면 새로운 피조물이라. 이전 것은 지나갔으니 보라 새것이 되었도다(고후 5:17).

하나님은 새 창조의 첫날에 새 인류를 만드셨다. 그 첫째가 그리스
도이고(골 1:18), 그리스도인은 그리스도 안에 참여함으로 새 인류가 된
다(3:10-11). 이 새로운 인간은 나를 사랑하사 나를 위하여 자신의 몸을
버리신 예수 안에서 자신의 가치를 발견하는 이들로서 더 이상 성별, 인
종, 신분, 할례로 인간의 우월과 열등을 비교 평가하지 않는다(11절). 기
록에 따르면 기원후 2-3세기에 살던 사람은 기독교인을 향해 "제3의 부
족"이라고 했다.[4] 일등 인종은 헬라인이었고 이등 인종은 야만인(또는 유
대인)이었는데, 그리스도인은 그런 범주로 정의될 수 없는 새로운 '인
종'(집단)이었다. 바울이 말한 바를 기억한다면 로마인이 그리스도인을
향해 그리스인도 야만인도 아닌 전혀 다른 인종이라 불렀던 것이 결코
이상하지 않다. 이사야가 예언으로만 말한 새 창조가 실제로 시작된 것
을 바울은 보았다. 그리스도인은 누구인가. 하나님은 새 일을 하시는 분
임을 증언하는 자들이다. 하나님은 개인의 죄이든 사회의 구조적 죄이
든 세상을 부패시키는 죄에 익숙해지지 않고 죄를 없애고 새로운 일을
하는 분이시라는 것, 그것이 바로 그리스도인의 탄생이 말하는 바이다.

정리하자면, 기독교인이 역사 속에서 새로운 일을 기대할 세 가지
이유가 있다. 첫째, 하나님의 성품 때문이다. 하나님은 아침마다 새롭
다. 인간은 날마다 부패하지만 하나님은 날마다 새롭게 하신다. 둘째,
기독교인이 지금도 새로운 일을 기대할 이유는 성경의 주제 때문이다.
성경은 하나님이 인간 역사 속에서 하시는 구원의 여정이 '창조-타락-
창조 회복'이라고 하지 않고 '창조-타락-새 창조'라고 한다. 하나님의

---

4.   Clement of Alexandria, *The Stromata* 6.41.6.

구원은 과거의 에덴으로 되돌리는 것이 아니라 미래의 새로운 창조를 이루시는 일이다. 셋째, 날로 부패해져 가는 것 같은 이 땅을 사는 동안 하나님의 새로운 일을 여전히 우리가 기대할 이유는 하나님이 예수님을 통해 하신 일 때문이다. 하나님은 우리가 새 노래를 부를 만한 일을 역사 속에서 하셨다. 새 언약, 새 창조, 새 영, 새 마음을 예수님을 통해 실제로 만들기 시작하셨다. 기독교인은 이제 날로 후패하는 세상을 등지고 살아가지 않을 수 있게 됐다. 세상은 부정해야 할 곳이 아니라 하나님이 사랑하고 새 창조를 시작하신 하나님의 땅이라는 것을 새롭게 깨닫게 됐다. 죽지 않고 살아서 여호와께서 하신 일을 선포할 이유가 바로 여기에 있다(시 118:17).

* * *

예수님과 초기 기독교인은 옛것과 새것이 놓여 있을 때 옛것을 버리고 새것을 택했을까. 새것을 택한 것은 맞지만 옛것을 버린 것은 아니다. 하나님이 아침마다 새로운 일을 하신다고 믿었지만 그들은 과거를 잊어버리지 않았다. 하나님은 새 일을 하시되 그 일을 옛일 안에서 하신다고 믿었기 때문이다.[5] 새 일은 옛 일 안에서 시작되고 새 언약은 옛 언약의 터 위에서 시작되며 새 마음은 옛 마음 안에 주어지고 새 창조는 옛 창조의 갱신(renewal)이다. 그래서 예수님과 바울 그리고 초기 기독교인은 신약을 성경으로 받아들였지만 구약도 버리지 않았다. 하나님의

---

5. 구약 본문에서 옛일과 새 일의 중첩에 관한 중요한 책으로는, Henke Leene, *Newness in Old Testament Prophecy: An Intertextual Study* (Leiden/Boston: Brill, 2014)를 참조하라.

새 창조는, 예수께서 역사 속에 오셨던 것처럼, 옛 창조 세상에 동터오고 있음을 보았기 때문이다.[6] 그리스도인은 누구인가. 과거와 현재 안에서 미래를 보고, 죽을 몸에서 영생을 맛보며, 옛일 안에서 새 일을 보는 사람이다. 옛것을 소중히 여기면서도 옛것을 고집하지 않고 그 안에서 하나님이 새 일을 하실 것을 믿으며 살아가는 것이 성경적 태도이며, 아침마다 새로운 하나님을 아버지로 믿는 자의 삶의 방식이다. 우리는 새 곡을 준비해야 하는데, 이 새 노래를 부르는 곳은 우리가 지금까지 씨름하며 살아온 이곳, 이 몸, 이 삶이다. 우리가 부르는 새 노래에 애가가 몇 소절 들어갈지라도 노래 제목을 새 노래라고 해야 하는 이유는, 하나님은 새 일을 바로 옛 몸에서 시작하셨고 끝내 그 새 창조를 완성하실 것이기 때문이다.

---

6. 톰 라이트(Tom Wright) 역시 그의 최근 저작(『역사와 종말론』 [서울: ivp, 2022], 136)에서 "우리는 여전히 옛 세상을 보고 창조주[의 새로운 일]에 대한 추론을 할 수 있다"고 말한다.

제2장
내가 너희를 쉬게 하리라

예수 믿는 일은 개인의 자유가 빼앗기고, 창의력 또한 시들해지며, 하기 싫은 일도 신앙의 이름으로 강요되는 상태에 들어가는 것으로 오해하는 사람들이 종종 있다. 기독교에 대해 이런 부정적 견해가 왜 생기게 됐는지는 면밀히 따져봐야 하겠지만, 예수님의 가르침은 그 반대다.

> 수고하고 무거운 짐 진 자들아 다 내게로 오라. 내가 너희를 **쉬게** 하리라. 나는 마음이 온유하고 겸손하니 나의 멍에를 메고 내게 배우라. 그리하면 너희 마음이 **쉼**을 얻으리니(마 11:28-29).

살아가면서 수고와 무거운 짐에서 자유로운 삶과 쉼을 꿈꾸어보지 않은 자가 있겠는가. 그래서 바라는 것이 은퇴다. 은퇴하면 이런 쉼이 찾아오지 않을까 하는 기대가 있기 때문이다. 하지만 은퇴 후 현실은 조금 다른 것 같다. 실제로 은퇴한 많은 사람은, 일의 종류나 방식은 다를 수 있지만, 이전에 벗어버리고 싶었던 '일'을 다시 했으면 하는 생각을

가진다고 한다. 이런 점을 놓고 보면 쉬운 일에서 벗어날 때만 아니라
일 가운데서도 얻을 수 있을 것 같다.

예수님이 주시겠다는 쉼도 비슷하다. 그 말씀엔 쉼이 두 번 나온다
(위에 제시된 인용문에 짙은 글씨를 보라). 처음 쉼은 무거운 짐에서 벗어나는
것이고, 두 번째 쉼은 예수님의 멍에를 메고 배울 때 얻는 것이다. 예수
님은 무거운 짐에서 벗어날 때 얻는 쉼과 일에 참여할 때 얻는 쉼 모두
를 주시겠다며 우리에게 오라고 하신다. 예수님의 초대에 귀를 기울여
보자.

수고와 무거운 짐

예수님의 초대에는 구체적인 대상이 있다. "수고하고 무거운 짐 진
자들"이다. 그들은 누구이며 그들이 짊어진 수고하고 무거운 짐은 무엇
일까. 현대를 사는 우리는 '아, 이것만 없으면 살 것 같은데'라고 말하게
만드는 무거운 '짐'을 다 하나씩 지고 사는데, 예수님과 동시대를 살던
유대인에게도 그런 것이 있었다.

> 이에 예수께서 무리와 제자들에게 말씀하여 이르시되 서기관들과 바
> 리새인들이 모세의 자리에 앉았으니 그러므로 무엇이든지 그들이 말
> 하는 바는 행하고 지키되 그들이 하는 행위는 본받지 말라. 그들은 말
> 만 하고 행하지 아니하며 또 **무거운 짐**을 묶어 사람의 어깨에 지우되
> 자기는 이것을 한 손가락으로도 움직이려 하지 아니하며(마 23:1-4).

"무거운 짐"은 마태복음 23:1-4의 빛으로 해석하자면 서기관이 가
르쳤던 하나님의 말씀이다. 당시 사람에게는 하나님의 말씀이 짐이었

다. 말씀이 짐이라는 말은 하나님이 짐이 됐다는 말과 같은데 하나님과 그의 말씀은 분리되지 않기 때문이다. 하나님은 선하시고 거룩하시고 인자하신 분이신데 왜 짐이 됐는가. 그것은 하나님 자신 때문이거나 하나님의 말씀 그 자체 때문이 아니라 가르치는 사람 때문이다. 서기관과 바리새인은 "모세의 자리에 앉아 … 무거운 짐을 묶어서 사람[남]의 어깨에 지[운다]." 그들의 가르침을 통해 만나게 되는 하나님은 저 멀리 앉아 이것은 이렇게 하고 저것은 저렇게 하라고 해 놓고선 사람이 그것을 그렇게 하는지 어떤지 감시하시는 하나님이 됐다. 그들을 통해 하나님의 말씀을 들으면 들을수록 하나님은 눈치를 봐야 하는 분이 된다. 하나님의 말씀이 짐이 된 것은 하나님이 아니라 가르치는 자의 문제 때문이었다.

당시 서기관과 바리새인은 성경의 첫 다섯 권의 책을 해석할 때 장로의 유전이라는 것을 사용했다. 장로의 유전은 앞서 살았던 덕망 있는 서기관들이 그 다섯 권의 책을 구체적이고 세세하게 풀어 구술로 전해 준 가르침이다. 예컨대, 출애굽기에 나오는 십계명은 안식일에 일하지 말라고 명하지만 그 일이 무엇인지는 명확하게 말하지 않고 있고 또 시대마다 일의 내용도 바뀐다. 그래서 앞서 살았던 많은 서기관이 안식일에 해도 되는 일과 하지 않아야 할 일의 목록을 아주 상세하게 정해 놓았다. 단적인 예로, 안식일에 걷는 것이 일이 되지 않기 위해선 몇 발자국 이하로 걸어야 한다고 정했다(참조. "안식일에 가기 알맞은 길이라", 행 1:12). 안식일 법과 관련된 세부적인 규정 제정에 집중하게 되면서 사람들은 이제 안식일을 제정하신 하나님의 궁극적인 뜻보다 '지금 내 걸음이 몇 번째 걸음일까'를 생각하는 데에만 관심을 모으기 시작했다. 십일조도 마찬가지다. 레위기에 따르면 토지소산의 십일조를 드려 기업이 없던 제사장과 고아와 과부를 도와야 한다. 그런데 구약성경이 십일조로 바쳐야 할 토지의 소산품을 일일이 다 열거하지 않기에 서기관은 어떤 품목의 십일조를 드려야 할지 말아야 할지 고민하는 이에게 구체적인 지침을 주고자 했다. 마태복음 23:23에 따르면 바리새인과 서기관은 사람에게 박하와 회향과 근채와 같은 식용 약초까지 십일조로 드려야 한다고 정했다. 이것이 안식일 법과 관련하여 장로의 유전이 사람들의 삶에 실질적인 권위를 가지게 된 과정이었다.

예수님은 여러 이유에서 장로의 유전에 비판적이셨다. 예수님에 따르면 장로의 유전은 율법의 근본정신을 가르치지 않았다. 그러니 율법을 주신 하나님의 뜻인 정의와 긍휼과 믿음을 망각한 채 십일조로 드려야 할 품목(박하와 회향과 근채 등) 제정에 모든 관심이 집중됐다. 그들의 가르침으로 인해 가난한 사람을 돌보시는 하나님은 온데간데없고 바친 물건 개수만 헤아리는 하나님만 남게 됐다.

이것만이 아니다. 서기관과 바리새인이 가르치는 하나님의 말씀이 짐이 될 수밖에 없었던 또 다른 이유는 마태복음 23:4에 나온다. 예수님은 말씀하신다. "무거운 짐을 묶어 사람의 어깨에 지우되 자기는 이것을 한 손가락으로도 움직이려 하지 아니하며"(4절). 당시 종교 관료는 입술은 하나님의 말씀을 말하는데 그들의 손가락은 하나도 움직이지 않았다. 그러니 그들을 통해 계명을 배우던 농민에게 하나님은 저 하늘 위에 앉아 땅의 사람에게 계명을 주면서 이렇게 하라 저렇게 하라고 지시만 하다가, 후에 곡물의 십일조를 받을 때는 바친 십일조의 개수가 맞는지 안 맞는지 주판을 두드려 보시는 인색한 하나님으로 이해될 수밖에 없었다. 이처럼 하나님의 말씀이 짐이 된 것은 하나님이 아니라 가르치는 자가 문제였기 때문이다.

내게로 오라

예수님은 하나님이 짐이 된 시대를 살던 사람에게 "내게로 오라" 그러면 "내가 너희를 쉬게 하리라"고 하신다. 내게 오면 하나님이 짐이 아니라 쉽이고, 억압이 아니라 자유라는 것을 경험하게 된다는 말이다. 그런데 예수님이 가르치는 하나님의 말씀은 당시 서기관의 것과 어떤 차이가 있으며, 예수님이 보여주시는 하나님은 어떤 분이시기에 그리 말씀하실 수 있었을까. '자유'를 최고의 가치로 숭상하는 현대인은 하나님을 믿는 일이 쉬는 일이 된다는 예수님의 말씀을 들으면 율법을 향해 느슨한 태도를 취하시는 예수님을 상상할 수 있다. 하지만 '하나님의 말씀은 다 지키지 않아도 된다. 지킬 만한 것, 우리 시대에 실현 가능한 것만 지키고 나머지는 그냥 무시해도 된다'고 말하는 예수님을 우리가 기대했다면, 예수님을 오해한 것이다. 그런 예수님은 현대인이 만들고 싶어 하는 인물이지 복음서가 보여주는 역사의 예수님은 아니다. 마태복음 5:17-20에서 예수님은 말씀하신다.

> 내가 율법이나 선지자를 폐하러 온 줄로 생각하지 말라. 폐하러 온 것이 아니요 완전하게 하려 함이라. 진실로 너희에게 이르노니 천지가 없어지기 전에는 율법의 일점일획도 결코 없어지지 아니하고 다 이루리라. 그러므로 누구든지 이 계명 중의 지극히 작은 것 하나라도 버리고 또 그같이 사람을 가르치는 자는 천국에서 지극히 작다 일컬음을 받을 것이요 누구든지 이를 행하며 가르치는 자는 천국에서 크다 일컬음을 받으리라. 내가 너희에게 이르노니 너희 의가 서기관과 바리새인보다 더 낫지 못하면 결코 천국에 들어가지 못하리라(마 5:17-20).

여기서 우리는 불편한 예수님을 만난다. 이와 마찬가지로 마태복음 23:23에서 예수님은 "화 있을진저 외식하는 서기관들과 바리새인들이여 너희가 박하와 회향과 근채의 십일조는 드리되 율법의 더 중한 바 정의와 긍휼과 믿음은 버렸도다"고 하신 후 "그러나 이것도 행하고 저것도 버리지 말아야 할지니라"고 하셨다. 박하의 십일조와 정의와 긍휼과 믿음 둘 다를 지켜야 한다고 하셨다. 둘 다 지키는 것은 하나를 지키는 것보다 더 무거운 짐이다! 그런데 예수님은 어떤 근거로 자신에게 오면 "내가 너희를 쉬게 하리라"(11:28)고, 그리고 "내 멍에는 쉽고 내 짐은 가벼움이라"(30절)고 하실 수 있으셨을까?

무거운 짐을 벗겨주심

어느 날 밭을 열심히 매고 있던 사람에게 "수고하고 무거운 짐 진 자들아"(28절 상반절)라며 자기를 부르는 소리가 들렸다. 서기관의 소리겠지 하고 그냥 넘기기엔 뭔가 느낌이 다르다. 원래 이런 유의 말은 보통 회당이나 성전에서나 듣는 말이었는데, 오늘은 안식일이나 절기 때가 아닌데도 그런 소리가 들린다. 무엇보다, 이곳은 일상이 진행되는 삶의 현장인데 어떻게 이곳에서 저런 소리를 들을 수 있을까 하여 고개를 돌려본다. 그때 다시 예수님은 말씀하신다. "다 내게로 오라. 내가 너희를 쉬게 하리라"(28절 하반절). 부르는 이의 자신감과 확신에 찬 눈빛에 끌려 무거운 짐을 진 채 그에게로 발걸음을 옮긴다. 그러자 예수님은 다가온 사람의 어깨에 올려졌던 무거운 짐을 벗겨 논두렁에 던져버리신다. 그때 말씀하신 대로 그 사람에게 쉼이 밀려온다. 몸은 가벼워지고 영혼은 자유로워졌다. 그런데 얼마쯤 시간이 지났을까, 예수님이 다시 말씀하신다.

나는 마음이 온유하고 겸손하니 나의 멍에를 메고 내게 배우라. 그리하
면 너희 마음이 쉼을 얻으리니(29절).

두 번째 쉼이라는 말씀이 들려온 때가 바로 이때였다. 쉼을 누리던
이에게 예수님이 다시 뭔가를 슬며시 주신다. 보니 멍에였다. 그것을 주
시며 예수님이 말씀하신다. "나의 멍에를 메고 내게 배우라"(29절 상반
절). 짐을 벗겨주신다 하여 왔는데 새로운 멍에가 웬 말인가. '그럼 그렇
지, 다 꿍꿍이속이 있었네'라고 말하고 싶지만 그 전에 예수님이 주시는
"나의 멍에"가 무엇을 가리키는지 보자. 구약성경에서 멍에는 하나님의
법(렘 5:5)을 가리키는 비유적인 말로 사용된다(비교. 행 15:10; 갈 5:1). 그리
고 멍에 비유를 하시기 바로 앞서 예수님은 아들 외에는 아버지를 아는
자가 없다고 하셨다(마 11:27). 예수님이 주시는 나의 멍에는 예수님이 가
르치시는 하나님의 말씀이자 하나님을 아는 지식이다. 예수님이 서기
관과 바리새인이 사람에게 지운 수고하고 무거운 짐을 벗기시고 자신
의 멍에를 주시며 내게 배우라고 하신 것은 종교 관료들이 보여준 하나
님과 분명 다른 하나님을 보여주시려는 뜻이 있으셨음을 알 수 있다. 나
를 통해 하나님을 배우고 나를 통해 하나님을 알아가라는 말씀이다.

기로에 섬

하지만 예수님의 멍에를 받아 든 우리는 고민이 된다. 받는 사람의
입장에서는 아무리 그래도 그렇지 짐을 벗고자 왔는데 짐을 벗겨 놓더
니 다른 멍에, 다른 가르침을 주는 게 이상하게 보인다. 이런 사람의 말
은 믿을 만할까라는 생각이 든다. 서기관의 가르침과 예수님의 가르침

이 뭐가 다른가. 이 사람이 뭐가 답답해서 우리가 사는 이곳까지 와서 이런 말을 하는가. 온갖 생각으로 고민이 되어 손에 멍에를 들고 머뭇거리는데, 갑자기 눈에 멍에의 모양이 들어왔다. "나의 멍에"에 사용된 멍에(그리스어, '쥐고스')는 두 마리 소를 한 쌍으로 만들어 밭을 갈게 하고자 만든 2인용 멍에였다.[1] 한쪽은 예수님을 위한 것이고 다른 한쪽은 우리를 위한 것이다. 예수님이 멍에를 주실 때 '너의 멍에'라고 하지 않고 "나의 멍에"라고 말한 이유는 멍에가 2인용이기 때문이었다. '너의 멍에를 네가 메라' 혹은 '네가 살아야 할 말씀이다'와 같은 말투는 서기관의 것이다. 하지만 예수님은 "나의 멍에"라고 하신다. 예수님에게 하나님의 말씀은 그 자신이 살아가야 할 말씀이었다. 그런데도 왜 같이 메자며 자신의 멍에를 주시는가. 예수님 홀로 지시기에 너무 벅찼기 때문은 아니다. 당시 모든 사람은 나 홀로 말씀을 지키고 말씀대로 살아야 한다고 보았다. 그래서 모두가 말씀을 '내' 멍에로 여기고, 그것을 메고 홀로 수고하며 무거운 삶을 살았다. 그런데 예수님은 오시어 '내가 앞설 테니 넌 내 멍에를 메고 내게 배우라'고 하신다. '함께 멍에를 메어 내 옆에서 나를 보고 하나님의 말씀을 배우며, 나를 보아 하나님이 어떤 분인지를 알라'는 말이다. 실제로 2인용 멍에를 위해 소의 짝을 정할 때는 보통 일 잘하는 소와 이제 일을 배우는 소를 한 쌍으로 만든다. 밭도 비교적 쉽게 갈 수 있고 어린 소는 노련한 소에게 일도 배우게 되는 일석이조의 효과를 위해서다. 예수님이 멍에를 주시며 내게서 배우라고 하실 때

---

1. 그리스어로 '멍에'('쥐고스' 또는 '쥐곤')에 한 쌍의 멍에라는 뜻이 담겨 있다는 것에 대해서는, Franco Montanari, *The Brill Dictionary of Ancient Greek* (Leiden/Boston: Brill, 2013)의 '쥐곤' 항목을 보라. 마 11:29의 "나의 멍에"가 2인용 멍에라는 것에 대해선 W. D. Davies and D. C. Allison. *Matthew 8-19* (London: T & T Clark, 1991), 290을 참고하라.

가진 뜻이 바로 이런 것이었다.

배우는 방식

이런 점에서 예수님은 당시 종교 관리였던 서기관과 바리새인들과 달랐다. 그들은 모세의 자리에 앉아 있었지만 예수님은 밭 곧 일터에 오셨다. 서기관과 바리새인은 말로 가르치며 사람의 어깨에 무거운 짐을 지우고 자신들은 손 하나 움직이지 않았지만, 예수님은 직접 멍에를 메고 온몸으로 말씀을 사신다. 서기관이 보여주는 하나님은 저 멀리 하늘에 계셨지만 예수님이 보여주시는 하나님은 밭에서 일하는 이와 함께 멍에를 메고 같이 밭을 가는 분이셨다.

'아버지 외에는 아들을 아는 자가 없고 아들 외에는 아버지를 아는 자가 없다'고 하신 예수님은 하나님이 누구신지 보여주시고자 직접 멍에를 메고 사신다. 예수님은 말씀을 말로만 가르치지 않으시고 말씀을 사셨다(참고, "말씀이 육신이 되어 우리 가운데 거하시매", 요 1:14). 그런 예수님이 "내 멍에를 메고 내게 배우라"며 초대하신다. 자신을 통해 하나님을 만나고 하나님의 말씀을 배우라고 하신다.

가볍고 쉬운 멍에

이상하게도 예수님의 멍에를 메고 배우는 하나님의 말씀은 쉽고 가볍다. 무겁지 않다. 멍에를 메고 열심히 밭을 가는데도 뭔가 몸이 가볍다. 왜 그러는가 싶어 멍에를 보니 그게 내 목에는 걸려 있는 둥 마는 둥 하고 온통 무게 중심이 옆으로 다 쏠려 있다. 예수님이 전적으로 멍에를 메고 일하고 계셨던 것이다. 나는 옆에서 그냥 밭을 가는 시늉만 했고 밭은 예수님 홀로 다 가셨다. 그런데도 후에는 우리에게 '네가 갈았다'

며 칭찬하신다(참고, 계 2:7, 10, 17, 26; 3:5, 12, 21). 예수님을 통해 배우는 하나
님의 말씀은 이렇다. 예수님이 다 사시고 예수님이 다 순종하신다. 수고
는 예수님이 하시고 말씀을 지킨 자의 의로움은 우리가 다 받는다. "내
멍에는 쉽고 내 짐은 가볍다"고 하신 이유는 이 때문이다.

예수님을 통해 하나님을 알려면 어떻게 해야 하겠는가. 예수님의
'멍에'에 우리의 '목'(neck)을 맡기고 따라가 봐야 한다. 예수님 곁에서
함께 밭을 갈다 보면 하나님을 만난다. 예수님을 통해 배우다 보면 하나
님을 만나게 된다. 예수님의 멍에를 통해 우리가 만나는 하나님은 어떤
분이신가. 예수님은 마음이 온유하고 겸손하신 분이다. 남에게 이렇게
하라 저렇게 하라 하시기 전에 자신이 직접 멍에를 메고 밭을 가신다.
직접 밭을 가시는 분이 바로 예수님 안에서 계시된 하나님 아버지이시
다. 예수님을 통해 우리는 밭에서 하나님을 만나고, 예수님을 통해 그의
몸과 삶에서 하나님의 말씀을 배운다. 예수님을 통해 배우는 하나님의
말씀은 실제적이고 현실적이기에 따라 살아갈 수 있다.[2]

---

2. "내 멍에는 쉽고 내 짐은 가벼움이라"는 말씀을 마치신 "그때에" 예수님은 밀밭 사
   이로 가시는 중이었다. 그때 제자들이 배가 고파 이삭을 잘라 먹었다. 이것을 본 바
   리새인들이 십계명 중 네 번째 계명인 안식일에 관한 하나님의 말씀을 들이대며 당
   신의 제자들이 "안식일에 하지 못할 일을" 하는데도 왜 그냥 두냐며 문제를 제기한
   다. 이삭을 자르는 일을 일이라고 본 것이 틀림없다. 과연 예수님은 바리새인들이
   하나님의 이름으로 제자들의 행동에 문제를 제기한 그것을 안식일에 하지 말아야
   할 일 목록에 포함되지 않는다고 하실까? 그러면서 제자들이 안식일 계명을 잘 지
   켰다고 말해야 할까. 예수님은 두 가지 예를 드시는데, 모두 법을 어긴 예를 들고 있
   다. 다윗이 제사장만 먹는 진설병을 성전에 들어가서 먹었고, 제사장들은 안식일에
   도 성전에서 일을 한다. 이 두 예를 드신 이유는 예수님과 제자들이 안식일 법을 어
   기지 않았다고 말하시기 위해서가 아니라 십계명에 나오는 안식일 계명을 어겼을
   지라도 괜찮다고 말하시기 위해서다. 왜. 인자는 안식일의 주인이시기 때문이다. 누
   가 이런 말을 할 수 있는가. 무법자 아니면 안식일을 만드신 하나님의 뜻이 자신을
   통해 성취됐다는 것을 믿는 자만 할 수 있다. 예수님은 하나님이 안식일을 만들어

오늘날 우리들에게 멍에는 무엇일까. 우리가 그것을 두고 예수님이 벗겨주시도록 간구해야 할지, 아니면 그것을 지고 가야 할지 결정하기 전에 해야 할 두 가지가 있다. 먼저는 그 무거운 멍에를 누가 우리 어깨 위에 짐 지웠는지를 성찰해야 한다. 예수님이 주신 멍에가 아니면, 주님께 그것을 벗겨달라고 간구해야 한다. 하지만 만일 그것이 그리스도께서 지워주셨다는 믿음이 생기면 그다음으로 해야 할 것이 있다. 왜 그것이 그토록 무거운지를 성찰해 보아야 한다. 예수님의 멍에는 가볍고 쉽다고 했는데, 내게는 왜 이리 무거운 것일까. 7-8년 전에 가르쳤던 제자 하나가 며칠 전에 나에게 연락을 했다. 제자는 "선생님, 잘 지내시나요"라고 물은 후 말을 이어갔다. "선생님, 언제부턴가 제게는 기대감과 두근거림은 없고 의무감만 남은 것 같습니다. 어떻게 하면 좋겠습니까?" 나는 "전들 어떻게 알겠습니까?"라고 대답한 후 그 제자에게 그런 일이 내게 일어날 때 하곤 했던 방법을 말해주었다. "감동과 의무감은 동전의 양면이기에 감동이 의무를 만들고 의무가 또 감동을 만들지. 그러니 감동을 찾기 위해 멀리 갈 필요는 없고, 다만 한동안 특별 기도를 하되, 교인이나 가족을 위한 기도는 말고 오직 자기 자신만을 위해서 간구하고 자신의 문제만을 가지고 그리스도께 니아가보시게"라고 밀했다. 우리는 때론 주어진 멍에를 메고 밭을 갈다가 너무 땅만 보고 또 일에만 집중한 나머지 내가 '예수의 멍에'를 메고 있다는 것을 잊어버리기도 한다. 그 멍에가 예수님의 멍에이기에 힘센 그분이 함께 지고 밭을 간다는 것을 잊어버린 채 내가 너무 힘을 주다 보면 점점 멍에가 무겁고 나중에는 과중하게 여겨지기 시작한다. 멍에의 무게 중심이 내게로 쏠렸

주고자 했던 안식이 자신을 통해 주어지기 시작했기에 '그리스도와 함께' '그리스도 안에' 있는 자에게는 안식일 법이 성취됐다고 믿었다.

기 때문이다. 그리스도의 멍에가 무거워질 때는 어떻게 해야 하나. 벗어 버리는 것이 아니라 무게 중심을 힘센 소에게 기울여 놓고 약간 헐렁하게 하고 그 소에게 배운다는 정신으로 걸어가면 된다.

* * *

마음이 온유하고 겸손하신 예수님이 말씀하신다. "수고하고 무거운 짐 진 자들아, 다 내게로 오라. 내가 너희를 쉬게 하리라." 홀로 멍에를 메고 인생의 짐을 감당하겠다고 수고하는 우리에게 말씀하신다. '같이 메고 같이 갈자.' 예수님의 진심이다. 우리 시대는 '예수의 멍에를 메면 당신의 자유는 억압당하고 당신의 창의성은 죽을 것이다'며 어디선가 우리를 겁박한다. 우리 시대가 만든 신화이다. 예수님은 하나님이 짐으로 변질된 시대에 하나님은 쉼이고 자유이며 해방이라는 것을 보여주시고자, 직접 멍에를 메시고 밭을 가시며 우리로 그의 멍에를 메고 하나님의 뜻을 따라 사는 법을 배우라고 말씀하신다. 메기 전에는 억압처럼 보일지라도 일단 메고 나면 예수님의 멍에는 쉽고 가볍다. 멍에의 중심 축이 예수님에게 쏠린 까닭이다. 그러니 예수님 곁에서 하나님을 알고 하나님의 뜻을 배우며 사는 길은 쉽고 가볍다. 예수님의 발자취만 따라 가면 되기 때문이다. 마음이 겸손하고 온유하신 그분께 우리의 목을 맡겨보지 않겠는가.

제3장
안식일에 대하여[1]

출애굽기(20:1-17)가 증언하는 것처럼 안식일이 네 번째 계명으로 나오는 십계명은 이스라엘이 이집트에서 해방된 후 받은 토라이다. 하나님이 이스라엘에게 십계명을 주실 때, '이것을 지키면 자유를 주겠다'고 말씀하지 않으셨다. 대신 '이제 자유를 얻었으니 이 계명대로 살아라'고 하셨다. 하나님은 그의 백성을 먼저 해방하고 그 후에 십계명을 주신 것이다. 십계명은 구원받기 위해 지켜야 하는 계명이 아니라 구원받은 자가 걸어야 할 삶의 길이었다. 십계명 중 네 번째 계명인 안식일도 마찬가지다. 안식일을 잘 지키면 구원하겠다는 것이 아니라 바로의 억압에서 놓였으니 이제 안식일을 지키며 그 쉼(해방)을 기념하라고 하신다.

이처럼 십계명은 출애굽을 통해 자유 얻은 자의 삶의 길로 주어졌

---

1. 본 장은 James R. Edwards, *From Christ to Christianity: How the Jesus Movement Became the Church* (Grand Rapids, Michigan: Baker Academic, 2021), 12장의 도움을 받아 작성했음을 밝혀둔다.

다. 그런데 십계명 중 유일하게 안식일 계명은 하나님의 구속 행위(신 5:12-15)만 아니라 하나님의 창조(출 20:11)에 의거하여 주어진다. 하나님은 '내가 너희를 바로의 억압에서 해방했으니 안식일을 지키라'고 하실 뿐만 아니라 '내가 세상을 혼돈에서 창조한 후에 안식한 것처럼 너희도 쉬라'고 하신다. 일주일 중 하루를 정하여 안식하는 일은 창조와 구원 모두의 목적이다.

창조와 출애굽에 근거한 안식일

기독교에서 가장 중요하게 생각하는 두 사건이 창조와 구속인데, 안식일은 이 두 사건이 일어났기 때문에 가능했다. 쉰다고 다 안식이 되는 것은 아니다. 성경이 말하는 안식은 하나님의 창조와 하나님의 구속을 바탕으로 할 때 주어진다. 안식일은 그러면 어떠한 날이 되어야 할까? 창조와 관련해서 본다면 안식일이 6일간의 창조 후 일곱째 날에 가지신 하나님의 쉼을 토대로 한다는 것은, 안식일은 아무 "일"을 안 하는 날이 아니라 우리의 쉼이 하나님의 일하심 덕분이라는 사실을 기억하는 날임을 뜻한다. 출애굽과 관련된 안식일도 비슷하다. 하나님은 말씀하신다. '내가 너희를 바로의 억압/중노동에서 해방했으니 너희는 그날에 너희만 아니라 다른 사람도 쉬게 해야 한다'고 하셨다(출 20:10; 신 5:12-15). 하나님은 바로의 종노릇에서 해방된 이스라엘에게 '나를 닮으라'고 누차 말씀하셨다("나는 너희의 하나님이 되려고 너희를 애굽 땅에서 인도하여 낸 여호와라. 내가 거룩하니 너희도 거룩할지어다", 레 11:45). 사람이 하나님을 닮아야 한다는 것은 출애굽 때만 아니라 창조 때도 암시됐다. 인간을 하나님의 형상으로 만드셨기 때문이다. 하나님은 바로의 폭정에서 그의 백성을 구속해 주시고는 안식일을 주시며 그들이 하나님을 닮는 길을 알려주신다. 그 길은 자신도 쉬고 타인도 쉬게 하는 것이다. 하나님을 닮는 일은 죄든, 사망이든, 일이나 성이나 알코올에 대한 중독이든 하나님의 형상인 사람을 뒤틀리게 하는 모든 종류의 억압으로부터 벗어나 쉼을 얻는 것을 포함한다. 하나님이 이스라엘에게 지키라고 하신 여러 절기가 있다. 다 하나님의 일하심을 기억하는 날이다. 그런데 절기는 대부분 일 년에 한 번씩 지키는데, 안식일만은 일주일에 한 번씩 지켜서 기념 횟수가 일 년에 오십두 번이 되게 하셨다. 그렇게 하심은 하나님이 창조든 구속이든 이미 이루셨고 또 새 창조와 같이 앞으로 이루실 하나님의 '안식'이 우리와 이웃의 삶의 토대가 되어야 할 필요성을 강조하시기 위함이다.

우리는 안식일을 지키는가

그런데 그리스도인은 안식일을 문자적으로 지키는가? 안식일은 금요일 해 질 때부터 토요일 해 질 때까지다. 우리는 그 '날'을 지키지 않는다. 십계명 안식일은 창조와 구속을 기반으로 한 유일한 계명이면서, 그리스도인들이 문자적으로 지키지 않는 유일한 계명이다. 오늘날 그리스도인은 금요일과 토요일엔 평상시와 똑같이 실다가 토요일이 지난 일요일이 되면 예배를 드리고자 아침부터 교회로 모인다. 십계명의 모든 계명을 문자 그대로 지키고자 힘쓰지만 안식일을 두고서는 그렇지 않다. 그러면서도 우리가 하나님을 제대로 경외한다고 말할 수 있을까? 문자적으로 안식일을 지키지 않는다면 남도 쉬게 하고 당신 자신도 쉬신 하나님을 닮는다고 말할 수 있을까? 이 질문에 답하는 일은 우리의 신앙과 삶에 매우 중요하다. 먼저 고대 유대인들이 안식일에 대해 가진 입장은 무엇이었는지부터 살펴보고 그런 후 예수님의 안식일에 대한 태도를 생각해 보자.

유대인들의 안식일

유대인은 금요일에 해가 지면 모든 일을 멈추고 토요일인 다음 날에는 회당에 모여 기도와 말씀 낭독과 해설을 들었다. 안식일을 지키기 위해서였다. 안식일을 지키고자 회당에 나와 예배드리는 것은 상대적으로 쉬운 일이다. 어려운 것은 안식일에 일하지 않는 것이다. 일이 무엇인지 명확하게 정의하기가 여간 어려운 일이 아니기 때문이다. 또 앞장에서 본 것처럼 성경에는 '일하지 말라'는 말씀만 있고 하지 않아야 할 일의 정의는 상세하게 기술하지 않는다. 게다가 일의 종류는 시대마다 바뀐다. 이 때문에 예수님 당시 유대 선생의 제일 큰 관심 중에 하나는 안식일에 하지 않아야 할 일이 무엇인지를 꼼꼼하게 정하는 것이었다. 그들이 안식일에 해야 할 일과 하지 않아야 할 일의 목록을 정할 때 가졌던 큰 원칙은 '지금 당장 하지 않으면 생명이 위급해지는 일은 안식일에 해도 된다. 하지만 그 외에는 해서는 안 된다'는 원칙이다. 하지 않으면 생명이 위협에 빠지는 그런 중차대한 일 말고는 해 질 때까지 기다렸다가 해야 한다. 이 원칙에 기초해서 유대인은 많은 목록을 만들었다. 그래서 예수님보다 약간 후대에 기록된 미쉬나에는 대략 이런 내용이 포함된다.[2]

글을 쓸 때 한 글자만 쓰는 것은 일이 아니지만 두 글자 이상을 쓰면 일

---

2. 미쉬나는 제2성전 시기(스룹바벨이 성전을 건축한 시기부터 로마에 의해 그 성전이 파괴된 기원후 134년 전까지의 시기) 유대 사회에서 내려오던 구전 토라를 기록한 문서다.

이다. 바느질을 할 때 한 땀은 괜찮지만 두 땀 이상은 일이다. 걸음은 이천 보 미만으로 걸어야 하고, 이천한 보를 걸으면 일이고 여행이다. 안식일에 빗질은 일이다. 그러니 안식일에 거울을 보지 말아야 한다. 거울을 보면 빗질을 하고 싶은 유혹이 생기기 때문이다.

사실 로마 장군 폼페이가 주전 63년도에 예루살렘을 침공한 그날도 안식일이었다. 당시 유대인은 안식일엔 일하지 말라는 명령을 지키고자 칼을 들고 싸우지 않는 바람에 함락됐다는 기록이 있다. 당시엔 일을 위한 세부 목록이 없었던 터라, 칼을 들고 싸우는 것은 일이라 여기고 싸움을 포기했다가 예루살렘이 함락됐다. 지금 우리에겐 터무니없게 보일 수 있지만 그들이 그렇게 한 것은 안식일에 일하지 말고 쉬라는 하나님의 명령을 지키기 위해서였다. 결과는 비극이었지만 그들의 동기는 경건했다. 그리스도인은 하나님을 경외하고 사랑한다. 그런데도 문자적 안식일인 금요일 저녁부터 토요일 저녁까지 평상시대로 일을 다 한다. 그 이유는 예수님의 삶과 가르침 때문이다.

예수님의 안식일 입장
누가복음과 마가복음에 따르면 예수님이 세례 이후 공적으로 처음 자신을 드러내신 날은 안식일이고 드러내신 장소는 회당이며(눅 4:16-21), 하신 일은 귀신 들린 자를 고치는 일(막 1:21-28)이었다. 첫 사역만 아니라 생애 내내 사람을 치료하는 일은 대부분 안식일에 하신다. 안식일에 회당에서 손 마른 사람을 고치셨고(막 3:1-6), 열여덟 해 동안이나 등이 굽은 채 살아온 여인을 고치신 것도 안식일이며(눅 13:10-17), 베데스다 연못에 있던 삼십팔 년 동안 병으로 고통당해오던 사람을 고치신 것도 안식일이고(요 5:2-9), 맹인의 눈에 흙을 붙여 실로암 못에 가서 씻으라고 하시며 그를 고치신 것도 안식일이었다(9:1-34). 눈이 충혈되고 신장에 물이 차서 몸이 붓는 수종병을 가진 한 남자를 치유하신 것도 안식일에 하신 일이다(눅 14:1-6). 이 정도면 예수님의 안식일 치료 행위는 우연이라기보다는 계획된 것이라고 말할 수밖에 없다. 예수님에게 안식일인 토요일은 사람을 치료하는 날이었다.

그런 예수님의 태도에 당시 유대 선생들이 가만히 있을 리 없었다. 안식일에는 목숨이 위태로운 일이 아니면 치료 행위 자체를 금지했는데, 예수님이 치료하신 사람의 대부분은 지금 당장 목숨을 위협하는 병을 가진 응급 환자들이 아니었기 때문이다. 당연히 예수님이 하나님과 그의 말씀을 무시한다는 비판이 뒤따랐다. 예수님은 이런 비난을 받을 줄 모르셨을까? 아셨으면서도 예수님은 안식일에 고치는 '일'을 하셨다. 왜일까? 안식일에 예수님이 고치신 사람은 모두가 고질병을 앓았다. 마른 손, 수종병, 시각장애, 삼십팔 년 된 병, 십팔 년간 굽은 허리는 모두 지금 당장 죽음에 이르게 하는 병은 아니다. 하지만 그 병은 사는 게 고통이 되게 하는 병이다. 예수님은 그런 사람을 안식일에 치료하시어 삶이 안식이 되게 하셨다. 왜 안식일에 일을 하느냐고 트집을 잡을 때는 "내 아버지께서 이제까지 일하시니 나도 일한다"(요 5:17)고 응수하셨다. 창세기에 따르면 하나님은 분명 안식일에 일을 쉬셨다고 했다("하나님이 그 창조하시며 만드시던 모든 일을 마치시고 그날에 안식하셨음이니라", 창 2:3). 당시 유대인은 하나님을 본받아 안식일엔 쉬었다. 그런데 예수님은 하나님을 본받아 안식일에도 일을 하신다. 하나님이 지금까지 일을 하고 계시니 나도 일한다는 것이다. 아버지는 일하는데 어찌 아들이 쉴 수 있겠는가라는 반문이다. 당시 사람은 안식일에 쉬신 하나님을 본받아 일하지 않았고, 예수님은 안식일에까지 일하시는 하나님을 본받아 일하신다. 고질병에서 사람을 해방하는 일을 한 것은 예수님이 하나님을 본받았기 때문에 하신 일이다. 유대인들도 예수님도 모두 하나님을 본받는다고 말한다. 누구의 본받음이 제대로 된 본받음인가? 쉬는 유대인인가 일하시는 예수님인가? 유대인들은 창조하실 때의 하나님을 본받아 안식일에 쉬었다. 그러면 예수님의 일은 하나님의 어떤 일을 본받은 것일까?

예수님이 하나님이 "이제까지" 일하신다고 하셨을 때 뜻하는 바가 있다. 하나님은 태초에 여섯째 날까지 창조를 끝냈고, 일곱째 날에는 쉬셨다. 그러니 예수님께서 하나님이 '지금까지' 일하신다고 하신 말씀이 하나님이 지금까지 창조하고 계신다고 말하는 것은 아니다. 창조는 태초의 육 일간 끝내고 그 이후에는 쉬셨다는 것이 창세기 2:1-3의 증언인 까닭이다. 예수님에 따르면 하나님이 지금까지 하고 계시는 일은 창조의 일이 아니라 다른 일이다. 그리고 예수님이 의도적으로 안식일을 택하여 마른 손과, 굽은 허리와, 부은 손발과, 보이지 않는 두 눈을 치료하신 일은 모두 하나님이 지금까지, 심지어 안식일에도 쉬지 않고 하고 계시는 일이 무엇인지 보여주시기 위함이었다. 예수님이 보여주시려고 한 하나님의 일은 첫 창조의 연장 사역이 아니라 새로운 창조 사역이다. 하나님은 첫 창조 이후 지금까지 새 창조 사역을 하고 계신다. 하나님은 창조 이후 쉬셨다. 하지만 계속 쉬실 수 없으셨다. 그분의 형상을 닮은 사람, 보시기에 매우 좋다고 하신 사람에게 사는 게 고통이 됐기 때문이다. 사람의 고통이 계속되는데 사람을 지으신 하나님은 쉴 수 있으시겠는가. 사람에게 쉼이 없는 이상 하나님에게도 쉼은 없다. 말씀이 육신이 되셨다. 그러고는 의도적으로 토요일(안식일)을 택하여 사는 게 고통이 된 사람, 눈물을 흘리는 게 삶의 전부가 된 사람, 삶에서 선하고 아름다움을 잃어버린 사람을 고치신다. 사는 게 고통이 된 사람으로 하여금 삶이 안식이 되게 하시기 위함이다. 예수님이 안식일을 날로 삼아 사람을 치료하시며 보여주시려 한 것은 '지금'도 하고 계시는 하나님의 새 창조의 일이다. 초기 교회가 안식일에 일하지 말라는 규정에 더 이상 매이지 않고 일을 하게 된 배후에는 안식일에도 일하셨던 예수님이 계셨다 (참고, 롬 14:5-6; 골 2:16-19). 세상에 안식을 주시고자 지금까지 새 창조의 일을 하시는 하나님 아버지를 본 예수님은 아버지를 본받아 안식일에 새 창조의 일을 하셨고, 안식일에 일하시는 예수님을 본 초기 교인들 역시 예수님을 본받아 안식일에 새 창조의 일을 했다. 예수님의 의도를 깨달은 교회는 소극적으로 안식일에 하지 말아야 할 일을 안 하는 수준이 아니라 적극적으로 생명을 돌보고 또 생명을 새롭게 하는 복음 선포 사역을 할 수 있었다. 어쨌든 안식일 문제를 두고 드러난 예수님과 유대인들의 차이는 당시 유대인은 옛 창조의 안식일을 지키고자 했고 예수님은 옛 창조의 안식일에 새 창조의 안식을 가져오고자 하신 것이다.[3]

---

3.   예수님도 이 본문을 염두에 두시고 말하신다. 제자들이 안식일에 예수님이 지나가시도록 이삭을 잘라 길을 만드는 것을 본 바리새인들이 질문하자 예수님은 창세기 2장의 안식일이 주어진 이유를 들어 설명하신다. '사람이 안식일을 위해 존재하는 것이 아니고 안식일이 사람을 위해 존재한다'(막 2:27). 그러니 안식일에 사람의 유익을 위한 행동을 해도 된다는 것이다. 그러니 제자들이 안식일에 자신의 가는 길을 만들고자 이삭을 자르는 일을 한 것이 창세기 안식일에 합당하다는 말이다. 지금껏 아무도 안식일을 그렇게 해석하지 않았다. 당시 사람은 안식일에 일을 안 하는 것이 안식일을 지키는 것이라고 했고, 예수님은 안식일에 자신과 사람을 위해 일하는 것이 하나님과 안식일 정신에 부합한다고 했다. 누구의 말이 옳은가. 예수님은 '인자는 안식일의 주인이다'(막 2:28)라며 자신의 해석이 옳다고 주장하신다. 예수님이 안식일을 완전히 무시한 것은 아니다. 예수님도 안식일에 회당에 가서서 예배를 드렸기 때문이다. 그런 점에서 예수님은 안식일을 안 지켰다고 말할 수 없다. 그런데 회당에 가서는 당시 사람이 해서는 안 된다고 생각한 일을 하신다. 이런

요일 변경의 문제

문제가 남았다. 초기 교회가 예배로 모인 날이다. 교회는 안식일인 토요일에 회당에서 모이던 관습을 따르지 않고 하루 지난 일요일에 모여 예배를 드렸다. 고린도교회는 매주 일요일에 모여 성찬과 예배를 드렸다는 기록이 있다(고전 11:18-20; 16:2). 사도행전에 나오는 교회 역시 "그 주간의 첫날[일요일]에 … 떡을 떼려 … 모였"다(행 20:7). 요한계시록에서는 요한이 환상을 본 날이 "주의 날"('퀴리아케 헤메라')이라고 말하는데(계 1:10) 그날은 일요일을 가리키는 것으로 보는 것이 자연스럽다.[4] 보다 직접적으로 "주의 날"이 주일(일요일)을 가리키고자 사용된 증거가 초기 교회에 있다. 대략 1세기 말에 기록된 것으로 추정되는 『디다케』 14:1은 "주의 날['퀴리아켄']에 함께 모여 떡을 떼고 감사를 드려라"고 말한다. 또한 기원후 35-110년에 살았던 교부인 안디옥의 이그나티우스는 다음과 같이 말한다.

고대로부터 내려오던 관습으로 양육받은 이들이 새로운 소망을 품게

점에서 예수님에 의해 안식일 준수에 어떤 균열이 생기기 시작했다고 볼 수 있다. 안식일을 향한 예수님의 이런 대도는 후에 초기 교회가 안식일을 문자직으로 지키지 않고 다른 식으로 지키는 일에 결정적인 역할을 한다.

4. 요한이 환상을 본 날인 "주의 날"('퀴리아케 헤메라')은 신약성경에서 단 한 번 이곳에서만 나오는 용어이다. 이 용어는 구약 선지자들(습 2:3; 욜 1:15; 암 5:18 등)이 말한 '여호와의 날'의 다른 표현인 "주의 날"('헤메라 퀴리우', 살전 5:2; 벧후 3:10)과는 다르다(David Aune, *Revelation 1-5* [WBC 52A; Dallas, Texas: Word Books, 1997], 83-84]. 계 1:10에 나오는 '퀴리아케'는 초기 교회(『디다케』 14:1; 『마그네시아인들에게 보내는 편지』 9:1)에서 일요일을 지시하는 용어로 사용된다(Aune, *Revelation 1-5*, 84). 초기 교회가 '퀴리아케'를 일요일과 관련해서 사용한 것은 요한계시록 1:10의 영향이라 보는 것이 가능하다. 2세기의 인물인 사데스의 멜리토(Melito of Sardes)는 "주의 날"(일요일)에 관한 논문을 썼다(유세비우스, 『교회사』 4.26).

되어 안식일 준수를 포기하고 대신에 주의 날['퀴리아켄']을 지키며 살
게 되었다(『마그네시아인들에게 보내는 편지』 9:1).

주후 113년도에 지금의 튀르키예 지역인 비두니아로 파견된 로마
총독 플리니우스가 황제 트라야누스에게 보낸 편지 역시 주목할 만하
다.

> [그리스도인이라 불리는 사람들은] 어떤 고정된 날에 모여 신에게 하
> 듯 그리스도를 찬양하고 무슨 맹세를 하면서 도둑질하지 않겠다, 간음
> 하지 않겠다고 하기에 … 이 도시 신전은 비어가고 있고 그래서 신전
> 상업이 점점 위축됐다(『트라야누스에게 보내는 편지』, 10.96).

플리니우스는 그리스도인이 모인 "고정된 날"이 무슨 요일인지는
밝히지 않지만 사도행전과 고린도전서(1세기 중반) 그리고 이그나티우스
의 글(2세기 초반)을 근거로 본다면 그날은 일요일인 것이 틀림없다. 따라
서 유대인은 안식일에, 그리스도인은 "주의 날"이라 불린 일요일에 모
여 예배를 드리던 것이 1세기 중반부터 2세기 중반까지의 모습이다.

예수님은 토요일에 회당에 가서 예배를 드렸는데 교회는 그다음 날
일요일에 모여 예배를 드렸다. 물론 갑작스럽게 예배 요일을 바꾸지는
않았다. 야고보서에는 초기 교인들이 여전히 안식일인 토요일에 모여
회당에서 예배를 드렸다는 추론을 가능하게 하는 구절이 있다("만일 너희
회당에 금 가락지를 끼고 아름다운 옷을 입은 사람이 들어오고 또 남루한 옷을 입은 가난
한 사람이 들어올 때에", 약 2:2). 바울은 이방 지역을 다닐 때에 토요일에 회
당에 가서 예수님이 주시라는 복음을 전했다(행 13:14, 44; 17:2; 18:4). 그리

고 사도행전 1장은 예수님이 승천하시고자 제자들을 데리고 예루살렘에서 감람산에 가셨는데, 그곳을 택한 것은 "안식일에 가기 알맞은 길"이었기 때문이라고 한다(행 1:12). 이것은 안식일에 걸을 수 있는 걸음 수를 예수님이나 제자들이 알았다는 것을 말해준다. 초기 교회는 처음부터 안식일 법을 버리지는 않았다. 그런데 사도행전이 점점 더 진행되면서 교회 안에 변화가 감지된다. 사도행전 15:20, 29을 보면 예루살렘교회가 이방인들이 하나님의 백성이 됐을 때 지켜야 할 규칙을 제시한다. 우상숭배 금지, 음행, 목매어 죽인 것과 피를 먹지 말 것 등이다. 그런데 이 규칙에 안식일은 없다. 예루살렘 지도자들이 이방인 신자들에게 안식일을 지키라는 말을 하지 않았다는 것이다. 이어 사도행전에서 교회가 안식일이 아닌 주일에 예배를 드렸다는 언급이 처음으로 나오는 곳이 20:7이다. 이 본문에서 일요일에 모여 예배를 드리고 떡(성찬)을 나누었다는 말을 자연스럽게 한다. 안식일인 토요일에 모여 예배를 드리다가 일요일에 모여 예배를 드리는 일은 이처럼 서서히 바뀌었다. 바울서신에도 이런 증거가 있다. 로마서 14:5-6에서 바울은 말한다.

> 어떤 사람은 이날을 저 날보다 낫게 여기고 어떤 사람은 모든 날을 같게 여기나니 각각 자기 마음으로 확정할지니라. 날을 중히 여기는 자도 주를 위하여 중히 여기고 … (롬 14:5-6).

바울은 로마서를 대략 기원후 55년쯤에 기록했다. 예수님의 죽음과 부활 후 20년이 조금 지나자 교회에서 안식일은 지켜도 되고 안 지켜도 되는 날이 됐다(이런 문제를 '아디아포라', 곧 비본질적인 문제라고 한다). 왜 이런 변화가 생긴 걸까? 바울은 골로새서 2:16-17에서 말한다.

그러므로 먹고 마시는 것과 절기나 초하루나 안식일을 이유로 누구든
지 너희를 비판하지 못하게 하라. 이것들은 장래 일의 그림자이나 몸은
그리스도의 것이니라(골 2:16-17).

바울은 안식일은 그림자이고 그리스도가 몸이라고 한다. 그림자가
허상이라는 말이 아니다. 그림자를 보아도 실체의 윤곽은 파악할 수 있
다. 하지만 온전한 실체를 알려면 몸을 보아야 한다. 그림자는 실체의
그늘이고 실체는 몸이다. 안식일은 그림자이고 그리스도가 몸이다. 안
식일을 제정하신 하나님의 뜻은 안식일을 통해서도 어렴풋이 역사 속
에서 드러났지만 궁극적인 뜻은 몸을 볼 때 확실하게 알 수 있다.

한 주의 마지막 날을 안식일로 정하여 사는 날 동안 안식일을 향해
가는 한 주간의 여행을 수천 번 반복적으로 경험하게 하신 것은, 하나님
이 만드신 시간의 마지막 도착지는 안식(해방)이라는 것을 보여주시기
위함이다. 하나님의 창조, 더 나아가 구속의 목적은 안식이다. 이것이
안식일에 담긴 하나님의 뜻이다. 바울이 안식일인 금요일 저녁부터 토
요일 저녁까지는 그림자이고 그리스도가 실체라고 했을 때 말하려 한
것은 하나님이 안식일을 통해 어렴풋이 보여주셨던 그 마지막 쉼과 안
식의 실체가 그리스도를 통해 온전히 드러나고 또 주어지기 시작했다
는 사실이다.

그리스도를 통해 드러난 궁극적 안식이 무엇인가? 그리스도를 바라
보던 교회는 그림자인 안식일(토요일)이 지나고 다음 날인 일요일 아침
에 함께 모여 그리스도를 예배했다. 이유는 땅에 드리워진 그림자를 보
고 고개를 들어 몸을 보려 했더니 그 몸이 일요일에 서 계셨기 때문이

다. 안식일에 무덤에 누워 계셨던 그리스도께서 일요일 아침에 죽은 자 가운데서 부활하셨던 것이다. 그러하기에 그리스도인들이 토요일이 지난 일요일 아침에 교회로 모여 예배드리며 맛보는 안식은 그리스도의 죽음과 부활이 가져온 안식으로서, 그것은 하나님이 시간을 창조하실 때 주시려고 한 최종적인 안식 곧 새 창조였다. 예수님이 안식일을 날로 정하여 사는 게 고통이 되게 하는 고질병을 고치신 것은 하나님이 안식일을 통해 주고자 하셨던 그 안식을 이제 자신을 통해 진짜로 주시기 시작하셨음을 보여주고자 함이었다. 사는 게 눈물이 되게 하고, 내가 살기 위해 남을 희생시키게 하며, 내 나라의 안일을 위해 남의 나라를 침략하게 만들던 그 궁극적인 죄와 악의 세력이 예수님의 죽음과 부활로 그 힘이 빼앗기고, 선하신 하나님이 안식을 주시는 일이 인간 역사 속에서 시작됐음을 초기 교회는 주일 아침 예배를 통해 맛보고 기념했다. 무엇보다 우리는 한 주의 끝인 토요일이 아닌 한 주의 첫날인 일요일에 부활이 일어난 사실을 기반으로 하나님이 그리스도의 부활을 통해 모든 날을 안식일로 만드는 일을 시작하셨음을 믿게 됐다.

* * *

교회는 안식일을 지키지 않은 것이 아니라 주일을 지킴으로써 모든 날을 안식일로 지킨다. 안식일을 폐지한 것이 아니라 확장했다. 안식일을 지키는 방식은 아무런 일을 하지 않는 것이 아니라, '지금까지 일하시는 하나님'처럼 일하는 것이다. 무슨 일을 해야 하는지는 예수님이 보여주셨다. 하나님이 일하시니 나도 일한다고 하시며 아픈 자를 고치시고, 눌린 자를 해방하시며, 불의에 진노하시고, 죽은 자를 살리셨다. 그게 일이다. 예수님의 일의 절정은 안식일이 지난 다음 날 일요일 아침에 죽은 자 가운데서 일어나신 부활이다. 그리스도인 곧 그리스도 안에서 살고 움직이는 성도가 안식일을 지키는 방식은 그러므로 부활하심으로 새 날의 첫날을 여신 그리스도를 예배하며, 일주일 내내 열심히 생명을 돌보는 일을 하는 것이다. 토요일의 장벽을 뛰어넘어 평범한 날의 첫날 인 일요일부터 다음 주 토요일까지 하나님을 따라 생명을 위하는 일을 하며 사는 것, 그것이 안식일을 지키는 길이다.

모든 날이 안식일이 됐는데도 기독교는 왜 이천 년 동안 안식일을 지키듯이 일주일 중 첫날에 따로 모여 예배를 드려왔는가. 신학적인 이 유는 모든 날을 안식일처럼 살기 위해서 그것을 가능하게 한 부활절 아 침을 기념하고자 했기 때문이고, 신체적인 이유는 몸이 정지돼야 생각 이 살아나기 때문이다. 일주일 내내 생각을 이끌던 몸의 리듬을 일요일 에는 중단하고, 오직 죽고 부활하신 그리스도의 몸의 리듬에 자신을 맞 추고 순종하는 것이 주일 예배다. 주일 예배를 통해 몸과 생각의 흐름을 예수의 이름으로 끊어 그 방향을 재설정할 때 그리스도의 몸에 역사하 는 해방의 능력이 우리 몸에도 역사하여 일중독, 돈 중독, 능력 숭배에 맞설 수 있는 면역력을 얻게 된다. 그럼으로써 나머지 날 역시 안식일이 되게 하고 이웃 역시 쉬게 하는 삶을 이어갈 수 있다는 것이 기독교의 이천 년간의 주일 예배 전통이 말하는 바다.

제4장
참 자유를 찾아서

요즘 아이들을 키우는 부모라면 자녀에게 자주 듣게 되는 말 중의 하나가 '강요하지 마세요'(Don't force me!)일 것이다. 어떤 사람이 범죄 혐의가 인정되더라도 경찰 또는 검찰 조사 과정에서 강압적 조사가 이뤄졌다면 그 혐의는 성립되지 않는다. 우리나라 제20대 대통령은 2022년 5월에 있었던 15분간의 취임 연설에서 '자유'라는 말을 총 35회 반복했고, 같은 해 9월에 있었던 제77차 유엔 총회 기조연설에서도 '자유'를 21회 언급했다. 어린아이로부터 사법과 국가 행정과 외교 등 사람 사는 사회를 이끄는 리더에게까지 중요한 가치가 바로 자유다. 현대 사회를 사는 사람은 다 저마다의 가치를 가지고 산다. 그런데 이 사람 저 사람 할 것 없이 또 어린아이에서 어른에 이르기까지, 심지어 국정을 이끄는 대통령이 15분의 취임 연설에서 35회나 반복할 정도로 자유는 그 중요성이 인정된 가치다.

기독교는 자유에 대해 어떤 입장인가

어떤 사람은 예수 믿는 일이 무엇을 안 보고 안 먹고 안 듣고 안 가고 안 만나고 안 하는 일이라고만 생각한다. 그리스도인에게 그런 면이 없는 것은 아니지만 그것은 한 단면이고, 또 이런 단면은 기독교인에게만 있는 것이 아니라 모든 사람이 가지는 태도다. 오히려 기독교의 본질에는 자유가 있다고 말할 수 있다. 성경의 그 많은 이야기를 이끌고 있는 주제를 말하라고 하면 자유를 빠트릴 수 없다. 성경의 첫 책인 창세기는 하나님은 인간을 창조하고 그 인간에게 자유의지를 주셨다고 한다. 인간은 그 자유의지를 남용하여 죄의 종이 됐지만 자유를 가진 인간이야말로 창조할 가치가 있다고 하나님은 판단하셨다. 창세기만 아니라 출애굽기의 핵심 주제도 자유다. 출애굽기는 히브리 노예들을 이집트에서 자유롭게 한 사건이다. 이사야 선지자는 바벨론에서의 귀환을 새 출애굽이라고 불렀다(참고, 사 42:7-9). 신약에 이르러 예수님은 "진리를 알지니 진리가 너희를 자유롭게 하리라"(요 8:32)고 하셨고, 예수님 이후 기독교의 초석을 놓은 바울도 "그리스도께서 우리를 자유롭게 하려고 자유를 주셨으니 그러므로 굳건하게 서서 다시는 종의 멍에를 메지 말라"(갈 5:1)라고 말한다. 구약에서 신약 그리고 예수님과 바울로 이어지는 성경의 가르침의 핵심엔 자유가 있다. 그러므로 기독교는 자유를 원하면 기독교에 귀를 기울여보라고 말한다.

진리가 먼저

그런데, 성경은 자유를 원하는 사람에게 자유보다 진리가 먼저라고 한다. "진리를 알지니 **진리**가 너희를 자유롭게 하리라"(요 8:32)라고 예수님이 말씀하셨다. 자유를 원하는 사람에게 진리를 먼저 말하는 이유는 진정한 자유는 진리 안에서 얻을 수 있고 진리가 없는 자유는 굴종과 맹종과 방종으로 이어지기 때문이다. 그러면 나를 참으로 자유롭게 하는 진리란 무엇인가? 이 질문에 대해 답하는 것이 본 장의 핵심이다. 하지만 이것을 보기 전에 우리가 먼저 생각해야 할 것이 있다. 자유가 무엇인지이다. 대부분의 사람은 나는 자유롭다고 생각하면서 기독교가 말하는 진리 안에서의 자유 같은 것의 필요를 부인하는 경향이 있다. 하지만 진짜로 우리가 자유로운가. 또 자유가 주리라고 한 그 무엇을 받아 누리고 있는가.

일반적 정의

자유에 대한 이해는 시대마다 달랐다. 조선 시대와 같은 고대 사회에서도 자유를 이야기했는데, 그때는 한 개인이 사회의 위계질서 안에서 자신에게 주어진 역할을 아무런 제약 없이 할 수 있는 것을 자유라고 말했다(사회의 위계질서 안에서의 자유). 근대 사회에 들어서면서부터 자유에 대한 이해가 바뀌었다. 근대 사회에서 자유는 한 개인이 국가나 교회와 같이 외부 권력으로부터 간섭받지 않고 행동하고 선택할 수 있는 것이라고 믿기 시작했다(국가의 통제에서 벗어나는 자유). 자유로운 사람이란 누가 내 '생각'이나 내 '몸'을 통제하지 않고 오직 자기가 자신을 소유하고 자기가 자기를 통제할 수 있는 사람이라고 믿었다. 자유에 대한 이런 이해는 정치체제의 변화와 무관하지 않다. 근대 이전에 사람은 왕의 통제를 받는 백성이었는데, 민주주의의 발전으로 이제 한 사람은 자신을 섬길 정치인을 스스로 선택할 수 있는 권력자가 됐다. 그러다가 현대 사회에 들어서면서 자유의 개념이 다시 한번 변화를 겪었다. 서구에서는 1900년대 초반부터, 우리나라에서는 1900년대 후반에 들어서면서부터 내 꿈을 이룰 수 있는 교육을 무상으로 받고, 내 몸의 건강을 지켜갈 수 있는 의료 혜택을 무상으로 받을 수 있어야 인간은 자유롭다고 보았다(국가의 보호를 받을 수 있는 자유). 이런 자유가 지금도 여전히 대세다. 그러다가 가장 최근에는 자유 중 최고의 자유로 생각하는 것이 등장했다. 선택의 자유다. '내가 무엇을 할지 말지는 내가 결정하고 선택할 수 있을 때 난 행복하고 자유롭다'고 생각한다. 내가 학교를 다닐지 말지, 어느 직장을 다닐 것인지, 내 몸을 어떻게 사용할지(예, '마스크를 착용할지 말지는 내가 결정한다'), 결혼을 할지 말지도 내가 결정하고, 아이를 가져야 할지 말지도 내가 결정해야 하며, 성(姓)도 어머니의 성을 따를 것인지 아버지의 성을 따를 것인지 결정할 수 있는 선택권이 내게 있을 때 난 자유롭고 행복하다고 말한다. 그러다가 이젠 죽음까지도 내가 선택할 수 있는 법을 강구하는 나라도 생겼다. 내가 '무엇'을 선택할지는 별로 관심이 없고 '누가' 그 무엇을 선택했는지가 더 중요하게 여겨지고 있다. 이 모든 것은 선택의 자유가 최고의 가치로 등장하고 있다는 증거이다. 이처럼 고대에는 사회의 위계질서 안에서의 자유를 말하다가, 근대에 시민 계급이 등장하면서부터는 국가나 종교와 같은 외부의 통제를 벗어나는 자유로 이동했고, 이어서 국가의 보호를 받을 수 있는 자유로 갔다가, 이제는 내가 원하는 바를 내가 알아서 선택할 수 있는 것이 자유이고 그것을 보장해주는 사회가 자유로운 사회라고 생각하게 됐다. 삶의 질이 높아진다는 것은 선택권이 많아진다는 것임을 누구도 부인하지 않는다.

'난 자유롭기에 행복하다'라는 환상

그런데 내가 원하는 바를 내가 선택하고 결정하면서 살 수 있다고 믿는 지금 난 과연 행복한가. 선택의 자유가 늘어나자, 웬걸 우리는 무엇인가에 점점 더 중독되어 가고, 정신 건강은 점점 더 취약해지고 있으며,[1] 공동체 생활에는 점점 더 서툴러지고 있다. 이웃과는 일 년이 되어도 아무런 교류가 없고, 가정은 점점 더 쉽게 깨지고 있으며, 누구의 돌봄 없이 홀로 생을 마치는 고독사 비율은 점점 더 높아지고 있다. 하지만 이런 통계가 있어도 '그래도 난 내가 원하는 것을 선택하며 살고 있다'고 말할 수 있다. 2022년 대한민국 대통령 선거에서 많은 시민들은 내가 더 싫어하는 사람이 당선되는 것이 싫어 내가 덜 싫어하는 사람을 선택하게 됐다. 선택은 자유로워졌지만 선택하는 내용이 나를 자유롭게 하는 것은 아니다. 심지어 선택의 자유가 증대함에 따라 오히려 나를 더 고통으로 몰아가는 가장 큰 역습이 시작됐는데 그것은 환경위기이다. 지난 100년 동안 인류가 누구의 통제도 받지 않는 개인의 자유를 점점 더 확대해가자 자연은 점점 더 피폐해져 갔고, 이제 자연의 고통은 인간에게 되돌아오고 있다(본서 제3부 제10장을 보라).

선택의 주체가 진짜 '나'일까

선택의 결과는 그렇다고 히더리도 선택 지체는 내가 했기에 그 의미가 있다고 할 수 있다. 하지만 진짜 '내'가 주체적으로 어떤 선택을 한

---

1.   논란이 있기는 하지만 사회관계망서비스(SNS) 중의 하나인 인스타그램을 하는 청소년이 인스타그램을 하지 않는 청소년보다 정신적으로 훨씬 덜 건강하다는 것에 많은 이들이 대체로 동의하고 있다(이런 논란과 통계치에 대해서는 《서울신문》 2021년 9월 15일 자 인터넷 신문인 https://www.seoul.co.kr/news/newsView.php?id=20210916017001[2023년 2월 24일 검색]을 참조하라). 인스타그램에서 누구의 간섭도 없이 내 세계를 자유롭게 펼칠 수 있을 것이라고 믿지만 사실상 우리는 점점 더 불행하다고 생각하며 또 피해 의식과 비교 의식은 점점 더 늘어나고 있다.

것인지는 곰곰이 따져볼 필요가 있다. 우리는 선택할 때 정보나 언론의 도움을 받는다. 하루가 다르게 일인 언론사를 비롯한 점점 더 많은 언론이 등장하여 우리의 선택권의 폭을 넓혀 주겠다며 수많은 정보를 준다. 당연히 그 정보는 선택적이다. 언론의 특정 시각이 반영된 정보이며, 무엇보다 소수의 언론사를 제외하고는 언론사 배후엔 공정과 진실보다 이윤이 있다. 미국의 예를 보자. 세계 자산 순위 1위인 테슬라 최고경영자 일론 머스크가 가입인구 2억 1700만 명을 거느린 사회연결망서비스 트위터를 56조 4960억 원에 최종적으로 인수했다. 이것은 현대 언론 배후에 누가 있는지를 보여주는 상징적인 사건이다. 세계 자산 순위 2위인 아마존 이사회 의장 제프 베이조스는 2013년에 워싱턴 포스트를 인수했다. 세계 자산 순위 85위인 루퍼트 머독은 미디어 황제로 불리는 인물인데, 미국 정치, 사회의 양극화와 혐오를 부추긴다고 잘 알려진 폭스 뉴스 등 수많은 미디어를 운영하고 있다. 우리나라 신문들도 광고 수입으로 회사를 운영하고 있는데, 수입의 대부분은 재벌 기업에 대한 광고로부터 비롯된다. 이것은 언론의 사명과도 같은 '과연 무엇이 공정, 정의, 진실인가?'라는 질문에 대한 답을 추구하는 데 있어서 이윤 추구가 최고의 목적인 특정 단체가 막대한 영향력을 행사할 수 있음을 보여준다. 내 선택에 영향을 미치는 언론이 공정보다 이윤을 앞세운다면 내 선택은 과연 나를 자유와 행복으로 이어지게 할 수 있을까.

진리의 자유

개인은 어느 시대보다 더 자유로워졌음에도, 중독에 점점 더 쉽게 노출되고, 감정은 말라가며, 환경은 파괴되고, 공동체는 와해되며, 언론을 통제하려는 기업의 힘은 커지고 있는 시대에, 기독교는 다른 자유를 줄 수 있다. 그 자유는 중독에 내성을 가진 자유이며, 더불어 살게 하는 자유이고, 자발적 불편함을 택하여 환경을 살리는 자유이며, '내가' 선택했다는 사실만 아니라 내가 선택하는 내용도 중요하게 여기는 자유라고 기독교는 말한다. 어떻게 그 자유를 얻을 수 있는지에 대해 예수님은 이렇게 말씀하셨다.

진리를 알지니 진리가 너희를 자유롭게 하리라(요 8:32).

자유가 먼저가 아니라 진리가 먼저다. 참 자유는 진리 안에서 누릴 수 있다. 진리 없는 자유는 굴종이고 맹종이며 방종이 될 수밖에 없다. 그러면 참 자유를 주는 진리란 무엇인가. 예수님은 요한복음 14:6에서 '내가 진리다'라고 하셨다. 그리스도가 진리다. 그리스도가 주시는 진리 안에서의 자유가 무엇인지 알려면 진리 되신 그리스도의 길을 보아야 한다.

예수님이 빌라도 앞에 섰을 때였다. 사람들이 예수님을 고소하면서 "우리에게 법이 있으니 그 법대로 하면 그가 당연히 죽을 것은 그가 자기를 하나님의 아들이라 함이니이다"(요 19:7)라고 했다. 그러자 빌라도가 두려워하며 예수님에게 물었다. '너는 어디서 왔느냐'(9절). 예수님은 침묵하신다. 예수님이 침묵하시자 빌라도는 "내가 너를 놓을 권한도 있고 십자가에 못 박을 권한도 있는 줄 알지 못하느냐"(10절)고 말한다. 이후 빌라도가 그에게 혐의가 없다는 것을 알고 놓아주려고 하자 사람들이 "이 사람을 놓으면 [당신은] 가이사의 충신이 아니니이다"(12절)라고 했다. 이 소리를 듣자 빌라도는 화들짝 놀라 무리의 요구를 들어주고자 예수님에게 사형선고를 내린다. 빌라도는 원래 무리의 요구에 순응하는 사람이 아니었다. 역사 기록에 따르면 그는 굉장히 폭력적으로 점령 지역 주민을 억압했다.[2] 그런데 이 일이 일어나기 몇 년 전에 빌라도가 티베리우스 황제에게 헌납한다는 명분으로 도금한 방패를 예루살렘에 세운 일로 유대인들이 카이사르에게 상소를 올렸고 카이사르는 점령지에 민란이 날 빌미를 제공한 빌라도를 엄한 말로 꾸짖었다는 역사 기록이 있다.[3] 빌라도는 그러던 차에 지금 나사렛 예수의 일로 무리의 거센 요구를 받고 있었던 것이다. 빌라도는 만일 이번에 무리의 요구를 들어주지 않으면 그들이 카이사르에게 다시 상소를 올릴 수 있고 그럴 경우 문책을 당해 본국으로 송환될 것이라고 판단했다는 추론은 역사적으로 타당하다. 이런 이유로 빌라도는 예수님이 죄가 없는 줄 알면서도 무리의 요구에 따라 사형선고를 내렸다. 빌라도에게는 선택의 자유가 있었다. 하지만 그는 자신의 '자리'를 지켜내고자 죄 없는 사람을 죽이는 선택을 했다.

반면 진리이신 그리스도의 선택은 달랐다. 예수님은 대제사장의 음모와 빌라도의 비겁함 때문에 그 재판에 섰다. 이 재판에서 예수님은 적극적으로 자신의 무죄를 변호하지 않으셨다. 그때 예수님의 마음속에 있었던 것이 무엇이었는지 성경은 이렇게 말한다. "인자가 온 것은 섬김을 받으려 함이 아니요 도리어 섬기려 하고 자기 목숨을 많은 사람의 대속물로 주려 함이니라"(막 10:45). 당시 사람을 죽일 선택권을 가진 사람은 자기가 살고자 남을 죽이려 했지만, 그리스도는 남을 살리기 위해 자신을 희생하는 종의 길을 가신다. 예수님은 다른 사람을 죄의 형벌에

---

2. 빌라도에 대한 이런 조사를 위해서는, 박윤만, 『마가복음: 길 위의 예수 그가 전한 복음』 (서울: 감은사, 2021[초판 2017]), 1132-1133을 보라.

3. Philo, *Embassy to Gaius* §§299-305. 보다 자세한 논의를 위해서는 박윤만, 『마가복음』, 1133을 보라.

서 자유롭게 하기 위해 자신의 목숨을 그들의 몸값으로 드리고자 하셨다. 남을 자유롭게 하고자 자신은 종이 되신 분이 진리이신 그리스도시다. 그런 그리스도에게 죽음은 끝이 아니었다. 그 후 가장 먼저 죽음과 사망과 부패의 힘에서 완전히 자유로운 존재로 부활하셨다.

우리에게 자유는 늘어났지만 개인은 중독에 더 노출되고 있고, 공동체는 깨어지고, 환경은 위기에 직면했다. 출생률은 매년 최저치를 경신하는 반면 자살률은 최고치를 경신 중이다.[4] 무슨 자유가 이런가. 인류는 외부의 권위에서 벗어나는 자유를 말하다가 그것을 얻자 이젠 내가 결정할 수 있는 자유로 곧바로 이동했다. 그 결과 점점 더 죽음의 그림자가 나와 공동체와 자연을 덮게 됐다. 벗어나기만 하면 자유로울 줄 알았지만 그렇지 않았다. 그 이유는 우리에게는 아직 우리가 벗어나지 못한 존재가 있기 때문이다. 바로 나 자신이다. 죄와 죽음과 부패와 욕망은 내 안에서 나를 사로잡아오고 있다. 그렇다면 나로부터의 자유는 어

---

4. 〈출산율〉: 통계청이 2023년 2월 22일 발표한 '2022년 인구동향 조사 출생·사망통계'에 따르면 2022년 출생아는 24만 9천 명으로 1년 전보다 1만 1500명이 줄었다. 연간 출생아 수는 통계 작성이 시작된 1970년에는 100만 명대였고, 2001년 50만 명내, 2002년 40만 명내, 2017년 30만 명대, 2020년에는 20만 명대로 떨어졌다. 여성 1명이 평생 낳을 것으로 예상되는 평균 출생아 수인 '합계출산율'은 2022년에 0.78명으로 2021년 이전과 비교했을 때 0.03명 줄었다. 이것은 통계 작성이 시작된 이래 최저치이며 경제협력개발기구(OECD) 평균(1.59명·2020년 기준)의 절반에도 못 미친다. OECD 회원국 중 합계 출산율이 1명이 안 되는 나라는 한국뿐이다. 2023년 2월 23일 자 《한겨레신문》 2면에서 발췌.

〈삶의 질과 자살률〉: 2023년 2월 21일에 발표된 유엔 산하 자문기구인 지속가능 발전해법네트워크(SDSN)의 '세계행복보고서 2022'를 보면, 한국인의 삶의 만족도는 5.9점(2019~2021년 평균)으로 OECD 회원국 평균(6.7점)보다 크게 낮다. 자살률은 10만 명당 26.0명으로 1년 전보다 0.3명 증가했다. 특히 20대의 경우 2020년 21.7명에서 2021년 23.5명으로, 70대는 같은 기간 38.8명에서 41.8명으로 급증했다. 2023년 2월 21일 자 《한겨레신문》 8면에서 발췌.

떻게 얻을 수 있는가? 빨리 죽으면 된다고 생각할 수 있지만, 그리스도
는 그럴 필요가 없다고 말씀하신다. 우리 대신 그리스도께서 죽으셨기
때문이다. 이것이 진리를 알지니 진리가 너희를 자유롭게 하리라는 말
씀의 뜻이다. 죽고 부활하신 그리스도는 홀로 사는 사람을 함께 살게 하
고, 무엇인가에 중독된 사람을 그것에서 벗어나 이전에 중독됐던 무언
가를 통제하며 즐기게 하고, 내 안에서 나를 쪼여오던 죄와 사망의 종노
릇에서 나를 해방시켜 생명을 귀히 여기며 살게 하고, 환경을 탐심의 도
구로만 보는 데서 해방시켜 자연과 공생의 길을 걷게 하는 능력이다. 그
러면 이 자유를 어떻게 얻는가?

자유의 길

기독교는 자유를 원하면 그리스도를 주로 내 안에 모시고 그를 섬
기라고 한다. 아니 자유로워지려면 섬기는 종이 아니라 섬김 받는 주인
이 되어야 하는데, 어떻게 그리스도를 섬길 때 자유를 얻을 수 있다고
하는가. 우상은 그것을 섬기면 왕이 되게 해 줄 것처럼 말하지만 실제로
돈과 시간과 마음을 들여 섬기면 우리는 그것의 종이 된다. 돈과 재물을
숭배하면 돈과 재물이라는 주인은 우리에게 끊임없는 공허감을 주어
계속 '더 많이' 필요하다고 느끼게 하여 결국 일평생 돈과 재물에 종노
릇하게 할 것이다. 미모를 숭배하면, 미모의 신은 내게 늘 못생겼다고
말하며 비교 의식의 종이 되게 할 것이다. 권력을 숭배하면, 권력의 신
은 늘 내가 약하고 힘없기에 무시 받는다고만 생각하게 하여 내가 남을
통제하고 지배하는 위치에 올라야 한다고 말하게 할 것이다. 섬기면 종
이 되게 하는 것, 그것이 우상이다. 자유를 위해 돈과 재물, 지성과 권력
을 숭배하지만 돌아오는 것은 중독이고 무엇인가에 종이 된 우리이다.

우상은 이렇게 우리를 실컷 부려 먹다가 후에는 죽음을 삯으로 줄 것이
다.

하지만 주 되신 그리스도는 다르고 그리스도를 주인으로 삼아 섬기
는 일도 다르다. 그리스도는 우리가 그를 섬길 때 우리를 왕이 되게 한
다.

> 미쁘다 이 말이여, 우리가 주와 함께 죽었으면 또한 함께 살 것이요 참
> 으면 또한 함께 왕 노릇 할 것이요(딤후 2:11-12).

섬기면 종이 되어야 하는데, 그리스도를 섬기면 우리는 왕이 된다.
어떻게 이런 일이 일어나는가. 그리스도는 숨은 독재자인 죄가 내 안에
욕망을 부추겨 나로 욕망의 종이 되게 하는 데에서 해방시켜 주셨기 때
문이다. 그리스도는 이 일을 위해 신이면서도 한없이 비천한 종으로 오
시어, 기꺼이 자신의 몸을 내어주심으로써 죄의 형벌만 아니라 죄와 욕
망의 통치로부터 나를 해방시켜 주셨다. 그리고 여전히 육체에 남은 죄
의 본성을 이기며 자유롭게 살아가도록 하시고자 성령을 우리 몸에 보
내셨다.

서로 종이 되게 하는 자유

하지만 기독교의 진리는 나만 자유롭게 하지 않는다. 나도 자유롭고
남도 자유롭게 한다. 이것이 해방시키는 그리스도 예수의 사역이다. 나
는 진리 되신 예수님과 그의 말을 믿고 섬김으로써 죄와 부패와 사망에
서 자유를 얻는데, 이웃은 어떻게 믿는 나를 통해 자유롭게 되는가. 그
리스도께서 우리의 종이 되심으로 우리가 왕 노릇하는 자유인이 된 것

처럼 성도 역시 서로가 서로에게 종이 되어 다른 사람을 왕으로 섬긴다. 바울은 갈라디아서 5:13에서 말한다.

> 형제들아 너희가 자유를 위하여 부르심을 입었으나 그러나 그 자유로 육체의 기회를 삼지 말고 오직 사랑으로 서로 종노릇하라(갈 5:13).

기독교의 진리는 모두가 자유인이 되게 하지만 모두가 서로에게 종이 되게도 하는 능력이다. 현대의 자유는 나만 자유롭게 되려고 하다가 이웃은 소외되고 환경은 파괴되며 심지어 자기도 무엇인가에 자꾸 종이 된다. 하지만 기독교의 진리는 우리가 썩어질 것에서 종노릇하는 데에서 해방되어 세상에서 왕 노릇하며 살도록 하고, 또 그것이 끝이라고 하지 않는다. 자유의 완성은 우리가 서로서로 종이 되어 타인을 왕으로 섬길 때 이뤄진다. 그래서 바울은 이웃 사랑이 모든 율법의 완성이라고 했다(갈 5:14). 이웃 사랑은 다른 것이 아니다. 바울은 고린도전서 8:13에서 이렇게 말한다.

> 만일 음식이 내 형제를 실족하게 한다면 나는 영원히 고기를 먹지 아니하여 내 형제를 실족하지 않게 하리라(고전 8:13).

다른 사람을 위하여 내 자유를 내려놓는 것이 사랑이고 기독교 진리의 능력이다. 이렇게 서로가 서로에게 종이 되는 교회가 보여주는 것은 다름 아니라 하나님 나라다. 예수님에 의해 시작됐고 앞으로 완성될 하나님의 나라의 모습이다. 하나님 나라는 그리스도를 섬김으로 모두가 왕이 되는 곳이자, 모두가 서로서로 섬김으로 서로에게 종이 되는 곳이다.

* * *

　　지금 우리 시대는 인류 역사상 가장 자유로운 시대가 됐고, 내 선택
의 자유는 그 어느 때보다 보장받고 있다. 하지만 안타깝게도 나는 자유
롭게 선택을 하지만 공동체는 깨지고, 환경은 파괴되고 있으며, 나의 선
택을 이끄는 언론과 이익 단체의 힘은 점점 더 막강해지고 있다. 그러니
내 선택의 자유가 나를 살리는 자유인지 묻지 않을 수 없다. 이런 시대
에 성경은 나도 살고 이웃도 살고 환경도 살리는 자유의 길이 있다고
말한다. 내 선택의 배후가 진리가 되게 하는 길이다. 예수님은 그래서
"진리를 알지니 진리가 너희를 자유롭게 하리라"고 하셨다. 진리는 그
리스도다. 그리스도는 우리를 죽음과 죄와 부패에서 자유롭게 하시고
자 스스로 종이 되시어 우리를 왕 노릇하게 하셨다. 자유를 행사하지만
결국 점점 더 종이 되게 할 뿐인 우상의 공허한 자유 외침과 다르다. 그
리스도는 우리를 왕 노릇 하게 하시고자 종이 되어 죽으셨다가 역사 속
에서 죽음과 부패로부터 자유롭게 된 몸을 입으셨다. 참 자유는 검증된
자유 수여자이신 '그리스도 안'에 거할 때 주어진다. 우리로 죄와 썩어
짐과 부패에시 해방되어 왕 노릇 하도록 하게 하시고자 그리스도는 종
이 되셨고, 그리스도를 주인으로 섬길 때 우리는 이제 서로를 섬기는 종
이 되어 공동체를 세워 간다. 내 자유를 위해 환경을 파괴했던 현대의
자유와는 달리 그리스도의 자유는 자연도 동료 예배자로 보게 하여 환
경을 위해 나의 자유를 포기하는 자발적 불편함을 겪게 한다. 그리스도
는 우리를 자유롭게 하시고자 오셨다. 나를 주인으로 섬겨 모든 것에 종
이 될 것인가 아니면 그리스도를 주인으로 섬겨 모든 것에서 자유를 누
릴 것인가.

예수님의 비유는 원칙적으로 자신의 사역과 소명 이야기다. 마가복음 4:4-9, 14-20에 나오는 네 종류의 땅 비유에 등장하는 농부도 예외가 아니다. 예수님은 비유에 등장하는 농부처럼 사역할 것임을 말씀하셨다. 이 전제를 토대로 농부 예수님의 '농사' 짓는 방식을 묵상해 보고자 한다.

농부가 씨를 뿌렸는데, 어떤 씨는 길가에, 또 어떤 씨는 돌밭에, 다른 씨는 가시덤불에 떨어지고 다만 몇몇 씨만 좋은 땅에 떨어졌다. 많은 씨가 죽고 소수의 씨만 살아남는다. 씨의 생존율은 4분의 1이다. 길가에 떨어진 씨는 새의 먹이가 되고, 돌밭에 떨어진 씨는 태양의 햇살을 견디지 못하며, 가시덤불에 떨어진 씨는 옆에서 같이 자라던 가시나무의 그 뾰족한 가시의 찌름을 견디지 못하고 결국 시들어 버린다. 오직 좋은 땅에 떨어진 씨만 열매를 맺는다. 씨가 바람에 날려 거친 땅에 떨어진 것이 아니라 농부가 그 씨를 뿌렸다. 우리 시대 농사법대로 판단한다면 비

---

1. 이 글은 박윤만, 『마가복음』, 제20장과 제48장을 바탕으로 한 글임을 밝혀둔다.

유 속의 농부는 귀농한 지 얼마 되지 않은 농부처럼 보인다. 농부가 땅을 선별해서 좋은 땅에 뿌리지 못하고 길가나 자갈이나 가시가 무성한 곳에도 씨를 뿌리는 것이다. 농부는 농사일을 더 배워야 할까. 농부를 탓하기 전에, 고대 유대 사회의 농사법을 고려해 보자. 고대 유대 사회에서 농부는 씨를 뿌리되 경작된 밭이 아니라 경작할 땅에 뿌린다.[2] 이런 농사법 때문에 비유에서 밭을 가리키는 그리스어 단어에 "땅"을 가리키는 낱말('게')이 사용됐다.

예수님은 왜 그 같은 농사법을 비유로 사용하셔서 가르침을 주실까. 농부가 씨를 뿌리되 밭 같지 않은 땅에 씨를 뿌리는 것은 그곳을 밭으로 만들겠다는 의지의 발현이다. 길가에 씨를 뿌린 것은 길가를 밭으로 만들겠다는 것이고, 농부가 돌밭이나 가시덤불에 씨를 뿌린 것도 그곳을 밭으로 만들겠다는 뜻 때문이다. 그러니 본문은 길가나 자갈밭이나 가시밭도 다 내 밭으로 삼겠다는 농부 예수님의 의지를 드러낸다.

물론 그래도 좋은 땅에 떨어진 씨를 제외하고 다른 땅에 떨어진 씨들은 다 죽지 않았냐고 말할 수 있다. 땅을 밭으로 만들겠다는 뜻으로 씨를 뿌렸으면 빨리 경작을 해야지 농부는 왜 새가 올 때까지 길가를 그냥 두었고, 씨가 그렇게 오랫동안 뜨거운 태양 빛을 받도록 왜 돌밭을 그냥 내버려 두었으며, 가시나무는 왜 또 곡식과 함께 자라도록 그냥 두었는가라는 또 다른 질문이 생긴다. 지금 우리가 읽는 것은 비유적인 이야기이지 현실이 아니다. 현실에 이런 일이 일어나면 이런 질문을 하는 것이 가능하지만 비유는 다르다. 이야기로서 비유는 현실적인 기준으로 보면 다소 이해하기 어려운 내용이나 과장이 섞인 내용을 포함하는데, 이는 무엇인가를 강조하려 함이다. 이 비유에서 예수님의 강조는 무

---

2.   Joachim Jeremias, *The Parables of Jesus* (London: SCM, 1972[초판 1954]), 11-12.

엇일까.

예수님의 생애를 위한 역사적 전기 형식을 취한 마가복음은 총 16장인데, 현 비유는 4장에 나온다. 현 비유가 예수님이 사역 초기에 가르치신 것임을 암시한다. 비유를 통해 예수님은 앞으로 자신이 무슨 일을 어떻게 할 것인지를 예고하신다. 예수님은 옥토만 찾아다니지 않으시겠다는 것이다. 씨가 땅에 뿌려지듯, 앞으로 사람을 방문하시되, 길가와 같은 사람, 돌밭과 같은 사람, 심지어 가시덤불과 같은 사람에게도 찾아갈 것이다. 좋은 땅만 아니라 돌밭과 가시덤불과 같은 사람도 예수님의 방문 대상임을 비유를 통해 알리신다. 농부가 험악한 땅에 씨를 뿌리는 것은 개간하기 위해서이듯 예수님이 거친 사람도 방문하시는 것은 살아 열매 맺는 이로 변화시키기 위해서다. 물론 그런 사람을 방문하실 때 받으실 반응이 어떠할지 예수님이 모르는 바가 아니다. 가버나움 집에 들어가셨을 때는 모든 무리의 환영을 받으셨지만, 고향에 들어가셨을 때는 냉대와 배척을 받으신다. 이런 점에서 가버나움은 좋은 땅이고, 고향은 돌밭과 같다. 예수님은 풍성한 결실이 예측 가능한 땅에만 찾아가지 않으시고 돌밭과 같은 고향에도 가셨다. 심지어 씨도 먹히지 않는 대제사장과 서기관의 본거지인 예루살렘에도 가셨고 결국은 그곳에서 씨는 말라버린다. 십자가에서 죽으신 것이다. 이것이 예수님을 통해 드러난 하나님 나라 농사 방식이다.

그런 농사를 지으며 예수님이 보여주고자 하신 것은 농부의 무모함이 아니라 농부가 뿌린 씨의 생명력이다. 돌밭과 같은 사람을 만나 씨가 마르고 가시밭과 같은 사람을 만나 가시에 찔려 질식되더라도 씨에게는 길가의 딱딱함, 돌밭의 얄음, 가시의 날카로움도 어쩔 수 없는 생명이 있음을 보여주시고자 '적진' 가운데로 들어가신다. 물론 씨에게 생명이 있음을 보여주시는 것 자체가 목적은 아니다. 그 이상이다. 예수님은 그를 거부하는 사람들 한복판에 뛰어들어 가시어 적의 무기인 길가의 딱딱함, 돌밭의 얕음, 가시의 날카로움을 무효화하여 그 땅을 밭으로 변화시켜 나가신다. 길도 표면의 딱딱함만 없어지면 밭이 될 수 있고, 돌밭도 돌만 캐내면 밭이며, 가시밭도 가시만 없으면 영양분이 풍성한 밭이 될 수 있다. 누가 그 일을 할 것인가. 예수님이 하신다. 지금도 우리 가운데서 사람 농사를 짓고 계신 예수님은 바로 이런 농부이시고 씨는 그가 선포한 하나님의 나라다. 예수님과 그가 선포한 하나님의 나라에는 생명이 있고 그 생명은 인간의 토양 자체를 바꾸는 능력이다.

길가로 찾아가심

구체적으로 어떻게 이 일을 하시는지, 길가에 씨를 뿌리는 이야기를 통해서 보자. 농부는 길가에도 씨를 뿌린다. 길가도 좋은 밭으로 만들겠다는 뜻이다. 그런데 예상했던 대로 길가의 씨는 새의 먹잇감이 된다. 딱딱함과 완고함 때문에 씨를 품지 못하자 새가 먹어 버린다. 길가는 씨를 잃어버리고 농부 또한 씨를 잃어버린다. 농부는 '길을 밭으로 만드는 농사'를 포기할 것인가? 새가 이겼는가? 속단은 이르다.

길가에 앉은 바디매오(막 10:46-52)

예수님은 길의 사람이시다. 사역 내내 그는 걷고 또 걸으신다. 그러므로 4장에 나오는 길가에 떨어진 씨 비유는 예수님의 사역 이야기다. 길의 사람 예수님이 걸으시는 길은 도착지가 있다. 예루살렘이다. 예루살렘은 생명의 씨를 말라버리게 하는 곳이다. 예수님은 그런 곳을 길의 종착지로 삼으셨다. 게다가 예수님은 목적지로 가시는 길 위에서 사람을 불러 그를 뒤따라 걷게 하신다. 예수님은 길의 끝을 향해 가는 사람일 뿐만 아니라 사람을 불러 같이 길을 걷는 사람이었다.

이 섹션의 이야기는 종착지인 예루살렘 옆에 위치한 도시 여리고에서 생긴 일이다. 예수님은 유월절을 지키고자 예루살렘으로 가다가 여리고에 들르신다. 들어가신 후에는 별 다른 일을 하지 않으신 채 곧바로 그곳을 떠나려 하신다. 그때 갑자기 뒤에서 예수님을 부르는 간절한 목소리가 들려온다. 디매오의 아들인 맹인 거지 바디매오가 예수님을 부르는 소리였다. 그는 맹인이자 거지였다. 신체적으로 약함을 지녔을 뿐 아니라 사회적으로 변방에 밀려난 자였다. 당시 유대 사회는 죄와 신체적 장애를 원인과 결과로 연결하는 경향이 있었기에 그는 종교적으로도 열등한 자로 이해됐다. 바디매오는 소위 말하는 중앙이 아닌 변방에 거주하는 자였다. 이런 점에서 그는 길가와 같은 존재이다. 실제로 4장에 등장했던 "길가"라는 말이 바디매오에게 10:46에서 사용된다. "…맹인 거지 바디매오가 길가('파라 텐 호돈')에 앉았다가." 바디매오가 앉은 "길가"와 농부가 씨를 뿌린 "길가"('파라 텐 호돈', 4:4)에 동일한 단어가 사용된다. 그는 삶의 길을 바쁘게 걷는 사람에게 방해가 되지 않고자 길가에 앉아 있던 존재였다.

안타까운 것은 말씀('로고스')이신 예수님이 그 앞에서 길을 걷고 계셨지만 그는 길가에 앉아 있기만 한다. 길이 생명을 품지 못한다. 볼 수 없어 예수님이 시야에 들어오지 않았기 때문이다. 예수님이 걷는 그 길을 걷고자 해도 길을 걷는 예수님이 보이지 않았다. 보여야 걷든지 말든지 할 것인데, 그는 볼 수 없었다.

듣고

그런 그였지만 그에게 모든 가능성이 차단된 것은 아니다. 그는 나사렛 예수가 지나간다는 말을 듣는다. 바디매오는 보지는 못했지만 잘 듣는 사람이었다. 예수님은 4장의 비유에서 반복적으로 '들으라'고 하셨다("들으라", 3절; "들을 귀 있는 자는 들으라", 9절). 마가복음에서 예수님을 만나 새로운 삶의 길을 걷는 여러 인물들의 공통적인 특징은 다 잘 듣는 사람이었다. 혈루증 앓던 여인이 그러했고("예수의 소문을 듣고 무리 가운데 끼어 뒤로 와서", 5:27), 수로보니게 여인도 그러했다("이에 더러운 귀신 들린 어린 딸을 둔 한 여자가 예수의 소문을 듣고 곧 와서", 7:25). 그런데 아이러니하게도 예수님 곁에 있던 제자들은 예수님께 잘 보지도 잘 듣지도 못한다고 책망을 받는다("너희가 눈이 있어도 보지 못하며 귀가 있어도 듣지 못하느냐", 8:18).

바디매오의 부름

하지만 길과 씨의 만남은 쉽지 않은 것처럼 보인다. 바디매오가 예수님에 관해 듣고 뒤에서 불렀는데도 예수님은 멈추지 않으신다. 이번엔 "길가"와 같은 사람의 문제가 씨에 빗대어진 예수님의 '문제'처럼 보인다. 그가 그냥 지나치신 것이다. 예수님은 바디매오가 처음에 부를 때 왜 그냥 앞만 보고 가던 길을 계속 가셨을까. 그것은 예수님이 바디매오의 믿음을 시험하기 위해서라고 볼 수 있다. 본문은 예수님 주위에 많은 사람이 있었다는 정보를 준다(10:46, 48). 무리가 길 위에서 그를 둘러싸고 있어 소리가 전달되지 못했다고 보는 것도 가능하다. 어쨌든 길가의 문제는 처음에는 자신의 약함이었고 두 번째는 외부적 장애였다. 그러나 바디매오는 포기하지 않는다. 다시 예수님을 더 큰 소리로 부른다. 환경의 제약을 탓하며 그냥 그대로 만족하며 살지 않는다. 중심부 밭에서 길가로 밀려난 자의 도전적인 시도다. 본문은 그를 앉아 있던 자에서 부르짖는 자로 바꾼 계기가 있다고 말하는데 그것은 예수님의 소식을 '들음'이다("나사렛 예수시란 말을 듣고", 47절). 다윗의 자손 예수님을 듣는 일은 딱딱한 길바닥에 틈이 생기도록 한다.

예수님의 부름

바디매오는 두 번째로 소리치되, 옛날 여호수아의 지휘 아래 이스라엘이 여리고 성을 정복할 때 큰 소리를 질렀던 것처럼, "더욱 크게 소리" 지른다(48절). 그제야 예수님은 걸음을 멈추시고, 바디매오를 부르신다. 예수님이 그를 부른다는 말을 들은 바디매오는 겉옷을 내버리고 뛰어 일어나 나아간다. 예수님의 부름은 바디매오로 하여금 그의 삶의 자리를 바꾸게 만든다. 길가에 앉았던 자가 길 위의 사람으로 변화된다. 다가온 바디매오에게 예수님은 물으신다.

네게 무엇을 하여 주기를 원하느냐(51절).

우리 자신에게 물어보자. 예수님이 과연 우리에게 무엇을 해주시기를 원하는가. 바디매오는 "보기를 원하나이다"(51절)라고 답한다. '눈뜨기를 원하나이다'가 아니다. '보기를 원하나이다'이다. 그가 원한 것은 일차적으로 세상을 보는 일일 것이다. 하지만 세상만이 아니다. 그는 예수님을 부르며 찾았다. 그가 보기를 원한 것은 예수님이었다. '내가 예수를 보기를 원하나이다.' 예수님은 이에 "가라 네 믿음이 너를 구원하였[다]"(52절)고 응답하신다. 바디매오는 이제 그가 원하는 대로 예수님을 본다. 이제 바디매오는 무엇을 할 것인가. 예수님은 "가라"고 하셨는데, 그는 눈에 보이는 세상으로 갈 것인가. 눈이 열리자 그가 간 곳은 예수님의 '뒤'였고 그곳에서 그를 따른다. "그가 곧 보게 되어 예수를 길에서 따르니라"(52절). 바디매오는 길가에 앉았던 자에서 길 위의 선 자로 바뀌었다가 이제 길을 걷는 자로 변한다. 예수님을 본 자는 예수와 함께 길을 걷는 자로 바뀐다. 예수님이 사람을 바꾸시는 방식이 이렇고, 땅을 밭으로 바꾸시는 예수님의 방식이 이러하다.

열매는 어떻게 맺힐까

중요한 것은 열매다. 길가의 사람 바디매오가 눈을 떠서 보게 된 후에는 어떻게 해야 열매를 맺는 삶을 살 수 있을까? 지금까지 그는 길 주변부로 밀려나 지나가던 사람이 던져주는 남의 열매를 받아 누리는 삶을 살았다. 예수님은 그러던 그를 길을 걷는 사람으로 바꾸신다. 열매를 맺는 길을 직접 걷도록 바꾼 것이다. 그런데 하나님의 나라의 열매는 혼자 열심히 길을 걷는다고 맺히는 게 아니다. 예수님이 길가에 앉아 있던 그를 길을 걷는 사람으로 바꾸시되, 외롭게 홀로 자신의 길을 가는 사람으로 만들지 않고 예수님을 따라 걷는 사람으로 바꾸셨다. 이는 열매는 예수님을 따를 때 열린다는 것을 말한다. 땅이 열매를 맺으려면 씨를 품어야 하듯이 우리가 열매를 맺으려면 길을 걷되 혼자가 아닌 예수님을 따라 걸어야 한다. 생명은 예수님에게 있기 때문이다. 예수님은 열매를 맺기 위해 지금까지 걸어왔던 그 길을 끝까지 걸어가신다. 바디매오가 따라가야 할 길도 마찬가지다. 예수님은 예루살렘으로 들어가신다. 바디매오도 마찬가지다. 예수님이 들어가시는 곳은 척박한 땅 예루살렘이다. 그곳에서 예수님은 말 그대로 씨가 먹히지 않는 사람인 대제사장과 빌라도로부터 심문을 받으신 후 그들에게 잡아먹히신다. 그리고 골고다에서 십자가에 매달려 가시와 같은 못과 창 그리고 가시면류관에 찔려 숨통이 막혀 죽으신다. 결국 예수님은 4장에서 말했던 세 종류의 땅에 떨어진 씨의 운명을 다 겪으신다. 그가 그 길을 찾아가셨기 때문이다. 사탄의 '밥'이 되고, 씨가 먹히지 않는 돌과 같은 권력자에 의해 희생되며, 가시와 같은 창에 찔려 죽으신다. 죽어서는 무덤 안에 있던 바위/돌 위에 놓여진다. 이것이 씨의 종말인가? 아니다. 죽어 말랐던, 사탄의 밥이 된 씨, 뜨거운 태양에 말라버리고, 가시에 찔린 씨에 생명이 시작된다. 삼 일 후에는 말이다.

예수님이 열매를 바라며 뒤따라오는 바디매오에게 보여주신 것은 씨의 생명력이다. 예수 생명은 어떤 권력이나 인간의 악에 의해서도 죽지 않고 오히려 그 척박한 땅을 하나님의 나라의 생명이 꽃피는 곳으로 바꾸는 능력임을 드러내신다. 앉아 있던 바디매오가 하나님의 나라의 열매를 맺기 위해 일어나 예수님을 따라 걸어야 할 길은 바로 그런 척박한 땅이다. 가만히 앉아 떨어지는 열매를 먹던 자들을 예수님과 함께 걷고 따라 걸으며 결국 죽음 한복판에도 들어가는 성도로 바꾼 것은, 죽음도 어쩔 수 없는 하나님 나라의 생명을 우리로 맛보도록 하기 위해서이다. 죽음이 기다리고 있다는 것을 알면서도 생명의 씨를 뿌리는 것, 이것이 농부 예수님이 '사람 농사' 짓는 방식이다. 우리에게도 삼 일 후를 내다보며 예수님을 따라 죽음의 길을 걸을 믿음이 있는가. 그렇다면 예수님의 농사가 우리 안에 시작된 것이다. 예수님이 짓는 농사는 우리로 생명의 씨인 예수님을 품게 한다. 열매는 예수님이 맺어 가신다. 그러니 예루살렘으로 들어가시는 예수님을 따르는 바디매오는 생명의 씨를 품은 사람이다.

그러면 그렇게 해서 길가와 같은 사람이 좋은 땅으로 변화됐을 때

맺게 될 삼십 배, 육십 배, 백 배의 열매는 무엇일까? 마가복음의 비유는 네 종류의 땅 비유에서 시작하여 겨자씨 비유로 끝이 난다. 첫 비유인 네 종류의 땅 비유에서 제기된 이 질문은 마지막 비유인 겨자씨 비유에서 답해지고 있다. 겨자씨 비유는 처음에 심어질 때에는 "땅 위의 모든 씨보다 작은 것"(4:31)이었지만 심어진 후에는 자라서 결국 "큰 가지를 내[어] 공중의 새들이 그 그늘에 깃들일 만큼 되[었다]"(32절)로 결론을 맺는다. 이 결론은 일차적으로 예수님이 맺은 열매가 무엇인지 보여주고 이차적으로는 예수님을 따르는 자가 맺게 될 열매에 대한 그림을 그려주고 있다. 예수님이 맺으시고 맺게 하시는 열매는 공중의 새들이 날아와 쉴 수 있는 그늘을 제공하는 나뭇가지다.

* * *

농부 예수님은 길에도 생명의 씨를 뿌리신다. 이것은 씨를 낭비하는 것이 아니다. 길을 밭으로 만드시겠다는 뜻이다. 그리고 직접 길가에 앉은 바디매오에게 찾아가신다. 길을 개간하시기 위함이다. 이를 위해 앉아 있던 그를 걷는 사람으로 바꾸신다. 바디매오는 예수님을 만나기 전에는 그냥 길옆에 앉아 있던 자였는데, 예수님의 소식을 듣자 그는 길 위에 계신 예수님을 보기를 원한다. 예수님은 그런 바디매오가 예수님을 볼 수 있게 한다. 바디매오가 예수님을 보게 되자, 그는 이제 길가에 앉아 있던 자에서 길을 걷는 자로 바뀐다. 예수님은 길을 걷는 자였기 때문이다. 예수님이 하나님 나라의 열매를 맺는 방식은 척박한 땅에 들어가 그곳에서 딱딱함과 얕고 천박함을 파헤치시고 가시도 어쩔 수 없는 생명의 능력을 사람에게 주시어 우리로 척박한 이 현실에서 하나님 나라의 생명을 맛보고 그 열매를 거두도록 하신다. 농부 예수님은 우리에게 '함께 걷자'고 말씀하신다. 우리 앞에 여러 고난과 척박한 현실이 있더라도 '나만 믿고 따라오라'고 하신다. 가야 할 곳이 길가이고 돌밭이고 가시밭이라도 예수님은 그 척박한 현실 한복판에서 하나님 나라의 생명력을 맛보게 하실 능력의 예수이시기 때문이다. 당신은 어떻게 할 것인가.

제6장
"저편으로 건너가자"[1]

마가복음에 따르면 예수님은 제자들과 갈릴리 '바다'(현대의 지리학적 명칭으로는 호수이다)로 배 여행을 세 번 하셨는데(막 4:35-41; 6:45-52; 8:13-21), 이 장에서의 우리의 관심은 첫 번째 여행(4:35-41)이다. 이제 보겠지만 바다 여행에서 예수님의 관심은 제자들의 변화에 있다.

목적지, "저편으로 건너가자"

35절은 예수님과 제자들이 배 여행을 어떻게 시작하게 됐는지 말해준다.

> 그날 저물 때에 제자들에게 이르시되 우리가 저편으로 건너가자(35절).

바다 여행은 예수님이 가자고 하셔서 시작됐다. 그런데, 가자고는 하셨는데 가야 할 곳이 어딘지는 명확하게 말씀하지 않으셨다. 다만

---

1. 이 글은 박윤만, 『마가복음』, 제25장을 바탕으로 한 글임을 밝혀둔다.

"저편으로 건너가자"고만 하셨다. 저편은 어디이며 노는 어느 방향으로 저어야 한단 말인가. 배 여행을 하면서도 구체적인 도착지를 정하지 않은 것은 배 여행의 목적이 다른 데 있었다는 것을 말해준다.

출항 시점, "그날 저물 때"

배가 출항한 시점은 "그날 저물 때"였다. 날이 저물 때가 아니라 "그날" 저물 때에 배를 타신다. "그날"이라 함은 배 여행을 하시던 날 낮에 무슨 일이 있었다는 것을 말한다. 날이 저물 때에 진행된 배 여행을 이해하려면 밝았던 낮에 있었던 일을 기억해야 한다. 낮에 있었던 일은 바로 앞 4:1-34에 나와 있다. 특히 1-3절을 읽어보자. 해변에 있을 때 많은 사람이 그에게 다가오자 예수님은 배를 바다에 띄워 그 위에 앉아 무리와 제자들을 가르치셨다. 가르치신 내용은 하나님의 나라에 관한 비유들이다. 낮엔 해변 물가에 정박해 있던 배에서 하나님의 나라를 가르치시고 저녁 땐 바다로 배 여행을 가자고 하신 것이다. 바다 여행은 결과적으로 제자들의 삶의 자리를 바꾸었다. 제자들이 낮엔 잔잔한 해변가에 있다가 저녁 땐 거친 바다 한가운데에 있게 된 것은 예수님의 목적지 없는 바다 여행 제안의 결과였다. 예수님은 무슨 뜻이 있으셔서 다른 환경을 맞닥뜨리게 하신 것일까? 달라진 삶의 환경을 경험하는 제자들의 모습은 낮에 들었던 비유 하나를 떠올리게 해준다. 각기 다른 땅(길가, 돌밭, 가시밭)에 떨어진 씨처럼 제자들은 예수님과 함께 하루 동안에 다른 환경을 경험하게 된다. 비유 속의 하나님의 나라가 제자들의 현실 경험을 이끄는 이야기가 된다. 비유가 현실이 됐다.

출항 모습, "예수를 배에 계신 그대로 모시고 가매"

'건너편으로 가자'는 말을 들은 제자들이 배를 바다로 밀어 넣는다. 본문에서 이 장면은 이렇게 묘사된다. "그들이 무리를 떠나 예수를 배에 계신 그대로 모시고 가매"(36절). 이 설명에 의하면 예수님은 출항 이전부터 줄곧 배에 계셨다. 그럼 예수님은 언제 그 배에 타셨나? 1절에서, 밀려오는 사람을 피해 해변에서 조금 띄어 가르치고자 올라 타셨던 그때였다. 그러니까 마가복음 4장은 예수님이 비유로 하나님의 나라를 가르치실 때부터 줄곧 그 배에 계시다가 그 자리 그대로 저녁에 바다로 나가셨다고 말하려는 것 같다. 낮에 말씀 선포 자리였던 배를 그대로 타고 저녁에 바다로 나가신 것이다. 마치 주일의 설교단이 월요일에 일상의 한복판으로 옮겨지는 것과 같다. 잔잔한 해변에서 말씀이 선포되던 배가 바다 한복판에 들어가면 어떻게 될까.

출항 후, "큰 광풍이 일어나며"

배는 큰 광풍을 만난다. 부는 광풍은 바다를 거세게 만들었고 일어난 물결은 선내까지 들어와 제자들과 예수님이 탄 배는 침몰 위기에 직면했다. 배는 낮에만 해도 세상 풍파를 잠재울 하나님의 니리기 선포되던 자리였다. 하지만 지금은 아니다. 풍파로 침몰 직전에 이르렀다. 바람과 파도는 예수님이 계신다는 사실을 전혀 아랑곳하지 않고 점점 더 거세게 배를 몰아붙인다. 예수님이 계셔도 여느 배와 하등 다를 바 없이 풍랑에 그대로 노출됐다. 이런 배의 모습은 다시 낮에 들었던 길가와 돌밭과 가시밭에 떨어져 죽음에 직면했던 씨의 운명을 떠올리게 해준다. 낮엔 이야기였던 게 저녁엔 현실이 됐다. 이야기(설교)가 현실이 되고 현실이 이야기(설교)가 됐다. 배는 버텨 낼 수 있을까. 길가나 돌밭에 떨어진 씨는 버티지 못했는데 이 배는 견딜까. 가시밭에 떨어진 씨도 가시의 힘을 견디지 못했는데 배는 거센 파도에 살아남을까. 배는 옥토와 같은 안전한 항구에 다다를 수 있을까. 해변에서 하나님 나라 비유를 들을 땐 좋은 땅이 머지않아 찾아왔는데 일상 한가운데에서 하나님의 나라의 능력을 경험하는 일은 쉽지만 않다. 하지만 모름지기 가르침과 깨달음은 현장에서 오는 법이다.

상황이 급박하게 돌아가니 제자들이 예수님을 찾는 것은 당연했다. 그런데 예수님은 어디 계시는가. 바람은 거세지고 파도는 높아져 배가 흔들리는데 예수님은 어디에 계시는가. 낮에 해변에서 그렇게 우렁찼던 예수님의 목소리가 지금은 들리지 않아 돌아보니 배 뒤쪽 고물에서 주무시고 계신다. 베개까지 베셨다. 이 난리 통에 제자들이 발견한 예수님의 첫 모습은 제자들의 기억에 평생 남을 장면이었다. 그 바람, 그 파도 속에서 예수님은 어떻게 그러실 수 있을까.

제자들의 외침, "우리가 죽게 된 것을 돌보지 아니하시나이까"

주무시는 예수님을 본 제자들은 예수님을 잡아 흔들어 깨우며 말한다.

우리가 죽게 된 것을 돌보지 아니하시나이까(38절).

제자들의 말은 원망과 분이 뒤섞여 있다. 그들의 말투는 지금 예수님에게 무엇인가를 해달라는 게 아니라 예수님이 무엇인가를 하시지 않는다는 '짜증'이 담겨있다. '이 상황에서 잠이 오십니까? 배가 이 지경에 이르렀으면 뭐라도 해야 할 것 아닌가요? 구체적인 목적지도 없이 그냥 건너편으로 가자고 할 때부터 뭔가 이상했어'라는 온갖 원망이 왜 생기지 않았겠는가. 예수님은 뚜렷한 목적지도 정하지 않은 채 왜 이런 사나운 바다로 그들을 데려오신 것인가.

광풍 한복판에서 일어나신 예수, "바람을 꾸짖으시며 바다더러 이르시되"

제자들의 난리에 예수님은 잠에서 깨신다. 그리고 중심을 잡으며 일어나신 예수님은 배를 향해 사정없이 불어대는 바람을 "꾸짖으시며" 높아진 파도를 향해서 말씀하신다.

> 잠잠하라, 고요하라(39절).

그러자 "바람이 그치고 아주 잔잔하여"졌다. 사실 자연 기적은 구약 시대 엘리야에 의해 행해지기도 했다. 가뭄 때에 엘리야가 기도하자 비가 이스라엘 땅에 오기 시작했고(왕상 18:41-46; 약 5:17), 또 예수님이 살던 시대에 랍비들에 의해서도 자연 기적이 일어났다는 기록이 있다. 예컨대, 랍비 엘리에젤과 아킵바와 같은 사람은 가뭄 때에 비가 오도록 기도하여 기갈을 해결하기도 했다(비빌로니아 탈무드, 『타아니트』 24a-25b). 그럼에도 랍비들의 기적과 예수님의 기적엔 뚜렷한 차이가 있다. 랍비들이나 구약의 선지자들은 기적을 행할 때 기도를 드렸는데 본 사건은 기도는 제자들이 하고 예수님은 기도도 없이 자연에게 직접 명령하시며 말씀하신다. "잠잠하라, 고요하라." 거친 바람이 잠잠해진 것은 예수님의 말씀을 직접 들었을 때였고, 사나운 파도가 고요해진 것도 예수님이 직접 명령하셨을 때였다. 예수님이 해변을 떠나 돌밭이나 가시밭과 같은 바다로 가자고 하신 것은 바로 이 때문이었다. 강대상을 현실 한복판으로 옮긴 것은 예수님의 말씀의 능력, 그 말씀에 담긴 권세를 제자들의 귀만 아닌 온몸으로 경험하도록 하시기 위함이었다. 무섭게 휘몰아치는 바람과 거친 파도가 잠잠해지고 고요해지되 바로 예수님의 말씀으로 그러해졌다.

길이 좋은 땅이 되려면 딱딱한 표면을 뒤집어야 하고, 돌밭이 좋은 땅이 되려면 돌들을 캐내야 하며, 또 가시덤불은 뿌리 깊은 가시나무를 뽑아야 좋은 땅이 된다. 해변가에서 비유를 들었을 때는 몰랐는데, 막상 거친 바다에 와보니 그들의 마음엔 두려움과 염려의 돌과 가시가 자라고 있었다. 제자들이 옥토가 되게 하는 것은 무엇인가. 하나님의 나라는 한 사람의 삶에 어떻게 역사하여 그를 변화시켜 나가는가. 다른 것이 아니라 바로 예수님의 말씀이다. "잠잠하라, 고요하라"는 말에 사납고 거친 바람과 파도가 잠잠하고 고요해진다. 거친 바람만 없으면 바다는 '여행길'이 된다. 예수님의 말씀은 바다에 길을 만드는 능력이다. 길도 딱딱함만 없으면 옥토가 된다. 예수님의 말씀은 길에 빗대어진 완고함을 무너뜨리는 능력이다. 돌밭도 돌만 없으면 옥토가 된다. 예수님의 말씀은 돌에 빗대어진 환난과 박해를 견디게 하는 능력이다. 가시밭도 가시만 없으면 옥토가 된다. 예수님의 말씀은 가시에 빗대어진 염려와 재물의 유혹을 꺾는 능력의 원천이다. 예수님이 바람에게 명령하신 "잠잠하라"의 원어는 가버나움 회당에서 귀신 들린 사람에게 "잠잠하[라]"(1:25)고 했을 때도 동일하게 사용됐다. 예수님의 그 말씀을 듣고는 한 사람을 못살게 굴던 귀신이 떠나고 그 사람은 온전해졌다. 옥토가 됐다. 해답은 예수님의 말씀에 있다. 귀신 들린 사람도, 사나운 자연도, 다 말씀으로 옥토가 된다. 삼십 배, 육십 배, 백 배의 결실을 맺는 땅이 어찌 처음부터 옥토였겠는가. 처음에는 완고한 길가였고 핍박에 쉽게 넘어지는 돌밭이었고 염려에 쉽게 눌리는 가시밭이었다. 그러던 땅들이 어떻게 좋은 땅이 되는가? 해답은 예수님의 말씀에 있다. 그 말씀을 품고 묵상하고 암송하고 실천하기를 반복하다 보면 말씀의 능력으로 바뀐다. 자연도 순종하고 심지어 악한 영도 순종한다.

예수님의 어조 변화

예수님의 말씀의 강세는 상황에 따라 다르다. 해변에 정박해 있던 배 위에서 들린 예수님의 말씀은 부드러운 이야기체였다. 해변에 앉아 파도 소리와 함께 조용하고 편안한 마음으로 그 말씀을 들으면 된다. 그래도 내 가슴에 남는다. 그런데 거친 바다 한복판에 나갈 때는 다르다. 파도는 종잡을 수 없고, 바람은 광풍으로 바뀌며, 마음은 두려움에 그대로 노출된다. 그럴 때에 말씀은 어떤 모습으로 찾아오는가. 해변에서 잔잔한 이야기를 들려주신 예수님은 바다 한복판에서 명령하신다. "잠잠하라, 고요하라." 때로 우린 조용히 말씀을 묵상하고 되새김질해야 하지만 일상에서 마음이 메말라가고 안팎으로 환난이 닥치며 염려와 재물의 유혹과 두려움으로 정신을 못 차릴 땐 하나님의 말씀도 강하게 침투해 들어온다. '정신 차려라, 네 믿음이 어디 있느냐.' 시편 42편의 저자처럼 자신에게 하나님의 말씀으로 명령해야 한다. '내 영혼아 네가 왜 낙망하느냐, 너는 하나님을 바라봐라.'

남은 문제, "제자들에게 이르시되"

그런데, 자연과 귀신 들린 사람은 예수님의 말씀에 즉각 순종하여 부드럽게 되는데 사람 마음이 좋은 땅이 되는 일은 시간이 걸리는 일이다. 바람과 파도가 잠잠해지는 것을 보신 예수님은 이제 몸을 돌려 혼비

백산한 제자들에게 말씀하신다.

> 어찌하여 이렇게 무서워하느냐 …
> 어찌 믿음이 없느냐(4:40).

해변에서 제자들의 마음은 옥토였다. 하지만 바다 한복판에서는 아니다. 외부 환경이 거칠어지자 제자들의 마음은 완고해지기 시작했고, 환난에 믿음의 뿌리마저 흔들리며 염려로 영적인 숨통까지 조여드는 지경이 됐다. 예수님이 '건너편으로 건너가자'고 하신 또 다른 이유는 제자들 속에 있는 돌과 가시를 들추어 빼내기 위해서이다. 해변에서는 그런 게 잘 보이지 않지만 일상은 다르다. 어려움이 안팎으로 밀려오는 일상에서는 우리 속에 있던 딱딱함과 돌과 가시가 다 드러난다. 예수님은 제자들에게 바다로 가자고 하신 뒤 그곳에서 그들 마음에 있는 '길', '돌', 그리고 '가시'와 같은 것을 다 보게 하신다. 하지만 예수님의 목적은 보여주는 데 있지 않고 그것을 제거하여 좋은 땅으로 만드는 데 있다.

예수님은 제자들에게 먼저 "어찌하여 이렇게 무서워하느냐"고 말씀하시고 그 후에 "어찌 믿음이 없느냐"고 말씀하셨다. 이런 순서는 제자들의 두려움이 믿음 없음에서 비롯됐다는 것을 말한다. 좋은 땅이 되지 못하는 걸림돌은 두려움이었다. 두려움이 마음을 완고하게 만들고 두려움이 뿌리를 내리지 못하게 하고 두려움이 가시처럼 숨통을 조이게 했다. 믿음의 반대는 불신이 아니라 두려움이다. 그러니 두려움을 몰아내는 길은 믿음을 가지는 것이다. 기독교 신앙에서 믿음은 자기 확신이 아니다. 이 이야기를 통해 본다면 믿음은 혼돈을 질서로 바꾸고 광풍을 잠잠케 할 수 있는 예수님이 내 삶의 배에 타고 계신다는 사실을 받아들이는 것이다. 보다 더 실재적으로 말한다면 예수님의 말씀의 능력을 믿는 것이다. 마음이 굳어가거나 환난이나 압박이 밀려올 때 혹은 염려와 유혹 그리고 두려움이 찾아올 때 말씀을 암송하고 묵상하고 되새김질하는 것이 바로 말씀의 능력을 믿는 이의 행동이다. 말씀엔 능력이 있기에 두려움을 몰아낼 수 있다.

제자들의 반응, "그가 누구이기에 바람과 바다도 순종하는가"

예수님의 말씀이 광풍을 잠잠하게 하고 거센 파도를 고요하게 하는 것을 본 제자들에게 새로운 질문이 생겼다. '예수가 누구인가.' 제자들의 질문이 바뀌었다. 처음에는 '우리가 죽게 된 것을 돌아보지 아니하십니까'라며 예수님이 자신들에게 무엇을 해주기를 바랐던 그들이 예수님이 그들의 요구대로 외부의 문제를 해결하시자, 그들의 관심이 나에게서 예수님께로 이전됐다. 도대체 이분이 누구인가. 그들은 예수를 더 알아가는 길에 들어서기 시작했다. 예수님이 도대체 누구인가라는 질문과 그 질문에 응답하는 일은 이처럼 '문제'를 출발로 한다. 내가 직면한 현실, 고민, 아픔을 어떻게 해서라도 극복하기를 바라며 예수님을 잡아 흔들며 깨운다. 예수님은 당연히 그 요청에 반응하여 일어나셔서 나의 문제를 해결하신다. 그렇게 문제가 해결된 후 우리에게 뒤따라야 할 반응이 있다. 관심을 내 문제에서 문제를 해결하시는 그리스도 자신에게로 돌려 질문하는 것이다. '도대체 기도도 없이 그 말로 이런 문제를 해결하시는 그는 누구인가. 기도도 없이 다만 명령조의 말로 자연을 순종하게 하는 일을 직접 실행하시는 이분은 누구인가.' 만일 이런 질문을 진지하게 할 수 있다면 그것은 우리가 예수님의 이야기가 우리의 현실이 된 삶의 한복판에서 그리스도를 만났고 만나고 있다는 증거이다. 처음에는 "우리가 죽게 된 것을 돌아보지 아니하시나이까"라고 했다가 '도대체 이 예수님은 누구인가'라는 질문으로 변화된다면 우리의 영적 여행의 레벨에 변화가 일어났다고 말할 수 있다.

* * *

옥토는 하루아침에 가꾸어지는 것이 아니다. 예수님은 해변에 있던 제자들을 향해 "저편으로 건너가자"고 하셨다. 바다를 건너는 동안 앞서 하신 이야기가 현실이 되고 현실이 이야기가 된다. 길이 돌밭이 되고 돌밭이 가시밭이 됐다가 가시밭이 마침내 좋은 땅으로 개간되는 이야기가 제자들의 현실에서 어떤 식으로 진행되는지 보여주신다. 여행 동안 예수님은 먼저 외부의 환난을 잠재우신다. 그런 후 제자들 속에 있던 장애물도 보게 해주셨다. 길가와 돌밭과 가시밭의 문제가 외부의 문제이기만 한 것이 아니라 내부 곧 두려움의 문제임을 보여주신 것이다. 그런 후 말씀의 능력을 체험하게 하셨다. 장애를 제거하여 땅이 밭이 되게 하는 일의 배후엔 예수님의 말씀이 있다는 것을 보여주셨다. 삼십 배, 육십 배, 백 배의 결실을 맺는 좋은 땅이란 어떤 땅인가? 예수님과 그의 말씀으로 돌과 가시와 같은 염려를 빼내고 예수가 누구인지를 묻고 그를 알아가는 사람이다. 거친 일상에서 예수가 누군지를 묻고 알아가는 일은 옥토가 생명의 씨를 품는 일과 다른 것이 아님을 알려주시는 것, 그것이 잔잔한 해변을 뒤로하고 거친 바다로 나가자고 하신 예수님의 뜻이었다. 우리에게 예수님은 다시 말하신다. "저편으로 건너가자." 예수님을 배에 계신 그대로 모시고 간 제자들처럼 예수님을 모시고 삶의 바다로 나아가자.

제7장
익숙한 길이 장벽이 될 때

바울은 성경('그라페')은 하나님의 호흡으로('테오프뉴스토스', 딤후 3:16) 기록됐다고 단언한다.[1] 따라서 말씀을 듣고, 말하고, 읽고, 묵상하고, 되새김질하고, 몸으로 살아가는 일은 신비롭게도 그리스도와 하나님 아버지의 현존 안으로 들어가는 일이다. 말씀의 능력은 이와 같다. 말씀에 생명이 있다는 것은 우리를 하나님의 현존 앞으로 이끄는 능력이 말씀에 있다는 말이다.

장벽

그러나 말씀에 기초하여 하나님에게 나아가는 일은 거의 언제나 벽

---

1. 개역개정에서 "하나님의 감동"('테오프뉴스토스')으로 번역하고 있는 어휘의 문자적인 뜻은 '하나님'('테오')이 '숨을 불어 넣으신'('프뉴스토스')이다. 더불어 바울이 말하고 있는 성경('그라페')은 구약성경을 가리키는 것이 틀림없다. 신약성경에서 49번 사용된 '그라페'는 모두 구약성경을 가리키는 용어로 사용되기 때문이다 (William D. Mounce, *Pastoral Epistles* [WBC 46; Nashville: Thomas Nelson Publishers, 2000,] 565).

에 부딪힌다. '내'(자아)가 말씀에 장애가 될 수도 있고, 외부 환경이 장애
가 될 수도 있다. 우리가 밥을 먹을 때 위장 장애로 식사가 힘들거나 밥
에 이물질이 섞여 식사를 잘 못하는 경우와 같다. 본 장의 관심은 하나
님의 호흡(말씀)을 따라 하나님의 현존 앞에 나아가다가 장애를 만났을
때 어떻게 할 것인가를 묵상하는 것이다. 사실 성화(성장)라는 것은 습관
의 열매다. 평범한 일상에서 이뤄지는 습관적 경건 생활(또는 '아비투스')
이 성화로 이어지게 한다는 것이 기독교 이천 년이 증언하는 금언이다.[2]
하지만 이것만 아니다. 성화의 단계가 있는데, 한 단계에서 다음 단계로
성화해 가려면 이전 단계의 상식과 전통을 넘어야 할 장벽으로 여겨야
할 수도 있다. 이번 장에서 우리는 복음서를 통해 네 종류의 장애 앞에
선 네 종류의 사람의 이야기를 묵상해 보려 한다.[3]

문화적 장벽

마가복음 2:11에는 예수님이 중풍병자를 치료하는 이야기가 있다.
그가 앓던 병의 성격 때문에 중풍병자는 들것에 실려 예수님께 오지만
집 앞에 도착해서는 더 가까이 갈 수가 없었다. 예수님을 보고자 사람들
이 너무 많이 와서 이젠 대문 앞까지 꽉 찼던 탓이다. 문이 막혔다. 사회
문화적으로 체득된 지식을 기반으로 이 상황에서 그들이 취할 수 있는
선택은 세 가지다. 첫째는 다시 자기 집으로 돌아갔다가 다음에 오는 것
이다. 둘째는 이왕 온 김에 다른 사람이 다 떠나기를 기다렸다가 그 후
에 예수님께 가는 것이다. 마지막 셋째는 다른 사람을 밀치며 뚫고 들어

---

2. '아비투스'(habitus)는 프랑스 사회학자 피에르 부르디외(Pierre Bourdieu)가 처음
   사용한 말로서 우리의 몸이 지니는 어떤 성향들의 체계라고 정의할 수 있다.
3. 그리스도는 말씀이 육신이 되신 분(요 1:14)이시기에 그리스도와의 만남 이야기는
   말씀을 통해 그리스도를 만나는 일에 관심을 가진 우리에게 도움을 줄 수 있다.

가는 것이다. 그들이 택한 방식은 참으로 놀랍다. 그때나 지금의 상식과 문화적 지식을 뛰어넘는 시도를 한다. 지붕으로 올라가 뜯어 구멍을 내고 중풍병자를 지붕에서 아래로 달아 내린다. 예수님이 계신 곳에 가는 동안 문이 장벽이 됐을 때 그들이 한 일은 지붕을 문으로 만드는 것이었다. 문만 문이 아니라 지붕도 문이 될 수 있음을 믿었다. 무엇이 문화적 예상을 뛰어넘는 시도를 하게 했을까. 우리는 그들을 보며 '그날만 날이 아니지 않는가. 내일도 있다. 그 하루를 못 기다려 남의 집 지붕을 뚫나'라고 문화적으로 바른 말을 할 수 있다. 하지만 문화나 상식에 갇힌 사람은 잘 보지 못하는 것을 중풍병자와 네 사람은 보았고 예수님 역시 그것을 보신다.

　　　　예수께서 그들의 믿음을 보시고(막 2:5)

　　그들로 사회 문화적 장벽을 뛰어넘는 생각과 행동을 하게 한 동력은 바로 예수님 안에 계시고 예수를 통해 계시된 하나님을 향한 믿음이었다. 예수님을 통해 하나님을 믿고 알고 만나는 일은 '때로는' 문화적 상식을 뛰어넘어 사고하고 행동하게 한다. 믿음은 장애를 만났을 때 그 장벽을 하나님의 뜻으로 여기고 조용히 그 장벽을 받아들이며 순리에 순응하게 하기도 한다. 하지만 경우에 따라서는 문화적 장벽을 뛰어넘게도 한다. 아무런 일도 없던 일상에서 고요히 말씀을 듣고 묵상하고 암송하고 반추하고 실천하면서 그리스도를 만나던 우리 앞에 새로운 장애물이 찾아오면 먼저 우리는 그것이 순응해야 할 성질의 것인지, 아니면 뛰어넘어야 할 것인지 기도 중에 판단해야 한다. 뛰어넘어야 할 것이라고 판단되면 생각을 바꿔야 한다. 문만 문이 아니라 지붕도 문이 될 수 있다는 생각을 했던 중풍병자와 친구들처럼 말이다. 이런 생각의 전환을 가져오는 것은 메시아 예수님에 대한 믿음이다("그들의 믿음을 보시고," 5절). 그리스도를 향한 믿음은 사회 문화적 지식이 막다른 골목을 맞이하는 순간에도 길을 만들어 내는 능력이다. 문만 아니라 지붕도 문이 될 수 있다는 생각과 실천은 예수님에 대한 그 같은 믿음이 만들어 낸 삶의 자세다. 누가 알겠는가? 갈 때는 들것에 실려 갔지만 나올 때는 두 발로 걸어 나올 수 있을지.

초기 교회 때 지금의 튀르키예 지역에 살던 그리스도인에게 로마의 압박이 점점 더 거세지자, 더 이상 지상에서는 공개적인 예배를 드릴 수 없게 되어 그들이 택한 곳은 카타콤, 곧 지하 무덤이었다(옆의 그림은 튀르키예 데린쿠유 지역의 지하 10층으로 이뤄진 무덤인데, 교회는 지하 8층에 있고 ❺이다).[4] 한국 교회 역시 코로나로 인해 2020년 2월 말쯤에 예배를 드린 후 더 이상 예배당에 모일 수 없었을 때 비슷한 시도를 했다. 온라인으로 모여 예배와 성경공부를 진행하며, 우리의 신앙을 지켜왔다. 예수님을 향한 믿음은 익숙한 길이 막힐 때 또 다른 길을 개척하면서 하나님을 만나고 섬기는 영역을 넓혀 가게 하는 능력의 근원이다.

종교적 관습(막 5:25-34)

영적 여정 동안 만날 수 있는 장벽은 문화적인 것만 아니다. 열두 해 동안 혈루증으로 고통받던 한 여인이 있었다. 그간 병을 고치고자 많은 의사를 찾아갔지만 치료는커녕 더 악화됐다. 그러던 중 사람을 치료하시는 분으로 소문난 예수님이 동네에 왔다는 소식을 듣자 마지막 피난처로 삼아 그분에게 가려고 했다. 하지만 여인을 가로막는 장벽이 있었

---

4.   그림의 출처는 https://leesw1970.tistory.com/8504865(2023년 2월 23일 검색).

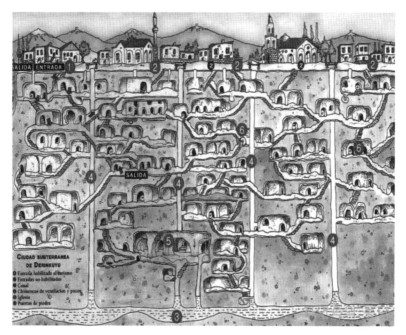

[데린쿠유(Derinkuyu) 지하 도시 단면도: 13개 층까지 파내려간 이 지하 도시의 깊이는 약 60m이며 지하 도시들을 연결하는 비밀통로가 있었다고 한다. ❶ 관광객들을 위한 입구 ❷ 사용할 수 없는 출입구 ❸ 지하수 ❹ 굴뚝 겸 환기구 ❺ 교회 ❻ 돌문(ENTRADA: 입구; SALIDA: 출구)]

다. 바로 레위기에 나오는 정결법이다(레 15:19-33). 정결법에 따르면 유출 중의 사람은 부정하기에 가능한 사람과의 접촉을 멀리해야 했다. 부정이 감염될 수 있기 때문이다. 그녀는 매우 어렵고 이상한 선택의 기로에 서게 됐다. 하나님의 법을 지킬 것인가 아니면 예수님 안에 계신 하나님에게 다가갈 것인가. 예수님에게 가는 일은 정결법과 심지어 레위기를 뛰어넘어야 했다! 여인은 그것을 넘을 수 있을까? 법을 지켜 접촉을 멀리할 것인가, 아니면 법 위반을 무릅쓰고 예수에게 다가갈 것인가? 그녀는 법을 넘어서 예수님에게 다가간다. 그런 후 예수님을 밀치는 무리의 틈 사이에서 예수님의 옷자락에 손을 댄다. 이에 그 여인은 "병이 나은 줄을 몸에 깨[닫는다]"(막 5:29). 중풍병자는 문화적 장벽을 뛰어넘었고 그녀는 종교적 장벽을 뛰어넘었다. 그러자 그녀의 부정이 예수님에게 간 것이 아니라 예수님의 거룩이 여인에게 찾아왔다. 거룩이 부정의 감염력을 중단시키는 것은 물론이고 부정을 몰아내는 일이 일어났다.

예수님은 능력이 자기에게서 나간 것을 아시고 모든 사람이 보는 앞에서 누가 나를 만졌느냐고 물으신다. 여인이 무리 앞에 자신을 드러내도록 유도하셨다. 조용히 사라질 수도 있었던 여인으로 하여금 무리 앞에서 공개 고백("모든 사실을 여쭈니", 33절)하게 한 뜻이 있으셨다. 유출병으로 인해 사회와 고립된 채 열두 해의 세월을 지내 온 그녀가 이제 그 병과 무관하게 되어 '정상'적인 사회 활동을 할 수 있게 됐음을 무리에게 알리기 위함이셨다. 예수님의 치유는 몸만 아닌 사회적 차원까지 포함했고 이런 치유의 능력은 믿음으로 장벽을 넘을 때 그녀에게 찾아왔다.

예수님을 믿고 따르는 데 구약이 장애가 된다는 말이 있다. 구약에 나오는 이스라엘의 가나안 정복 전쟁 이야기는 이미 자리 잡은 민족을 멸절하라는 하나님의 명령이 우리를 불편하게 하기도 한다. 믿어야 할 하나님이 이런 명령을 하신 분이라면 난 그 하나님 믿지 않겠다고 말한다. 하지만 일단 예수님을 믿고 알면 구약이 새롭게 이해되고 해석된다는 것이 기독교 성경 해석의 원리다(눅 24:25-27, 44-45). 역사 속에서 이뤄지는 하나님의 계시는 점진적이기 때문이다. 그러므로 우리 문화에 맞지 않는 내용이 구약에 있어 우리를 불편하게 하더라도 일단 예수님을 믿고 알면 걸림돌이 진리의 디딤돌이 된다는 것을 경험할 수 있다(참고, 요 1:46-51).

이미 아는 지식(막 9:30-37)

앞서 두 이야기에서의 장벽은 외부에 있었다. 하지만 진리를 만나는데 장벽은 외부에만 있는 게 아니다. '내'가 나의 장애가 될 수 있다. 예수님이 예루살렘에 올라가시다가 제자들에게 자신의 죽음과 부활에 대해 두 번째로 말씀하신다. "인자가 사람들의 손에 넘겨져 죽임을 당하고 죽은 지 삼 일만에 살아나리라"(막 9:31). 제자들은 "이 말씀을 깨닫지 못하고 묻기도 두려워"했다(32절). 동일한 말을 두 번이나 했는데 그들은 깨닫지 못했다. 인자가 사람의 손에 넘겨져 죽임을 당했다가 삼 일만에 다시 살아난다는 말이 그토록 난해했을까. 제자들의 몰이해는 예수님의 말씀을 이해할 만한 세계관이 그들에게 없었던 탓이다. 그들이 아는 메시아는 악인을 심판하는 인물이다. 그런데 예수님은 악인에 의해 죽임을 당한다고 한다. 그러니 어찌 예수님의 말을 제대로 이해할 수 있겠는가. 게다가 그렇게 죽은 예수님이 삼일 만에 부활한다고 했다. 유대인이 믿던 부활은 마지막 날에 모두가 함께 일어나는 부활이었는데(참고, 요 11:24; 고전 15:51-52), 지금 예수님은 자신이 홀로 삼일 후에 부활할 것이라고 말씀하셨다. 구약성경이나 다른 유대 문헌 그 어디에도 역사 한복판에서 한 명이 홀로 부활할 것이라고 말하지 않는다. 메시아가 낯설나. 그러니 예수님의 말을 깨달을 수 없었던 것은 어쩌면 당연했다. 제자들은 이제 선택해야 한다. 이 낯선 메시아를 따른 것인가 아니면 전통적 메시아를 기다릴 것인가. 무엇이 더 쉬울까. 예수님을 계속 따라가려면 자신의 지식과 세계관을 뛰어넘어 예수님의 말을 신뢰해야만 했다. 제자들은 이제 새로운 메시아 예수님을 만나려면 넘어야 할 장벽이 바로 자기 자신이라는 현실을 맞이하게 된다. 사실 외부 장벽은 상대적으로 넘기 쉽다. 어려운 것은 장벽이 자신과 하나가 되어 잘 깨닫지 못하는 내적 장벽이다. 제자들은 자신이 가진 지식과 세계관을 뛰어넘어 예수님의 말을 믿고 그의 세계에 참여할 수 있을까, 아니면 예수님을 자신의 지식과 세계관에 흡수시킬 것인가. 제자들이 자기라는 장벽 앞에서 보인 태도는 우리가 앞서 보았던 중풍병자와 혈루증 앓은 여인이 취한 태도와 다르다. 중풍병자와 친구들은 문화적 장벽을 뛰어넘고, 혈루증 앓은 여인은 종교적 장벽을 뛰어넘어 예수님에게 갔는데, 제자들은 그냥 전통적, 신학적 지식 안에 머문다. 그리고 그 일을 두고 더 이상 예수님에게 "묻기도 두려워"한다(9:32). 결국 메시아가 그들이 예상했던 길로 가지 않자 따르던 길에서 다 탈선한다.

예수님은 늘 우리의 이전 지식을 뛰어넘으라고만 하시는 분이 아니다. 기존의 지식이 하나님을 만나는 토대가 되기도 한다. 하지만 진리를 만나 그 안에서 자유를 누리려면 때로는 기존의 지식과 하나가 된 나를 뛰어넘어야 한다. 예수님은 자신에게 죽음의 세력을 이기는 생명의 능력이 있다고 말하시며 실제로 죽음에서 살아나셨다. 그럼에도 우리는 죽으면 어떻게 될지 모른다고 말한다. 내가 경험해 보지 않았기 때문이다. 예수님이 나를 믿으면 나의 생명이 너희의 생명이 된다고 한다. 우리에게는 결단이 필요하다. 장애는 경험이 만든 지식이다. 중풍병자가 꽉 막힌 문 앞에 섰듯이, 혈루증 앓은 여인이 정결법 앞에 섰듯이, 제자들이 낯선 예수님 앞에 섰듯이, 우리 역시 우리가 경험해 보지 않은 것을 경험한 예수님 앞에 섰다. 예수님의 말을 믿을 것인가 아니면 내 지식을 그대로 가지고 살 것인가. 예수님의 초대는 우리의 지식이 발목 잡더라도 예수님에게로 가면 그의 생명이 내 삶과 내 몸과 이 세계에 시작된다는 것이다.

사회적 편견(막 16:1-8)

제자들의 이야기는 아직 끝나지 않았다. 부활하신 예수님은 무덤에 한 청년을 세워두시고는 황급히 갈릴리로 가신다. 남겨진 청년에게는 여인들이 찾아오면 '내가 제자들보다 먼저 갈릴리로 갔으니 그곳으로 오면 나를 볼 수 있다'라는 말을 제자들에게 알리도록 지시하셨다. 예수님은 그를 따라 걷다가 옆길로 새 버린 제자들을 그냥 그대로 두지 않으셨다. 예수님은 제자들 없이 홀로 길을 완주하여 새 창조의 몸을 가장 먼저 입으신 후 이제는 따르다가 중간에 탈선한 제자들을 첫 출발지인 갈릴리로 다시 부르신다. 제자들은 갈릴리에 가야 부활한 예수님을 만날 수 있다. 그곳에 가야 죽음으로 악을 이기신 예수님을 만날 수 있고, 그곳에 가야 역사 끝에 있을 부활이 실제로 역사 한복판에서 일어났다는 것을 확인할 수 있으며, 그곳에 가야 새 창조를 시작하신 예수님을 만날 수 있다. 그런데 문제가 생겼다. 제자들이 예수님이 부활하시어 그곳에 먼저 가 그들을 기다리고 계신다는 소식을 듣고 갈릴리로 가려고 하자 그들 앞에 장벽이 생겼다. 그 중요한 말을 여인들이 했다는 것이다. 당시 유대와 로마 사회는 여성과 아이들에게 법정에 시시 사건을 증언할 자격을 주지 않았다. 그들의 말을 신뢰할 수 없다고 판단했기 때문이다. 그런데도 예수님은 새 창조, 새 출발의 증인으로 여인을 세우셨다. 그들이 나사렛 예수만 아니라 새 창조의 주로 예수님을 만나려면 성별의 편견을 극복해야 했다. 제자들은 그 편견을 극복하고 여인들의 말을 들었을까? 제자들이 듣지 않았다면 사도들의 터 위에 서 있는 교회의 탄생은 없었다. 제자들은 갈릴리에 가서 예수님을 만난다. 그들은 사회적 편견을 뛰어넘어 여인들을 통해 말씀하시는 예수님을 믿고 순종

한다. 제자들은 후에 열두 사도가 되어 교회의 기초가 된다. 열두 제자
는 예수님의 말씀을 들었고 따랐기 때문에 사도들이 됐다. 하지만 이탈
자였던 그들이 사도가 된 것은 여인들의 말을 들었기 때문이다. 여인들
의 말을 듣고 다시 부활한 예수님을 따르기 시작했고 결국 예수님을 따
라 순교의 길을 걸었다.

　제자들이 처음 길을 따라 걸을 때는 메시아와 부활에 대한 그들의
기존 지식을 뛰어넘지 못해 예수님을 끝까지 따르지 못했지만, 다시 길
을 걸을 때는 사회적 편견을 극복하고 부활한 예수님을 따랐다.

* * *

　우리가 하나님을 믿고 만나고 알며 연합하고 닮아가려면 그리스도
의 말씀이 가진 능력을 믿고 묵상하고 상고하며 반추하고 실천해야 한
다. 말씀과의 사귐은 습관적으로 또 규칙적으로 이뤄져야 한다. 하지만
영적으로 한 단계 진보하려면 모종의 장벽을 뛰어넘어야 할 수도 있다.
그 장벽이 평상시에 하나님을 알아가도록 돕던 문화적 장벽일 수 있고,
또는 종교적 장벽이나 내 지식일 수도 있으며, 혹은 사회적, 성적 편견
일 수도 있다. 이런 장벽 앞에 서면 그리스도는 보이지 않고, 진리는 한
낱 헛소리에 불과한 것처럼 들릴 수 있다. 그냥 왔던 길로 돌아가든지,
아니면 장벽 뒤에 계신 그리스도에게 계속 가기 위해 장벽을 우회하든
지, 아니면 구멍을 내든지, 아니면 장벽 앞에서 소리를 치든지, 그것도
아니면 장벽 뒤에서 들려오는 소리에 귀를 기울일 것인지 결정해야 한
다. 신앙은 상식적이다. 자연의 순리에 순응하며 사는 것이 하나님의 뜻
에 순응하며 사는 삶이라는 말이 왜 틀린 말이겠는가. 하지만 그리스도

는 때때로 자연법을 거슬러 물 위를 걸었고, 죽은 자를 살렸으며, 자신 역시 죽은 자 가운데서 일어나되 미래의 몸을 입고 부활했다. 그러니 그리스도와의 사귐에 들어가 그를 더 깊이 알기 위해 때로 중풍병자처럼 지붕도 문이 될 수 있다고 믿을 때 '네 죄 사함을 받았느니라 … 네 자리를 들고 일어나라'(2:5, 11)는 능력의 말을 들을 수 있고, 혈루증 앓은 여인처럼 종교적 전통을 어기고 손을 뻗어 예수님의 옷자락에 손을 댈 때 내 몸으로 그리스도의 능력을 체험할 뿐만 아니라 '딸아, 평안히 가라. 네 믿음이 너를 낫게 하였느니라'(5:34)는 말씀을 들을 수 있으며, 제자들처럼 여인이라는 성별의 편견을 극복할 때 부활의 주님을 만날 수 있다. 믿음으로 사는 삶이라는 것이 반드시 상식을 초월해서 행동하는 것은 아니고 도리어 상황이 여의치 않으면 인내 중에 기다리게 하고 또 어려움을 마주했을 땐 돌파하기보다 우회하게 하기도 한다는 것을 안다. 하지만 그것과 함께 예수 그리스도를 향한 믿음은 문화적, 종교적, 사회적 장벽을 뛰어넘게 하는 능력이다. 그러하기에 장벽을 뛰어넘는 일을 내가 한 다음에야 믿음이 시작된다는 것은 반쪽짜리 진리이다. 장벽을 마주쳤을 때 우리로 그것을 뛰어넘게 하는 것이 바로 믿음이다. 시편 18:29에 담긴 메시지가 바로 이것이다.

> 내가 주를 의뢰하고 적군을 향해 달리며 내 하나님을 의지하고 담을 뛰어넘나이다(시 18:29).

그리스도를 만나고 알아가고 사귀며 성장하려는 우리 앞을 가로막고 서 있는 장벽이 무엇인가. 중풍병자가 지붕을 문으로 삼았듯이, 그 담이 그리스도와의 사귐으로 나아가는 계단이 될 수 있다. 이런 상상을

가능하게 하는 것이 믿음이고, 그 믿음으로 담을 뛰어넘을 때 그리스도
의 세계 속에 들어와 있는 나를 발견하게 될 것이다.

제8장
요안나[1]

요안나는 누가복음에서 두 번 언급된다. 먼저는 예수님의 갈릴리 사역 전체가 요약되는 맥락(눅 8:1-3[특히 3절])에서 요안나는 다른 인물들과 함께 등장한다. 나머지 한 번은 예수님의 모든 사역의 절정인 죽음과 장사와 부활의 증인으로 등장한다(23:49; 24:1-10[특히 10절]). 요안나는 예수님의 갈릴리 사역이 한창 진행될 때 그곳에 있었고, 마지막 죽음과 부활의 순간에도 그 현장에 있었다.

첫 등장(8:1-3)

요안나가 처음으로 등장하는 곳은 예수님의 갈릴리 사역의 요약에 해당하는 본문에서다.

---

1. 본 글은 Richard Bauckham, *Gospels Women* (Grand Rapids, Michigan: Eerdmans, 2002), 109-202에 빚진 바가 크다는 사실을 밝혀둔다.

예수께서 각 성과 마을에 두루 다니시며 하나님의 나라를 선포하시며
그 복음을 전하실새 <u>열두 제자가 함께하였고</u>(1절), 또한 악귀를 쫓아내
심과 병 고침을 받은 어떤 여자들 곧 일곱 귀신이 나간 자 막달라인이
라 하는 마리아와 헤롯의 청지기 구사의 아내 **요안나**와 <u>수산나와 다른
여러 여자가 함께하여</u> 자기들의 소유로 그들을 섬기더라(2-3절).

'예수님은 한곳에 있지 않고 여러 곳으로 다니시며 하나님 나라와
복음을 전했다'는 말은 짧지만 예수님의 갈릴리 사역 전체를 압축해준
다. 누가는 이어서 열두 제자가 예수님의 사역에 "함께하였[다]"는 정보
를 준다(1절). 열두 제자가 예수님의 갈릴리 사역 기간 내내 함께했다는
정보는 누가에게 매우 중요하다. 누가는 그의 복음서 서문에서 그의 예
수 이야기가 "목격자와 말씀의 일꾼 된 자들"의 증언을 토대로 한다고
밝히고 있기 때문이다(1:1-2). 예수님은 글을 쓰지 않으셨고 제자들에게
자신의 말을 받아 적으라고 하지도 않으셨다. 그런데도 우리가 예수님
과 그의 사역이 어떠했는지를 알게 된 것은 그것을 기억하던
(remembering) 사람의 증언에 토대를 둔 복음서 때문이다. 그들의 기억이
예수님과 복음서 사이에 중간 다리 역할을 했다. 특히 사복음서는 예수
님의 죽음과 부활 이후 35-50년도 더 지난 시점에 기록됐다.[2] 그러하기
에 매개 역할을 해 준 사람은 한 세대 이상 예수님을 기억하고 있다가
그 이야기가 복음서에 들어가도록 가교 역할을 한 것이다. 열두 제자가

---

2.   예수님의 출생과 죽음 연대를 정확하게 추정하기는 어렵지만 대략 주전 3-4년에서
      주후 30-33년으로 추정할 수 있다는 것이 최근 역사학자의 중론이다. '역사적 전
      기' 형식으로 예수님의 이야기를 담은 복음서의 정확한 기록 연대 역시 불분명하지
      만 마가복음은 주후 69-70년, 마태복음은 주후 80년대 초중반, 누가복음은 주후
      80년대 중후반, 그리고 요한복음은 주후 90년대 중후반으로 추정할 수 있다.

바로 그들이었다. 열두 제자는 예수님이 두루 다니며 하나님의 나라와 그 복음을 전하실 때 내내 그 옆에 있으면서 듣고 보고 또 실제로 함께 전하기도 했다. 곧 누가복음의 탄생 배후에 열두 제자가 있었다. 누가복음의 많은 부분은 그들의 기억을 토대로 기록됐다. 하지만 중요한 것은 그 증언자는 열두 제자가 다가 아니었다는 점이다.

> 또한 악귀를 쫓아내심과 병 고침을 받은 어떤 여자들 곧 일곱 귀신이 나간 자 막달라인이라 하는 마리아와 헤롯의 청지기 구사의 아내 요안나와 수산나와 다른 여러 여자가 함께하여 자기들의 소유로 그들을 섬기더라(8:2-3).

열두 제자가 예수님과 "함께하였"던 것처럼 갈릴리에서 예수님이 사역하실 때 그 곁에 다수의 여인들도 "함께하[였다]". '함께했다'는 말이 열두 제자와 여인 모두에게 사용된 것은 여인의 함께함이 열두 제자와 비교했을 때 어떤 차이도 없었다는 것을 말해준다. 특히 여인들 중 세 명은 이름이 언급됐는데, 막달라인이라 하는 마리아, 요안나, 수산나다. 많은 여인들 중에서 이름이 언급된 세 명은 열두 제자 중 따로 그 이름이 언급된 세 명(베드로와 요한과 야고보, 9:28)에 상응하는 중요한 인물이라는 것을 암시한다.

그들은 누구인가

교회는 그동안 예수님을 기억하고 전하는 일에 열두 제자가 얼마나 큰 역할을 했는지는 많이 가르쳐 왔지만, 여인의 기억에는 별로 주목하지 않았다. 하지만 성경 역시 이 일에 침묵하는 것은 아니다. 예수님의 사역을 요약하는 본문에 열두 제자를 비롯하여 여인들이 있었다는 사실과 함께 그들의 이름을 분명히 기록해 두고 있다. 어린아이와 여인의 증언은 법정에서 아무런 효력이 없었던 시대에 성령님은 교회로 하여금 여인들의 기억을 토대로 복음서를 기록하도록 하셨다. 우리가 누가복음을 통해 만나게 된 예수님은 열두 제자들과 함께 여인의 기억 속에 오십 년이나 넘게 살아 계셨던 예수님이다. 그러므로 누가복음 8:2-3은 청자가 듣고 독자가 읽고 있는 누가복음이 누구의 기억 속에서 시작하여 여기까지 오게 됐는지를 말해준다.

특히 이름이 언급된 세 명의 여인에게는 공통점이 있다. 그들은 모두 예수님에 의해 치유함을 받은 사람이었다. 막달라 마리아는 귀신에게서 해방됐고 요안나와 수산나는 병 나음을 받았다. 세 여인은 먼저 예수님을 통해 변화의 능력을 체험하고 예수님과 "함께"했다. 그러니 예수님의 가르침이나 병 치유와 귀신 쫓아내는 사건 하나하나가 그냥 흘러가지 않고, 그들의 눈에 들어와 가슴에 새겨졌을 것이 틀림없다. 그들도 일전에 비슷한 상황에 있다가 예수님의 말씀과 손에 의한 변화를 맛보았기 때문이다. 아는 자는 볼 수 있고, 경험한 자는 더 쉽게 깨닫는다. 현장에서 놀라운 일이 예수님을 통해 일어날 때마다 여인들은 그 안에서 하나님의 능력을 보고 하나님의 나라가 임하는 것을 깨달으며 그들의 기억에 새길 수 있었다. 그들의 기억은 이미 '중생한' 기억이었고, 이미 예수님을 인격적으로 만난 기억이었다. 누가복음의 예수님 이야기가 그것을 읽고 듣는 자로 하여금 '객관적 관찰자'로 남도록 하기보다 하나님 나라에 참여하게 하는 힘이 있는 이유는 그 이야기가 하나님의 나라를 경험한 자들의 증언을 토대로 하기 때문이다.

무슨 일을 하였는가

본문은 목격자 역할과 더불어 여인이 수행한 또 하나의 역할이 있다고 알려준다.

> 자기들의 소유로 그들을 섬기더라['디에코눈'](3절).

여인들이 감당한 '섬김'의 의미를 식사 봉사에 제한하지 말아야 한다. 섬김의 도구가 "자기들의 소유"였다는 것은 여인들의 섬김이 예수님과 제자들의 식사 공급은 물론이고 생활에 필요한 재정적 필요의 충당 역시 포함했다는 말이다. 여성들은 열두 제자와 같은 목격자 역할뿐만 아니라 공동체의 생활에 필요한 재정 공급원의 역할까지 담당했다. 8:1-3을 바탕으로 본다면 예수님과 제자 공동체의 생활은 당시 가부장적 문화와 비교했을 때 매우 이상한 특징을 보인다. 그리스-로마와 유대 문화에서 한 가정의 경제적 책임은 남성이 졌다. 그러나 예수님을 중심으로 형성된 공동체는 달랐다. 베드로는 예수님과 대화 중에 말했다. "우리가 우리의 것을 다 버리고 주를 따랐나이다"(18:28). 이에 예수님은 대답하셨다.

> 하나님의 나라를 위하여 집이나 아내나 형제나 부모나 자녀를 버린 자는 현세에 여러 배를 받고 내세에 영생을 받지 못할 자가 없느니라(29-30절).

열두 제자는 예수님을 따른 이후 경제적 활동을 멈춘 것처럼 보인다. 누가는 이런 상황에서 예수님과 열두 제자의 생활비를 누가 책임졌으며 무슨 돈으로 그들이 생계를 유지했는지에 대한 해답을 8:3에서 준다. 재정은 여인의 소유에서 나왔다. 여인이 제자 공동체를 먹여 살렸다. 예수님과 제자들이 두루 다니며 복음을 전하는 동안 여인들은 그들의 소유로 공동체의 생활비용을 충당했고 식사로 섬기기까지 했다. 당시 사회에서 남자의 의무였던 가족 부양을 예수님의 제자 공동체에서는 여인들이 담당했다. 예수님의 제자 공동체에 일어난 이런 일은 사도행전에 등장하는 이방 교회나 바울이 개척한 교회에서는 문자적으로 나타나지 않는다. 목회서신에서는 오히려 지도자의 자격이 가족을 잘 돌보는 것이라고 가르친다(딤전 3:4-5, 12; 참조. "누구든지 자기 친족 특히 자기 가족을 돌보지 아니하면 믿음을 배반한 자요 불신자보다 더 악한 자니라", 5:8). 그러면 제자 공동체의 현상은 어떻게 이해해야 하는가. 이 현상은 특수한 상황으로서 하나님 나라의 첫 선포자 예수님과 교회의 초석을 놓아야 하는 열두 제자에게 요구된 특별한 헌신에 따른 상황이라 이해할 수 있다. 모든 시대 모든 교회에 요구된 일반적 규칙은 아니라는 말이다. 그럼에도 후기 교회에 주는 메시지가 있다. 하나님의 나라의 초석을 쌓는 일을 위해 당시 문화와 맞지 않는 삶의 방식이 요구됐을 때 열두 제자는 기꺼이 그 삶을 받아들이고 예수님과 함께 하나님의 나라 사역에 전념했다. 여인들도 마찬가지다. 그들 역시 당시 문화에서 여성에게 요구된 '표준' 적 역할과는 다르게 예수 공동체를 그들의 소유로 섬겼다. 예수 공동체는 하나님의 나라의 기준에 입각하여 새로운 삶의 방식을 택할 준비가 되어 있었다.

누구의 소유

당시 여인은 소유와 존재가 독립적이지 않아서 결혼 전에는 아버지에게 결혼 후에는 남편에게 의존했었는데, 그 여인들은 무슨 소유로 공동체를 섬길 수 있었을까. 이름이 밝혀진 세 명의 여인에 집중해 보자. 막달라 마리아는 아니다. 그녀는 이전에 귀신 들렸던 여인이었기 때문에 경제적 능력이 없었다고 보는 것이 옳다. 수산나 역시 아니다. 그녀를 위한 아무런 정보가 없기 때문이다. 남은 것은 요안나이다.

요안나, 헤롯의 청지기 구사의 아내

요안나는 누구인가? 누가는 그녀의 남편이 구사이며 헤롯 왕의 청지기였다는 중요한 정보를 준다. "청지기"는 재정 관리인을 가리키는 말이다. 요안나를 소개하되 헤롯의 재정 관리인 구사의 아내라고 소개한 것은 요안나가 바로 예수 공동체의 재정 후원자라는 것을 간접적으로 드러내는 말이다. 특히 왕의 재정 관리인은 요즘 말로는 재무장관이다.[3] 특히 갈릴리를 관리하던 헤롯 안티파스는 재임 기간에 도시 세 개(세포리스, 리비아스, 티베리아스)를 건설했다. 당연히 많은 재정이 필요했고 그에 따라 재무장관의 역할과 그를 향한 신임은 상당했다고 봐야 한다. 그런 사람의 아내가 바로 요안나였다. 예수 공동체 재정의 상당 부분이 요안나의 소유에서 나왔다고 보는 것은 역시적으로 무리가 없다.

---

3. 그런데 '구사'는 유대인 이름이 아니다. 고고학자들에 따르면 주후 1-2세기 유대인 중에 구사라는 이름을 가진 사람은 단 한 명도 없었다. 그런데 예수가 살던 당시 이스라엘 동남쪽 나바테아 왕국에 살았던 정부 요원과 군대 장관들을 위한 비문과 유골함 등에서 구사라는 이름이 발견됐다. 요안나의 남편은 이웃 나라 나바테아 왕국의 귀족으로 있다가 헤롯의 재무장관으로 임명된 사람이라는 것을 추측할 수 있다. 헤롯 안티파스의 첫 아내도 나바테아인이었다. 나바테아 사람이 유대에 많이 있었던 것은 나바테아 왕국이 상업이 발달했기에 헤롯이 전략적으로 그 왕국과 교류를 하기 위해 그곳 사람을 많이 영입했기 때문이었다. 이런 관측에 대해서는 Richard Bauckham, *Gospel Women*, 151-161을 참고하라.

다른 문제가 남았다. 왕궁에서 막강한 권력을 가지고 부를 얻은 인물은 남편이었지 아내가 아니었다. 요안나는 어떻게 남편의 재산을 사용할 수 있었을까? 게다가 귀족 부인인 요안나가 자기 집 밖의 다른 남성 무리에 합류했다. 앞서 언급한 것처럼 고대 여성은 결혼 전에는 아버지에게 결혼 후에는 남편에게 매인 몸이었는데, 요안나는 예수님과 제자 무리와 함께 두루 다니며 복음 전파에 동참했고 심지어 재정 후원까지 했다. 어떻게 여성으로서 집 밖의 남자들과 함께 무리지어 다니며 그것도 남편의 소유로 재정 후원까지 다 할 수 있었을까? 가능한 추론은 두 개다. 먼저는 남편이 제자였다고 보는 해석이다. 하지만 이 해석은 가능성이 낮다. 남편 구사가 예수님의 제자였다면 이름이 언급됐어야 했기 때문이다. 보다 나은 가능성이 있는 해석은 남편 구사가 죽고 요안나는 과부가 됐다고 보는 것이다. 아내는 과부가 되면 남편의 매임에서 해방되어 자유롭게 여행도 할 수 있었고, 무엇보다 당시 유대 법으로는 남편이 죽고 남겨 놓은 아들이 없으면 재산은 아내의 차지가 되기 때문이었다.[4]

재구성

요안나는 막강한 권력과 재산을 가진 구사의 아내였다. 어느 날 남편이 죽었고 많은 재산은 그녀에게 유산으로 남겨졌다. 요안나 역시 몸에 병을 얻어 큰 어려움을 겪기 시작했다. 그러던 차에 갈릴리에서 명성을 얻어가던 예수님을 알게 됐고 그를 찾아가 병 고침을 받았다. 그 순

---

4. 남편이 죽었을 때 남겨진 과부에게 유산이 상속됐다는 증거와 특히 자녀가 없을 경우에 그러했다는 것에 대한 방대한 자료를 위해서는 Bauckham, *Gospel Women*, 121-135을 보라.

간 요안나에게 변화가 찾아왔다. 병 치유만 아니라 그녀를 고통에서 건
지신 예수님 안에 일하고 계신 하나님의 능력과 사람 사랑하심을 깨달
았다. 이후 요안나에겐 또 다른 변화가 생겼다. 삶의 자리의 변화였다.
그녀는 왕국에서 누리는 상류층 사회의 삶을 뒤로하고 갈릴리 온 동네
를 두루 다니는 예수 공동체에 합류했다. 그 이후 요안나는 그들과 함께
다니며 공동체의 모든 재정적 필요를 감당한다. 당시 사회에서 부유한
귀족이 가난한 선생을 재정으로 후원하면 후원하는 사람은 은인이 되
고 후원받은 사람은 빚을 지게 되어 후원자를 여러 가지로 섬겼다.[5] 하
지만 예수 공동체에서는 또다시 반대의 현상이 일어난다. 요안나는 재
정 지원을 하면서도 섬긴다. 요안나가 섬김을 받기보다 섬기는 삶을 산
이유가 무엇이었는지 누가는 다음과 같이 설명한다.

> 예수께서 이르시되 이방인의 임금들은 그들을 주관하며 그 집권자들
> 은 은인이라 칭함을 받으나 너희는 그렇지 않을지니 너희 중에 큰 자는
> 젊은 자와 같고 다스리는 자는 섬기는 자와 같을지니라. 앉아서 먹는
> 자가 크냐 섬기는 자가 크냐. 앉아서 먹는 자가 아니냐. 그러나 나는 섬
> 기는 자로 너희 중에 있노라(22:25-27).

변화의 원인은 예수님의 삶의 자리였다. 요안나가 병 치유함을 받은
후 만나게 된 예수님은 단순히 랍비나 치유자가 아니었다. 예수님은 왕

---

5.   유대 역사학자 요세푸스(Josephus)는 『유대 고대사』 17.41-43에서 헤롯 대왕의 남
     동생인 페로라스의 아내가 바리새인들을 후원하는 이야기를 들려준다. 당시 바리
     새인 6천여 명이 로마 황제 카이사르에게 충성을 맹세하기를 거부하자 로마가 그
     들에게 벌금을 매겼다. 이에 페로라스의 아내는 그 벌금을 자신이 대신 납부했고,
     그것으로 바리새인의 적극적인 지지를 받았다고 기록한다.

궁을 버리고 낮은 곳에 임하여 이곳저곳에 돌아다니며 자신을 주는 삶을 사시는 분이셨다. 하나님의 나라는 그렇게 만들어져 간다는 것을 보고 그녀 역시 하나님의 나라 삶에 참여한 것이다. 요안나와 예수 공동체를 이끈 원리는 왕궁의 원리나 가부장적 원리가 아니라 예수님이 선포하시고 직접 보여주신 하나님 나라의 원리였다. 귀족 부인이 섬김을 받는 게 아니라 자신의 소유로 섬긴다는 것이 당시 관점에서 얼마나 이상한 일인가! 왕궁에 있었으면 여러 섬김을 받을 수 있었음에도, 요안나는 왕궁 밖으로 나와 떠돌이 공동체에 합류하여 자기 소유로 그들을 섬기며 산다. 요안나에게 일어난 삶의 자리 변화의 배후에 예수 그리스도와 그가 선포한 하나님 나라의 원리가 있었다는 역사적 추론을 제외하고 다른 계기를 상상하는 일은 불가능하다.

무덤 앞에 선 요안나

요안나의 예수 따름은 십자가와 무덤에까지 이어진다. 무덤을 찾아 갔을 때 그녀는 예수님의 부활 소식을 전해 듣는다(24:6). 요안나가 예수님의 무덤에서 부활 소식을 최초로 들을 수 있었던 이유는 예수님이 십자가에서 죽으시고 그 후 어느 무덤에 장사된지를 보았기 때문이다(23:49, 55). 요안나는 예수님이 많은 지지자에 의해 둘러싸여 있을 때만 자신의 소유로 섬기며 따라다녔던 것이 아니었다. 예수님이 십자가에 있을 때나 심지어 그 시체가 무덤에 있을 때도 곁을 지킨다. 그러다가 함께한 그 무덤 현장에서 천사로부터 예수 부활의 소식을 듣는다. 요안나는 한결같았다. 예수님이 대중 사이에 계실 때나, 십자가 위에 계실 때나, 무덤에 계실 때나 변함없이 그의 곁에 있었다. 그 결과 예수님의 말과 행함 그리고 죽음과 부활 같은 전 사역의 목격자가 되고 예수님을 그녀의 기억 속에 품을 수 있었던 것이다.

초기 교회의 요안나(유니아)

요안나는 예수님의 부활을 목격한 후 어떻게 살았을까? 로마서로 가보자. 바울은 로마에 보내는 편지에서 로마교회의 성도에게 그곳에 있는 다른 성도와 교제하도록 권면하며 여러 사람을 이야기한다. 그중에는 안드로니고와 유니아가 있다(롬 16:7). 우리는 여기에 등장하는 유니아가 바로 요안나라는 주장을 할 것이다. 먼저 본문을 살펴보자.

> 내 친척이요 나와 함께 갇혔던 안드로니고와 유니아에게 문안하라. 그
> 들은 사도들에게 존중히 여겨지고 또한 나보다 먼저 그리스도 안에 있
> 는 자라(16:7).

개역개정이 유니아로 번역한 이름의 그리스어는 '유니아스'이다. '유니아스'는 라틴어 여성 이름인 '유니아'(Junia)의 헬라식 표현이라는 것이 현대 주석가의 중론이다.[6] 바울은 유니아를 가리켜 "내 친척"이라

---

6. 유니아는 원문 그리스어에서 여격의 형태인 '유니안'(Ἰουνίαν)으로 명명된다. 여러 학자들은 유니안은 남성 주격 '유니아스'(Ἰουνιᾶς)의 여격 형태이며, 라틴식 남성 이름 유니아누스(Junianus)의 단축 형태라고 믿었다. 하지만 최근에 많은 학자들은 그리스어 문헌 그 어디에도 남성의 라틴식 이름 '유니아누스'가 그리스어 축약형 '유니아스'로 나오지 않는다는 것을 발견한 후 현 본문에 등장하는 유니아는 남성형과 악센트의 차이(남성은 '서컴플렉스'[˜]이고 여성은 '애큐트'['])만을 가진 여성형 '유니아스'(Ἰουνίας)의 여격으로 본다. 이 경우 여성형 '유니아스'는 라틴식 이름 유니아(Junia)의 헬라식 표현이고 많은 그리스 문헌에 라틴어 유니아를 그리스어 식 '유니아스'로 명명하는 경우가 나온다. 물론 그리스어 악센트는 결정적이지 않은데, 신약성경 그리스어의 악센트는 원문에는 없는 것이며 주후 10세기 이후부터 붙여지기 시작했기 때문이다. 무엇보다 유니아를 여성으로 보는 것이 보다 타당한

한다. 그녀는 유대인이다. 바울의 친척이면서 유대인인 여성이 유니아다. 유니아는 분명 유대 여인인데 라틴식 이름을 따른다. 당시 로마와 직접 거래를 한 사람이나 로마의 행정을 담당한 사람은 유대인이었지만 종종 라틴어 이름을 사용하기도 했다. 그리고 유대인이 라틴어 이름을 가질 때에는 유대식 이름과 비슷한 소리가 나는 이름으로 바꾸었다. 예컨대, '유다'는 '율리우스'로 바꾸고, '에스더'는 '에스테르'로 바꾸었으며, '한나'는 '안니아'로 바꾸었다. 그렇다면 '유니아'의 유대식 이름은 무엇일까. 케임브리지대학교의 신약학 교수이자, 신약학계의 선두주자 중 하나인 리처드 보컴(Richard Bauckham)에 따르면 '유니아'의 유대식 이름은 '요안나'이다.[7]

이름만 아니라 유니아를 요안나로 볼 수 있는 또 다른 근거가 있다. 바울은 유니아가 "사도들에게 존중히 여겨지고" 있었다고 말한다. 즉, 그녀는 열두 제자들에게 존귀하게 여김을 받은 인물이었다. 지금 유니아는 로마에 있는데, 어떻게 당시 대부분이 유대 중심으로 모여 있었던 열두 제자로부터 존경을 받을 수 있었을까? 사도의 주류는 예수님의 열두 제자였다. 그들이 유니아를 존귀히 여긴 것은 유니아가 사도들과 함께 유대 지역에 있으면서 그들에게 무엇인가 결정적인 영향을 영적으로 삶으로 미쳤기 때문임이 틀림없다. 무엇보다 "사도들에게 존중히" 여김을 받은 것은 그들이 사도적 직분을 감당하도록 도움을 주었기 때

이유는 13세기 이후의 주석가들은 로마서 16:7의 유니아를 남성으로 보는 반면 13세기 이전의 주석가들은 여성으로 보는 데 대체로 일치하기 때문이다. 유니아를 여성으로 보는 입장과 그 설명을 위해서는 Bauckham, *Gospel Women*, 167-169; Thomas R. Schreiner, 『로마서』 (서울: 부흥과개혁사, 2012), 935-936; Douglas J. Moo, 『로마서』 (서울: 솔로몬, 2015), 1230-1231을 참조하라.

7. Bauckham, *Gospel Women*, 181-186. 보컴은 더불어 다양한 역사적 자료를 토대로 로마에 충성하던 헤롯 집안 사람은 라틴식 이름을 가졌다고 주장한다.

문이라고 보는 게 자연스럽다. 유니아가 준 도움은 예수님의 부활 증언 이었을 가능성이 높다. 앞서 본 것처럼 부활 후 예수님이 자신의 부활 소식을 열두 제자에게 알리라고 당부한 여인들 중의 하나가 요안나였 기에 바울이 한 언급은 유니아를 요안나로 보면 쉽게 이해된다. 유니아 는 예수님에게 인정받았고, 제자들로 다시 예수님을 따르도록 중간 역 할을 했던 인물이었다. 끝으로 바울은 유니아가 "나보다 먼저 그리스도 안에 있는 자"라고 했다. "그리스도 안에 있는 자"는 그리스도인을 일컫 는 표현으로 보아도 무리가 없기에 유니아는 바울보다 먼저 예수님을 믿고 따랐던 인물이다. 유니아가 바울보다 먼저 예수님을 믿었다면, 그 때는 예수님의 공생애 기간이다. 바울은 예수님의 부활 사건이 있은 후 얼마 되지 않아 다메섹으로 가는 길에 그분을 만났기 때문이다. 따라서 공생애 기간 동안 예수님을 믿고 따랐고 사도들에게 존중히 여김을 받 고 있었던 유니아를 요안나라고 보는 게 타당하다.

　왕궁에서 살 수 있었던 상류층 여성 요안나는 갈릴리에서 예수님을 만난 후 예수님과 제자들을 자신의 소유로 후원했고, 예수님이 십자가 에 달릴 때 그 밑에 있었으며, 무덤에 들어가실 때 곁에서 지켜보았고, 부활하신 예수님이 소식을 처음 듣고는 제자들에게 알렸으며, 그 이후 하나님의 나라를 전파하다가 로마로 가서 하나님 나라의 복음을 전했 다.

* * *

　지금까지 우리가 살펴본 요안나를 몇 가지로 정리할 수 있다. 첫째, 요안나는 열두 제자와 함께 예수님을 기억하고 누가복음의 탄생을 가져온 배후 기억 매체였다. 요안나는 하나님의 능력을 체험하고 그 후 예수님의 말과 사역을 보았기 때문에 그녀의 증언은 살아 있는 기억이었다. 둘째, 요안나는 갈릴리에서 예수님을 만난 후 삶의 자리를 왕궁에서 평범한 일상으로 옮겼다. 그리고 남들로부터 대접받는 삶을 포기하고, 오히려 자신의 소유로 예수님과 제자들을 섬기는 삶을 살았다. 셋째, 요안나는 예수님이 대중의 전폭적 지지 속에 있을 때만 아니라 그 곁에 아무도 없던 십자가와 무덤에 계실 때도 예수님 곁에 있었다. 예수님을 향한 요안나의 기억이 그분의 사역과 죽음과 부활 모두를 포함할 수 있었던 이유는 요안나의 예수 따름이 예수님이 갈릴리에 계실 때만 아니라 십자가에서 죽으실 때와 부활의 순간에도 변함없이 진행됐기 때문이다. 넷째, 요안나는 하나님의 나라를 드러내고 선포하고자 왕궁에서 갈릴리 촌으로 삶의 자리를 옮기기만 한 것이 아니라 유대 지역에서 이방 지역 로마로까지 옮겼다. 사회적 삶의 자리만 아니라 인종적 삶의 자리 역시 옮겼다. 누가 요안나를 그런 인물로 만들었는가? 그가 만난 갈릴리 예수였다.

제9장
"마리아야"

마리아는 새벽 일찍 무덤을 향해 길을 나섰다(요 20:1). 무덤, 그것은 우리 곁에 있지만 다른 세계에 속해 있고, 그 안에 사람(somebody)이 있지만 그 사람은 아무것도 아니며(nothing), 시간이 있지만 과거밖에 없는 이유에서다.[1] 그러니 그런 예수님을 만난들 마리아의 삶에 무슨 변화가 일어나겠는가? 새벽에 길을 나선 마리아의 발걸음은 밤새도록 내려앉은 어둠의 무게만큼이나 무겁다.

열린 문

어둠을 뚫고 마리아는 무덤에 도착한다. 그런데 막상 도착한 후에는 무덤 문 앞에서 멈춰 선다. 죽은 자의 무덤이 열려 있었기 때문이다. 누가 왜 열었을까? 그녀는 베드로와 예수께서 사랑하시던 제자를 찾아가

---

1. '무덤'을 가리키는 그리스어('므네메이온')가 '기억'('므네메')과 동일 어군에 속하는 것은 무덤이 지금은 존재하지 않는 인물의 과거를 기억하는 곳이기 때문일 것이다.

말한다. "사람들이 주님을 무덤에서 가져다가 어디 두었는지 우리가 알지 못하겠다"(2절). 마리아는 죽은 예수님을 두고 누군가가 '장난'치고 있고, 무덤 밖에서 안으로 들어가 '아무것도 아닌 것'과 '과거'에 억지스러운 의미를 부여하려 한다고 생각했다. 마리아의 해석은 지금까지 인간 경험에 비추어 본다면 우리 인간이 내릴 수 있는 자연스러운 결론이었다. 무덤 문은 열릴 수 있지만 여는 힘은 문 밖에 있다. 문 안쪽에는 아무것도 없고 아무런 힘도 없다. 그런데 산 자가 죽은 자에게로 가는 문이 죽은 자가 산 자의 세계로 나오는 출입구가 될 수 있을까. 이야기는 계속된다. 마리아의 길 여정은 여기서 끝날 수 없기 때문이다.

세 명이 함께하는 여행

마리아는 베드로와 예수님이 사랑하시는 제자(이하 사랑하는 제자)를 데리고 무덤을 향해 두 번째로 길을 나선다. 이 걸음에선 마리아는 잠시 뒤로 처지고 베드로와 사랑하는 제자가 무덤으로 달려갔고 베드로보다 사랑하는 제자가 먼저 도착했다. 하지만 그는 안으로 들어가지는 않고 문에 서서 몸을 구부려 무덤 안을 들여다만 보았다. 사랑하는 제자의 눈에도 주검은 보이지 않고 주검의 흔적(그것을 감쌌던 세마포)만 들어왔다. 베드로가 도착하자마자 무덤 안으로 들어가 몸을 감쌌던 세마포와 머리를 쌌던 수건이 함께 모아져 있지 않고 주검의 각 부분을 감쌌던 자리에 그대로 놓여 있는 장면을 본다. 그러자 지금까지 무덤 문에만 있던 사랑하는 제자도 안으로 들어와 "보고 믿[었다]"(8절). 사랑하는 제자가 보고 믿은 것은 무엇인가? 본 것은 열린 문과 죽은 예수님의 몸을 감쌌던 세마포와 머리를 쌌던 수건이다. 하지만 믿은 것은 무엇일까? 사랑하는 제자가 세마포와 수건을 보고 예수님의 영혼이 몸에서 빠져나간 걸로 믿었다는 말은 아니다. 영혼만 빠져나갔다면 죽은 몸은 그대로 남아 있어야 하는데, 무덤 그 어디에도 예수님의 주검이 보이지 않았기 때문이다. 그러면 사랑하는 제자가 믿은 것은 예수님의 시체를 누가 훔쳐갔다는 마리아의 말인가? 아니다. 누가 예수님의 시체를 훔쳐갔다면 세마포와 수건을 벗기고 주검만 가지고 갈 리가 없다. 따라서 사랑하는 제자가 믿은 것은 예수님의 시체를 누가 가져갔다는 마리아의 말이 아니다. 그러면 예수님이 죽기 이전의 몸으로 '회생'하여 무덤 밖으로 나갔다고 믿었을까? 예수님이 회생했다면 왜 세마포와 수건은 그대로 있는가? 요한복음 11장에서 나사로가 무덤에서 회생하여 나올 때 세마포와 수건은 그의 몸에 그대로 감겨 있었다(11:44). 예수님도 이전의 몸으로 회생했다면 세마포와 수건을 가진 그대로 나와야 했다.

사랑하는 제자가 믿은 것은 세마포와 수건의 위치가 말하듯 한때는 그것들에 둘러싸여 있던 예수님에게 일어난 사건이다. 세마포와 수건이 원래 쌌던 예수님의 몸의 위치에 그대로 있다는 것은 예수님이 되살아나되 물질에 제한받지 않은 채 세마포와 수건을 통과하여 일어나셨다는 것을 말한다. 그가 믿은 것은 바로 부활의 사실이다. 그는 미래에 일어날 것으로 기대된 부활이 지금 그 앞에서 일어났다는 것을 믿었다. 새 생명이 무덤에서 탄생한 것이다. 하지만 이 중요한 순간에 안타깝게도 9절이 기록되어 있다.

> 그들은 성경에 그가 죽은 자 가운데서 다시 살아나야 하리라 하신 말씀을 아직 알지 못하더라(20:9).

베드로와 사랑하는 제자가 믿은 것은 예수님이 새로운 몸을 입고

부활하셨다는 사실이고, 아직 알지 못한 것은 예수님의 부활과 구약성
경 전체가 말하는 바가 어떻게 연결될 수 있는지에 관한 해석이다. 구약
에서 말하는 창조, 이스라엘의 선택과 구속, 선지자들의 메시지 등이 어
떻게 예수님의 부활과 연결될 수 있는지를 아직 깨닫지 못한 것이다. 두
제자는 예수님의 부활 사건을 먼저 경험한 뒤 부활이 가지는 의미는 구
약성경을 통해 깨달아 가야 했다. 사건이 먼저이고 해석(깨달음)은 구약
의 빛으로 볼 때에야 오는 것이었다. 그러므로 두 제자에게 남겨진 숙제
는 예수님의 부활과 구약성경의 연결이다. 이 숙제를 안고 두 제자는 이
제 집으로 간다.

남은 마리아

두 제자가 돌아가자 지금까지 뒤에 있던 마리아가 전면에 재등장한
다. 홀로 남은 마리아는 울고 있다. 도대체 예수님은 어디 계시는가. 서
서 한참 울다가 몸을 구부려 무덤 안을 다시 들여다본다(11절). 무덤 안을
들여다볼 때 마리아가 가진 생각은 그녀가 되풀이했던 말(2, 13절)에 담
겨 있다. '누가 예수님의 주검을 다른 곳으로 옮겼구나'라는 생각이다.
마리아는 뒤에서 예수님이 부르셨을 때도 동산지기인 줄 알고 같은 말
을 반복한다. "주여, 당신이 옮겼거든 어디 두었는지 내게 이르소서. 그
리하면 내가 가져가리이다"(15절). 마리아는 예수님을 자신의 손에 넣어
의미를 찾고자 한다. 예수님을 만나고 알려면 예수님의 세계 속으로 들
어가야 하는데 마리아는 예수님을 자신의 세계로 자꾸 넣으려 한다. 설
혹 그렇게 해서 만난다 하더라도 마리아는 예수님을 만난 것이 아니라
자신을 만날 뿐이었다. 예수님을 소유하려는 순간 만남은 불가능해진
다. 새로운 세계는 옛 세계의 일부분이 되고자 들어오지 않고 옛 세상을

변혁하고자 들어온다.

마리아를 찾아오신 예수님

마리아와 부활한 예수님과의 만남은 옛 세상이 기대한 방식과는 다른 식으로 이뤄진다. 마리아가 예수님을 찾은 것이 아니라 예수님이 마리아를 찾아왔다. 또한 예수님은 무덤을 향해 달려온 마리아 앞이 아니라 마리아 뒤에서 나타나셨다.

> 이 말을 하고 **뒤로 돌이켜** 예수께서 서 계신 것을 보았으나 예수이신 줄은 알지 못하더라 … 예수께서 마리아야 하시거늘 마리아가 **돌이켜** 히브리 말로 랍오니 하니(20:14, 16).

마리아는 이제 어떻게 해야 하나? 예수님을 만나려면, 새 세상을 맛보려면 이제 어떻게 해야 하는가. 몸의 방향을 돌려야 했다. 결국 몸의 방향을 돌린다는 것은 마리아가 기존에 가지고 있던 모든 사고 체계는 물론이거니와, 심지어 예수님에 대한 지식과 믿음마저도 완전히 새롭게 바꿔야 함을 의미했다. 예수님을 소유하려는 마리아에게 새로운 삶은 앞이 아니라 뒤, 무덤 안이 아니라 무덤 밖에서 기다린다. 부활의 빛은 뒤에서 비쳐오고 있었다.

돌아서는 마리아

뒤에서 소리가 나자 마리아는 "뒤로 돌이켜"(14절) 본다. 하지만 마리아는 예수님을 동산지기로 인식한다. 첫 세상에서 아담이 동산지기로 등장한 것처럼 새 창조를 가져오신 부활한 예수님 역시 동산지기의 모

습으로 다가오셨다. 동산지기의 모습으로 등장한 예수님은 새 창조가
바로 우리의 평범한 일상에서 시작됐다는 것을 말한다. 그럼에도 마리
아의 깨달음은 늦다. 만남은 예수님 편에서 먼저 주도권을 잡을 때 이뤄
진다. 예수님이 "마리아야"(16절)라고 그녀의 이름을 부르자 그제야 마
리아는 눈이 밝아져 예수님인 줄 깨닫는다.[2]

마리아가 예수님을 알아본 시점은 그가 두 번째로 몸을 "돌이켜"(16
절) 보았을 때였다. 완전히 방향을 예수님에게로 돌린 것이다. 하지만 마
리아는 돌이킨 후에도 예수님을 다시 '붙잡으려' 했다. 이때 예수님은
그녀에게 자신을 "붙들지 말라"고 하신다(17절).[3] 마리아는 예수님의 무
덤에서 그의 주검을 '가져가려' 했던 것처럼 살아나신 예수님을 자신의
'손에 넣으려' 했다. 예수님은 인간의 손아귀에 붙잡히는 분이 아니셨
다. 자신을 잡으려는 마리아에게 예수님은 자신의 부재를 선언하신다.
"내가 … 하나님께로 올라간다"(17절). 앞에 그어진 직선의 삶을 달려가
다 막다른 골목인 무덤에 도착한 마리아에게 예수님은 뒤에서 나타났
을 뿐만 아니라, 그녀가 앞에 선 예수님을 붙잡아 땅에 머물게 하려 하
자 예수님은 그가 계실 곳이 위라고 하신다. 예수님은 위에 계신다.

마리아는 예수님을 '붙들려' 해서는 안 됐다. 붙들려 하는 순간 예수
님은 마리아에게 저 멀리 계시는 분이 된다. 부활한 예수님은 '나타나시
지만', '붙들리는 분이 아니시다'. 예수님은 사람의 감각의 세계에 제한
될 수 없고, 우리의 손아귀에 들어오시는 분이 아니기 때문이다. 마리아
는 집착했고, 옛 세상에 속한 자신의 손의 경험을 절대화했으며, 자신의

---

2.   에덴동산에서 아담과 하와가 눈이 밝아졌을 때는 죄의 눈이 밝아졌지만 이제 마리
      아는 둘째 아담 예수에 의해 구주를 알아보는 눈이 밝아졌다.
3.   마리아가 예수님을 붙잡으려 한 것이 가진 풍성한 의미에 대해서는, 장 뤽 낭시,
      『나를 만지지 마라』 (서울: 문학과지성사, 2015)를 보라.

손 안에서 예수님의 의미를 체험하려 했다. 그런 마리아가 알아야 할 것은 하나님은 마리아의 감각적 영역 밖에 계신 분이라는 것이었다. 마리아는 만지지 않음으로 만져지는 예수님, 떠남으로 계시는 예수님, 계시지 않음으로 계시는 주님을 만나야 했다.[4]

부활한 예수님은 마리아에게 포기를 요구하신다. 그리고 포기함으로 얻는 길을 가르치신다. 마리아는 무덤에 갔다. 아무것도 아닌 것이 된 주검을 보려고 했고, 아무것도 아닌 것에서 의미를 찾으려 했다. 하지만 예수님은 어둠 속에서 보려는 그녀의 시도를 좌절시키신다. 그리고 무덤 밖에서 빛 가운데 나타나신다. 마리아가 부활한 예수님을 만나는 길은 어둠 가운데서 끝까지 눈을 뜬 채로 있는 것이다. 어둡다고 눈을 감지 않고 끝까지 눈을 뜨고 있을 때 주님은 그녀에게 나타날 것이다. 주님은 잡히지 않고 나타나신다. 결국 앞과 뒤, 아래와 위, 사방이 모두 부활한 예수님을 만나는 여행길이 된다.

부활한 예수님이 마리아에게 다가오시는 길

예수님은 마리아에게 나를 만지지 말라고 하시며 그녀를 떠나신 게 아니었다. 그것과는 다른 방식으로 마리아에게 자신을 계시하셨다. 예수님은 그녀의 이름을 부르신다.

마리아야(16절).

예수님은 이름을 불러 그녀에게 자신을 계시하신다. 마리아가 예수님을 알아본 순간은 자기 이름이 불렸을 때이다. 예수님이 마리아의 이

---

4.   이런 통찰은 필자가 낭시, 『나를 만지지 마라』를 읽으며 얻은 통찰임을 밝혀둔다.

름을 부르기 전에는 마리아에게 예수님은 동산지기로 이해됐다. 하지
만 "마리아야"라는 이름이 들려지자 마리아는 예수님을 주님으로 깨닫
게 된다. 빛이 마리아에게 들어가되 예수님의 이름 부르심으로 찾아왔
다! 예수님의 음성으로 발해진 자기 이름이 빛이었다. 예수님이 누구의
이름을 부르는 일은 요한복음에서 특별한 의미를 가진다.

> 양은 그의 음성을 듣나니 그가 자기 양의 **이름을 각각 불러 인도하여**
> 내느니라. 자기 양을 다 내놓은 후에 앞서가면 양들이 그의 음성을 아
> 는 고로 따라오되 타인의 음성은 알지 못하는 고로 타인을 따르지 아니
> 하고 도리어 도망하느니라(10:3-5).

부활 이전에도 예수님은 마리아의 이름을 수없이 부르며 그녀와 목
자와 양의 관계를 형성해오셨다. 이제 부활한 예수님은 다시 이름을 부
르며 마리아의 세계 속으로 찾아들어 오신다. 부활한 예수님은 무덤을
응시하던 마리아 뒤편에 서 계시기만 한 것이 아니라 마리아의 이름을
부르며 그녀의 삶 속으로 '찾아들어 가신다'. 그리고 붙잡기보다 따라오
라고 부르신다. 우리는 예수님을 우리의 손에 잡는 자가 아니라 이름을
부르시는 예수님을 따라가는 양들이다.

* * *

마리아가 부활한 예수님을 만나는 이야기가 주는 메시지가 있다. 첫
째, 마리아는 예수님을 그녀의 손에 넣고자 무덤을 향해 달려갔지만 부
활한 예수님은 무덤 반대쪽에 서 계셨다. 부활의 빛은 뒤에서 비춰왔다.

부활한 예수님은 우리의 경험과 감각에 제한되시는 분이 아니다. 부활한 예수님을 만나려면 손에 힘을 뺀 채 우리가 무심코 지나온 뒤를 돌아보아야 할 수도 있다. 둘째, 부활한 예수님은 마리아에게 이름을 부르며 찾아오셨다. 부활한 예수님을 만나는 길은 양이 목자를 따르듯 예수님을 내 손 안에 넣으려 하기보다 따라가는 것이다. 셋째, 예수님을 붙잡으려는 마리아에게 예수님은 "나를 붙들지 말라"고 하셨다. 예수님은 뒤에만 계신 분이 아니라 위에도 계신다. 새로운 세상은 인간이 역사를 진보시킨 결과물이 아니라 하늘로부터 주어진다.

제10장
사랑하는 제자

공관(마태, 마가, 누가)복음서는 밝히지 않는 저자를 요한복음서는 밝힌다. 요한복음에 나오는 "이 일들을 증언하고 이 일들을 기록한 제자"는 "예수께서 사랑하시는 그 제자"이다(요 21:20, 24). '사랑하는 제자'는 요한복음의 기록과 전승의 책임 있는 인물이다. 그런데 요한복음 저자는 자신을 이름이 아닌 예수님과의 관계('사랑하는')로 밝힌다. 그럴 만한 이유가 있다.

요한복음은 사복음서 중 기장 늦게 기록됐다. 기록 연대는 대략 주후 90-100년 사이로 본다(더 자세한 논의는 다음 섹션에서 다뤄진다). 주후 90-100년도는 예수님 당시에 살았던 사람 대부분이 죽어서 세대가 바뀌었던 때이다. 2세대 그리스도인의 대부분은 예수님을 보지 못했지만 예수님을 주로 믿고 충성했다. 보지도 못했는데 믿는다. 시간과 시각의 중요성을 무시하지는 않지만 그것을 초월하는 신앙이 탄생한 것이다. 이 신비로운 믿음 뒤에 요한복음이 있다. 20:30-31은 네 번째 복음서의 기록 목적을 말해준다.

예수께서 제자들 앞에서 이 책에 기록되지 아니한 다른 표적도 많이 행하셨으나 오직 이것을 기록함은 너희로 예수께서 하나님의 아들 그리스도이심을 믿게 하려 함이요 또 너희로 믿고 그 이름을 힘입어 생명을 얻게 하려 함이니라(20:30-31).

요한복음에는 예수님을 믿어 생명을 얻게 하는 힘이 있다. 보지도 못한 예수님을 믿어 생명을 얻도록 하기 때문이다. 시간이 지나서 실제로 예수님을 만난 이들이 사라지면서 새로운 형태의 신앙이 요구됐다. 육신의 눈으로 보지는 못하지만 여전히 예수를 나의 주 나의 하나님으로 고백하는 신앙이 필요한 시대가 온 것이다. 바로 그러한 때에 요한복음의 증언이 탄생했다. 보는 것의 가치를 부정하지 않지만("이에 가서 씻고 밝은 눈으로 왔더라", 9:7; "네가 그를 보았거니와 지금 너와 말하는 자가 그이니라. 이르되 주여 내가 믿나이다", 37-38절) 그것에만 의존하지 않는 믿음, 그것이 요한복음을 통해 2세대 그리스도인들이 가진 믿음이다. 그런 종류의 믿음의 중요성은 요한복음의 결론부에 나오는 도마와의 조우 이야기에서 예수님이 직접 거론하신 바이기도 하다. 예수님이 부활한 몸으로 제자들에게 나타나셨을 때 도마는 '그때' '그 현장'에 없었다. 후에 부활한 예수를 본 제자들이 도마에게 "우리가 주를 보았노라"(20:25)라고 하자 도마는 "내가 그의 손의 못 자국을 보며 내 손가락을 그 못 자국에 넣으며 내 손을 그 옆구리에 넣어 보지 않고는 믿지 아니하겠노라"(25절)라고 한다. 그때 그곳에서 그를 눈으로 보지 못했기 때문에 예수님의 살아 계심을 믿는 것이 불가능하다고 본 것이다.

그날로부터 8일이 지난 후 예수님은 도마에게 나타나셔서 말씀하신다.

네 **손가락**을 이리 내밀어 내 **손**을 **보고** 네 손을 내밀어 내 **옆구리에 넣어 보라.** 그리하여 믿음 없는 자가 되지 말고 믿는 자가 되라(27절).

그제야 도마는 상처 난 예수를 보며 "나의 주님이시요 나의 하나님이시니이다"(28절)라고 고백한다. 도마의 고백이 놀라운 것은 그가 예수를 나의 하나님이라고 고백했기 때문이기도 하지만 더 결정적으로는 그가 몸에 상처를 지니신 예수님을 나의 주 나의 하나님으로 고백한다는 점 때문이다. 구약을 통해 계시된 하나님은 창조주이시며 모든 만물을 다스리고 계시는 '온전한' 하나님이셨다. 그러나 예수를 통해 계시된 하나님은 인간을 온전하게 하시고자 상처 입은 하나님이셨다. 도마는 처음으로 그 하나님을 고백한다. 그렇게 고백하는 도마에게 예수님은 한발 더 나아가, "너는 나를 본 고로 믿느냐. 보지 못하고 믿는 자들은 복되도다"(29절)고 하셨다. 예수님은 도마의 신앙이 계속 이어지되 도마의 방식을 뛰어넘는 방식으로 고백될 때를 예상하신 것이다. "보지 못하고 믿는 자들은 복되도다"라는 후반부 말씀이 바로 2세대 기독교인들을 향한 말씀이기 때문이다. 도마와는 달리 2세대 기독교인들은 보려 해도 볼 수 없었다. 그런데도 그들은 상처 난 예수님을 나의 주 나의 하나님이라고 고백할 수 있었고 그 배후에는 요한복음의 증언이 있었다.

증언자의 관계

요한복음의 증언의 특징은 저자와 분리될 수 없다. 이미 본 것처럼 요한복음은 공관복음서가 하지 않는 시도 곧 저자가 누군지를 밝히는 시도를 내러티브 마지막에서 한다. "이 일들을 증언하고 이 일들을 기록한 제자가 이 사람이라"(21:24). 우리는 이미 "이 사람"은 사랑하는 제

자를 가리킨다고 보았다. 증언자와 기록자가 누군지 이름이 아니라 관
계로 밝혀진다. 예수님과 맺은 관계로 표현된 저자 소개는 누구의 증언
이 보이지 않는 예수님을 믿게 할 수 있는지에 대해 답변을 준다. 도마
만 아니라 그 이후의 세대들 역시 상처 난 예수를 나의 주 나의 하나님
으로 고백하게 하고, 또 보지 않고도 믿어 생명을 얻도록 하는 증언인
요한복음은 사랑하는 사람의 입에서 나온 증언이다. 보이지도 않는 예
수님을 믿게 하고 한 사람을 죽음에서 생명으로 옮기게 하는 증언은 예
수님의 사랑을 받은 가슴에서 나오는 것이어야 한다는 말을 어쩌면 저
자는 말하고 싶었을 수도 있다.

증언자의 자리

요한복음의 저자는 그가 예수님과 어떤 관계였는지만 아니라 그의
삶의 자리가 어디였는지도 말한다.

> 예수의 제자 중 하나 곧 그가 사랑하시는 자가 예수의 품에['엔 토 콜
> 포'] 의지하여 누웠는지라(13:23).

예수님이 사랑하신 제자는 '만찬석에서 예수의 품에['엔 토 콜포']
의지하던' 자였다. 그의 자리는 예수님의 품이었다. 어떤 말은 바닷가
모래알처럼 파편화되어 생명을 꽃피울 수 없는데, 다른 말은 민들레 홀
씨와 같다. 적어도 요한복음이 말하는 바에 기초한다면 그 차이는 증언
자가 예수님과 맺는 관계와 그 관계에서 그가 머무는 자리의 차이다. 보
이지 않던 예수님을 믿게 하는 증언자의 자리는 예수님의 품이었다. 자
리가 그러하니 예수님의 마음에 있던 속뜻도 잘 알 수 있었을 것이다.

어쩌면 도마 역시도 후에 예수님을 믿게 된 것이 그의 손이 예수님의 품(옆구리)에 닿았기 때문이 아닐까?

부활 후 고기잡이하러 떠난 제자들에게 예수님이 찾아오신다. 새벽에 해변에 오신 예수님이 큰 소리로 제자들에게 고기잡이 상황을 물으신다. 그 소리가 주님의 음성이라는 것을 깨달은 사람은 오직 한 사람뿐이었다.

> 예수께서 사랑하시는 그 제자가 베드로에게 이르되 주님이시라 하니 (21:7).

그는 "예수께서 사랑하시는 그 제자"였다. 사랑하고 사랑을 받으면 멀리서도 사랑하는 자의 소리가 들린다. 여기서 그 제자를 가리킬 때 원거리 지시대명사("그")가 사용된 것을 진지하게 고려해볼 필요가 있다. 사랑하는 제자를 "그"로 가리키며 저자는 구체적으로 그 제자와 관련된 어떤 사건을 떠올려 주고 싶어 했을 수도 있다. 요한복음에서 사랑하는 제자가 처음으로 등장하는 곳은 앞서 보았던 13:23이다. 그 제자가 처음으로 모습을 드러낸 곳이 예수님의 품이었고 본문은 그를 "그가 사랑하시는 자"로 소개한다. 예수님의 사랑하는 품에 머문 사람은 예수님의 소리를 듣는다. 그리고 그의 증언에는 살리는 힘과 관계 회복의 능력이 있다. 사랑하는 제자가 그 소리를 듣고 "주님이시라"(21:7)고 하자 베드로는 벗었던 옷을 입고 바다로 뛰어든다. 베드로는 그의 증언이 참된 것을 믿었기 때문에 바다에 뛰어든 것이다. 그 후 해변에서 예수님은 베드로에게 '네가 나를 사랑하느냐'(15, 16, 17절)라는 질문을 세 번씩 하시며 예수님을 향한 베드로의 사랑이 되살아나게 해주신다. 이런 베드로의 사랑 회복에는 사랑하는 제자의 "주님이시라"는 '증언'이 있었다. 사랑하는 제자의 증언에는 사람을 움직이는 힘 곧 다른 사람을 예수님께로 인도하는 능력이 있었다.

사랑하는 제자의 증언 방식의 기원

보이지 않던 분을 보여주고 믿게 한 분은 사랑하는 제자가 증언하려 했던 예수님 자신이었다. "본래 하나님을 본 사람이 없으되 … 독생하신 하나님이 나타내셨느니라"(1:18). 예수님 역시 보이지 않던 하나님을 보이게 하신 분이다. 예수님 덕분에 보이지 않던 하나님이 어떤 분이신지 보고 알고 믿게 됐다. 예수님이 하나님을 보여준 방식은 그의 몸이다. "말씀이 육신이 되어 우리 가운데 거하시매 우리가 그의 영광을 보니 아버지의 독생자의 영광이요 은혜와 진리가 충만하더라"(14절). 우리 가운데 거하신 예수님의 몸과 신체적 활동은 보이지 않던 하나님을 보여주신 계시 그 자체였다. 그런데 예수님이 우리 가운데 머물기 전에 머물던 곳이 있었으니 바로 하나님 "아버지의 품속"이었다(18절).

> 본래 하나님을 본 사람이 없으되 아버지 품속에['에이스 톤 콜폰'] 있는
> 독생하신 하나님이 나타내셨느니라(18절).

예수님이 머물던 아버지의 "품속"('에이스 톤 콜폰')은 사랑하는 제자가 처음으로 등장할 때 머물었던 예수님의 "품속"('엔 토 콜포')을 가리킬 때 사용된 전치사구와 거의 동일한 표현으로 묘사된다. 하나님의 품에 있던 자가 하나님을 보여줄 수 있고, 예수님의 품에 있던 자가 보이지 않던 예수님을 보여준다. 그 품에서 듣는 소리가 있기 때문이다. 요한복음

15:9은 예수님이 아버지 품에서 들었던 소리가 무엇이고 또 우리가 예수님의 품에서 들어야 할 소리가 무엇인지 말해준다.

> 아버지께서 나를 사랑하신 것 같이 나도 너희를 사랑하였으니 나의 사랑 안에['엔 토 아가페'] 거하라(15:9).

아버지 품에서 아버지의 사랑을 받은 예수님의 증언이 보이지 않는 하나님을 드러내 보이는 계시가 됐고, 예수님의 품에서 예수님의 사랑을 들었던 사랑하는 제자의 증언은 기독교 2세대로 하여금 예수님을 보고 믿게 한 신앙의 근간이 됐다. 예수님의 증언은 하늘과 땅의 간격을 극복하게 했고 사랑하는 제자의 증언은 시간을 극복했다는 점에서 차이가 있지만, 둘 모두 보이지 않는 하나님을 증언하여 믿게 한다는 점에서 공통점이 있다. 그리고 그 영역, 시간, 시각을 극복하게 한 것은 사랑이었다.

사랑받는 제자로 부름

예수님은 그를 따르는 모든 자를 사랑하는 제자, 주님의 자리에 머무는 자가 되게 하신다. 머무는 자리의 이동, 그것이 요한복음의 첫 제자 탄생 이야기(1:35-42)의 주제다(제자로 부르심 자체는 추후 보다 상세히 다룰 것이다). 제자 탄생 이야기에는 두 주제가 드러난다. 첫째는 예수님의 질문이다. 앞으로 걸어가시던 예수님이 자신을 따르는 두 사람을 보시고는 돌아서서 그들에게 물으신다. "무엇을 구하느냐"(38절). 이 말은 요한복음 전체를 통틀어 예수님이 하신 첫 말씀이다. 하늘에서 내려온 예수님이 하신 첫마디는 '무엇을 찾느냐'이다. 답이 아니라 질문이 예수님의 첫마디였다. 예수님은 묻지도 않는 자에게 답부터 주시는 분이 아니셨다. 먼저는 질문을 하신다. 그래서 스스로 생각하게 하신다. 예수님이 우리에게 원하신 바는 '도대체 내가 무엇을 원하는지'를 보는 것이다. 세례 요한의 제자였던 그 두 사람이 예수를 따르게 된 때는 세례 요한이 한 "보라, 하나님의 어린양이로다"(36절)라는 말을 들었을 때였다. 하나님의 어린양을 보라는 말을 듣고 그를 따라온 두 사람에게 예수님은 무엇을 구하는지 돌이켜 보라고 하신다. 우리는 과연 무엇을 구하며 예수님을 따르는가?

이어진 대화에서 제자 탄생 이야기의 두 번째 주제이자 본 장의 핵심이 나온다. "무엇을 구하느냐"라는 질문을 받은 제자들은 예수님께 "랍비여, 어디 계시오니이까"(38절 하반절)라고 되묻는다. 예수님은 그들에게 "와서 보라"(39절)로 응답하신다. 그 말을 들은 제자들은 가서 예수님께서 계신 데를 보고 그날 함께 거한다. 이 짧은 이야기가 말하는 바가 있다. 예수님이 사람을 오라고 부르시는 이유는 그와 함께 머무르기 위해서다. 사랑하는 제자만 아니라 모든 이들이 그와 함께 그의 품에 머물도록 하기 위함이다.

* * *

주님을 보지 못한 2세대 기독교인들이 상처 난 예수님을 나의 주 나의 하나님이라고 고백할 수 있게 만든 요한복음의 저자가 예수님이 사랑하시는 자이자 주님의 품에 머물던 자라는 사실이 우리에게 말하는 바는 두 가지로 요약할 수 있다. 첫째, 오늘날 교회의 증언에 생명을 주고 그럼으로써 그 증언이 영혼을 살릴 수 있는 힘을 갖게 만드는 원동

력은 주님과의 관계이자 주님과의 관계에서 우리가 머무는 자리다. 사
랑과 품은 보이지 않던 하나님을 우리에게 보여주신 예수님이 하나님
아버지와 맺으신 관계이자 삶의 자리이며, 2세대 기독교인들에게 상처
난 하나님을 나의 하나님으로 고백하게 만든 요한복음 증언자의 관계
이자 삶의 자리이다.

둘째, 물론 예수를 증언하기 위해서만 예수의 품에 머물러야 하는
것은 아니다. 오히려 그 반대다. 사랑하는 제자는 증언하기 위해 머물렀
던 것이 아니라 머물렀기 때문에 증언할 수 있었고, 전하기 위해 주의
사랑을 간구한 것이 아니라 주님의 사랑이 그의 가슴에서 타올랐기 때
문에 다른 사람에게 주의 소리를 들려줄 수 있었다. 예수께 오는 자는
증언자이기 전에 머무르는 자다. 소리를 내어 증언하기 이전에 예수의
소리를 듣는 자다. 주님께 가는 이들을 향해 주님은 '무엇을 구하는가'
라고 물으신 후 '함께 머물자'고 하신다. 그 초대에 응할 때 교회가 예수
님의 소리를 들을 수 있고, 교회가 예수님의 소리를 들을 때 세상이 교
회를 통해 예수님의 소리를 들을 수 있다.

제11장
하나님의 향, 마리아의 향, 그리스도의 향

하나님은 모세에게 향을 만들고 그것을 성결하게 하라고 명하신다.

> 여호와께서 모세에게 이르시되 너는 소합향과 나감 향과 풍자 향의 향
> 품을 가져다가 그 향품을 유향에 섞되 각기 같은 분량으로 하고 그것으
> 로 향을 만들되 향 만드는 법대로 만들고 그것에 소금을 쳐서 성결하게
> 하고(출 30:34-35).

성결하게 여겨야 할 향은 나감 향과 풍자 향이다. 이런 종류의 향은
성경 전체에서 이곳에서만 나온다. 전에 없던 유일무이한 향이다. 하나
님은 모세에게 그 향을 성결하게(!) 할 것을 명령하시며 또한 그것을 두
어야 할 곳을 지정하신다.

> 그 향 얼마를 곱게 찧어 내가 너와 만날 회막 안 증거궤 앞에 두라. 이
> 향은 너희에게 지극히 거룩하니라(36절).

향을 두어야 할 곳은 하나님이 그의 백성과 만나는 회막 중 가장 거룩한 공간인 지성소 안에 있는 증거궤 앞이다. 성막은 회막이라 불리기도 했는데, 본문에서 향을 두어야 할 곳을 회막 안 증거궤(참조. "언약궤 곧 우리 하나님의 발판", 대상 28:2)로 지정한 데에는 하나님의 임재를 후각으로도 떠올리게 해주려는 뜻이 있다. 기실 향을 "성결하게" 하라는 명령에 이미 이런 뜻이 내포되어 있다고 봐야 한다. 하나님과 만나고자 회막으로 가면 독특한 향을 맡게 되고, 회막 중에서도 지성소로 가까이 가면 갈수록 향 내음은 더욱 짙어진다. 하나님의 향을 맡는 이 독특한 방법을 엄격히 정하시고자 하나님은 모세에게 다시 말씀하신다.

> 네가 여호와를 위하여 만들 향은 거룩한 것이니 너희를 위하여는 그 방법대로 만들지 말라. 냄새를 맡으려고 이 같은 것을 만드는 모든 자는 그 백성 중에서 끊어지리라(37-38절).

이 향은 오직 하나님이 영으로 임재해 계신 지성소에만 두고 절대로 사사로이 만들면 안 된다고 명하셨다. 심지어 자기를 위하여 향을 만드는 자는 백성 중에서 끊어질 것이라고 하셨다. 개인의 후각적 즐거움을 위해 하나님의 향을 만들지 못하게 하신 것은 거룩한 것을 속된 것으로 전락시키지 말라는 뜻이며 더 나아가 하나님은 인간이 사사로이 조정(manipulation)할 수 있는 분이 아님을 기억하라는 말씀이다. 하나님은 우리가, 하나님이 정하신 곳에서, 하나님이 정하신 방법대로, 하나님이 자신을 드러내신 만큼만 그분을 알 수 있다는 것을 말씀하셨다. 그러면 그렇게 해서 하나님이 고유하게 남겨 두시려는 하나님만의 향은 어떤 것일까? 소합향과 나감 향과 풍자 향이 떠올리는 하나님에 대한 기억은 무엇일까?

　거룩하신 하나님의 향을 맡도록 한 곳은 회막의 지성소다. 회막에 올 때에만 하나님의 향을 맡게 하셨다. 회막은 하나님을 만나러 가는 곳이지만 그냥 만나는 곳은 아니다. 제사를 드리러 간다. 지은 죄의 사함을 받거나 아니면 베푸신 은혜에 감사하고자 제사를 드리러 회막에 갈 때, 하나님의 냄새를 맡도록 하셨다. 이런 제사가 이뤄지는 성막에 거룩한 향을 두게 하신 것은 역설적이게도 자신이 하나님에게서 멀어진 죄인이라는 것을 고백하면 할수록 하나님을 가까이에서 경험하게 되고, 하나님이 베푸신 은혜를 감사하면 할수록 하나님의 역사가 더 실제적으로 경험된다는 것을 말해주기 위함이다. 회막에 갔을 때 맡은 하나님의 향은 집에 돌아온 후에도 기억 속에서 쉬이 사라지지 않는다. 혹 회막 쪽에서 바람이라도 불면 거기에 실려 온 향 덕분에 일상에서 다시 하나님을 떠올릴 수도 있었을 것이다.

마리아의 향

　하나님을 아는 냄새에 반전이 이뤄진다. 요한복음 12:3에 '향유 냄새가 가득한 집' 이야기가 나온다. 한 집에서 잔치가 벌어지고 있었다. 죽어서 냄새가 난다던(11:39) 나사로를 예수님이 무덤에서 나오게 한 일을 두고 벌인 잔치였다. 그곳에서 살아난 나사로는 예수님 곁에 앉아 있고 마르다는 부엌에서 일을 하고 있었다. 마르다의 자매이자 나사로의 여동생인 마리아는 그곳에 보이지 않다가 얼마 후 손에 지극히 비싼 향유 곧 순전한 나드 한 근을 들고 등장했다. 마리아가 천천히 예수님에게로 다가왔다. 그러고는 예수님 앞에 쪼그려 앉아 향유를 예수님의 발에 붓고 자신의 머리털로 향유를 닦아낸다. 온 집에 가득한 향유 냄새의 진

원지는 이곳이었다. 집에 가득한 향유 냄새는 무슨 냄새일까? 나드 향
이다. 부어진 나드 향유는 "순전한" 것이었는데, 순전하다는 말은 향 외
에 다른 첨가물이 들어 있지 않는 상태를 뜻한다. 부어진 향유는 원액
그대로였다. 향유의 양은 한 근이었는데, 이는 327ml 정도 된다. 부피로
따지면 생수 한 병 정도다. 향유의 가격은 가룟 유다의 계산에 따르면
삼백 데나리온이다. 한 데나리온은 당시 품삯 노동자의 하루 벌이였기
에 삼백 데나리온은 일 년 치 품삯이라고 할 수 있다. 마리아는 한 해 수
입금에 해당하는 향유 원액을 예수님의 발에 다 부은 셈이었다. 그러니
문자 그대로 온 집에 향유 냄새가 가득하게 됐다. 더 나아가 주변 마을
전체에 나드 향유 냄새가 퍼졌을 법도 하다. 퍼진 게 어디 나드 향이기
만 했겠는가. 다른 복음서와 달리 요한복음은 상징적 언어를 많이 사용
한다. 예수님은 '내가 길이다'(14:6), '내가 참 포도나무다'(15:1), '내가 생
명의 떡이다'(6:48)라고 하셨고, 베드로에게도 예수님은 '내 양을 먹이
라'(21:17)고 하셨다. 이 모든 말은 문자적 뜻 외에 가리키는 다른 뜻이 있
다. 이처럼 마리아로 인해 향유 냄새가 온 집에 가득했다는 말 역시 문
자적 뜻 외에 또 다른 뜻이 있다.

온 집에 가득한 향유 냄새

마리아는 예수님의 발에 향유를 붓고 자기 머리털로 닦아냈다. 이
일은 후각의 즐거움을 위함이 아니다. 후각의 즐거움을 위해서라면 향
유를 닦아내지 말아야 했다. 게다가 당시 유대 전통을 따른다면 잔치에
오는 손님의 머리에 향유를 조금만 발랐어야 했다. 하지만 마리아는 향
유를 예수님의 발에 쏟고는 머리털로 닦아냈다. 예수님의 발을 씻기고
자 그 비싼 향유를 사용한 것이다. 가룟 유다가 '낭비다, 낭비!'라고 혀

를 찬 것은 그렇게 이상하게 들리지 않는다. 발을 씻기 위한 물이 있는데 왜 물을 놔두고 그 비싼 향유를 소비하며, 또 왜 수건을 놔두고 여인의 자존심과 같은 머리털을 사용하여 발을 닦는가. 어떤 행동을 하려면 상황에 적합한 방법과 대상을 택해야 하는데, 마리아의 독특한 행동은 그 당시 통념으로는 이해하기 어려운 것이었기에 가룟 유다는 '이건 아니다'라고 생각했을 것이다. 어디 가룟 유다만 그러했겠는가. 주위 사람도 다들 비슷한 입장이었을 것이다.

하지만 예수님은 여인의 편에 서신다. 여인을 가만 놔두라 하신다. 예수님이 자선에 별로 관심이 없으셨나. 아니다. "지극히 작은 자 하나에게 한 것이 곧 내게 한 것이니라"(마 25:40)라는 말을 하신 분이 예수님이시다. '그 향유를 팔아 가난한 자들에게 나눠주면 예수 믿는 사람의 향기가 온 세상에 퍼지지 않겠는가'라는 말은 예수님을 따르는 사람이 할 법한 말이다. 그런데 지금은 아니다. 지금은 마리아의 행동이 그대로 받아들여져야 했다. 아무리 자선이라는 사회적 가치가 중요해도 그것이 다른 모든 것을 대체할 수는 없다. 자선도 잠재울 수 없는 '그 다른 향'이 있기에 예수님은 지금 마리아의 행동을 받아들인 것이다. 예수님은 마리아의 행동에서 온 집 아니 온 마을을 채울 민한 독특한 향을 맡으셨는데, 예수님이 맡으신 향은 지성소에서만 났던 하나님의 향이었을까. 요한복음 1:14에서 "말씀이 육신이 되어 우리 가운데 거하시매 ['에스케네'] 우리가 그의 영광을 보니 아버지의 독생자의 영광이요 은혜와 진리가 충만하더라"고 했을 때 사용된 "거하시매"('에스케네')라는 동사는 출애굽기 26:12-13에서 "성막"('스케네')에 사용된 단어와 동일한 단어다.[1] 그러니 요한복음은 예수님의 오심은 하나님의 향기가 났던 그

---

1.   요한복음에서 사용된 '에스케네'는 동사이고 출애굽기에 사용된 '스케네'는 명사다.

회막이 바로 우리 가운데 쳐진 일이라고 말한다.

그리스도의 향, 마리아가 내는 향

요한복음에서는 마리아의 향이 어떤 향인지를 이미 나사로가 살아
난 사건(11:1-45)의 결론부(44-45절)에서 암시해주었다.

> 죽은 자가 수족을 베로 동인 채로 나오는데 그 얼굴은 수건에 싸였더
> 라. 예수께서 이르시되 풀어 놓아 다니게 하라 하시니라. **마리아에게**
> **와서** 예수께서 하신 일을 본 많은 유대인이 그를 믿었으나(44-45절).

나사로가 살아난 사건의 결론에서 난데없이 마리아가 등장한다. 많
은 유대인이 나사로 사건 이후 예수님을 믿게 됐는데, 그 과정에 마리아
가 있었다. 그들이 마리아를 보러 왔다가 예수님이 하신 일을 보고 그를
믿게 됐다. 마리아를 보러 왔다가 예수님을 본다. 사실 나사로를 살리는
사건에서는 언니 마르다가 더 주목받았다.[2] 그럼에도 사람들이 마리아
에게 왔다가 예수님을 믿게 됐다는 것은 이제 뒤따르게 될 향유 붓는

---

2. 나사로가 살아나는 사건에서 마리아의 역할은 후반에 부각됐다. 예수님에게 먼저
    간 것도 마르다이고 오빠가 살아날 것을 믿는다는 신앙 고백을 한 것도 마르다이
    다. 하지만 마리아는 뒤늦게 예수님에게 갔다가 예수님을 무덤으로 안내하는 역할
    을 한다. 예수님이 마리아와 대화하다가 "그를 어디 두었느냐"(11:34)라고 물으시
    자 마리아를 비롯하여 그곳에 있던 모든 사람이 일제히 "주여, 와서 보옵소서"(34
    절)라고 답한다. 개역개정판에는 "주여 와서 보옵소서 하니"라고 되어 있지만 원문
    에는 '주여 와서 보옵소서라고 그들이 대답했다'고 되어 있다. 대답한 사람이 '그들'
    이었다고 밝힌다. 예수님이 질문은 마리아에게 했는데, 대답은 모두가 한 것은 그
    런 대답을 하는 데 마리아가 주도적인 역할을 했고 사람들은 그 마리아를 따라 함
    께 그런 대답을 한 것이다. 그 이야기를 듣고 예수님은 나사로가 있는 곳에 가서 그
    를 보고자 그를 무덤 밖으로 이끌어 내신다.

사건에서 그가 하게 될 중요한 중간 역할을 예고한다. 방문자가 그리스도께서 '장막 친'('에스케네') 그 집에서 그리스도를 아는 냄새를 맡되 마리아를 통해 그 향을 맡게 될 것이다.

바울은 고린도후서 2:14에서 이미 "항상 우리를 그리스도 안에서 이기게 하시고 우리로 말미암아 각처에서 그리스도를 아는 냄새를 나타내시는 하나님께 감사하노라"고 했는데, 마리아에게서 나는 '그리스도를 아는 냄새'는 어떤 것이었을까?

예수님의 발걸음

마가복음 14장에도 무명의 여인이 예수님에게 순전한 나드 한 옥합을 깨뜨려 붓는 이야기가 나온다. 그 이야기는 요한복음의 것과 동일한 사건을 다루는 이야기일 가능성이 있다. 그럼에도 두 이야기에는 강조의 차이가 있는데, 마가복음에서는 기름이 예수님의 머리에 부어지고 요한복음에서는 마리아가 향유를 예수님의 발에 붓고 그것을 닦아낸다. 요한복음은 예수님의 발에 집중한다. 향유 냄새는 예수님의 발에서부터 시작됐다. 마리아의 일로 집중할 수밖에 없게 된 것이 예수님의 발걸음이다. 마리아가 예수님을 알게 된 것은 바로 앞에서 예수님이 취하신 어떤 발걸음을 통해서였다. 예수님이 나사로가 살던 유대 지역에서 활동하다가 강가로 피신해 가 계실 때였다("그들이 다시 예수를 잡고자 하였으나 그 손에서 벗어나 나가시니라", 요 10:39). 유대를 떠나 피신하신 이유는 예수님이 "나와 아버지는 하나이니라"(30절)라고 하시자 주위 사람이 돌을 들어 치려 했고, 종교 지도자들은 자신을 "잡고자" 하는 것을 아셨던 까닭이다. 예수님이 피신하기 위해 요단 강가에 머물고 계셨는데, 마리아와 마르다가 그곳에 사람을 보내어 **사랑하시는** 자가 병들었"으니

다시 그들이 있는 곳에 와 달라고 간청했다(11:3). 오빠가 죽어가고 있었
다. 그럼에도 예수님은 이틀이나 더 머무시다가 그 후에야 나사로에게
가기로 결심하시고 같이 있는 제자들에게 그가 있는 유대 땅으로 가자
고 하셨다. 그러자 제자들이 놀라며 말한다.

> 랍비여, 방금도 유대인들이 돌로 치려 하였는데 또 그리로 가시려 하나
> 이까(8절).

이에 예수님은 "우리 친구 나사로가 잠들었도다. 그러나 내가 깨우
러 가노라"(11절)고 하신다. 예수님의 결심이 굳게 선 것을 본 도마가 체
념한 듯 말한다. "우리도 주와 함께 죽으러 가자"(16절). 이후 살벌한 분
위기 속에서 예수님은 유대 땅에 도착하여 나사로를 무덤에서 나오게
하신다. 그 결과는 무엇이었을까? 예상대로 대제사장들은 공회를 모으
고 그를 잡아 죽이려는 결정을 내린다(47-53절; "이날부터는 그들이 예수를 죽
이려고 모의하니라", 53절). 대제사장이 예수님은 없어지는 것이 낫다고 말
하면서 했던 논리는 터무니없지만 이는 오늘날의 정치 세계에서도 쉽
게 듣는 말이다. '이 사람 예수를 그냥 두면 점점 많은 사람이 그 주위에
모이게 될 것이고, 그렇게 되면 로마인들의 눈에 우리가 반란을 일으킬
준비를 하는 것으로 비칠 수 있다. 그러면 우리 모두가 피곤해진다. 그
러니 이번 기회에 그 싹을 잘라버리자'고 말한다(47-53절). '한 사람이 죽
고 우리 모두가 살 수 있다면 그를 없애는 것이 왜 나쁜 일이 되겠는
가'(50절)라는 논리였다. 이에 대제사장들과 바리새인들은 온 지역에 공
문을 보내어 말한다. "누구든지 예수 있는 곳을 알거든 신고하여 잡게
하라"(57절). 예수 수배령은 공개적인 것이었기에 유대 지역에 살던 모든

사람에게 알려졌을 것이고 마리아 역시 이 소식을 접했을 것이 틀림없다. 마리아가 예수님의 발 앞에 앉기 바로 직전에 들었던 소식이 바로 이것이었다. 생명의 위협에도 불구하고 예수님은 그곳으로 향하셨다. 예수님은 어디 계시는가? 이는 요한복음에서 예수님을 따른 첫 두 제자가 예수님에게 했던 첫 질문이었다. "랍비여, 어디 계시오니이까"(1:38). 예수님이 계신 곳은 그가 사랑하는 사람이 있는 곳이다(11:3, 38). 마리아가 쪼그려 앉아 향유를 붓고 그의 머리털로 닦은 예수님의 발은 바로 그런 발걸음을 하신 발이었다.

마리아가 그 비싼 향유로 예수님의 발을 씻은(12장) 직후에 이번에는 예수님이 제자들의 발 앞에 쪼그려 앉으신다(13장).[3] 그리고 제자들의 더러운 발을 하나하나 씻으신다. 우리의 모든 더러움을 자신이 친히 씻어 내신다. 사랑하는 제자는 예수님이 왜 그렇게 하셨는지 알려준다. "세상에 있는 자기 사람들을 사랑하시되 끝까지 사랑하시니라"(13:1). 1:18은 예수님을 "아버지 품속에 있[던] 독생하신 하나님"이라 말한다. 제자들 발 앞에 앉아 있기 전에 예수님은 아버지 하나님 품에 계셨다. 아버지 품에 계셨던 분이 제자들 앞에 앉아 왜 그 더러움을 씻어내고 계시는가. 이건 좀 과하지 않은가라는 생각이 든다. 아무리 그래도 그렇지 어떻게 세상을 창조한 신이 사람의 발 앞에 앉아 그들의 더러움을 씻으시는가. 이런 모습은 창조주이자 전능한 신에게 어울리지 않는 행동처럼 보일 수 있다. 가룟 유다나 우리에게 예수님의 행동은 신성의 '낭비'처럼 보인다. 하지만 예수님에 의해 보이게 된 하나님은 낭비하는 사랑

---

3.   예수님은 제자들의 발을 씻으신 후 그들에게 "내가 주와 또는 선생이 되어 너희 발을 씻었으니 너희도 서로 발을 씻어 주는 것이 옳으니라"(요 13:14)고 하셨다. 마리아는 예수님이 서로 발을 씻어 주라는 말을 하시기도 전에 먼저 실천했다. 심지어 예수님이 제자들의 발을 씻어 주시기도 전에 예수님의 발을 씻었다!

을 하시는 분이다. 자신을 영접하지도 않는 사람에게 찾아오셔서(1:10-11), 신성을 낭비하고 자신의 위엄을 낭비하며 자신의 영광을 낭비하신다. '신성'을 어디 쓸데가 없어 사람의 더러운 발을 씻는 데 쓰시는가. 인간이 무엇이기에, 자신을 비우시고 인간들 앞에 쪼그려 앉아 그들의 더러운 발을 씻어주시며, 위험한 줄 알면서도 찾아와 오빠를 살려주시고 죽음의 위험을 감수하시는가. 사랑 때문이다. 사랑은 '낭비'하게 한다. 마리아가 그들에게 찾아온 예수님의 발걸음을 보며 발견한 것은 바로 하나님의 낭비하는 사랑이었다. 그러니 마리아의 낭비하는 것처럼 보이는 헌신과 사랑에서 하나님의 향이 난다. 사랑하는 세상을 위해 자기를 비운 하나님의 향 말이다. 그런데 향은 가까이 가야 맡을 수 있고 가까이 갈 때 그 향이 스며든다. 마리아는 오빠 나사로의 일로 예수님의 발걸음에서 그의 사랑의 향을 맡았다. 마리아가 맡은 그리스도의 사랑의 향은 마리아의 존재 깊숙이 스며들어 그녀의 헌신으로 다시 발산된다.

* * *

회막에 하나님의 향이 놓여 있었다. 그 향은 아무나 맡지 못하고 오직 하나님께 가까이 가는 사람만이 맡을 수 있었다. 하나님께 가까이 가는 일은 지은 죄에 대해 하나님께 용서를 구하는 제사를 드리러 가는 일이다. 하나님은 우리의 죄를 인정할 때 하나님의 거룩한 향이 우리 존재에 퍼지도록 하셨다. 그러던 어느 날 아직 성소에 가지 않았는데도 향유 냄새가 아주 짙게 나기 시작했다. 냄새의 진원지는 성전 되신 예수님이 "거하신"('에스케네') 어느 잔칫집, 예수님의 발이었다. 마리아가 나드 한 근을 낭비하듯 그의 발에 부었다. 그 발은 말씀이 육신이 되신 분의 발이며, 죽음의 위험을 무릅쓰면서까지 자신이 사랑하는 자를 찾아가신 분의 발이었다. 마리아의 낭비하는 사랑과 헌신으로 기억하게 된 그리스도의 향은 그렇게 세상에 와서는 사람 앞에 쪼그려 앉아 그들의 더러운 발을 씻으시는 하나님의 자기 내려놓음이었다. 그리스도에게는 향기로운 삶이 있었다. 향기로운 삶은 사랑하는 사람이 있는 곳에 찾아가, 그것이 더러워진 발이든 오염된 존재이든 우리의 죄이든, 쪼그려 앉아 그것을 씻어내심으로 드러났다. 그리스도의 그 같은 낮아지심으로 맡게 된 것은 바로 하나님의 "은혜"였고(1:14) 마리아의 낭비하는 사랑과 헌신으로 맡게 된 것은 그리스도의 헌신과 사랑이었다. 세상은 가성비와 효용을 따지면서 투자하지만 하나님은 값없이 사랑하시며 사람을 바꾸어 나가신다. 신약의 전망에서 본다면 회막에서는 감춰졌다가 이제 온 "집에 가득[하게]" 된 하나님의 향은 그리스도 자신이다.[4]

---

4.   고후 2:14에 따르면 바울은 각 처에 그리스도를 아는 냄새를 풍기는 인물이었다. 바울에게 가까이 가면 갈수록 더욱 뚜렷하게 맡을 수 있는 것이 그리스도를 알게 하는 냄새다.

제12장
신이 되려는 사회를 위한 복음[1]

    서구의 중세 사회는 신 중심 사회였다. 미술은 성화가 주를 이루었고, 건물은 하늘을 가리키는 꼭짓점을 가진 구조로 건축됐으며, 조각은 성경의 인물이 주를 차지했다. 그러다가 근대 사회에 들어서면서 서구 사회는 신 중심에서 인간 중심 사회로 급격히 변화된다.[2] 미술은 하늘보다 하늘 아래의 일, 곧 자연과 사람과 일상적인 일이 주된 소재가 되기 시작했고, 건물은 더 이상 하늘이나 하나님 그리고 성경의 의미를 상징하지 않게 되고 그 모양도 정사각형이나 직사각형으로 바뀐다. 건물에

---

1.   본 장은 2020년 한국신약학회 제111차 정기학술대회에서 감리교신학대학교 김충연 교수께서 발표하신 "4차 산업혁명 시대와 신약성서"로부터 통찰을 얻었음을 밝혀둔다.

2.   독일의 철학자 니체가 1882년에 저술한 그의 책 『즐거운 지식』에서 "신은 죽었다"고 한 선언은 한 작은 예이다. 하지만 근대 사회의 특징을 단편적 혹은 획일적으로 묘사하는 일은 조심할 필요가 있다. 찰스 테일러(Charles Taylor)가 그의 책(『근대의 사회적 상상』 [서울: 이음, 2010])에서 지적한 것처럼 근대는 다차원적 특징을 가지고 있으며 심지어 중세의 종교적 전통이 근대의 사회 구조에도 이어지고 있다는 주장은 쉽게 간과할 수 없다.

있어서는 그것의 상징적인 가치보다 그 쓰임과 기능과 사용하는 사람의 편의가 가치 결정 기준이 됐다. 중세까지 인류가 신의 자리로 믿고 있던 영역을 인간이 꿰참에 따라 삶은 신의 소명을 발견하고 이루는 곳이 아닌 자아실현의 장이라 여겨지기 시작했다.[3]

현대 사회는 여기서 한발 더 나아간다.[4] 중세의 신 중심 사회에서 근대의 인간 중심 사회로 변화된 후 현대에 이르러 인간은 이제 신이 되려 한다.[5] 통상 신은 모든 것을 할 수 있고 모든 것을 아는 존재라고 이해해 왔는데 현대 사회의 인간은 정보과학기술의 혁명으로 이전에는 신의 영역으로 알려진 일(예, 우주의 시작이나 게놈 프로젝트[6], 생명의 탄생[7])을 자

---

3. 모더니즘으로 불린 근대 사회의 특징에 대해서는, 피터 게이, 『모더니즘』 (서울: 민음사, 2015), 특히 25-38을 보라.
4. 아래서 이야기할 현상은 비단 서구의 현상만 아니라 전 지구 그러므로 대한민국의 현실이기도 하다. 근대와 현대 한국 사회의 문화 흐름을 이끌어 온 것 중의 하나는 서구 문명이다. 전통적으로 우리나라는 중국, 일본, 러시아 정도의 문화와 교류하며 사회가 형성됐다. 그러다가 한국전쟁 이후부터는 서구 문화와 사상의 영향이 압도적으로 증가하게 된다. 더 나아가 현대 사회에 들어 급격하게 부상한 정보통신과 과학기술 문명의 영향권을 두고는 더 이상 서구와 아시아 혹은 중동 지역을 구분해 이해하는 것이 무색할 정도로 이러한 현상은 '지구촌'의 보편적 문화 현상이 되어 가고 있다.
5. 이 점을 위한 보다 구체적인 증거를 위해서는, 유발 하라리, 『호모데우스: 미래의 역사』 (서울: 김영사, 2017)를 참고하라.
6. 기획재정부에서 운영하고 있는 웹사이트인, '시사경제용어사전'(https://www.moef.go.kr/sisa/dictionary/detail?idx=354[2023년 2월 24일 검색])에 따르면 '게놈 프로젝트'를 다음과 같이 설명한다. "인체의 유전정보를 가지고 있는 게놈(genome)을 해독해 유전자 지도를 작성하고 유전자 배열을 분석하는 연구 작업이다. … 2000년 6월, 세계 18개국의 연구진이 참여한 인간 게놈 프로젝트사업단(human genome project: HGP)과 민간기업인 셀레라 제노믹스가 DNA에 있는 30억 개 염기 전체에 대한 게놈구조를 규명했다. 그러나 30억 개 가운데 어느 부분이 유전자인가를 알아냈을 뿐 그 기능에 대해서는 1만 개 정도만 파악된 상태로 나머지 9만 개의 기능을 알아내는 작업이 남아 있다. 전문가들은 게놈 지도가 모두 완성되면 이를 토대로 인류의 영원한 숙제였던 질병을 정복하고 수명을 연장시키는

연과학으로 설명하거나 이뤄낼 수 있다고 믿기 시작했다. 유발 하라리의 용어를 빌리자면 "전능한 알고리즘"의 힘으로 무장된 초인간의 등장을 눈앞에 두고 있는 듯하다.[8] 감히 드러내 놓고 신이 됐다고 말하는 사람은 없지만 우리에게 하나님이 여전히 '필요'한가라는 반문은 이어진다.

그렇다면 인간은 이제 자신을 구원할 수 있게 됐는가? 영적인 어둠은 제쳐두더라도 인간이 신이 된 사회의 일상에 찾아온 어둠을 한번 보자. 현대 사회의 최고의 화두는 인공지능이다. 지능을 갖춘 로봇은 오늘날 사회 곳곳에 이미 들어왔고 또 들어오고 있다. 그런데 인공지능은 인간을 위해서, 인간을 돕고자 들어오지만 정작 사람을 직업 현장에서 점점 몰아내고 있다. 2015년 8월에 구글이 시범 운행하면서부터 시작된 무인자동차는 이제 얼마 있지 않으면 버스와 택시 기사를 대체하려 하고, 도로에선 이미 하이패스 기계가 톨게이트 직원을 반으로 줄이고 있다. 마트 계산대에서도 사람은 사라지고 무인 계산대가 들어오기 시작했고, 은행 직원의 자리엔 스마트 뱅킹이 들어온 지 오래됐다. 목회자는 어떨까? 언젠가 수능을 앞둔 교회 학교의 한 학생에게 '같이 기도하자'고 했더니, 자신은 요즈음 기도를 잘하고 있다고 말했다. 인공지능에게 '수험생을 위한 기도를 해줘'라고 말하면 '기도 인도자'가 나와 기도를 시작하는데 자신은 '그'를 따라서 기도한다는 것이다. 의사도 예외가 아니다. 병원에서 로봇을 이용한 수술은 이미 오래전에 자리 잡은 현실이

일이 가능해져 생명공학, 제약 산업 등의 비약적인 발전과 함께 인류의 삶에 획기적인 변화를 몰고 올 것으로 기대하고 있다."
7.   시험관 수정으로 인간이 생명을 '창조'해 낼 수 있을 것처럼 생각하는 일은 이제 더 이상 새롭지 않다.
8.   유발 하라리, 『호모데우스』, 442.

며 점점 더 그 영역이 확장되고 있다. 한 실험에서 밝혀진 바에 따르면 컴퓨터 알고리즘은 "제시된 폐암 사례들 가운데 90%를 정확하게 진단한 반면, 인간 의사들의 성공률은 50%에 그쳤다."[9] 이런 통계는 앞으로 사회는 점점 더 사람보다 컴퓨터 알고리즘을 믿고 신뢰하는 방향으로 갈 것임을 암시한다. 가장 최근에는 "전문직도 위협하는 챗GPT"가 새롭게 등장했다.[10] 스타트업 오픈에이아이(OpenAI)가 2022년 12월 1일에 공개한 대화형 인공지능 챗봇 챗지피티(ChatGPT)가 출시 두 달여 만에 사용자 1억 명을 기록하며 돌풍을 일으켰다. 사용자가 질문하면 방대한 정보를 수집해 정교하고 논리적인 글을 만들어 그에 걸맞은 대답을 하는 이 인공지능은 앞으로 문학부터 법조, 교육, 의료 직군 등 모든 직업을 대신할 가능성이 있다는 위기감을 만들고 있다.[11]

이처럼 사람이 하던 일을 이제 인공지능이 대신하면서 "미래에 시스템이 여전히 인간을 필요로 한다 해도 개인을 필요로 하지는 않을" 가능성이 높다.[12] 그 결과 개인은 직업 현장에서 자리를 점점 더 잃어갈 것이다. 사람이 사라진 자리에 '전능한 알고리즘'이 들어왔다. 인간이 신이 되고자 했지만 현실은 인간 소외다.

인공지능이 일하는 동안 사람은 이제 뭘 할까? 그 많은 시간, 힘은 어디에 쓸까? 하루 종일 게임만 하고 지낼 수는 없다. 인생의 의미는 많은 경우 노동에서 찾게 된다. 정신노동이든 육체노동이든 노동은 인간

9. 유발 하라리, 『호모데우스』, 432.
10. 위 타이틀은 2023년 2월 7일 자 화요일 《한겨레신문》 사회면에 장식된 글이다.
11. "점점 커지는 일자리 감소 우려: 20년 안에 일자리 47% 사라진다?"(https://www.joongang.co.kr/article/18457148[2023년 2월 24일 검색]). 또 다른 일각에서는 "정보를 찾는 방식의 패러다임이 바뀐 것은 분명하지만, 인간을 대체할 정도로 성숙한 것은 아니다"라는 시각도 있다(2023년 2월 7일 화요일 《한겨레신문》 사회면).
12. 유발 하라리, 『호모데우스』, 449.

의 가치와 삶의 의미 결정에 매우 중요하다. 노동은 하나님이 아담과 하와에게 주신 복이며(창 1:28), 대홍수 이후 노동이 축복이라는 점은 노아에게서 다시 확증된다(8:22). 신약에 이르러서도 하나님은 일하시되 안식일에도 쉬지 않고 일하시는 분으로 예수님에 의해 계시된다("내 아버지께서 이제까지 일하시니 나도 일한다", 요 5:17). 그런데 현대 사회에 들어서면서 인간은 삶의 의미를 가져다주는 노동과의 소외를 점점 더 많이 겪는다.[13] 잃는 것은 노동만 아니라 노동의 결과에 대한 공정한 분배도 있다. 4차 산업혁명의 현실은 그렇잖아도 가뜩이나 심각한 부와 정보의 양극화를 심화시킨다.[14] 조지메이슨대학교 경제학과 교수인 타일러 코웬(Tyler Cowen)은 그의 책 『4차 산업혁명, 강력한 인간의 시대』에서 인공지능과 관련된 최상위 계층 10%가 부의 90%를 가져가는 사회가 미국에 도래할 수도 있다는 경고를 하기도 한다.[15] 비록 예상이 현실이 되고 있지는 않지만 미래가 그렇게 긍정적인 것만은 아닌 것은 확실하다. 인간의 행복을 위해 가져온 4차 산업혁명은 소수만 행복하게 만들고 나머지는 무의미와 허무로 이끌어 갈 수 있기 때문이다. 허무주의가 인간이 신이 된 사회의 종점이라고 말하면 너무 과한 진단일까.

성경이 말하는 사회

인간이 신이 되려는 경향에 성경은 침묵하지 않는다. 데살로니가후

---

13. 일을 위한 기독교적 전망과 일터에서 겪는 인간 소외 현상에 대한 기독교적 평가의 좋은 길잡이로는 미로슬라브 볼프, 『일과 성령』을 보라.

14. 이와 관련한 논문으로, 이기완, "인공지능과 미래의 불평등, 그리고 민주주의", 「세계지역연구논총」 39.4 (2021): 1-23을 보라.

15. 타일러 코웬, 『4차 산업혁명, 강력한 인간의 시대』 (서울: 마일스톤, 2017), 1장에서 3장을 보라.

서 2:2-4에 따르면 "주의 날" 곧 강림이 가까이 올 때 하나님을 향한 신
앙을 포기하는 일이 일어난다. 예수 잘 믿던 사람이 신앙을 버리는 이유
는 이어지는 본문에서 설명된다. 주의 강림이 가까울 때 기존의 모든 신
을 능가하는 새로운 종류의 신이 출현할 것이다. 바울은 그 새로운 종류
의 신을 "불법의 사람" 혹은 "멸망의 아들"이라고 칭하는데 그 신은 기
독교인조차 신앙을 포기하게 할 만큼 힘이 막강하다고 강조한다. 그는
누구일까? 바울은 구체적인 역사적 인물을 염두에 두었을까? 아니면
그냥 상징(묵시)적인 인물을 염두에 둔 것일까? 바울이 말하는 것은 다
니엘이 예언한 내용이다(단 9:27; 11:31; 12:11). 다니엘은 '멸망의 가증한 것
이 성소에 세워질 것이라'고 예언했다. 이 예언은 주전 164년에 일어난
사건을 말하는데, 당시 시리아 왕 안티오쿠스 4세 에피파네스가 예루살
렘 성전 지성소에 돼지 피를 가지고 들어가 제단에 뿌린 후 그곳에 자
신과 제우스를 숭배하도록 새로운 제단을 만들었다. 그뿐 아니라 그는
자신의 얼굴이 새겨진 동전을 만들어 거기에 자신을 신이라고 적은 최
초의 그리스인 왕이었다. 그가 새로운 제단을 만들 때에 모든 성경은 불
태워졌고, 할례를 행하는 자는 죽임을 당했으며, 안식일을 지키는 자 역
시 사형에 처해졌다. 이에 많은 유대인은 신앙을 버렸다. 유대인에게 이
사건은 역사적 트라우마가 되어 세상 마지막에 일어날 일이 이와 같다
고 보기 시작했다. 바울 역시 이 사건을 염두에 두고 하나님이 마지막
날에 세상을 심판하시고자 강림하실 때 그와 비슷한 일이 일어날 것이
라고 말하고 있다. 바울에게 그것은 사람이 갈수록 점점 더 강한 신이
되고자 한다는 것이었다. 바울의 이런 예언은 놀라운 것이 아닌데, 이것
은 인류의 시작인 에덴에서 이미 시작된 모습이기 때문이다. 에덴동산
에서 인간은 선과 악을 아는 일에 "하나님과 같이"(창 3:5) 된다는 유혹

에 굴복했기 때문이다. 선악을 아는 데서 하나님과 같이 된다는 말은 인간 스스로 선과 악을 정하는 존재, 자율적 존재가 된다는 말이다. 전지전능한 존재가 되려는 욕망이 최초의 인간을 타락시켰다. 그러므로 바울 역시 세상의 심판 날이 가까워질수록 신이 되려는 인간의 경향은 더욱 뚜렷해질 것이라고 진단했다. 아니, 그 반대도 가능하다. 신이 되려는 경향이 점점 더 강해지니 심판 날이 가까워지는 것이다.

바울에 의한 말씀의 칼은 그로부터 이천 년이 지나 현대 사회를 다시 겨눈다. 의식하든 못하든 현대 사회는 인간이 신이 되려는 사회가 됐기 때문이다. 인공지능이 새로운 종류의 신이라는 말이 아니다. 기계는 가치중립적이다. 문제는 인간이다. 신이 되려는 인간이 문제이고, 인간의 교만이 문제의 원인이다. 인간이 교만해지는 것이 뭐 나쁜가라고 반문할 수 있다. 그러나 교만해진 자신은 자기 멋에 살지 몰라도 그 한 사람 때문에 여러 사람이 고통을 받는다. 어디 다른 사람만 고통에 빠지는가? 결국은 남만 아니라 그 사람의 인간성 역시 파괴된다. 어쨌든 인간이 신이 될 수 있다는 허상으로 얼룩진 현대 문화의 한편에서는 다수의 사람이 노동의 기회조차 가지지 못하고 있고, 중독에 빠지는 사람이 늘어나고 있으며, 허무주의의 어두운 그림자는 사회 곳곳에 스며들고 있다. 신학적으로 본다면, 중독과 허무주의의 배후는 하나님만 채울 수 있는 우리의 영혼을 자기만족으로 채우려는 인간의 자기 우상화다.

기독교는 이런 시대에 대안이 될 수 있는가

인간이 신이 되어 자기가 자신을 구원하려는 시대에 기독교가 전해야 하는 복음은 무엇인가? 기독교의 구원 방향은 앞서 언급한 현대 문화의 흐름과 반대다. 현대 사회는 인간이 스스로 신이 되려 하는데, 복

음은 신이 인간이 된 이야기를 들려준다. 우리는 오르려 하는데, 복음은
우리에게 내려온 신의 이야기를 들려준다. 바로 나사렛 예수님의 이야
기다.

> 그는 근본 하나님의 본체시나
>
> 하나님과 동등됨을 취할 것으로 여기지 아니하시고
>
> 오히려 자기를 비워
>
> 종의 형체를 가지사
>
> 사람들과 같이 되셨고(빌 2:6-7).

우리 인간은 한계를 지닌 존재이면서도 모든 것을 알아서 통제하려
하는데, 그에 반해 하나님은 모든 것을 아시지만 자신의 지식을 스스로
제한하셨다("그날과 그때는 … 천사들도, 아들도 모르고 아버지만 아[신다]", 막
13:32). 우리는 마음먹은 모든 것을 하는 존재가 되려 하는데, 나사렛 예
수는 다른 사람의 손에 자신을 의탁하심으로 태어나셨고, 또한 십자가
에서 무력하게 죽으셨다. 우리는 오르려 하는데 나사렛 예수는 내려오
셨다. 우리는 자신의 삶의 자리를 다른 사람 머리 위에 두려 하지만 그
의 삶의 자리는 사람의 발아래였다. 사람의 발아래에 무릎을 꿇고 그들
의 발을 씻어주신다. 왜 그러셨는가? 하나님이 사람이 되신 것은 사람
가운데서 신적 섬김을 받기 위함이 아니라 자신의 생명을 주어 사람으
로 하나님의 생명을 얻도록 하기 위함이다. 하늘로 올라가 신이 되지 않
아도 된다는 것이 복음이다. 복음은 하늘이 땅으로 내려와 사람에게 하
나님의 생명인 영생을 주셨다는 소식이다.

나는 하늘에서 내려온 살아 있는 떡이니 사람이 이 떡을 먹으면 영생하
리라. 내가 줄 떡은 곧 세상의 생명을 위한 내 살이니라 하시니라(요
6:51).

예수님이 주시려 한 영생이자 하나님의 생명은 어떻게 얻는가. 하늘
에 올라가야 얻는 게 아니다. 대신에 하늘이 땅으로 임했다. 예수님이
사람이 되시어 사람에게 하늘 생명, 하나님의 생명을 주신다. 그러니 예
수를 먹고 마실 때 우리 안에 하나님의 생명이 시작된다.

신 중심 사회에서 인간 중심 사회로 옮겨갔다가, 이젠 인간이 신이
되려는 사회가 도래했다. 현대 문화는 이제 드러내 놓고 '도대체 인간에
게 구원이 필요한가'라는 말을 하기도 한다. 하지만 그런 큰 목소리 이
면의 현실은 소수만 정보와 권력을 가져 신이 되고 나머지는 그 정보와
권력에 매여 사는 사회다. 반면 나사렛 예수의 복음은 소수만 아니라 믿
는 모든 자에게 하나님의 생명을 주시고자 신이 사람이 된 이야기를 들
려준다. 무엇보다, 복음은 사람이 신이 되는 것은 자력으로 이루는 것이
아니라고 말한다. 요한복음 10:34-35에서는 예수님께서 스스로를 하나
님이라고 한 것에 대해 유대인들이 신성모독 했다며 그를 비난하자 예
수님이 놀랍게도 다음과 같이 말씀하신다.

너희 율법에 기록된 바 내가 너희를 신이라 하였노라 하지 아니하였느
냐. 성경은 폐하지 못하나니 하나님의 말씀을 받은 사람들을 신이라 하
셨거든(10:34-35).

이 말씀은 시편 82:6-7에서 인용됐다.

내가 말하기를 너희는 신들이며 다 지존자의 아들들이라 하였으나 그
러나 너희는 사람처럼 죽으며 고관의 하나같이 넘어지리로다(시 82:6-7).

하나님이 그의 백성을 이집트에서 해방하여 시내산에 데리고 가신
후 율법을 주셨다. 그들로 하나님처럼 거룩하게 살도록 하시기 위함이
다("너희가 내게 대하여 제사장 나라가 되며 거룩한 백성이 되리라", 출 19:6). 하지만
그들은 금송아지를 섬기며 짐승의 형상을 신으로 숭배할 것을 택했다.
시편은 이 이야기를 배경으로 한다. 하나님은 사람이 하나님처럼 거룩
하게 살도록 하시려 했지만, 그들은 스스로 금송아지를 섬기며 짐승 아
래의 존재가 되어버린다. 요한복음에서 예수님께서 이 말씀을 인용하
신 일차적인 뜻은 성경은 하나님의 말씀을 받은 사람을 신이라 하는데,
하물며 하나님에 의해 보냄을 받은 내가 신이라 말하는 것이 어찌 신성
모독이냐는 주장이다. 하지만 요한복음 전체 흐름으로 보았을 때 시편
82:6-7을 인용하신 데에는 예수님의 더 큰 뜻이 있다. 이스라엘은 하나
님의 말씀을 받았음에도 불구하고 하나님의 자녀로 사는 일에 실패하
여 필멸에 처했지만, 예수님은 그들이 하나님의 생명(영생)을 받아 다시
살도록 하고자 오셨다는 것이다.

영접하는 자 곧 그 이름을 믿는 자들에게는 하나님의 자녀가 되는 권세
를 주셨으니 이는 혈통으로나 육정으로나 사람의 뜻으로 나지 아니하
고 오직 하나님께로부터 난 자들이니라(요 1:12-13).

시편에 따르면 하나님이 이스라엘에 말씀을 주신 것은 그들이 하나

님의 생명을 받아 하나님을 닮아가며 살도록 하기 위함이었다. 말씀을 받은 이스라엘은 이 삶을 사는 데 실패했고 하나님은 다시 예수님을 통해 길을 제시하신다. 예수님은 '말씀이 육신이 되신' 분이시다. 그러므로 예수님을 영접하는 것은 하나님의 말씀을 받는 길이다. 무엇보다 예수님은 하나님 자신이시니 예수님을 영접하는 것은 우리 안에 하나님의 생명(성령)이 잉태되는 길이고, 예수님은 하나님의 아들이시니 예수님을 영접하는 것은 하나님의 자녀가 되는 길이다. 예수님을 통해 드러나게 된 하나님의 뜻은 필멸로 돌아갈 수밖에 없는 사람이 하나님의 생명을 받아 하나님의 자녀가 되도록 하는 것이다. 하나님은 에덴동산 이후 사람이 반역으로 이루려 했던 '신이 되는' 일을 오히려 믿는 자들을 그의 자녀로 삼아 영생을 주심으로 이루신다.

* * *

현대 사회의 기술문명은 인간이 신처럼 전지전능한 존재가 된 것처럼 착각하게 만들기도 한다. 하지만 현실은 정보기술을 독점한 소수만 행복하고 점점 더 많은 사람이 노동의 기회를 잃어가고 있다. 수많은 정보를 순식간에 '검색'해 낼 수 있는 '능력'을 지니고 있다고 자부하지만 모든 아름다움을, 모든 의미를 순식간에 한 줌의 재로 돌아가게 만드는 죽음의 문제 앞에서는 전적으로 무능하고 무지한 존재라는 진실을 외면하거나 때로는 미화하기도 한다. 하지만 아무리 미화해도 죽음의 힘은 길들일 수 없다. 기독교는 인간이 신이 되려는 현대 사회에 신이 인간이 된 이야기를 들려준다. 소수의 사람만 행복하고 다수는 불행하게 하는 4차 산업혁명의 '복음'이 아니라 모든 사람으로 하나님의 생명에 동참하도록 하시기 위해 한 분 하나님이 자신의 목숨을 내어놓은 이야기, 그 이야기 안에 인류의 소망이 있다는 것이 우리 시대에 전할 기독교의 '복음'이다.

제13장
뒤바뀐 도착지

이슬람에는 메카라는 성지가 있다. 모든 무슬림은 사우디아라비아의 히자즈 지역에 위치한 이곳으로 일생 동안 한 번은 순례를 가야 한다. 무슬림의 종교적 의무다. 메카에는 하나님의 집이라 불린 큰 돌이 있는데, 이는 아브라함이 이스마엘과 함께 하나님을 예배할 때 기초로 삼은 암석으로 알려져 있다. 무슬림은 기도할 때 얼굴을 그곳으로 향해야 한다는 것이 기도 규칙이다. 그러나 기독교인은 특정 장소로 성지 순례해야 한다는 종교적 의무가 없고, 또 기도할 때 특정 방향을 향해야 한다고도 하지 않는다. 있는 자리 그곳에서 모든 방향을 향해 기도하며 하나님의 얼굴을 구한다. 유대인은 팔레스타인이라는 특정 장소를 여전히 하나님의 약속의 땅이라 믿는다. 전 세계에 흩어져 사는 유대인은 옛 예루살렘 성전 서쪽 터에 남은 통곡의 벽이라는 곳으로 와서 성전 재건을 바라며 기도한다. 그러나 기독교인은 구약에서 하나님의 집이라 불린 예루살렘을 문자 그대로의 성지로 여기지 않으며, 기도하러 그곳에 가지도 않는다.

기독교는 유대교와 이슬람과 마찬가지로 하나님을 말하지만 하나님을 만나고 예배하는 방식은 그들과 전혀 다르다. 왜 기독교인은 기도 방향을 특정화하지 않고 방향과 상관없이 하나님께 기도할 수 있다고 믿는가? 왜 기독교인은 거룩한 땅, 성지는 따로 있는 것이 아니고, 예루살렘과는 천길만길 떨어진 어떤 곳도 하나님을 만나고 그를 섬기는 곳이라 믿는가? 이 주제를 묵상하는 일은 기독교의 또 다른 본질을 깨닫는 일이다.

하나님은 에덴을 창설하신 후 자신의 형상을 따라 만든 사람을 그곳에 두시고는 그들이 하나님 앞에서 하나님과 동행하는 삶을 살도록 하셨다. 천지를 만드신 하나님이 특정 공간을 따로 만드시고 그곳에 사람을 두신 것은 천지가 다 그가 만드신 바이더라도 하나님을 만나고 동행하고 그의 영광을 맛보며 그의 뜻을 따라 살아가려면 특정 공간이 필요하다는 것을 말해주시기 위함이다(후기 선지자[에스겔, 스가랴]에게 에덴은 성막 혹은 성전의 원형으로 이해된다). 그곳에 생명나무와 선악과를 두셨다는 사실 역시 사람이 하나님과 인격적 관계를 맺는 일에 있어 더 의미 있는 공간이 있다는 점을 밝힌 것이라고 볼 수 있다. 그런데 두 남녀가 에덴에서 쫓겨났다. 우리가 잘 아는 이유에서다. 창세기 3:23-24을 보자.

> 여호와 하나님이 에덴동산에서 그를 내보내어 그의 근원이 된 땅을 갈게 하시니라. 이같이 하나님이 그 사람을 쫓아내시고 에덴동산 동쪽에 그룹들과 두루 도는 불 칼을 두어 생명나무의 길을 지키게 하시니라(창 3:23-24).

하나님이 그들로 하여금 에덴을 떠나게는 하셨지만 어디로 가야 할지는 말씀하지 않으셨다. 그들은 이제 어디로 가야 하나? 나온 곳은 있지만 도착지는 없다. 삶이 늘 뚜렷한 목적지가 있어야 하는 것은 아니지 않느냐고 할 수 있지만 출구 없는 삶, 목적지 없는 길은 미로와 같다는 것을 우리는 경험으로 안다. 그땐 공허와 싸워야 한다. 우리는 모든 곳이 하나님이 지으신 곳이란 믿음이 있지만 때때로 지금 있는 곳이 내가 있어야만 하는 곳인가라는 의구심을 함께 가지고 산다. 이것이 바로 에덴을 잃어버린 인간이 이 땅에 발을 딛고 살아가는 현실이다. 쫓겨난 두 남녀는 이제 어디서 하나님을 만나고, 어디서 하나님의 영광을 체험하며, 어디서 하나님의 선하심을 맛보며 살아야 하는가? 어디를 가야 삶의 목적지에 도달했다는 생각을 가질 수 있을까? 이런 의문만 가진 채 이제 두 사람은 길을 나선다.

출애굽기도 떠남의 이야기로 시작한다. 한 무리의 사람이 400년 동안이나 제집처럼 살던 곳을 떠나는 이야기다. 이번에는 하나님이 그들을 쫓아내지 않고 이끌어 내신다. 그러니 구체적인 도착지가 있다. 아담과 하와에게 떠남은 벌이었지만, 히브리 노예들에게 떠남은 복이었다. 그들에겐 떠나서 가야 할 곳이 있고 그곳에서 해야 할 일이 있다. 하나님은 모세에게 그 약속된 장소(출 6:3-4)로 가서 '하나님을 섬기라'(3:12)고 하셨다. 천지가 다 하나님이 만드신 곳인데도 하나님을 섬기는 일은 어떤 장소에서는 되고 다른 장소에서는 안 된다는 뜻을 드러내셨다. 이를 위해 하나님은 그들을 400년 동안이나 살던 땅에서 이끌어 내어 그곳으로 데려가고자 하신다. 하지만 그들이 머물던 땅의 주인인 바로는 그들에게 나가지 말라고 했다. 지금 사는 그곳을 목적지로 삼아 여기서 너희 하나님을 섬기면 안 되겠냐고 말했다. 아니, 위협했다. 하지만 하나님은 생각이 다르셨다. 하나님을 만나려면 그곳에 가야 했다. 그곳이 어디인가? 첫 도착지는 시내산이고, 최종 목적지는 시온산이다. 홍해를 마른 땅처럼 걸어 나온 백성이 언덕에 서서 앞으로 도착할 그곳을 "주의 거룩한 처소"이자 "주의 기업의 산"이라 말하며 노래한다.

> 주의 인자하심으로 주께서 구속하신 백성을 인도하시되 주의 힘으로 그들을 주의 거룩한 처소에 들어가게 하시나이다(15:13).

> 주께서 백성을 인도하사 그들을 주의 기업의 산에 심으시리이다. 여호와여 이는 주의 처소를 삼으시려고 예비하신 것이라, 주여 이것이 주의 손으로 세우신 성소로소이다. 여호와께서 영원무궁 하도록 다스리시도다(15:17-18).

하나님은 자신의 집("성소")으로 데리고 가시려고 히브리 노예들을 이끌어 낸 것이다. 하나님의 집은 팔레스타인 땅 시온산 위에 있었다. 천지를 지으신 하나님이 특별한 공간을 자신의 거처라 하신 것은 놀랍다. 당연히 그곳만 자신의 집이라 여기셨기 때문은 아니다. 오히려 그 산을 집으로 삼으신 것은 그 집을 보좌로 삼아 온 땅을 다스리시고자 작정하셨기 때문이다. 왜 그 산인지는 아무도 모른다. 하지만 특정 공간을 집으로 삼아 온 세상을 다스리시는 보좌로 삼겠다는 것이 주의 뜻이었다는 것은 분명하다. 그 땅에 도착한 사람들은 매 절기 때마다 길을 나서서 그 산으로 성지 순례를 오도록 명령받은 것도 이 까닭이다.

> 너희가 요단을 건너 너희 하나님 여호와께서 너희에게 기업으로 주시는 땅에 거주하게 될 때 … 너희는 너희의 하나님 여호와께서 자기 이

름을 두시려고 택하실 그곳으로 내가 명령하는 것을 모두 가지고 갈지
니 곧 너희의 번제와 너희의 희생과 너희의 십일조와 너희 손의 거제와
너희가 여호와께 서원하는 모든 아름다운 서원물을 가져가고 너희와
너희의 자녀와 노비와 함께 너희의 하나님 여호와 앞에서 즐거워할 것
이요 … (신 12:10-12).

　하나님의 말씀이 이러하니, 팔레스타인에서 길이 어떻게 닦일지 짐
작된다. 모든 길의 구심점은 시온산이 되게 해야 했다. 어디서 걷든지
어떤 길을 걷든지 길의 최종 도착지는 모두 시온산 위에 있는 하나님의
집이 돼야 했다. 이스라엘 땅에서 길은 미로가 아니었다. 길을 잃어버릴
이유가 없었다. 그냥 계속 걷다 보면 하나님의 집이 나온다. 출구가 있
고 도착지가 있기 때문이다. 아담과 하와 이후 인간에게 에덴동산으로
돌아가는 길은 막혔지만, 하나님의 집으로 성지 순례하는 길은 열렸다.
어디서 무슨 일을 하든지, 어떤 길을 걷든지, 하나님의 선하심을 체험하
고 그에게 그 영광을 돌리는 일이 인생길의 도착점이 되도록 하셨다.

선지서

　얼마 후 이스라엘 왕들은 다시 길을 잃고 미로를 헤매게 된다. 시온
산으로 성지 순례를 가던 사람과 왕이 자꾸 도중에 옆길로 샌다. 선지자
가 이스라엘 왕과 백성이 새로 닦은 길을 뒤따라가 보니 그 끝엔 이집
트와 앗시리아 등 힘세고 부유한 이웃 나라와 그들의 우상이 있었다. 처
음엔 샛길을 만들며 가더니 이내 샛길이 대로가 되고 결국 도착지가 된
다. 열국은 좋아했다. 그들은 이스라엘이 만든 그 길을 따라 군대를 이
끌고 들어와서는 이스라엘 백성을 포로 삼아 자기 나라로 데려갔다. 이

후 시온산으로 올라가는 대로엔 잡초만 무성하고 황폐화됐다. 하지만 70년 후 하나님은 옛날 그의 백성을 이집트에서 이끌어 내실 때와 같이 그들을 다시 그의 집에 데려오기 위해 길을 닦으신다. 이사야 선지자에게 "여호와의 길을 예비하라"고 외치시고(사 40:3), 스가랴 선지자에게는 대제사장 여호수아와 함께 하나님의 집을 재건축하라고 말씀하신다(슥 1:16; 2:1-5; 3:1-10). 그의 백성이 돌아오면 그들과 하나님이 그 집에서 같이 살기 위해서였다. 그런데 하나님의 집을 새롭게 할 것을 꿈꾸던 스가랴 는 놀라운 환상을 본다. 하나님의 집이 재건축되어 그의 백성이 하나님 을 만나고 예배하고 그의 선하심을 맛보고자 하나님의 집으로 오는 길 을 하나님의 백성만 아니라 열국도 함께 걸을 것이라는 환상 말이다.

> 많은 백성과 강대한 나라들이 예루살렘으로 와서 만군의 여호와를 찾 고 여호와께 은혜를 구하리라. 만군의 여호와가 이와 같이 말하노라. 그날에는 말이 다른 이방 백성 열 명이 유다 사람 하나의 옷자락을 잡 을 것이라. 곧 잡고 말하기를 하나님이 너희와 함께하심을 들었나니 우 리가 너희와 함께 가려 하노라 하리라 하시니라(8:22-23).

이제 시온으로 가는 길은 이스라엘 땅을 넘어 열국 가운데서도 만 들어졌다. 세상 어떤 길도 미로가 아닌 날이 올 것이라고 선지자는 보았 다. 온 세상의 모든 길이 시온산 위의 하나님의 집을 구심점으로 삼아 닦일 것이기 때문이다. 스가랴는 어느 나라 어느 곳에 있든지 길을 걷기 만 하면 하나님의 집에 도착하는 환상을 보았다. 이스라엘만 아니라 열 국 역시 그들의 삶의 궁극적 목적이 하나님의 선하심을 맛보고 하나님 께 모든 영광을 돌리는 것이 되어 그들의 인생길이 하나님의 집으로 오는 길이 될 것이라고 본 것이다. 스가랴 선지자에 따르면 하나님의 백성과 함께 열국이 시온산에 성지 순례 올 때 인류 역사는 절정에 달한다. 에덴동산 이후 미로에 들어선 이들이, 이제 다시 길의 도착지를 찾은 것이다. 스가랴서에 나오는 하나님을 대리하는 왕이 나귀 새끼를 타고 성전으로 돌아오는 것이나(9:9; 참조. 8:22-23) 하나님이 그 산 위에서 천하의 왕 노릇 할 것이라는 예언(14:9, 16-17) 모두 인류의 마지막 성지 순례를 배경으로 삼고 있다.

예수님 역시 선지자들이 예언한 성지 순례의 길을 걸으며 북쪽 갈릴리에서부터 남쪽 시온산 위에 있는 하나님의 집으로 여행을 하신다 (막 8:27; 9:30-34; 10:32, 46, 52). 그 여행은 그의 모든 지상 사역을 마무리하시는 마지막 여행길이었다(11:1-11). 특히 예수님은 스가랴의 예언을 의식한 듯이 나귀 새끼를 사전에 준비해 두시고 성전에 들어가실 때는 그것을 타고 들어가신다.[1] 그러고는 '하나님의 집은 만민이 기도하는 집'(17절)이라 선언하시며, 스가랴가 환상 중에 본 것처럼, 성전은 유대인만 아니라 모든 열국의 성지 순례지가 될 것이라 내다보셨다.

뒤바뀐 도착지

출애굽기의 히브리인들과 구약의 선지자들 심지어 예수님 역시 모든 길의 도착지를 시온산으로 삼고 그곳으로 여행을 왔다. 그런데 변화가 찾아왔다. 예수님을 주로 고백한 초기 교인들의 성지 순례 방향에 뭔가 중대한 변화가 생겼다. 초기 교인들은 만약에 구약 선지자들이 보았다면 그들이 다시 우상의 땅, 힘 있고 부유한 나라를 좇아간다고 생각했

---

1. 예수님이 나귀 새끼를 사전에 준비해 두셨다는 해석에 대해서는 박윤만, 『마가복음』, 765-769을 보라.

을 법한 곳을 도착지로 삼고 길을 걷기 시작했다. 기독교인은 시온산을 구심점으로 삼아 길을 걷지 않고 반대 방향으로 나아가고 있었던 것이다. 예루살렘을 출발지로 삼아 북쪽으로는 안디옥과 메소포타미아, 서쪽으로는 마케도니아와 로마, 남쪽으로는 이집트와 아프리카, 동쪽으로는 페르시아와 인도와 중국을 향해 나아간다. 그렇다고 그들이 시온산 위의 하나님의 집을 아예 등진 것은 아니었다. 세상으로 나아가는 길 여행의 출발지는 예루살렘이었고, 또 세상으로 나아갔다가 초반에는 다시 예루살렘에 돌아오기도 한다(행 15:2; 20:22). 하지만 그게 끝이었다. 교회가 세상으로 나아간 지 얼마 되지 않아, 이제 더 이상 예루살렘을 돌아가야 할 곳으로 삼지 않는다. 대신 북쪽 시리아의 안디옥교회가 베이스가 된다(14:21; 15:22, 35; 18:22-23).[2] 그 후에 바울은 심지어 안디옥교회도 더 이상 베이스로 삼지 않는다. 로마의 여러 변방 도시로 나아가 각 지

---

2.   안디옥은 팔레스타인 북쪽 시리아 지역에 위치한 도시다. 시리아의 수도로서, 그리스-로마 도시 중 세 번째로 크고 웅대하다고 알려졌다. 안디옥은 지리적으로는 남쪽 이집트에서 생산된 많은 무역품을 육로를 이용해 가지고 올라와 서쪽에 있는 로마로 이동할 때나 시리아에서 생산된 물건을 로마로 가져갈 때도 거쳐야 하는 길목에 있는 도시였다. 이것은 안디옥이 무역 요충지였다는 것을 말한다. 더불어 안디옥은 군사적으로도 중요했다. 그곳엔 동쪽과 남쪽 지역에서의 군사 작전을 위한 본부가 있었다. 남안디옥이 이렇게 중요한 것을 안 로마 황제들은 자주 이곳을 방문했는데, 1대 황제 아우구스투스나 예수님 시대 황제였던 티베리우스는 그곳에 방문하여 도시 개발을 직접 주도하기도 했다. 유명한 이집트 여왕 클레오파트라와 로마 장군 안토니우스가 결혼한 곳도 안디옥이었다. 주후 43년경에 로마 황제 클라우디우스는 안디옥에서 올림픽 게임을 열었다. 이처럼 안디옥은 역사적, 지리적, 그리고 상업적으로 매우 중요했다. 상황이 이렇다 보니 안디옥은 토착민보다 이주민들이 중심을 이루는 지역이었다. 다민족 사회였다는 말이다. 기록에 따르면 그곳에서 발견된 비석들에는 헬라 사람들이 쓰는 언어인 그리스어와 로마 사람들의 공식 언어인 라틴어, 유대인의 언어인 히브리어와 아람어, 시리아 사람들이 사용한 시리아어, 이집트 지역에서 쓰이던 콥틱어, 북쪽 페르시아 사람들이 쓰던 페르시아어와 같이 다양한 언어가 혼용됐다. 이것 역시 그 도시가 다민족 사회였다는 것을 말한다.

역에 교회를 세우고 그곳이 하나님을 예배하려는 이의 도착지가 되게
한다. 사도행전이나 그의 서신에서 확인할 수 있듯이 바울은 그가 전한
복음을 듣고 주 예수를 믿게 된 이들을 성지 순례라는 이름으로 예루살
렘 성전에 데리고 간 적이 단 한 번도 없다. 오히려 바울에게 성전은 고
린도전서 3:16과 6:19이 말하듯이 성도의 몸이요 성도의 모임이었다.
바울 시대에 성전은 여전히 시온산 위에 서 있었음에도 불구하고(성전
파괴는 주후 70년과 134년에 로마에 의해 이뤄짐) 사도행전과 바울서신의 증언
에 따르면 초기 교회에게 예루살렘은 더 이상 하나님을 예배하는 중심
이 되지 못했다.

　　초기 교회는 구약의 선지자들과 동일하게 하나님의 선하심을 맛보
고 그에게 영광을 돌리며 그를 섬기는 일을 최우선으로 삼았지만, 하나
님을 만나고 섬기기 위해 가야 할 도착지가 어디여야 하는지는 다르게
생각했다. 교회는 하나님을 섬기고자 시온산으로 가지 않는다. 대신 구
약의 선지자들이나 백성이 벗어났던 세상, 이집트, 바빌로니아, 로마로
가서 하나님의 선한 다스림과 왕 노릇이 실현되고 있으니 하나님의 통
치 안으로 돌아오라고 선포했다. 단순한 여행을 위해서라면 여행지가
달라진 것은 이상한 일이 아니다. 하지만 그들은 여행을 간 것이 아니라
하나님을 만나고 하나님의 선하심을 맛보며 하나님의 통치를 받고 하
나님을 예배하기 위해 그곳으로 갔다. 선지자들이 역사가 마지막 국면
에 접어들 때 세상 사람이 예루살렘으로 순례를 올 것이라고 했음에도
불구하고 이미 마지막 때(종말)를 살아가고 있다고 믿은 교회(행 2:17-22,
특히 17절)는 순례 여행을 반대로 한다. 어디 여행만 그러했겠는가. 초기
교회는 기도할 때도 시온산을 향하지 않았다. 오히려 예수의 이름으로
기도했다. 스가랴는 하나님이 천하의 왕 노릇을 시온산 위에서 한다고

했는데, 교회는 온 세상으로 하나님의 왕 노릇을 선포하러 간 것이다.

도대체 무슨 일이 일어난 것일까

초기 교회의 길 여행은 옛 이스라엘의 길 여행과 달랐고, 선지자들이 내다본 종말론적인 순례 여행과도 달랐으며, 무엇보다 예수님이 걸은 길과도 달랐다. 예수를 따르는 제자라면 예수님이 걸으신 길을 그대로 걸어야 한다고 생각할 수 있다. 하지만 교회는 갈릴리를 선교지로 삼거나 그곳을 교회의 '선교 본부'로 삼지도 않았다. 무엇이 교회의 길의 방향과 목적지를 바꾸었을까? 사도행전 1:8이 해답을 준다.

> 오직 성령이 너희에게 임하시면 너희가 권능을 받고 예루살렘과 온 유대와 사마리아와 땅끝까지 이르러 내 증인이 되리라 하시니라(1:8).

예수님은 사도행전에서 제자들의 여행 루트를 알려 주셨다. 예루살렘에서 출발하여 유대와 사마리아 그리고 땅끝이다. 그런데 그가 제자들이 걷도록 알려주신 로드맵은 그가 공생애 기간 동안 걸으며 남기신 루트와는 다르다. 예수님은 사역 내내 갈릴리와 그 주변부에만 머무르셨다는 것이 공관복음이 말하는 바다. 간혹 이방 지역으로 갔지만 "아무도 모르게 하시려" 숨어 계셨고 또 많은 일을 하지도 않으셨다(막 7:24). 예수님이 제자들에게 가라고 하신 여행길도 선지자들이 기대했던 순례 방향과 다르다. 선지자들과 예수님 자신은 열국이 시온산으로 와서 하나님께 기도하고 예배할 것이라고 보았음에도, 교회에게는 시온산에서 세상으로 나아가라고 하신 것이다. 예수님의 로드맵이 바뀐 이유는 도착지인 성소(지성소)에 계신다고 알려진 하나님(의 영)의 머무는 곳이 바뀌었기 때문이다.

성령의 오심

주의 승천 후 예수님을 주로 믿는 이들이 한곳에 모여 기도를 드리는데, 갑자기 강한 바람 소리 같은 것이 집 안에 가득하고, 불의 혀 같은 것이 각 성도 머리 위에 임하자 성도의 가슴이 뜨거워지며, 각 사람이 자기 의지와는 상관없이 바뀐 언어로 "하나님의 큰 일"(행 2:11)을 말하기 시작했다. 성령이 교회 가운데 찾아오신 것이다. 성령은 분명 시온산 위에 있는 하나님의 집에 계신다고 믿었는데, 예수님의 이름으로 기도하자, 기도하는 그 무리 가운데 임하셨다. 오순절 성령 체험의 순간에 교회가 깨달은 것이 있다. 그전까지 그들은 하나님의 집은 산 위에 고정되어 있어 하나님을 경배하려면 그의 영이 임재해 계시는 시온산으로 가야 한다고 생각했다. 그런데 오순절 날 예수를 주로 믿고 기도하는 교회 가운데 성령이 오시자, 하나님이 자신의 집을 예루살렘 성전에서 예수 믿는 사람 가운데로 옮기셨다는 것을 깨달은 것이다. 하나님 아버지께서 자신의 집을 예루살렘에서 예수님의 이름이 불리는 곳으로 이사하셨다는 깃, 그것이 바로 그들 가운데 성령이 오셨을 때 교회기 깨달은 메시지였다.

물론 성령이 교회에 오신 것과 교회가 세상으로 나아가는 것이 무슨 관계가 있는지 의구심이 들 수 있다. 교회가 오순절 성령을 받았을 때 그들의 순례 여행 방향이 어디여야 하는지를 알게 된 과정은 이렇다. 급하고 강한 바람 같은 성령이 성도 위에 오시자 교회가 자신의 뜻과 상관없이 하나님의 큰 일을 말하되, 교회의 언어가 아니라 그곳에 모여든 사람의 언어로 말하기 시작했다(11절). 그 결과 그곳에 모여든 열국의 사람이 자신의 언어로 하나님의 큰 일을 들을 수 있었다. 기도 중 언어가 바뀌자 교회는 하나님의 뜻을 깨닫게 된다. 하나님은 자신의 큰 일을 말씀하시되 성전에서가 아니라 지으신 세상 모든 곳에서 말씀하시기를 원하신다는 것이다. 교회가 말하는 각 언어는 하나님이 거하시기 원하는 집이 어딘지를 깨닫게 하는 표지였다. 성전에서 나오신 하나님이 가시려 한 곳은 자신이 지은 아름다운 세상 전체였다. 교회는 그들의 언어가 가리키는 곳을 도착지로 삼아야 했다. 하나님이 계시기를 원하신 곳은 사람의 몸이고, 삶의 현장이며, 세상 한복판이다.

중요한 것은 교회의 언어가 바뀐 것이 성령의 오심의 결과였다는 점이다. 그러하기에 초기 교회에 성령의 오심은 이 모든 일을 알리는 창발 사건이었다. 예수님은 이것을 아셨기에 '성령이 오시면'이라고 하셨다. 선지자들은 세상 사람이 성지 순례를 하러 시온산에 모여들 것이라는 예언을 했고, 예수님 역시 예루살렘을 마지막으로 그의 여행을 끝내셨다. 그런데도 성령 받은 초기 교회는 세상으로 길을 떠난다. 거룩한 영이 교회에 오심으로 교회는 움직이는 성전이 되어 세상으로 들어간 것이다. 성령의 오심이 가져온 변화는 삶의 방향의 변화이다. 물론 구약에서 강조된 도착지인 시온산은 결코 버림받은 곳이 되지 않았다. 예수님이 예루살렘에서 죽고 부활하심으로 새 시대가 열린(참고, 롬 16:25-26) 곳이 예루살렘이었고, 오순절 절기를 지키고자 세계 각국에서 사람이 모여 들었을 때, 하나님의 영이 예수님을 주로 고백하는 사람 위에 임하신 곳도 예루살렘이다. 결국 구약 선지자들과 예수님의 예언에 따라 그곳에 모여든 사람은 거기에서 성령의 충만함을 받았다. 그러나 성령을 받은 자는 세상으로 돌아가서 그 세상이 하나님의 집이 되도록 하나님의 나라를 선포해야 했다. 특정 공간이 아니라 세상이 하나님의 집이 되어 온 세상을 다스리시려는 하나님의 큰 일을 선포하는 것, 그것이 예수님에게서 받은 교회의 소명이다.

길 여행을 이끈 동력

교회의 이런 소명이 중요함에도 사도행전은 교회가 그 소명을 깨달아 가는 과정이 기계적이지 않다고 말한다. 성령이 오셨지만 대다수 교회의 발걸음은 여전히 예루살렘에 머물러 있었다. 그러다가 예수님의 가르침과 성령이 오신 그 뜻이 이뤄지는 뜻밖의 사건이 일어난다. 스데반의 순교다. 이 사건을 계기로 교회에 큰 박해가 시작되자 그 박해를 피하고자 예루살렘을 떠나 외부 세상으로 나아가기 시작한다. 예수님은 성령을 받아 땅끝을 바라보라 했는데, 교회는 박해를 피해 세상으로 들어갔다. 하지만 성령 받은 교회가 제 발로 갔든지, 아니면 어쩔 수 없이 갔든지 간에 그 발걸음은 성령의 발걸음이 된다. 사도를 제외하고는 모두 유대와 사마리아 땅으로 흩어질 때, 사도행전 11:19에 따르면 어떤 사람들이 이스라엘 밖의 지역인 베니게와 구브로와 안디옥까지 간다. 특히 구브로와 구레네 사람 몇 명이 헬라인에게도 복음을 전하기 시작하자(20절), 그 결과 후에 온 세상을 향해 나아가는 바울과 바나바의 사역 근거지가 되는 다민족 교회인 안디옥교회가 세워진다. 그리스도인들이 예루살렘에서 열방을 향해 한발 나아가게 된 것은 박해로 예루살렘에 더 이상 있을 수 없었을 때였다. 성령이 오실 때 온 땅으로 나아갈 것이라 기대했는데, 많은 성도가 실제로 예루살렘을 벗어나 다른 땅으로 가는 일은 박해를 피하고자 일어났다. 성령의 오심으로 사람이 성전이라는 깨달음을 얻었지만, 실제로 세상을 향해 나아가는 일이 언제나 자발적으로만 이뤄지는 것은 아니었다. 뜻하지 않은 사건이 계기가 될 수도 있었다. 자발적으로 이뤄지든 상황에 의해 어쩔 수 없이 이뤄지든 온 세상으로 성지 순례 가라는 예수님의 말씀은 이뤄질 것이다.

* * *

기독교인은 무슬림이나 유대인처럼 특정 장소를 성지라고 하지 않고, 굳이 성지라는 용어를 써야 할 경우에는 모든 곳이 성지라고 말한다. 일상이 순례지이기에 매일 아침 우리는 성지 순례를 떠난다. 기도 시간은 정하지만 기도 방향은 정하지 않는다. 삶을 대하는 태도의 변화 이유는 성령의 찾아오심이다. 성령님이 시온산 성전에서 예수님을 주로 고백하는 사람 가운데로 옮겨 오셨다. 그렇게 오심은 그들이 가는 세상이 바로 성지 순례지가 되게 하려 하심이었다. 성령 받은 교회가 하나님의 큰 일을 말하되 세상에서 쓰이던 각종 언어로 말하게 됨을 보자 교회는 하나님의 큰 일을 말하기 위해 가야 할 곳이 어딘지를 깨닫게 됐다. 구약에서 하나님이 시온산 위의 하나님의 집으로 오라고 하심은 그렇게 온 이들과 함께 그들이 떠나온 그곳으로 가시어 하나님의 다스림이 편만해지도록 하기 위함이었다. 천하의 왕이 되시리라는 스가랴 선지자의 예언이 오순절에 성취됐다.

교회는 이천 년 동안 변함없이 주일에 함께 모였다가 예배 후 일상으로 다시 돌아간다. 그 돌아감은 단순히 세상으로 돌아감이 아니라 하나님이 계시는 일상의 성전으로 예배하러 가는 성지 순례다. 성령의 오심은 우리의 영적 여행길을 바꾸었다. 하나님을 섬기고 그의 선하심을 맛보는 일에 예루살렘에서 천길만길 떨어진 대한민국 역시 성지가 되게 했다. 이런 신앙이 현실화되는 일에 성령의 오심과 같은 감격적인 사건만 아니라 스데반의 순교와 같은 뜻하지 않은 환난도 밑거름이 될 수 있다는 믿음으로 일상으로 돌아가자.

제3부

1세기 지중해 세계에서 오는 빛

제1장
두 번 나신 이

성경의 첫 책, 첫 장을 시작한 지 서른 절도 채 지나지 않은 지점에 도달하면 놀라운 사실을 접하게 된다. 사람이 만들어졌는데 그 형상과 모양이 하나님의 형상을 따라 하나님의 모양대로 만들어졌다는 것이다. 사람 창조의 본이었던 하나님의 **형상**(히브리어, '첼렘'; 그리스어, '에이콘') 과 하나님의 **모양**(히브리어, '데무트'; 그리스어, '모르페')은 같은 뜻을 가진 다른 표현이다(참조. 창 5:3). 형상은 다소 추상적인 말이지만 모양은 겉으로 드러나는 생김새나 모습을 가리킨다. 그렇기 때문에 어떤 본문에서 형상과 모양이 연이어 같이 나오면 형상이라는 말이 가진 다소 추상적인 뜻이 모양이라는 말을 통해 좀 더 구체화되는 효과가 만들어지기도 한다. 곧, 우리 인간의 모양(생김새)은 하나님의 모양과 하나님의 형상에서 왔다는 뜻이다. 만일 하나님이 모양이나 형상이 없으셨다면 이런 말을 하는 것 자체가 불가능하다. 성경의 첫 책, 첫 장에서 이 말이 사용된 것은 앞서 우리가 한 질문을 풀어 가는 열쇠다.[1]

---

1. 하나님의 형상을 사람의 형상을 기반으로 알아가는 것은 위험해 보일 수도 있다.

하나님의 모양은 어떠한가

우리는 하나님의 형상을 **따라**, 하나님의 모양**대로** 만들어졌다는 것에 주목해 보자. 무엇을 만들 때 다른 무엇을 따라 혹은 다른 무엇의 모양대로 만든다는 것은 만드는 것의 모양이 그것을 따른다는 의미다. 출애굽기 25장에서 하나님은 모세에게 성막을 지으라고 하시면서 "내가 네게 보이는 모양**대로** 장막을 짓고 기구들도 그 모양을 **따라** 지을지니라"(출 25:9, 40)라고 말씀하신다. 산 아래에서 모세가 지은 성막은 산 위에서 본 모양을 따라 만든 것이다. 산 아래의 모양과 산 위의 모양이 다르지 않다. 그러하기에 하나님이 사람을 그분의 형상을 따라 그분의 모양대로 만드셨다는 것은 사람의 모양은 하나님의 모양을, 사람의 형상은 하나님의 형상을 토대로 지어졌다는 것을 말한다. 창세기 5:1, 3은 이런 점을 더욱 분명히 해준다.

> 하나님이 사람을 창조하실 때에 하나님의 모양대로 지으시되(5:1).

> 아담은 백삼십 세에 자기의 모양 곧 자기의 형상과 같은 아들을 낳아 이름을 셋이라 하였고(5:3).

하나님은 자기의 모양대로 사람을 창조하셨고, 아담은 자기의 모양대로 아들을 낳아 셋이라고 했다. 아들 셋은 아버지 아담의 형상을 그대로 가졌고, 아담은 하나님의 모양을 그대로 가졌다. 따라서 사람의 모양

하지만 에스겔 1장에는 에스겔이 환상 중에 하나님의 보좌를 보는데, 거기에 '한 형상이 있어 사람의 모양 같더라'라고 말한다. 하나님의 형상이 사람의 모양으로 묘사되고 있다.

이 하나님의 모양대로 지음 받았다는 것은 성경이 말하는 진리다. 그럼에도 하나님에게 모양이 있다는 것은 상상할 수 없는 일처럼 여겨진다. 특히 하나님은 영이시라는 말씀(요 4:24; 고후 3:17)이 있기에 학자들 사이에는 지금까지 성경이 말하는 "하나님의 형상"을 외모는 배제한 채 어떤 내적인 것으로만 이해하려는 시도들이 있었다. 특히 이런 시도는 인간이 가진 하나님의 형상을 이해할 때 더욱더 두드러진다. 인간이 가진 하나님의 형상을 인간의 내적 속성으로 보는 경향이 대표적이다. 그러니까 하나님에게는 의지의 자유와 도덕적 본성이 있기에 우리가 하나님의 형상을 가졌다는 것은 우리 또한 자유의지와 도덕적 본성을 가졌다는 말로 본 것이다. 하지만 왜 우리는 인간의 형상이 하나님을 닮았다는 것을 생김새는 배제하고 정신 혹은 내적 속성으로만 이해하고 있는가? 이런 태도는 성경적 태도라기보다는 인간의 정신은 선하고 육체는 속되다고 보는 이교도 철학의 영향이 크다. 또 다른 이들은 하나님은 만물을 창조하시고 다스리고 계시기에 인간이 하나님의 형상을 지녔다는 것은 인간은 모든 만물을 다스리고 돌보는 권한을 받았다는 것으로 이해한다. 인간이 하나님에게서 만물을 다스리고 돌보라는 명령을 받았다는 것은 성경적으로 바른 이해이지만 통치권 하나만을 하나님의 형상이라고 말하는 것은 하나님의 형상을 너무 좁게 해석한 결과다. 인간이 가진 하나님의 형상이 무엇인지를 설명해줄 또 다른 본문은 창세기 1:27이다.

> 하나님이 자기 형상 곧 하나님의 형상대로 사람을 창조하시되 남자와 여자를 창조하시고(1:27).

처음에는 "하나님의 형상대로 사람을 창조"하셨다고 하고 이어지는 내용에서는 "하나님의 형상" 자리에 "남자와 여자를 창조"하셨다고 한다. 위 내용을 근거로 인간이 가진 하나님의 형상은 남녀가 함께 사는 사회성이라고 보기도 한다. 하나님이 삼위일체로 계시는 것처럼 인간도 더불어 살도록 지음 받았다는 것이 인간이 하나님을 닮은 모습이라고 보는 것도 가능하다. 하지만 이것 역시 하나님의 형상의 한 부분이지 이 사회성이 곧 하나님의 형상의 전부라고 말하는 것은 지나친 비약이다.

하나님의 형상과 모습이 외적인 모습을 배제할 수 없는 이유

그러면 하나님의 형상대로 지음 받은 인간이 외모를 가진다는 사실은 어떻게 보아야 할까? 외모를 지닌 인간이 하나님의 형상대로 지음 받았다는 것은 하나님 역시 모양이 있으시다는 말일까? 구약성경에서 사용된 형상은 거의 대부분이 외형을 언급할 때 사용된다. 하나님의 형상에서 사용된 형상이라는 말은 구약성경에서 총 17번 사용되는데, 5번 (1:26, 27[2회]; 5:3; 9:6)은 하나님의 형상을 닮은 인간과 아담의 형상을 가진 셋을 가리킬 때 사용됐고, 나머지 12번은 모두 다양한 형태의 신체적 모습을 가리킬 때 사용되고 있다. 모양은 구약성경에서 총 25번 사용됐는데, 거의 대부분이 구체적인 모습을 가리킬 때 사용됐다.

보다 직접적으로 구약성경에는 하나님을 어떤 모습으로 묘사하는 구절이 있다. 창세기 3장에서 아담과 하와가 "바람이 불 때 동산에 거니시는 하나님의 소리를 [들었다]"(3:8)고 한다. 창세기는 하나님이 소리를 내며 걸어 다니셨다고 말한다. 하나님의 모양을 보다 더 분명하게 이야기하는 것은 출애굽기 33장이다. 모세가 산에 올라가 하나님께 "주의 영광을 내게 보이소서"(출 33:18)라고 말했다. 주의 영광은 구약성경에서 주의 형상 혹은 주의 모습과 임재를 가리키는 표현이다. 모세가 요구한 것은 하나님의 형상을 보여 달라는 말이었다. 그러자 하나님은 모세에게 "네가 내 얼굴을 보지 못하리니 나를 보고 살 자가 없음이니라"(20절)라고 하신 후 대신 이렇게 말씀하신다.

> 내 영광이 지나갈 때에 내가 너를 반석 틈에 두고 내가 지나도록 내 손으로 너를 덮었다가 손을 거두리니 네가 내 등을 볼 것이요 얼굴은 보지 못하리라(22-23절).

"내 영광이 지나갈 때"는 하나님의 모습이 지나갈 때라는 말이다. 모세는 하나님의 모습이 자신 앞을 지나갈 때에 하나님의 얼굴은 보지 못하겠지만 대신 하나님의 등은 볼 수 있게 된다. 하나님이 등을 보이셨다. 등을 보이셨다는 것은 하나님이 모양과 형상을 가지고 계셨다는 것을 암시한다. 다만 사람에게 보이지 않으시기에 우리가 볼 수 없을 뿐이었다. 성경의 가르침에 따라 내릴 수 있는 결론은 하나님은 결코 그것에 제한되시지 않지만 '외적인' 형상으로 드러나실 때가 있으셨다는 것이다. 그러므로 인간을 그의 형상대로 만드셨다고 했을 때 하나님을 닮은 인간의 특징에 외적인 모습이 배제되지 않는다고 말할 성경적 근거를 가지게 된 셈이다. 인간의 내적 속성, 외적 모습, 사회성, 통치권 등 인간의 총체적 요소가 하나님의 형상을 반영한다고 말해야 한다는 것은 성경적으로 정당화될 수 있는 주장이다. "인간의 영혼, 인간의 모든 기능, 지식, 의, 거룩함의 미덕, 그리고 인간의 몸조차 하나님을 형상화한다. … 따라서 우리 인간은 하나님의 형상을 가지고 있다고 말하지 말아야 한다. 이는 인간 자체가 하나님의 모양이기 때문이다."[2] 특히 정의된 내용 중 "인간의 몸조차 하나님을 형상화한다"고 했을 때 인간의 몸은 하나님의 어떤 형상의 반영일까?

성경의 계시는 점진적이다(참고, 롬 16:25-26). 구약 특히 선지서의 많은 말과 사건은 신약 특히 예수 그리스도에 이르러서야 그 뜻이 온전히 드러난다. 우리가 하나님의 모양대로 만들어졌다는 것도 마찬가지다. 우리를 하나님의 모양대로 만드실 때 하나님의 어떤 모양을 본으로 삼으셨는지 골로새서 1:15-16이 그 "비밀"(1:26-27)을 말해준다.

> **그는** 보이지 아니하는 **하나님의 형상**이시요 모든 피조물보다 먼저 나신 이시니 만물이 그에게서 창조되되 하늘과 땅에서 보이는 것들과 보이지 않는 것들과 혹은 왕권들이나 주권들이나 통치자들이나 권세들이나 만물이 다 그로 말미암고 그를 위하여 창조되었고(골 1:15-16).

이 본문은 하나님의 아들 예수님이 바로 하나님의 형상이라고 말한다. 창세기에서 하나님은 "우리의 형상을 따라 우리의 모양대로 우리가 사람을 만[들자]"(창 1:26)고 하셨다. 골로새서에 드러난 하나님의 계시의 빛으로 창세기 본문을 다시 해석하자면, '우리가 하나님의 아들 예수의 형상 곧 예수의 모양대로 사람을 만들자'는 말이다.[3] 바울에 따르면 사람은 하나님의 아들 곧 예수 그리스도의 형상대로 만들어졌다. 하나님 아버지는 이 놀라운 계획을 위해 창세 전에 먼저 하신 일이 있다. 아들

---

2.   헤르만 바빙크, 『개혁파 교의학』 (서울: 새물결플러스, 2015), 564.

3.   Chris Kugler, *Paul and the Image of God* (Lanham: Lexington Books/Fortress Academic, 2020), 184-185.

을 모든 피조물보다 먼저 낳으시는 것이었다("그는 … 모든 피조물보다 먼저 나신 이시니", 골 1:15). 먼저 아들을 낳으신 뒤 만물을 만드실 때는 그 아들과 함께 만드셨는데, 특히 사람을 만들 때는 아들의 형상대로 만드셨다. 아담이 하나님의 형상이라는 말은 아담이 하나님의 아들의 형상, 하나님의 아들의 모양을 입었다는 말이다.

두 번째 나심

골로새서는 놀랍게도 하나님의 아들이신 예수님의 탄생이 두 번 이뤄졌다고 말한다. 첫 번째 출생은 1:15에 나온다.

> 그는 … 모든 피조물보다 **먼저 나신 이시니**['프로토토코스', "장자"] (1:15).

하나님 아버지는 모든 피조물을 창조하시기 전 곧 영원 전에 그의 형상을 가진 아들을 낳으시어 그 아들과 함께 창조 사역을 이루셨다고 말한다. 그런데 하나님의 아들은 다시 한번 나신다(18절).

> 그는 … 죽은 자들 가운데서 **먼저 나신 이시니**['프로토토코스', "장자"] (18절).

첫 출생은 만물보다 먼저 나시어 모든 피조물 중 첫째("장자")가 되셨고, 두 번째 출생은 죽은 자들 가운데서 먼저 나시어 다시 첫째("장자")가 되셨다. 하나님의 아들의 두 번째 출생을 위한 쉬운 표현은 부활이다. 하나님 아버지는 영원 전에 아들을 낳으시어 만물을 창조하는 일에 함께하게 하셨고(참고, 히 1:2), 무엇보다 아들의 형상대로 사람을 만드셨다 (참고, 히 1:6; 2:10-11). 그리고 다시 하나님 아버지는 죽은 자들 가운데서 아들을 먼저 일으키심으로 새 창조를 시작하셨고 특히 잃어버린 하나님의 아들의 형상을 사람에게 회복시키고자 하셨다. 첫 출생은 만물의 창조를 위함이고, 두 번째 나심은 새 창조를 위함이다. 첫 나심은 없던 것을 있게 하심이었고, 두 번째 나심은 죽은 것을 되살리기 위함이다. 왜 두 번째 나심이 필요했을까. 이는 그분의 모양을 가진 사람 때문이다. 아들의 형상대로 지음 받은 이들 곧 아들의 형상들이 죽어가는데도 가만히 있는 아버지가 있겠는가? 어떤 아버지도 가만히 있지 않는다. 하나님 아버지 역시 죽어가는 아들의 형상들을 다시 살리시고자 그의 유일한 아들을 죽어가는 사람 가운데 보내셨고, 그 아들은 그들을 대신하여 죽었다가 죽은 자들 가운데서 가장 먼저 나셨다. 하나님 아버지는 죽은 자들 가운데서 가장 먼저 태어난 아들을 다시 장자('프로토토코스')로 삼아 죽었던 사람을 그 아들의 형상으로 다시 창조하시고자 하셨다.

변화되어야 하는 우리

우리는 하나님의 형상대로 지음 받았으니 이대로 살면 되는가? 아니다. 우리의 형상은 망가졌다. 외모는 땅의 흙으로 돌아가 먼지가 되고, 통치권은 파괴의 도구가 됐으며, 사회성은 갈등과 불화로, 내적 성품은 탐심과 교만으로 변질됐다. 그러니 하나님의 형상대로 지음 받은 인간은 다시 태어나야 한다. 우리의 다시 태어남을 위해 사람을 그분의 형상대로 만드신 하나님의 아들이 다시 태어나셨다. 우리의 형상이 아닌 그분의 형상을 새롭게 하시기 위해 예수님은 죽은 자들 가운데서 다시 태어나시어 우리 안에 새 창조를 시작하셨다.

우리의 모양은 언제 변화되는가

그의 아들을 두 번째로 낳으신 하나님 아버지의 그의 아들을 통한 새 창조 사역은 언제 시작되는가? 망가져가는 우리의 형상 곧 하나님의 아들의 형상이 그와 같은 형상으로 변화되는 때는 언제인가? 성경의 가장 확실한 가르침 중의 하나는 그때는 주님이 다시 오실 때라는 것이다. 이런 소망은 고린도전서 15:51-52에 분명하게 나온다.

> 보라 내가 너희에게 비밀을 말하노니 우리가 다 잠 잘 것이 아니요 마지막 나팔에 순식간에 홀연히 다 변화되리니 나팔 소리가 나매 죽은 자들이 썩지 아니할 것으로 다시 살아나고 우리도 변화되리라(15:51-52).

마지막 나팔 소리가 울릴 때다. 구약성경에서 나팔은 여러 경우에 불렸다. 전쟁에 나갈 때(렘 51:27), 흩어진 하나님의 백성을 불러 모을 때(사 27:13), 임박한 심판이 다가오고 있음을 경고할 때(욜 2:1), 희년이 시작될 때(레 25:9), 하나님이 공개적으로 나타나실 때(출 19:16; 슥 9:14) 등이다. 위에 예시로 든 본문들이 현재 우리가 다루고 있는 고린도전서 본문과 정확히 맞아떨어지지는 않더라도 위 본문들이 공통적으로 가리키는 것이 있다. 구약에서 새로운 일이 시작될 때 나팔을 불어 그것을 알렸다는 것이다. 그러므로 바울이 말한 '마지막 나팔 소리'는 마지막까지 우리의 몸에 남아 있던 죄와 사망의 세력을 그리스도께서 완전히 멸망시켜 이제 하나님의 선한 통치에서 배제되는 시간은 단 1초도 없으며, 배제되는 공간 역시 단 1센티미터도 없게 되는 새로운 시작이 열리게 됐음을 알리는 소리이다. 바울은 그 소리가 날 때 우리의 몸의 변화가 "순식간에" 일어난다고 했다. "순식간에"('엔 리페 오프탈무')는 원문대로 번역한다면 '눈['오프탈무'] 깜박할['리페'] 사이['엔']'이다. 나팔 소리가 나면 우리의 몸은 눈 깜박할 사이에 새로운 몸으로 변화된다. 그리고 그 변화의 원형이 무엇인지는 빌립보서 3:20-21에서 확인된다.

> 그러나 우리의 시민권은 하늘에 있는지라. 거기로부터 구원하는 자 곧 주 예수 그리스도를 기다리노니 그는 만물을 자기에게 복종하게 하실 수 있는 자의 역사로 우리의 낮은 몸을 **자기 영광의 몸의 형체**와 같이 변하게 하시리라(3:20-21).

하나님은 우리를 새롭게 창조하시되, 첫 창조 때와 같이 그의 아들의 형상대로 우리를 창조하신다. 첫 창조 때나 새 창조 때 모두 우리는 하나님의 아들의 형상대로 지음을 받는다. 처음에는 무에서 하나님의 아들의 형상을 따라 창조됐고, 두 번째에는 죽음 가운데 있다가 하나님의 아들의 형상을 따라 새롭게 창조된다. 하지만 하나님이 예수님을 통해 하신 일이 현재를 사는 우리에게 복음이 된 이유는 모든 변화를 미래로만 옮겨 놓지 않기 때문이다. 바울은 하나님의 복음을 정확하게 알았기에 이렇게 말한다.

> 너희는 이 세대를 본받지 말고 오직 마음을 새롭게 함으로 **변화를 받아** 하나님의 선하시고 기뻐하시고 온전하신 뜻이 무엇인지 분별하도록 하라(롬 12:2).

우리의 몸의 변화는 마지막 나팔 소리가 불릴 그때만 아니라, 바로 지금부터 일어나기 시작했다고 말한다. 게다가 바울은 '변화를 받으라'

고 현재 수동형으로 말한다. 변화는 현재 일어나는 것이자, 하나님에 의해 이뤄지는 것이다. 바울은 고린도전서에서 분명히 부활의 날 곧 종말의 때에 눈 깜박할 사이에 변화가 일어날 것이라고 말했는데, 로마서에서는 지금 변화되어야 한다고 한다. 바울은 말을 바꾸는 것인가? 아니다. 바울은 미래의 변화가 지금부터 가능함을 말하고 있는데 그것은 미래에 일어날 부활이 이미 시작됐기 때문이다. 이미 우리는 그리스도와 함께 다시 살리심을 받았다.

> 그러므로 너희가 그리스도와 함께 다시 살리심을 받았으면 위의 것을 찾으라. 거기는 그리스도께서 하나님 우편에 앉아 계시느니라(골 3:1).

이미 그리스도인은 부활 생명을 받아 살아가고 있기에 바울은 골로새서 3:10에서 교회를 향해 이렇게 말한다.

> 새 사람을 입었으니 이는 자기를 창조하신 이의 형상을 따라 지식에까지 새롭게 하심을 입은 자니라(3:10).

마지막 나팔이 불리고 순식간에 우리가 변화되기 전에라도 하나님은 벌써부터 그 아들의 부활 생명을 우리에게 주시며 아들의 형상대로 새롭게 창조해 나가고 계신다. 임신한 엄마가 출산은 10개월 후에 하지만 그 전에라도 아이는 엄마 배 속에서 점점 자라고 있다. 마지막 나팔 소리가 나는 날은 출산일이다. 마찬가지로 그리스도는 이미 우리 속에 예수의 부활 생명을 심어 주시어 우리의 속사람을 그분의 형상으로 빚어가고 계신다.

변화의 영역

하나님이 마지막으로 변화시킬 것은 우리의 겉 사람이다. 그러면 지금은 무엇을 변화시키시는가? 바울은 로마서 12:2에서 "마음을 새롭게 함으로 변화를 받아"라고 한다. 바로 마음의 변화다. 고대인들은 "마음"이 깨닫고(지각하고), 생각하고, 추론하고, 느끼고, 결정하는 역할을 한다고 믿었다. 그러니 하나님이 그 아들의 형상대로 우리를 변화시켜 나가시되 그 영역은 보고 느끼며 생각하고 결정하는 속사람이다. 서론에서 우리가 닮은 하나님의 형상은 만물을 향한 통치권, 거룩한 성품, 더불어 같이 사는 사회적 관계 등 인간의 총체적 영역 모두를 가리킨다고 보았다. 따라서 그리스도께서 그분의 형상대로 우리를 변혁시켜 나가시는 것도 그 모든 영역이다. 그러니 마지막 변화 전일지라도 지금부터 그리스도께서는 자연을 대하는 태도가 그리스도의 섬김의 원리가 되도록 하시고, 성품이 그리스도를 닮은 거룩한 성품이 되게 하시며, 평화와 공존의 원리에 따라 공동체를 이루어 더불어 사는 사람으로 만들어 가신다. 하지만 이 모든 변화의 기초는 "마음의 변화", 곧 속사람의 변화라는 것이 바울의 가르침이다.

* * *

이 땅에 예수님의 오심은 자기 집에 자기 형상을 찾으러 오신 것이다. 어떤 사람은 예수님의 오심이 무슨 신화 같다고 하고 다른 사람은 오신 예수님의 자기희생적 삶을 도덕적 이상 실현으로 보기도 한다. 하지만 성경은 하나님의 아들의 오심은 잃어버린 자기 형상을 되찾으러 오심이라고 말한다. 자신의 것을 잃어버렸는데도 그것을 찾지 않는 사람이 누가 있겠는가? 와서 사람을 위해 자신의 생명을 내어 준 것은 그 사람이 바로 자신의 것, 자신의 형상이기 때문이다. 하나님의 아들은 마지막 날까지 기다리지 않으시고 역사 한복판에 찾아오셨다. 마지막까지 기다렸다가는 죄로 인해 그분의 형상을 다 잃어버리기 때문이다. 역사 속에 찾아오신 그리스도는 죽으셨다가 다시 태어나시면서 새 창조의 형상을 최초로 가지셨을 뿐만 아니라 하나님의 아들을 믿는 자를 그의 형상대로 빚어 가신다(고후 3:18). 그 일을 시작하신 그리스도를 우리의 주로 모시자. 그리스도는 비록 낡아져 가는 "겉 사람"은 마지막 날에 변화시켜 주실지라도 그의 주 되심을 인정하는 사람의 "속사람"은 매일 새롭게 그의 형상대로 빚어 가실 능력의 주님이시다.[4]

---

4.   십계명 중 제2계명은 '어떤 형상도 만들지 말고 그것을 섬기지 말라'고 했다. 이 말은 우리가 하나님을 예배하기 위해 하나님의 모양이나 형상을 임의로(멋대로) 만들지 말라는 말이다. 하나님이 십계명을 통해 하나님의 어떤 형상도 만들지 말라고 엄격히 금하신 이유는 이제 분명해 보인다. 하나님은 자신의 형상을 직접 공개적으로 드러내 보이실 때가 있는데, 그때 그 형상을 보고 자신을 예배하며 하나님을 닮아가도록 하시기 위함이었다. 우리의 형상의 모델이신 예수 그리스도를 찬양하고 예배하자.

제2장
상징과 우상에 대해[1]

　구체적인 사물이 다른 사물이나 사람을 연상시키고, 한 사람이 다른 사람이나 사물을 나타내는 일을 상징이라고 한다. 예수님은 들에 핀 꽃을 보라고 하셨다(마 6:28). 이는 꽃을 보되, 꽃만 아니라 꽃을 통해서 하나님(의 돌보심) 또한 보라는 말씀이다. 꽃을 상징물로 보라는 것이다. 또 예수님은 겨자씨를 보라고 하셨다(13:31). 이는 세상의 씨 중 가장 작은 겨자씨 하나가 나중엔 공중의 새들까지도 쉴 만한 큰 그늘을 가진 식물이 되듯이, 미약한 시작을 가진 하나님의 나라가 결국 어떻게 결론이 날지를 기대하며 지켜보라는 말씀이었다. 상징은 자신의 존재로 다른 존재를 보여준다. 이처럼 상징은 자신을 가리키지 않고 다른 존재를 지시하기에 자기 부정적 성격이 강하다. 하지만 자기 부정이 있더라도 존재가 사라지는 것은 아니다. 오히려 어떤 것이 상징적 역할을 하는 순간 그것은 존재의 변화로 나아간다. 들꽃이 하나님의 돌보심을 떠올려주는 순간, 들의 꽃은 이제 단순한 꽃이기만 한 것이 아니라 신적 가치를

1.　이 글은 2023년 2월 28일 자 〈기독신문〉(2378호)에 실린 글임을 밝혀둔다.

그 안에 담는다.

우상은 무엇일까? 상징은 가리키는 바가 있다면, 우상은 가리키는 바가 없다. 전혀 없는 것은 아닌데, 우상은 자신을 가리키기 때문이다. 좀 단순하게 정의하자면, 가리키는 바가 자기 자신인 것, 그것이 우상이다. 상징적 역할을 하는 것 주위엔 그것만 아니라 그것의 위와 옆 그리고 아래도 보인다. 반면에 우상 주위에는 보이는 것이 아무것도 없다. 오직 자기 자신만 나타낼 뿐이다. 바벨탑을 보라. "그 탑 꼭대기를 하늘에 닿게 하여 우리 이름을 내고 …"(창 11:4). 그것은 탑이 아니라 우상이다. 자기 위에 계신 분을 잊어버리자 우상이 됐다. 그 결과는 파괴다. 우상은 그 주위의 대상이 가진 빛과 시선을 자기가 다 흡수해 버리는 블랙홀과 같다.

상징과 우상은 대조적이다. 상징은 자신을 부정함으로 남을 세우고, 우상은 남을 부정함으로 자신을 세운다. 둘 사이의 대조는 결과에서도 나타나 자신을 부정하는 상징적인 존재는 그 존재도 기억되고 남도 기억나게 해주지만, 남을 부정함으로 자신을 세우는 우상은 남도 파괴하고 자신도 파괴한다. 사물이든 사람이든 우상이 되면 파괴되고 상징이 되면 세워진다.[2] 그런데 상징은 세우고 우상은 파괴하고 또 파괴되기에 그 둘 사이에 큰 차이가 있는 것처럼 보이지만 사실 그 간격은 습자지 한 장만큼이나 얇다. 한 끗 차이다.

주후 8-9세기 동방 교회에서 성상의 건축과 파괴 결정이 다섯 차례나 반복적으로 일어났던 적이 있다. 교회 안에는 예수님과 제자들의 모

---

2. 그래서 프랑스 철학자 폴 리쾨르(Paul Ricoeur, *Freud and Philosophy* [New Haven: Yale University Press, 1970], 54)는 "우상들은 파괴되고 상징들에는 귀를 기울인다"(destroy the idols, and to listen to symbols)고 말했다.

습을 조각한 상과 그림들이 있었다. 처음에 그것들이 교회 안에 들어올 때는 상징으로 들어왔다. 구체적인 예수님의 행적을 담은 그림들을 보며 예수님을 묵상했다. 풍랑이 일어난 바다 위에 서서 거기 빠진 베드로에게 손을 내미시는 예수님, 요단강에서 세례를 받으신 후 올라오시는 예수님과 그 위에 임하신 비둘기 같은 성령, 혹은 다메섹에서 빛을 보고 넘어지는 바울 등과 같은 그림과 조각을 보며 그것이 가리키는 말씀과 은혜를 묵상했다. 특히 글을 읽지 못하는 사람이 대부분이었던 중세는 더욱더 그러한 조각과 그림이 유익했을 것이다. 그러나 시간이 지나자 이교도에 영향을 받기 시작하면서 그 그림과 조각 자체에만 집중하더니 심지어 그것을 섬기기까지 했다. 조각을 통해 은혜를 받자 은혜 주신 분보다 조각 자체를 신성한 것으로 여기기 시작했고, 그림을 통해 감동이 오자 그림을 통해 감동을 주신 분보다 그림 자체를 신성하게 여기기 시작했다. 상징을 우상으로 바꾼 셈이다. 그 결과 교회에서는 성상 파괴 운동이 일어났다.

　교회사가 보여주는 것처럼 상징과 우상의 간격은 아주 좁다. 교회사만 아니라 현대 사회에서도 처음에는 상징적 존재로 시작됐다가 어느 날 우상으로 전락하여 결국 먼지처럼 사라져 버리는 인물들을 무수히 본다. 그 차이는 크지 않다. 손가락 끝을 곧게 뻗어 타인을 가리키는가 아니면 구부려 나를 주목하게 하는가의 차이다.

베드로와 바울

　상징과 우상의 좁은 간격으로 인해 상징으로 살려는 이에게는 유혹이 늘 찾아온다. 베드로와 요한이 성전에 들어가던 중 나면서부터 걷지 못하던 한 사람을 본 후 "나사렛 예수 그리스도의 이름으로" 치유했다

(행 3:1-13). 이에 나음을 받은 이가 성전 안으로 들어가면서 하나님을 찬
송하자 모든 사람이 놀라 그를 주목한다. 얼마 후 그가 성전에서 베드로
와 요한을 다시 만나자 그들을 "붙잡[았다]"(11절). 이제 무리의 시선은
그가 붙잡은 두 사람에게 옮겨진다. 우상으로 바뀔 것인지 상징으로 남
을 것인지 결단해야 하는 순간이 찾아온 것이다. 이때 베드로는 말한다.

> 이스라엘 사람들아, 이 일을 왜 놀랍게 여기느냐. 우리 개인의 권능과
> 경건으로 이 사람을 걷게 한 것처럼 왜 우리를 주목하느냐. 아브라함과
> 이삭과 야곱의 하나님 곧 우리 조상의 하나님이 그의 종 예수를 영화롭
> 게 하셨느니라(12-13절).

베드로는 우상이 아니라 상징으로 남았다. 바울과 바나바에게도 유
혹이 왔다. 사도행전 14:8-15에 따르면 바울과 바나바가 루스드라에서
발을 쓰지 못하는 한 사람을 보고 "구원받을 만한 믿음이 그에게 있는
것을 보고 큰 소리로 … 네 발로 바로 일어서라"고 하자 "그 사람이 일
어나 걷는[다]"(행 14:9-10). 이것을 본 그 지방 사람이 바울과 바나바를
향해 "신들이 사람의 형상으로 우리 가운데 내려오셨다"(11절)고 외친다.
이어서 소와 화환들을 가져와 제사하려 했다. 절체절명의 순간 바울과
바나바는 어떻게 했을까? 두 사도는 이 소식을 듣고 "옷을 찢고 무리 가
운데 뛰어들어" 간다(14절). 사람은 그들을 세우려고 했지만 바울과 바나
바는 스스로를 파괴한다. 세우려는 자는 무너지고 스스로 무너지는 자
는 세워진다. 초기 교인들은 자신들과 자신 안에 일하는 능력을 구분할
수 있었다. 참 기독교인의 모습이다. 이런 구분의 배후에는 복음 이해와
믿음이 있었다. 복음의 기초는 오직 예수 그리스도의 삶과 죽음과 부활

이기에 그를 믿고 붙잡을 때 구원이 주어진다고 신뢰했다. 그들에게는 예수님을 향한 신앙이 스스로를 세우려는 우상의 유혹을 극복하고 상징으로 남게 한 배후였음이 분명하다. 복음을 제대로 이해할 때 우상의 유혹을 극복하고 스스로를 파괴하는 상징으로 남을 수 있다.

　그와 대조적으로 사도행전에는 자기 내려놓음의 모델에 반하는 길을 갈 때 무슨 일이 일어나는지를 보여 준 두 사람이 있다. 5:36에는 "스스로 선전"하다가 결국 죽임을 당하고 그를 따르던 모든 사람이 흩어졌다는 드다의 이야기가 나오고, 8:9은 "자칭 큰 자"라 하는 시몬을 소개한다. "낮은 사람부터 높은 사람까지 다 따르며 이르되 이 사람은 크다 일컫는 하나님의 능력이라 하더라"(8:10). 그가 사도들에게 돈을 내고서 하나님의 능력을 사려고 하자 베드로가 말한다.

> 네가 하나님의 선물을 돈 주고 살 줄로 생각하였으니 네 은과 네가 함께 망할지어다(20절).

　하나님의 능력은 남을 치료하고 세우는 도구였지만 시몬이 자신을 세우려고 하나님의 능력을 구한 결과는 자기 붕괴였다. 베드로는 말한다. "하나님 앞에서 네 마음이 바르지 못하니 이 도에는 네가 관계도 없고 분깃 될 것도 없느니라"(21절). 그는 기독교의 도(道)는 자기를 치켜세우는 곧 우상이 되는 일과 아무런 관계가 없다고 선언한다.

　베드로는 원래 이런 태도를 가질 인물이 아니었다. 누가복음 22:24-30에 따르면 제자들 사이에 다툼이 있었고 그 다툼의 주제는 제자들 중 "누가 크냐"였다(눅 22:24). 이에 예수님이 제자 공동체의 삶의 원리를 말씀하시고는 특별히 베드로에게 시선을 고정시킨 후 경고이자 권면의 말씀을 하신다.

> 시몬아, 시몬아, 보라 사탄이 너희를 밀 까부르듯 하려고 요구하였으나 그러나 내가 너를 위하여 네 믿음이 떨어지지 않기를 기도하였노니 너는 돌이킨 후에 네 형제를 굳게 하라(31-32절).

높아지려는 제자들의 다툼의 배후에 베드로가 있었다. 그런 베드로는 '돌이켜야' 했다. 베드로가 변화되어야 그의 권면을 받은 제자 공동체가 새로운 길을 걸을 수 있다고 예수님이 말씀하셨다. 베드로는 변화됐는가? 그는 높아지려 하다가 결국 십자가 앞에서 무너졌다. 하지만 그게 끝이 아니었다. 베드로는 십자가와 빈 무덤 그리고 부활을 통해 하나님 나라의 역사는 자기를 부정하고 비운 상징적인 인물 예수님에 의해 세워져 간다는 것을 보았다. 사도행전이 보여주는 베드로의 자기 부정 배후엔 자기를 무너뜨리신 예수님이 계셨다. 우리는 스스로를 높이는 우상인가, 자기를 낮추는 상징인가. 세우면 무너지고 부정하면 살아남는다.

베드로는 예수님을 따라 그 길을 걸었다. 예수님 앞에서 예수님의 길을 걸은 또 한 사람이 있다. 바로 세례 요한이다. 그가 예수님 앞에서 길을 준비하며 마지막으로 한 말은 이렇다.

> 그는 흥하여야 하겠고 나는 쇠하여야 하리라(요 3:30).

'나는 상징이고, 실체는 다른 분이다. 나는 잊혀야 하고 기억해야 할 사람은 다른 사람이다'라고 요한은 기꺼이 말한다. 자기 우상화의 유혹을 이기고 상징으로 남는다. 요한의 삶의 태도는 평상시 그의 삶의 태도의 결과였다. 그는 자기 주위에 모여든 사람과 제자에게 하나님의 어린 양을 "보라"(1:29, 36)고 한다. 사람이 그를 주목할 때 그는 그 시선을 예수님에게 돌린다. 요한이 우상이 되지 않고 상징으로 남을 수 있었던 것은 평상시 예수님과 성령에 주목하는 습관 때문이었다.

요한이 예수께서 자기에게 나아오심을 **보고**(1:29).

요한이 또 증언하여 이르되 내가 **보매** 성령이 비둘기같이 … (1:32).

나도 그를 알지 못하였으나 나를 보내어 물로 세례를 베풀라 하신 그이가 나에게 말씀하시되 성령이 내려서 누구 위에든지 머무는 것을 **보거든** … 내가 **보고** … (1:33-34).

하나님과 예수님 그리고 성령에 늘 주목해 오자 사람이 그를 응시할 때 그 시선을 마땅히 주목해야 할 분에게 돌릴 수 있었다. 우상이 되려는 유혹을 이기는 길은 평상시 우리가 무엇을 보는지가 결정한다. 우리 역시 궁극적 실체이신 그리스도를 '투시'하는 삶을 일상화해야 하지 않을까. 삶의 한복판에서, 삶으로 둘러싸인 이상에서, 모든 것의 근본이신 그리스도와 대화하고 가만히 그를 응시하며 그와 동행하는 삶을 살아야 우리가 서야 할 자리 또 서지 않아야 할 자리를 구분할 수 있다. 떠나야 할 때와 계속 있어야 할 때, 가리켜야 할 때와 침묵해야 할 때를 분별할 수 있어야 한다. 그렇지 않으면 주객전도가 일어나는 것은 시간 문제다.

하지만 요한이 보았던 예수님, 그가 투시했던 예수님은 어떤 분이었나. 뚫어지게 바라보았던 예수님은 조연이었다. "보라, 하나님의 어린양이로다"(36절)가 말하는 바나, "보라, 세상 죄를 지고 가는 하나님의 어린양이로다"(29절)가 말하는 바는 하나님의 구원 역사 이야기에서 예수님은 조연이심을 말한다. 요한은 하나님의 뜻을 이루기 위해 기꺼이 도살장으로 끌려가는 어린양으로 사신 예수님을 보았다. 아버지 하나님의 뜻을 위해, 하나님이 사랑하시는 사람을 사랑하기 위해 기꺼이 세상 죄를 지고 가는 어린양 예수, 그 상징적 예수님을 끊임없이 보았기에 요한 역시 나중에 소리 없이 사라질 수 있었다.

* * *

우리는 어떤 예수님을 보는가? 나의 삶은 예수님을 보느냐 아니냐에 따라 결정되기도 하지만 엄밀하게 말하면 '어떤 예수님'을 보고 듣느냐에 따라 달리 만들어진다. 스스로를 높이는 현대 문화에 길들여지면 우리 역시 쉽사리 자신을 우상으로 치장하려 할 수 있다. 더불어 예수님을 보아도 우리가 우상이 되어갈 수 있다. 우리가 보고 싶어 하는 예수님만 보면 말이다. 겸손히 다른 곳을 가리키며 "그는 흥하여야 하겠고 나는 쇠하여야 하리라"(3:30)고 외친 요한이 본 예수님은 세상의 죄와 아픔을 짊어지고 하나님이 사랑하신 세상과 사람을 살리고자 자신은 사라지는 분이셨다. 오직 아버지 하나님의 뜻과 아버지가 사랑하는 사람을 사랑하기 위해 기꺼이 도살장으로 사라져 가는 어린양의 길을 택한 상징적 예수님을 볼 때 우리 역시 상징으로 남아 있을 수 있지 않을까. 예수님이 자신을 내려놓고 우리를 살리셨듯, 우리 역시 자아를 부인하고 예수님을 드러내며 높이는 것이 예수님과 우리 사이의 올바른 관계의 모습이다.

자기를 무너뜨려야 산다. 매일 그리해야 한다. 바울도 "나는 날마다 죽노라"(고전 15:31)라고 하지 않았던가! 내가 매일 죽어야 그리스도의 생명이 내 안에 매일 사신다. 매일 죽고 매일 예수 안에서 사는 삶이 이어질 때 주님이 내 안에, 내가 주님 안에 거하는 하나님 나라에서의 삶이 낯설지 않을 수 있다.

제3장
자아에 대해

일반적으로 자아는 남과 구분되는 나만의 독특하고 특별한 정체성의 핵심이라고 정의할 수 있다. 비유로 말하자면 나의 자아는 계란의 노른자와 같다. '나는 네가 아니고 나다'라고 말하는 까닭은 내게 있는 내 자아 때문이다. 기독교 세계관에 따르면 한 사람의 독특하고 특별한 자아를 형성하는 두 요소가 있다. 다른 사람과 맺는 관계와 직간접적으로 겪은 사건들(이야기)이다.[1] 먼저 내가 누군지는 내가 맺는 다른 사람과의 관계에서 이해된다. 지금의 '나'를 만드는 데 가족이나 친구와 교우 관계가 어떤 역할을 했는지 생각해 보면 자아 형성이 관계적이라는 말이 쉽게 이해된다. 그러니 나를 이해하기 위해선 내가 다른 사람과 어떤 관계를 맺고 살아가는지를 보는 것도 한 방법이다. 당연히 관계는 사람과의 관계만 아니라 자연이나 하나님과의 관계도 포함한다. 두 번째로, 자아는 내가 살아오면서 겪은 사건을 통해 형성된다. 과거에 일어났고 현

---

1.   Richard Bauckham, *The Bible in the Contemporary World* (London: SPCK, 2016), 138.

재에 마주하고 있으며 앞으로 일어날 사건이 내가 누군지(자아)를 만들어 간다. 이미 과거가 된 사건을 두고 하는 내 이야기에는 내가 나를 누구로 생각하는지를 알려주는 암호가 들어있다. 서로를 알아가는 좋은 길은 '너의 삶의 이야기를 들려줘'라고 말하는 것이다. 서로가 서로의 이야기를 듣는 것은 다른 사람의 정체성의 핵심을 만나는 일이다. 이처럼 내가 누군지는 내가 맺는 관계와, 내가 살아온 삶의 이야기를 통해 알 수 있다. 내가 맺는 관계나 이야기를 제쳐두고 내 자아를 말하기는 불가능하다.

자아의 딜레마

고슴도치 딜레마라는 것이 있다. 추위를 이기고자 서로의 몸에 기대어 온기를 나누던 고슴도치 두 마리가 서로의 침에 찔려 몸을 떼려 하지만 추위 때문에 이러지도 저러지도 못하는 상황을 고슴도치 딜레마라 한다. 자아에게도 이런 딜레마가 있다. 인간관계에서 보면 '나는 네가 아니고 나다'라며 자기만의 독특성과 특별함을 주장해야 나라는 존재가 형성된다. 하지만 그렇게 주장하면 관계가 깨지기 쉽고 그렇다고 관계 유지를 위해 자기주장을 포기하면 나의 정체성이 없어질 것 같아 이럴 수도 저럴 수도 없는 것, 이것이 자아의 딜레마다. 자아의 '문제'는 이것만 아니다. 자아는 자꾸 변한다. 어떤 의미에서는 자아의 변화를 성장이라고 말할 수 있다. 하지만 이해관계 앞에서 마음 자세가 달라지는 자아의 태도는 성장과 거리가 멀다. 자아란 나만의 고유한 정체성인데 나의 유익이 달린 문제나 내 앞에 있는 사람의 사회적 지위에 따라 그나 그녀를 대하는 내적 외적 태도가 달라지는 나는 누구인가.

종교적, 정치적 차원에서의 극복 노력

인류 역사는 철학이나 종교를 통해 자아에는 '자기중심성'이라는 것이 있다고 말해왔다. 특히 종교에서는 나만의 독특하고 특별한 정체성을 잃지 않으면서도 이웃과의 공생 공존을 이루기 위해서는 자아의 중심성을 극복해야 한다고 주장한다. 유교는 극기로 자기중심성을 누르고, 수련으로 자신을 닦으려 한다. 도교도 무위자연(無爲自然) 사상을 바탕으로 현재의 나를 자연의 법도와 질서에 순응시키며 살라고 한다.[2] 불교는 인간이 겪는 모든 고통의 배후에는 자아를 향한 집착이 있다고 본다. 삼라만상이 다 그렇듯이 모든 것은 변하고 사라지는데, 인간은 현재의 자아가 영원한 것처럼 여기며 그것을 붙들려고 하니 삶이 고통이 된다고 가르친다. 그러니 고통에서 벗어나려면 변하는 자아를 붙들려하지 말고 그냥 내버려두라고 한다. 내버려두면 사라진다는 것이 불교의 공(空)사상이다. 원래 나는 없는 것이기에 변하는 나에 집착하여 붙들어두려는 순간부터 불행이 시작된다고 본다. 불교는 그래서 자아로부터의 해방의 길을 무아(無我)라고 한다. 무아는 나라는 존재조차도 없다고 믿으며 흔들리는 나를 초월하는 것이다.

자아의 문제를 인식하며 그것을 극복하려는 것은 종교만 아니다. 현실의 문제를 다루는 정치의 영역에서도 화두가 되기도 한다. 김영삼 대통령 시절 환경부 장관을 지냈던 윤여준 전 장관이 2011년에 펴낸 『대통령의 자격』에서 한 나라를 이끌 대통령에게 필요한 역량을 다음과 같이 말했다. "가장 먼저 언급할 것은 인간에 대한 이해라고 할 수 있다. 그것[인간에 대한 이해]은 인류가 발전시켜온 인문학을 토대로 인간 본

---

2. 『도덕경』 제25장.

성, 특히 자아에 대한 깊은 통찰에서 나온 것이라 하겠다."[3] 윤여준 전 장관에 따르면 한 나라의 지도자가 되려면 인간의 본성과 자아에 대한 이해가 있어야 하고 그 이해를 바탕으로 국민이 자아를 실현하도록 돕는 사람이어야 한다는 것이다. 이처럼 인류 역사는 참 자아를 찾고 실현하는 일을 정치, 종교, 철학의 이름으로 해왔다. 이런 노력이 인류 역사 내내 이어져 왔다는 것은 보이지 않는 인간의 자아를 찾고 그것의 딜레마를 극복하는 것이 인간의 존재와 삶의 본질이라고 인류가 생각했다는 점을 말해준다. 인간의 참 가치는 자아 중심주의를 극복하고 참 자아를 찾아 실현하는 데 달려 있다.

기독교의 자아 이해

기독교는 자아를 어떻게 보는가. 앞서 본 것처럼 기독교는 나를 나되게 하는 정체성의 중심에 자아가 있다고 본다. 또 이런 자아에게는 두 가지 특성이 있다고 보는데, 첫째는 관계적인 특성이다. 자아는 관계를 통해 그 독특성을 형성해 나간다. 다른 사람과의 관계, 자연과의 관계와 하나님과의 인격적 관계 맺음을 통해 자아가 만들어져 간다고 믿는다. 둘째, 자아는 과거와 현재 그리고 미래의 사건과 일들 속에서 만들어지고 형성되고 이해되는 특징을 가진다고 본다. 자아의 딜레마는 어떤가? 기독교는 어떤 종교보다 심각하게 이 딜레마를 다루고 있다. 자아가 가진 자기중심성은 사람과 자연과 하나님과의 관계를 왜곡시키고 뒤틀리게 하며 자신의 이야기는 물론 남의 이야기를 비극으로 만드는 파괴적

---

3.   윤여준, 『대통령의 자격』 (서울: 메디치미디어, 2011), 527. 이어서 윤여준은 말한다. "무엇보다 중요한 것은 인간에 대한 믿음과 이를 바탕으로 자아의 완성과 사회의 발전을 위해 노력하려는 자기 철학을 정립하는 것이다."

인 힘을 가지고 있다고 본다. 더 나아가 기독교는 자아가 왜 이렇게 됐는지, 무엇보다 어떻게 해야 이 자아의 딜레마를 극복하여 한 인간으로 하여금 참 자아를 찾고 그 자아를 실현하며 살 수 있을지 그 길까지 제시하고 있다.

자리 바꿈, 자아의 문제의 시작

기독교는 자기는 물론 남까지 고통에 빠뜨리는 자아 중심성의 근본 원인이 자아가 잘못된 자리에 앉았기 때문이라고 한다. '자리가 사람을 만든다'는 말이 있지 않은가. '원래 그런 사람이 아니었는데, 그 자리에 앉자 사람이 바뀌었다'라는 말을 많이 하고 듣는다. 이런 일이 우리 자아에게 일어났다. 자아가 자기 자리를 놔두고 하나님의 자리에 앉은 것이 모든 문제의 원인이다. 삶의 중심 자리에는 선하신 하나님이 계시고 자아는 그 주변에 있어야 하는데, 자아는 하나님을 중심에서 밀어내고 대신 자기가 그 자리를 '꿰찼다'. 이것이 자아 중심성에 따른 자아 변형의 시작이다. 중심이 된 자아는 하나님만 아니라 다른 모든 자아를 주변부로 몰아내고, 그가 맺는 모든 관계는 자신의 목적을 이루기 위한 수단이 된다. 주객전도는 자격 없고 능력 없는 자아가 삶의 중심을 차지할 때 일어나는 현상이다. 이용당하는 것을 기뻐하는 사람은 없다. 에덴동산 이후 모든 자아는 중심을 차지하려 하기에 주변의 다른 자아와 끊임없이 갈등하며 결국 모든 관계는 뒤틀어지고 일어나는 사건과 이야기는 상처와 갈등으로 얼룩지는 것이 사람의 자아 이야기다. 자아는 관계적이지만 자아가 맺는 관계는 상처로 얼룩졌다는 것이 우리네 자아의 슬픈 현실이다. 누가 상처 주고 상처받기를 원하겠는가. 하지만 모든 사람은 원하지 않는 상처를 주고받는다. '원하는 바는 하지 않고 원하지

않는 바를 행하는 자아의 딜레마는 자리 문제에서 시작됐다'는 것이 성
경의 가르침이다(롬 1:23-27; 7:14-25).

자아는 변할 수 있는가

자아의 변화는 유교에 따르면 자기 극복을 통해 오고, 도교에 따르
면 자연과 자기를 얼마나 조화시키느냐에 달려 있으며, 불교는 수행으
로 자기를 초월해야 자아의 딜레마에서 벗어날 수 있다고 말한다. 이 세
종교의 공통점은 극기이든, 조화이든, 수행이든 새로운 자아는 인간 스
스로 만들어야 한다고 본다. 하지만 기독교의 입장은 다르다. 성경에 따
르면 **참 자아**는 자기가 창조해 내는 것이 아니라 위로부터 주어져야 한
다. 참 자아는 성숙해짐으로 되는 것이 아니라 죽고 새롭게 태어남으로
된다. 참 자아는 이전 자아에서 발전에 발전을 거듭하여 도달하는 것이
아니라 완전히 새로운 자아가 위로부터 주어져 나의 옛 자아를 대체하
는 방식으로 내 안에 창조된다. 새로운 자아의 창조가 비현실적일까?
기독교는 아니라고 말한다. 첫 자아가 창조로 시작된 것처럼 새로운 자
아의 탄생 역시 새로운 창조로 거저 받게 된다.

새로운 자아의 탄생

하나님은 우리 안에 새로운 자아를 탄생시켜 주셨다. 우리 안에 새
로운 자아가 탄생하게 된 때는 그리스도께서 자기 자신을 우리에게 주
셨을 때이다.

> 인자가 온 것은 섬김을 받으려 함이 아니라 도리어 섬기려 하고 자기
> 목숨을 많은 사람의 대속물로 주려 함이니라(막 10:45).

그리스도께서 우리에게 자기를 주셨고, 그 결과 우리 안에 새로운 자아가 탄생했다. 그러므로 내 안에 태어난 새로운 자아는 내가 아니라 그리스도시다. 사회 종교는 극기나 무위자연, 해탈을 통해 참 자아를 만들려고 하지만 우리는 그리스도의 자기 주심을 통해 새로운 자아를 받았다.

새로운 자아의 존재 방식

거짓된 자아는 내가 주인이 되고자 다른 모든 것을 주변부로 밀어낸다. 거짓된 자아의 이야기 주제는 남을 밀어내고 내가 중심이 됐다는 성공 이야기다. 하지만 새롭게 창조된 자아는 다른 이야기를 가지고 있다. 그 이야기는 하나님을 다시금 중심 자리에 모시고 자기를 주변부에 두려는 삶의 이야기다. 이런 새로운 자아의 존재 방식은 다른 자아를 만났을 때도 마찬가지다. 나의 참 자아이신 그리스도의 자아는 다른 사람을 도구로 여기지 않고 목적으로 여기며 사랑한다. 관계가 목적이다. 관계를 통해 유익을 얻으려 하기보다 관계 자체를 소중히 여기는 것이다. 그리스도께서 우리를 목적으로 대하며 사랑하셨듯이 말이다. 새로운 지이기 맺는 자연과의 관계는 어떨까? 자연을 인간의 욕망의 재료로만 생각하지 않고 돌보고 가꾸고 섬긴다. 그리스도가 그럴 것임을 아셨기에 하나님 아버지는 자신의 피조 세계를 그리스도에게 맡기셨고, 또 그리스도를 따라 그리스도인도 그리할 것이라고 믿으셨기에 그들을 세상의 상속자로 삼으셨다(롬 8:17).

새로운 자아의 생명력

우리는 이런 자아론이 이상이라고 생각하며 이런 이론은 그 생명력이 오래 가지 못할 것이라고 말한다. 내가 나를 돌봐도 생존이 어려운데 하나님과 이웃을 중심에 두고 자신을 주변부에 두려는 삶은 얼마나 빨리 에너지가 소진되겠느냐는 것이다. 그러나 누가복음 17:33은 다른 이야기를 한다.

> 무릇 자기 목숨[자아]을 보전하고자 하는 자는 잃을 것이요 잃는 자는 살리리라(17:33).

자기를 지키려는 자아는 죽을 것이고, 자기를 부인하는 자아는 살 것이다. 어떻게 이런 일이 가능한가? 자아의 생존에 필요한 영양분의 출처가 자아 자체라면 내 것을 주면 줄수록 자아는 점차 소멸될 수밖에 없다. 하지만 새롭게 탄생된 자아에게 있어 영양분의 원천은 자아 자신이 아닌 그리스도이다. 그리스도의 생명은 끝이 없다. 그를 중심에 두는 것은 마르지 않는 생수의 근원을 가지는 것과 같다. 말라가는 정원에 물을 주는 세 가지 방법이 있다. 첫 두 가지는 시냇가에 가서 양동이에 물을 담아 정원에 물을 주는 것과, 곁에 샘을 판 뒤 두레박으로 물을 퍼서 정원에 뿌리는 것이다. 시냇가에 가는 것보다 샘을 파서 물을 주는 것이 더 낫다. 하지만 샘도 마른다. 그때는 어떻게 할 것인가? 세 번째 방법은 늦은 비와 이른 비, 그리고 하늘에서 내리는 장대비가 물을 주는 것이다. 영혼에게 그리스도는 하늘에서 내리는 장대비다. 하늘에서 때에 맞게 이른 비와 늦은 비가 내리듯, 그리스도는 끊임없이 자신을 주신다. 그러니 그리스도를 중심으로 모신 새로운 자아는 무엇을 생수로 삼겠는가? 옛 자아가 다른 자아를 희생시켜 살고자 했다면 새로운 자아는 그리스도의 자기 주심에 의존하여 산다. 우리 중심에 오신 그리스도는 그 안에 있는 영생과 해방과 화목과 성령을 끊임없이 우리에게 주시는 분이시기 때문이다. 내가 주인이 되어 타자를 수단화하며 사는 길은 나도 마르고 시냇가도 마르고 샘도 마르는 길이다. 그러나 하늘은 마르지 않는다. 생명의 단비를 내리고 또 내려도 결코 마르지 않는다. 그리스도를 새로운 자아로 모시는 사람의 생명도 이와 같다.[4]

새로운 자아의 타자와의 관계법

새로운 자아인 그리스도의 자아가 그 안에 창조된 사람이 타자와 맺는 관계법은 어떠할까? 그리스도가 자신을 주시듯 새로운 자아 역시 타자에게 자신을 양식으로 준다. 다른 사람이 나로 인해 덕을 보도록 산다. 천국과 지옥의 차이를 긴 숟가락의 사용법에 빗대어 설명해주는 이야기가 있다. 천국과 지옥 모두에 긴 숟가락이 있다. 두 곳 모두에서 잘 먹고 풍성하게 먹도록 하기 위해서다. 근데 숟가락 길이는 같지만 한 곳은 천국이고 다른 곳은 지옥이다. 밥 먹을 때 숟가락이 가는 방향의 차이가 천국과 지옥을 만든다. 천국은 긴 숟가락으로 서로 먹여 주며 상생하지만 지옥은 내 입에만 넣으려고 하다가 결국 그 누구도 먹지 못하고 배고픔의 고통이 지속된다.

새로운 자아의 유혹

내게 긴 숟가락이 주어진 것은 하나님이 주신 복이다. 하지만 그것이 우리에게 유혹이 될 수도 있다. 여전히 남은 필멸의 몸 때문이다. 그래서 숟가락의 방향을 내게로만 향하게 하고 싶은 유혹은 몸에서 일어난다. 하지만 유혹이 올 때 그것은 속임이라고 자신에게 말해야 한다.

---

4.   성찬의 의미 중 하나는 성도의 생명의 근원이 그리스도이심을 재확인하는 것이다.

378   제3부 1세기 지중해 세계에서 오는 빛

다시 하나님을 주변부로 밀어내고, 자아가 중심이 되어 자기의 한정된 자원으로 살다가 또 힘이 없어지면 타자를 희생하여 양식으로 삼아도 매일 말라가는 영혼을 부요하게 할 수 없다. 자아는 잃음으로 얻는 것이다. 이 말은 문자 그대로 이해하면 순교할 때 부활 생명을 받는다는 뜻이지만 이것만 아니다. 살아 있을 동안에도 일어난다. 첫째, 그리스도를 내 자아로 삼고 사는 사람은 끊임없이 하나님이 주시는 생명을 새롭게 받는데, 그리스도를 내 자아로 삼은 자아는 주어도 주어도 마르지 않는다. 아니, 주면 줄수록 더욱 풍성해진다. 왜 그런가? 앞서 보았던 것처럼 그리스도는 마르지 않는 하나님의 생명의 통로이시기 때문이다. 주면 줄수록 더욱 풍성해진다는 것은 현실적으로도 가능한 경험이다. 하나님을 사랑해 보라. 내 영혼이 얼마나 새로워지는지 알게 된다. 이웃을 사랑해 보라. 그들과의 연합과 우정으로 삶이 얼마나 풍성해지는지 알게 된다. 자연을 귀하게 여겨보라. 아름다움과 휴식이 찾아온다. 이웃과 자연을 사랑하는 일은 마지막 부활 전에 매일 하나님의 생명으로 내 자아가 부활하는 것이고, 타자의 자아로 내 영혼이 새로워지는 길이다. 내 자아가 목적이고 다른 사람의 자아를 수단화해서 나를 부요하게 할 때는 나를 잃어버리지만, 내 자아를 줄 때는 하나님의 은혜가 계속 채워지고 또 타자 역시 자신을 우리에게 준다. 이것이 바로 줌으로써 받는다는 말의 뜻이며 "잃는 자는 살리리라"는 예수님의 말씀이 가르치는 바다.

* * *

인류 역사 이래로 자아의 파괴적 자기중심성을 해결하려는 많은 노력이 철학과 종교, 정치에서 있어 왔다. 기독교는 인류에게 말한다. 자아의 파괴적 힘에서 벗어나 사는 길은 옛 자아를 거저 받은 것처럼 하나님에게서 새로운 자아 역시 거저 받는 것이라고. 하나님은 그리스도라는 자아를 우리에게 주시어 그리스도를 통해 사망으로부터 해방되고 하나님과의 화목을 누리며 또 성령을 선물로 받아 살도록 하셨다. 그리스도의 자아를 우리의 새로운 자아로 받은 자의 삶의 방식은 무엇일까. 우리는 자아를 산뜻하게 지키고 싶어 한다. 깨지지 않는 자아, 상처받지 않는 자아를 가지고 싶어 한다. 하지만 그리스도 안에 있는 자아는 때로는 자아의 깨어짐을 요구한다. 나를 깨뜨려 줄 때 새롭게 태어나기 때문이다. 나를 깨뜨릴 때 새롭게 태어나는 일이 가능한 이유는 나의 새로운 자아인 그리스도의 존재 방식이 자신을 내어주시는 것이기 때문이다. 그러므로 그리스도라는 자아를 가진 진정한 자아는 자기 유지가 아니라 깨뜨리고 나눠줌으로 매일 거듭난다. 그러므로 깨어짐과 내어줌이 그리스도라는 자아가 내 안에서 살아가는 길이자 성장하는 길이며, 마지막 날 온전한 자아를 받는 길이다. 깨어짐과 내어줌이 일상이 된 자아는 마지막 날 죽음도 이긴다. 옛 자아의 관심인 자기 보존이 죽음의 힘을 견딜 수 있을까. 단연코 그럴 수 없다. 하지만 자기 깨어짐과 내어줌을 삶의 방식으로 삼는 새 자아는 죽음의 힘을 이긴다. 존재의 파괴의 절정인 죽음이 바로 새로운 생명을 얻는 길이다. 자기 보존만이 목적이 된 자아는 죽음을 견딜 수 없지만 자기 깨트림과 나눔으로 사는 자아는 죽음을 통과하는데, 그것은 그 자아가 부활하신 그리스도의 자아이기 때문이다.

제4장
하나님의 은혜와 자기 가치감

바울은 디모데에게 "주를 위하여 갇힌 자 된 나를 부끄러워하지 말[라]"(딤후 1:8)고 말한다. 바울이 그렇게 말한 이유가 있다. 디모데에게 편지를 쓸 때 그는 감옥에 갇혀 있었다. 지금까지 여러 번 감옥에 갔지만 이번에는 이전과 좀 다르다는 것을 바울이 감지했던 것 같다. "나는 선한 싸움을 싸우고 나의 달려갈 길을 마치고 믿음을 지켰으니 이제 후로는 나를 위하여 의의 면류관이 예비되었으므로"(4:7-8)와 같은 고백이 이를 암시한다. 바울은 자신이 인생 여정의 막바지에 다다랐다는 것을 알았고 디모데에게 마지막이 될 편지를 쓴다. 외부적 상황도 그렇게 좋은 편이 아니었다. 바울은 디모데에게 자신에게 오라며 말한다. "너는 어서 속히 내게로 오라. 데마는 이 세상을 사랑하여 나를 버리고 데살로니가로 갔고 그레스게는 갈라디아로, 디도는 달마디아로 갔고 누가만 나와 함께 있느니라"(9-11절). 그리고 말을 이어간다. "내가 처음 변명할 때에 나와 함께한 자가 하나도 없고 다 나를 버렸으나 그들에게 허물을 돌리지 않기를 원하노라"(16절). 바울은 로마에 가서 교회의 후원을 받아

스페인으로 복음을 전파하러 가려는 계획을 세웠었다(롬 15:22-29). 바울의 계획이 이뤄졌는지는 그의 서신이나 교회사에서 따로 다뤄진 바가 없다. 분명한 것은 바울이 최종적으로 도착한 곳은 스페인이 아닌 감옥이었다는 점이다. 그리고 이제 바울은 그 감옥을 자신의 여행길의 종착지로 받아들이고 있다. 겉으로 드러난 상황은 좀 더 곤혹스러워 보이는데, 복음 전파를 위해 지금까지 그와 함께 달려왔던 사람들 중 다수가 그 곁을 떠났기 때문이다. 그런데도 바울은 '[나는] 나의 달려갈 길을 마치고 믿음을 지켰다'고 말한다. 그리고 무엇보다 디모데에게는 "주를 위하여 갇힌 자 된 나를 부끄러워하지 말고 오직 하나님의 능력을 따라 복음과 함께 고난을 받으라"(딤후 1:8)고 하며 오히려 자신의 결말이 디모데에게 본이 되도록 한다. 바울의 멘탈은 강했다. 바울을 이렇게 강하게 한 힘의 정체는 그다음 장에서 찾을 수 있다.

내 아들아 … 너는 그리스도 예수 안에 있는 은혜 가운데서 강하고(2:1).

강함의 배후에는 은혜가 있다. 디모데를 강하게 하려는 뜻으로 말했지만 이 말은 바울 자신의 경험의 반영이다. 스페인에 가서 복음을 전파할 계획은 좌절됐고, 들어간 감옥에서는 풀려날 수 없었으며, 지금까지 그와 함께 했던 동역자들은 하나둘 그 곁을 떠나고 있었다. 그런데도 바울의 멘탈은 은혜 때문에 강했다. 자신만 아니라 그가 달려온 길을 이제막 시작하는 젊은 디모데에게도 그 강함을 전수하려 한다.

은혜가 우리를 강하게 하는 길

은혜는 자격 없는 자에게 값없이 주신 하나님의 선물(예수 그리스도의 죽음과 부활, 성령, 성령의 은사, 열매 등)이다. 무엇이든지 값져야 힘이 있고, 또 강한 사람, 능력 있는 사람이 되려면 몸값이 올라가야 한다는 게 현실의 원리인데, 바울은 젊은 디모데에게 자격 없는 네가 값없이 받은 것 안에서 강해지라고 한다. 나를 강하게 하는 것은 값없는 선물이라는 말이, 출생률은 세계에서 제일 낮고 자살률은 제일 높은 대한민국 사회에 주는 도전이 있다.

2021년 5월 4일 자 한 일간지에 나온 통계다.[1] 국민건강보험공단은 2016년에서 2020년까지 집계된 〈기분장애 질환 건강보험 진료현황〉을 발표했는데, 2020년 기분장애 질환으로 진료받은 사람의 숫자를 보면 전 연령대를 통틀어 20대 청년이 가장 많았다. 기분장애로 진료를 받은 20대 여성은 2016년과 비교해 144%(6만 3,003명)나 뛰어 전 연령대를 통틀어 가장 높은 상승률을 보였다. 10대 여성도 마찬가지였는데 그 증가율이 102.4%로 두 번째로 높았으며, 20대 남성 증가율은 83.2%로 그 뒤를 이었다. 2020년에 공황장애로 진료를 받은 20대 여성은 5만 265명으로 2018년보다 34.9% 늘었는데, 같은 기간 전체 공황장애 환자 증가율이 6.5%였던 것에 비해 거의 6배가량 더 높았다. 20대 남성 공황장애 환자도 21.4% 늘어, 20대 여성에 이어 두 번째로 높은 증가율을 보였다. 청년들의 정신건강의 적신호를 보여주는 더 심각한 통계가 있다. 2020년도에 응급의료기관 66개소를 대상으로 조사한 결과, 자살시도로 응급실에 내원한 사람은 총 2만 2,572명이었는데 그중 남성은 8,424명이고 여성은 1만 4,148명이었다. 여성이 남성보다 약 1.7배 많았다. 특히 주목할 것은 연령층인데, 자살시도로 응급실에 온 20대 남성

1. https://www.hani.co.kr/arti/society/women/993645.html(2023년 2월 27일 검색).

은 1,788명, 20대 여성은 4,670명으로서 20대에서도 여성이 남성보다 많았다. 그중 20대 여성은 전체 자살시도자 가운데 20.4%를 차지했는데, 2016년까지만 해도 9.8%였던 비율이 2020년에 거의 2배 증가한 셈이다. 2019년 대비 2020년 전체 자살시도자는 4.7% 증가했는 데 반해, 같은 기간 동안 20대 여성은 33.5% 증가했다. 20대 여성 정신건강이 걱정스럽다. 20대 남성도 마찬가지다. 2019년에 견줘 2020년에 자살시도가 늘어난 남성은 20대가 유일했는데 그 증가율이 19%가량이었다. 이는 20대 여성 다음으로 높은 증가율이었다. 그러니 우리 시대 젊은이의 생명이 위험에 빠져 있다고 말해야 한다. 생명의 위기가 어디 젊은이의 문제이기만 하겠는가.

이유가 있는가

우리 시대 젊은이에게 자기 가치감이나 자기 생명을 위한 존중감이 결핍된 이유는 무엇일까. 위의 통계를 낸 기사에 따르면 사회경제적 이유가 단연코 으뜸이다. 경제적 저성장 시대에 꿈을 펼칠 기회가 그만큼 줄어든 데다가 특히 코로나로 인해 직업 구하기가 점점 더 어려워지고 있기 때문이다. 2022년 초 통계청 경제 활동 인구조사를 보면, 전년 1월 대비 음식점, 숙박업과 도·소매업 취업자 감소 인원 58만 5,000명 가운데 20대가 16만 8,000명(28.7%)으로 전 연령대에서 가장 많다. 젊은이들이 가장 많은 직장을 잃은 것이다. 성별로는 여성이 33만 4,000명(57.1%)으로 절반이 넘었다. 이런 통계는 젊은이들 특히 젊은 여성의 경제 활동 위축이 그들의 자기 존중감의 상실과 무관하지 않음을 보여준다. 따라서 자기를 존중하는 자존감을 가지기 위해선 자신의 재능을 마음껏 발휘할 일자리를 얻고 또 그런 일자리를 제공하는 안정된 사회 경제 구조가 뒷받침돼야 한다. 이 점의 중요성은 누구도 부인할 수 없다. 사회도 이것을 잘 아는 것 같다. 2022년 대선 주자 세 명이 청년의 위기를 알고 공약하기를, 한 명은 군 복무를 마친 청년에게 3천만 원을 지원하겠다고 했고, 다른 한 명은 사회 초년생에 1억 원을 제공하는 '미래씨앗 통장제도'를 제안했으며, 또 다른 한 명은 모든 국민에게 분기별로 25만 원씩 주겠다고 했다. 누가 되든지 이 공약을 잘 실행하기를 바란다.[2] 하지만 먹고살 만하면 건강한 자존감이 만들어지는가? 아니, 그렇게 해서 세운 자기 가치감 그러니까 경제적 안정을 통해 세워진 존재감이 믿을 만하고 권위 있는 자기 가치감의 근거가 될 수 있을까?

　우리나라 경제 성장은 매년 나아지고 있다. 2022년 8월에 국회예산정책처는 우리나라가 세계 국내총생산 규모면에서 10위를 차지한다고 발표했다. 그런데 2023년 2월 26일 자 기사에 실린, 한국보건사회연구원의 '사회정책 성과 및 동향 분석 기초연구' 결과에 따르면 한국인이 스스로 평가한 행복점수는 10점 만점에 6.11점으로서 경제협력개발기구(OECD) 38개 회원국 가운데 31위다.[3] 경제는 세계 10위가 되고 나날이 생활환경은 나아지는데도 우리나라 사람은 행복하다는 생각을 그렇게 많이 하지 않는다. 젊은이들이 안정된 자기 가치감을 갖지 못한 게 코로나 여파로 경제 활동의 기회를 가지지 못했기 때문이라는 분석은 일정 부분 맞는 말이지만, 경제적 가치의 한계를 동시에 보여준다. 우리에게는 보다 안정되고 견고한 자기 존중감의 근거가 필요하다.

2.　출간을 앞둔 시점인 2023년 2월, 두 번째 공약을 한 사람이 당선되어 공무 중이다.

3.　https://www.khan.co.kr/national/national-general/article/202302261428001 (2023년 2월 27일 검색).

올바른 자기 가치감의 두 조건

한 사람의 자기 가치감은 안정적이든 불안정하든, 두 가지를 바탕으로 만들어진다. 첫째, 자기의 가치를 부여하려면 근거가 있어야 하고, 둘째, 그 근거는 자기만 가져서는 안 되고 다른 사람도 함께 가져 자신을 인정해 주어야 한다. 자기 가치감은 안정적인 근거와 공동체의 지지를 통해 형성된다.

올바른 근거 찾기

자기 가치감은 올바른 근거를 가져야만 제대로 정립된다. 비단 자존감만 아니라 무엇이든지 가치를 매길 때는 근거가 있어야 한다. 아무런 근거 없이 평가하면 '멋대로 한다'며 비난받기 일쑤다. 하지만 보다 더 중요한 것은 근거의 종류다. 무엇을 평가할 때 사용한 근거가 권위 있다고 인정받으려면 올바른 기준으로 평가되고 또 평가된 대상이 누가 보더라도 이전보다 나아져야 한다. 비유적으로 말한다면, 해변의 은빛 모래사장은 아름답고 행복감을 가져다주지만, 그렇다고 사람이 살 집을 그 위에 올리지는 않는다. 여름휴가 때 하루 이틀 살 텐트는 몰라도 계속 살 집을 짓기에 모래는 견고한 토대가 될 수 없다는 것을 알기 때문이다. 견고한 토대는 웬만한 비나 강풍 혹은 지진에도 흔들리지 않는 단단한 지반을 가진 땅이다. 사람이 살 집만 아니라 사람을 의미 있게 살도록 하는 자기 가치감을 세우는 일도 이와 비슷하다. 집을 지으려면 단단한 토대가 필요하듯이 나의 가치감의 근거도 그걸 바탕으로 했을 때 내 존재와 가치감이 상황에 따라 변하지 않고, 또 누구를 만나느냐에 따라서도 기복이 생기지 않는 등 내 존재에 안정감을 주는 것이어야 한다.

그래야 그 근거는 권위 있다고 말할 수 있다. 그런데 그런 것이 있기나 할까.

　인간은 태어날 때부터 성별과 외모와 피부색을 가지고 태어나고, 태어난 이후에는 나이를 먹고, 교육을 받고, 부를 축적하고, 사회적 지위를 얻는다. 이런 상징자본은 그 자체로 소중하고 가치 있고 사람이 사는 데 꼭 필요하다. 그러면 인간의 가치와 자존감을 세우는 일을 하는 데 그 같은 상징(문화)자본을 권위 있고 믿을 만한 근거로 사용할 수 있을까? 글쎄다. 상징자본 자체는 의미 있고 중요한 것인데도, 이상하게 자기 존중감을 그 위에 올려놓기 시작하면 안정감을 가지기는커녕 자꾸 흔들리고 불안정해진다. 문화자본을 권위 있게 받아들인 사회에는 서열이 만들어지고, 차별과 경쟁심이 사회 문제가 되며, 무엇보다 그렇게 서열과 경쟁에서 살아남았다 하더라도 그 자기 가치감은 높은 절벽 위에 붙은 소나무처럼 위태위태해 보이기 마련이다. 긴말이 필요 없을 것 같다. 만일 한 사람이 자기 가치감을 상징자본이라는 바탕 위에 올려놓고 있다면, 그 사람의 자존감은 서열상 자신보다 우위에 있다고 생각되는 사람 하나의 무게도 견뎌낼 수 없을 만큼 허약한 기반을 가졌다고 말할 수밖에 없다. 우리 인간에게는 흔들림 없이 안정적으로 나의 가치를 제대로 평가해주는 다른 근거가 필요하다.

　바울은 젊은 디모데에게 "그리스도 예수 안에 있는 은혜 가운데서 강하[라]"고 말했다. 지금까지 한 말로 표현한다면, 강한 자기 가치감과 자존감은 하나님의 은혜로 가능해진다. 하나님의 은혜가 무엇인가? 그것은 하나님이 주시는 선물로서 태생적 조건이나 후천적 성취와 아무런 상관없이 우리에게 값없이 주신 죽으시고 부활하신 그리스도와 성령이시다. 은혜 받았다는 것은 죽으시고 부활하신 그리스도와 성령을 하나님의 선물로 받았다는 것을 말한다. 만일 우리 가치를 우리가 받은 교육 수준의 높고 낮음, 이뤄낸 부의 많고 적음, 외모의 좋고 나쁨, 인생의 업적이 많고 적음에 둔다면 그 기준은 우리 안에 경쟁심과 서열을 조장하다가 결국에 우리를 배반할 것이다. 반면 하나님의 선물에 기초한 자기 가치감은 다르다. 하나님이 은혜로 주신 선물인 그리스도와 성령은 그를 의지하는 사람을 배반하지 않는다. 하나님은 죽고 부활하신 그리스도와 성령을 값없이 '선물'로 주셨기에 받은 사람 사이에 서열은 물론 경쟁심을 조장하지 않는다. 어떤 강자를 만나든지 그리스도와 성령이라는 선물에 기반한 자기 가치감은 깨지지 않는다.

더불어 은혜는 새로운 것을 창조해 내는 능력이다. 은혜는 수혜자를 법적, 존재론적으로 새로운 존재가 되게 한다. 루터가 하이델베르크 논쟁, 마지막 28번 명제에서 말한 것처럼 "우리는 사랑받을 만하다고 여겨지는 것을 찾아다니며 사랑한다. 하지만 하나님은 그를 기쁘게 하는 것을 찾아다니지 않으시고 도리어 사랑받을 것을 창조하신다." 하나님은 가치가 있지만 조금 부족한 자에게 하나님의 선물을 주어 그 가치를 승격시키는 것이 아니라 아무 가치도 없는 자에게 그리스도와 성령이라는 선물을 주어 가치 있는 존재로 만들고 그 가치에 합당한 삶을 살아내게 하신다. 하나님의 선물에 기초한 자기 가치감은 서열이나 경쟁심을 유발하지도 않고, 외부의 어떤 것에 의해서 휘둘리지도 않을 수 있다. 이는 하나님의 선물은 상징자본이 가져다주는 것과는 비교 자체가 불가능한 가치를 한 사람 안에 창조해 내기 때문이다. 하나님의 은혜는 세상이 설정한 '생존 게임'에서 살아남는 길을 알려주는 것이 아니라 게임 자체를 바꾸시는 능력이다.[4]

---

4.   은혜의 창조적 능력에 대해서는, 존 M. G. 바클레이, 『바울과 은혜의 능력』 (서울:

바울이 디모데에게 한 '그리스도 예수 안에 있는 것 그 은혜 안에서 강하라'는 권면은, '너의 가치는 네가 이뤄 놓은 것이 아니라 네가 받은 선물이 결정하게 하라'는 것이다. 우리가 받은 선물은 죽으시고 부활하신 그리스도와 성령과 만물이다. 세상에서 우리는 더 많이 가지고 더 높이 올라가서 더 높은 자기 가치감을 세우려고 하지만, 우리가 가지려 하는 만물은 하나님이 이미 우리에게 선물로 주신 것이고 또 마지막 날에 더 풍성히 주실 것이다. 하나님은 그리스도와 성령을 우리에게 선물로 주시어 우리를 그리스도와 함께한 상속자로 삼으셨기 때문이다. 그러므로 은혜 안에 머무르는 이상, 우리 자신을 다시 상징자본 위에 올려놓고 자기 가치감을 얻으려 하지 않는다면, 우리의 자존감을 떨어뜨릴 힘은 어디에도 없다.

존재감을 인정하고 세워주는 공동체

은혜 안에서 강해지려고 노력해도 자기 존중이 잘 이뤄지지 않는 것이 현실이다. 거기에는 이유가 있다. 인간은 사회적 관계로 지음을 받았다(창 1:27; 2:20-25). 자존감 역시 다른 사람의 인정을 통해 생겨난다. 내가 스스로에게 천 마디 칭찬을 해도 옆에 사람의 비난 한 마디에 자존감은 쉽게 흔들릴 수밖에 없다는 말이나, 행복감이나 삶의 질은 기쁨과 슬픔을 함께할 친구가 있느냐에 따라 결정된다는 사회 통념은 자기 가치감은 공동체에 의해 세워진다는 것을 알려준다. 바울은 로마서 12:10에서 말한다.

> 존경하기를 서로 먼저 하며(12:10).

감은사, 2021)을 참조하라.

상호 존경의 가르침을 실천하는 데 주저하는 이의 변명이 있다. '존경할 것이 있어야 존경하지 ….' 맞는 말처럼 들린다. 하지만 교회가 일반 사회와 다른 면이 있다. 각자가 가진 것에 대한 비교 없이, 우리 모두는 그리스도와 성령이라는 하나님의 선물을 받은 자라는 사실 하나만으로 서로를 존경하는 곳이 바로 교회다. 사회와는 다른 교회의 능력이란 사람이 이룬 업적이 아닌 하나님이 하신 일(은혜)에 기반하여 서로를 공경할 수 있는 것이다. 남이 가진 것, 성취한 것, 타고난 것을 무시하라는 말이 아니다. 생득적이거나 노력하여 얻은 상징자본을 가지고 있다는 것, 이는 부정할 수도 없고 또 하지도 말아야 한다. 그것 역시 하나님의 선물이기 때문이다. 그러니 다른 성도가 내게는 없는 선물을 받았을 때 축복하고 그것을 주신 하나님께 감사하는 것은 당연하다. 하지만 바울은 옆에 성도가 내게 없는 것을 가졌기 때문에 존경하는 것은 그냥 덤으로 하는 것이고, 존경은 모두가 다 받은 하나님의 선물인 그리스도와 성령 때문에 하는 곳이 바로 교회라고 말한다. 이런 종류의 존경이 살아 있을 때에야 교회는 세상과 다른 능력에 의해 이끌려 사는 공동체로 인정받을 것이다.

존경의 방법

존경할 때는 원칙 두 가지가 있다. 첫째는 서로서로 존경하는 것이다. 남을 존경하는 일은 결코 일방적이지 않다. 교회에서 존경은 한 방향으로만 흐르지 않는다. 서로 존경하라고 하기 때문이다. 바울이 로마서에서 "서로"라는 말을 얼마나 자주 사용하는지 보자.

내가 너희 보기를 간절히 원하는 것은 어떤 신령한 은사[선물]를 너희에게 나누어 주어 너희를 견고하게 하려 함이니 이는 곧 내가 너희 가운데서 너희와 나의 믿음으로 말미암아 **피차** 안위함을 얻으려 함이라 (1:11-12).

서로 우애하고(12:10).

서로 마음을 같이하며(12:16).

피차 사랑의 빚 외에는 아무에게든지 아무 빚도 지지 말라(13:8).

서로 덕을 세우는 일을 힘쓰[라](14:19).

은혜와 선물 위에 세워진 공동체의 특징은 서로서로 존경하는 것이다. 문화자본의 축적을 최고의 가치로 여기는 사회에서 존경은 더 많은 자본을 가진 소수의 사람을 향해 일방적으로 이뤄진다. 하지만 단방향의 존경은 언제나 위험하다. 값없이 주어진 하나님의 선물은 이런 일방적 존경을 만들지 않는다. 은혜를 받은 교회는 모두가 그 선물을 받은 사람이기에 존경은 서로서로 하는 것이다.

교회가 서로 존경할 수 있는 것은 또한 은혜의 원리가 상호성을 바탕으로 하기 때문이기도 하다. 그리스도인은 그리스도에게 충성하지만 사실 그리스도께서 우리에게 먼저 충성하셨다. 그리스도께서 자신의 목숨까지 주시며 우리를 사랑하시니 우리 역시 그리스도를 위해 살고 그리스도를 위해 죽겠다고 말하는 것이다. 우리가 그리스도를 믿는다고 하지만 그리스도께서 먼저 우리를 믿어 주셨다. 그리스도와 우리 사이의 믿음도 양방향이다. 바울은 고린도전서 7:4에서 아내의 몸은 남편이 주장하고, 남편의 몸은 아내가 주장한다고 가르친다. 고대 사회에서는 부부 사이에서 아내의 몸이 남편에게 속해 있음만 말했다. 하지만 바울은 양방향을 말한다. 존경이든 자선이든 단방향으로만 이뤄진 일은 주는 자는 교만하게 하고 받는 자는 비굴하게 만들 수도 있다. 하나님의 선물은 다르다. 그리스도는 자신을 선물로 주시고, 우리 역시 그리스도에게 자신을 준다. 그리스도와 우리는 서로가 서로에게 전부를 주는 관계다.

은혜의 주고받음을 실천하는 첫걸음은 서로 존경하기를 먼저 하는 것이다. 다른 사람을 먼저 존경하는 일은 하나님이 우리에게 하신 일을 본받는 것이기도 하다. 우리가 먼저 하나님을 존중한 것이 아니라 하나님이 먼저 우리를 사랑하시고 귀히 여기셨기 때문이다. 그러니 존경하기를 먼저 하는 것은 하나님이 하신 일을 재현하는 것이자 하나님의 은혜의 전달자가 되는 것이다. 내가 은혜 위에서 자기 가치감을 아무리 가지려 해도 잘 되지 않는 것은 내 책임만 아니라 옆에 있는 성도의 책임 또한 크다. 그러니 존경하기를 서로 먼저 하자.

존경할 때 가져야 할 두 번째 원칙은 남이 먼저 하기 전에 내가 먼저 존경하는 것이다. 먼저 하는 것이 중요한 까닭은 그리스도께서 먼저 나를 사랑하시어 내가 사랑받을 만한 존재라는 것을 가르쳐 주셨기 때문이다. 우리 역시 먼저 존경하여 그 사람이 존경받을 만한 사람이라는 것을 알려주는 것이 그리스도의 몸 된 교회의 존재 방식이다.

* * *

우리 시대 젊은이를 비롯하여 모든 세대는 자기 가치감의 위기를 겪고 있다. 이런 시대에 기독교는 해답을 준다. 복음은 상징자본이 주는 것과는 달리 흔들리지 않고 견고한 자존감의 근거를 제공해 준다. 하나님이 우리에게 주신 그리스도와 성령의 선물을 토대로 나의 가치를 평가한다. 상징자본은 그 자체로 아름답고 소중하지만 인간의 가치를 매기는 기준이 되어서는 안 된다. 인간 가치는 하나님의 은혜 하나로만 충분히 매겨질 수 있다. 교회는 이런 점에서 자존감을 잃어버린 이 시대에 대안이 된다. 하지만 모든 교회가 다 대안인 것은 아니다. 오직 하나님의 은혜 하나로 존경하기를 먼저 하는 교회만 현실 사회에 소망을 주는 교회가 된다. 거기 갔을 때 내게 부족한 무엇이 보이지 않고 하나님이 주신 것의 풍성함이 보이는 교회, 없는 것을 향한 불평보다 있는 것으로 인한 감사가 나오는 교회가 이 시대에 소망이다.

제5장
사랑의 네 가지 단계

바울은 사랑 장이라고 알려진 고린도전서 13장에서 사랑을 정의하는 데 다섯 절(4-8절)을 할애한다. 정의의 결론은 "사랑은 언제까지나 떨어지지 아니[한다]"(고전 13:8)이다. "떨어지[다]"에 해당하는 그리스어('핍토')는 "실패하다" 혹은 "효력이 없어지다"라는 뜻을 가진다. 그러하기에 "사랑은 언제까지나 떨어지지 아니하되"라는 말은 사랑하는 사람이나 사랑받은 사람은 결코 실패하지 않으며 또 사랑이 동기가 되어 한 일도 결코 무효가 되지 않는다는 말이다. 고대 그리스 철학자들은 변하지 않는 세상의 기초('아르케')가 무엇인지 고민했다. 어떤 사람(탈레스)은 물이라고 하고 다른 사람(헤라클레이토스)은 불이라고 하며 또 다른 사람(아낙시메네스)은 공기(호흡)라고 하기도 했다. 모든 것을 떠받치며 존재하면서 결코 변하지 않고 영원히 존재하는 것이 무엇인지 철학적으로 탐구했던 것이다. 그런데 성경은 사랑은 언제까지나 떨어지지 아니한다고 말한다. 사랑이 만물의 기초로서 만물과 사람을 사라지지 않게 유지하는 '아르케'라는 것이다. 왜 그럴까? 하나님은 사랑하고자 만물을 지으셨고, 사랑하기에 육신을 입으셨으며, 사랑하기에 내주하시기 때문이다. 도대체 인생이 무슨 의미가 있는가라는 질문이 생길 때 우리가 돌아가야 하는 원점은 나를 사랑하는 존재가 있고 나는 사랑받는 사람이라는 사실이어야 하는 이유가 바로 이 때문이다. 사랑하기 시작할 때, 사랑을 받기 시작할 때에야 삶의 의미에 관한 문제는 해결의 실마리가 풀릴 수 있다. 우리를 존재케 한 것이 사랑이고, 우리를 이끄는 게 사랑이며, 우리를 새롭게 한 것도 사랑이기 때문이다.

하지만 문제가 있다. 사랑해도 인생의 의미가 발견되지 않는다. 왜 그럴까. 모든 사랑이 다 같은 사랑이 아니기 때문이다. 사랑의 종류가 너무 많다. 사랑한다고 다 동일한 결론에 도달하는 것은 아니다. 사랑이 다 같은 사랑이 아니라면, 어떤 사랑을 해야 인생의 의미를 발견하고 하나님을 진정으로 사랑하는 사랑이 될까.

주후 11-12세기에 살았던 인물로서 끌레르보 수도원을 창설하는 등 기독교 교회사에 깊은 영향을 준 영성가 끌레르보의 버나드(Bernhard von Clairvaux)라는 사람이 있다.[1] 그에 따르면 그리스도인의 사랑은 네 가지 단계로 성장해 간다.[2]

1단계, 자기를 위해서 자기를 사랑하는 것

사랑의 첫 출발은 자기를 사랑하는 것이다. 자기를 사랑하되 자기 자신을 위해 자신을 사랑하고, 사랑하는 목적이 바로 자기 자신이 되는 것이다. 이런 사랑은 저급한 사랑이라고 너무 쉽게 단정 내리지 않도록

---

1.   그는 찬송가 85장, 145장, 262장도 지었다. 그중에서도 85장(구주를 생각만 해도)은 가장 잘 알려져 있다.
2.   끌레르보의 버나드, 『하나님의 사랑』 (서울: 은성, 2000).

조심할 필요가 있다. 그래야 할 이유는 여러 가지다. 사랑 그 자체는 숭고한 것이다. 또 인간은 하나님의 형상으로 지음을 받은 존재이기에, 아우구스티누스(Augustine)가 말한 것처럼, 자기를 사랑하는 것이 하나님을 사랑하는 한 방편이기도 하다.[3] 하나님의 입장에서 보면 자신의 형상으로 창조된 인간이, 비록 자신이 그렇게 만들어졌다는 것을 알지 못할지라도, 자기를 소중히 여기며 사랑하는 것이 어찌 하나님에게 기쁨이 되지 않을 수 있겠는가? 게다가 자신을 사랑하고 소중히 여겨야 우리는 생존할 수 있다. 우리가 먹고 마시며 잠을 자고 휴식을 취하는 이 모든 것은 다 자기 사랑에서 비롯된다. 자기 사랑은 우리의 생존을 가능하게 한다. 성경 역시 자기 사랑의 가치를 높게 평가한다. 예수님은 구약성경이 말하는 가장 큰 계명이 먼저는 "주 너의 하나님을 사랑"하고 "네 이웃을 네 자신과 같이 사랑"(막 12:30-31)하는 것이라 하셨다. 특히 이웃을 사랑하되 그 이웃을 자신을 사랑하듯 하라고 하신 것이다. 자기 사랑과 이웃 사랑은 같이 간다. 에베소서 5:29에도 비슷한 말이 나온다. "누구든지 언제나 자기 육체를 미워하지 않고 오직 양육하여 보호하기를 그리스도께서 교회에게 함과 같이 하나니"(5:29). 그리스도의 교회 사랑은 그리스도의 자기 사랑이다. 교회는 그리스도의 몸이기 때문이다. 이처럼 예수님은 이웃 사랑을 자신을 사랑하듯 하라고 하시고, 바울 역시 그

3. 아우구스티누스는 그의 책 『그리스도교 교양』 (왜관: 분도, 2011), 75-137에서 향유와 이용을 구분하여 향유는 "어떤 사물 그 자체 때문에 그 사물에 애착함"이고, 이용은 다른 것 때문에 사물에 애착을 가지는 것이라고 정의한다(특히 79). 그런 후 오직 하나님만 향유의 대상이고 그 외에 인간과 사물과 자기 자신은 이용의 대상이라고 밝힌다. 사람이나 이웃 그리고 자신은 그 자체 때문에 사랑하는 대상이 아니라 하나님 때문에 사랑하는 대상이다(111-115). 그러니 하나님 안에서 자기나 이웃을 사랑할 때 그 이웃 사랑과 자기 사랑은 하나님을 향유하는 일로 승화된다(특히 121).

리스도의 교회 사랑이 바로 그리스도의 자기 사랑이라고 말하고 있다. 그러하기에 자기 사랑은 무조건 나쁘다고만 말할 수는 없다.

그럼에도 성경은 자기 사랑에 분별이 필요하다고 말한다. 디모데후서 3:1-2에는 "말세에 고통하는 때가 이르러 사람들이 자기를 사랑하며"라고 말한다. 자기 사랑에 부정적이다. 자기 사랑은 너무나 자주 자기만 사랑하는 것으로 끝나기 때문이다. 자기를 사랑하는 근거가 자신이고, 자기를 사랑하는 목적도 자기 자신이 되는 그런 자기 사랑은 구원받아야 하는 종류의 사랑이다. 생각해 보자. 생명은 주어진 것이다. 내가 스스로 존재하게 된 것이 아니라면 내가 존재하는 목적 역시 '밖'에서 찾아야 한다. 루트비히 비트겐슈타인(Ludwig Wittgenstein)이 그의 전반기 철학을 대표하는 책 『논리-철학 논고』에서 "세계의 의미는 세계 밖에 놓여 있지 않으면 안 된다"(6.41)고 한 것도 이와 맥을 같이한다.[4] 나의 존재 원인이 내가 아니라면 내 존재의 목적 또한 나 자신이 될 수 없다. 근대 인간론의 기초를 만든 임마누엘 칸트(Immanuel Kant)는 『윤리형이상학 정초』에서 인간을 한낱 수단으로만 대하지 말고 목적으로 대하라고 했다.[5] 그의 뜻을 모르는 바는 아니지만, 성경은 인간 존재의 원인

---

4. 루트비히 비트겐슈타인, 『논리-철학 논고』 (서울: 책세상, 2006), 112. "세계의 뜻은 세계 밖에 놓여 있지 않으면 안 된다. 세계 속에서 모든 것은 있는 그대로 있으며, 모든 것은 일어나는 그대로 일어난다; 세계 속에는 가치가 존재하지 않는다—그리고 만일 가치가 존재한다면, 그것은 아무 가치도 가지지 않을 것이다. 가치를 가진 어떤 가치가 존재한다면, 그것은 모든 사건과 어떠어떠하게-있음 밖에 놓여 있지 않으면 안 된다. 왜냐하면 모든 사건과 어떠어떠하게-있음은 우연적이기 때문이다. 그것을 비-우연적으로 만드는 것은 세계 속에 놓여 있을 수 없다. 왜냐하면 그렇지 않다면 그것은 다시 우연적일 터이기 때문이다. 그것은 세계 밖에 놓여 있어야 한다."

5. Immanuel Kant, *Groundwork of the Metaphysics of Morals in Immanuel Kant: Practical Philosophy*, trans. Mary Gregor (Cambridge: Cambridge University

이 인간 자신이 아니기에 인간 존재의 목적이 인간 자신이 될 수 없다
고 말한다. 나 자신이 목적이 되면 허무로 끝나지만 자기 밖의 존재가
목적이 되면 인생의 의미가 발견된다. 사랑도 마찬가지다. 나라는 존재
가 주어진 것처럼 나를 사랑하는 근거도 주어져야 한다. 나의 존재의 목
적이 자기 밖에 있듯이 사랑도 자기 밖의 대상을 향해 이뤄져야 한다.
(기억하자. 성경은 자기 사랑을 무조건 부정하는 것이 아니라 자기가 근거가 되고 목적이
된 자기 사랑의 불완전성이 문제라고 말한다.) 그러므로 자기를 출발로 삼고 자
기를 목적으로 삼는 사랑은 변화 혹은 성화되어야 한다.

2단계, 자기를 위해서 하나님을 사랑하는 것

대부분의 사람은 자기 자신을 사랑의 근거나 목적으로 삼아 살아간
다. 내가 이뤄 놓은 것이 자기애의 근거가 되고 이웃 사랑도 자기 유익
을 위해 하는 경우가 허다하다. 살면서 그런 사랑은 반드시 위기를 겪는
다. 나보다 '잘난' 존재가 어느 날 내 앞에 나타나면 나의 자존감은 '떨
어지고'(무너지고) 자기 연민이 찾아온다. 또 자기 자신을 위해서 이웃을
사랑한 것을 알게 된 이웃이 나를 떠나면 나의 존재감은 다시 무효화된
다. 사람은 참 사랑을 잘 행하지는 못하더라도 그것이 어떤 것인지는 다
안다. 이렇듯 자기 자신을 사랑의 근거와 목적으로 삼은 이에게 이런 인
생 위기는 불가피하다.

두 번째 단계의 사랑이 시작되는 시점은 바로 이때다. 자신이 사랑

Press, 1998), 429, "So act that you treat humanity, whether in you own person or
in the person of any other, always at the same time as an end, never merely as a
means(그러므로 너는 인간[성]을 대할 때, 너 자신의 인격에서든지 또는 다른 사람
의 인격에서든지, 항상 동시에 목적으로 대하고 결코 단순한 도구로 대하지 않도록
행동하라)."

받을 만한 조건을 다 잃어버렸다고 생각될 때 우리는 하나님께 나아간다. 하나님께 도와주시기를 간구한다. 자신의 부족한 부분을 채워 주시기를 기도하고, 자신의 못난 부분을 다시 온전하게 해달라고 간청하며, 꼬인 대인 관계를 풀어 달라고 구한다. 그러다 보면 하나님과의 대화 시간도 늘어나고, 하나님께 마음을 토해 놓는 시간도 늘어난다. 하나님 역시 자비롭고 은혜가 풍성하시기에 우리의 부족함을 채워 주시고, 우리의 못난 부분을 다시 회복시켜 주시며, 꼬인 관계도 다시 풀어주시고, 경제적 어려움도 해결하시어 다시 부유함을 주신다. 하나님은 그렇게 할 수 있는 분이시고 또 그렇게 하신다. 이런 '은혜'를 체험한 우리는 하나님께 '하나님 사랑합니다'라고 고백한다. '하나님이 이런저런 일을 해결해주시니 하나님은 선하고 좋은 분이십니다'라고 고백하면서 말이다. 이때 사랑은 자신을 위해서 하나님을 사랑하는 단계다. 하지만 이런 사랑은 한 단계 더 나아가야 한다. 우리는 하나님을 사랑한다고 고백하지만 결국은 자신을 위하여 하나님을 사랑하기 때문이다. 물론 두 번째 단계에서의 사랑은 첫 번째 단계에서의 사랑과 차이가 있다. 첫 단계에서의 사랑은 '나를 위해서 나를 사랑하는 것'이었기에 사랑의 대상이 나였고, 두 번째 단계에서의 사랑은 '나를 위해 하나님을 사랑하는 것'이기에 사랑의 대상이 하나님으로 바뀌었다. 하지만 둘째 단계의 사랑이 첫째 단계의 사랑과 동일한 점은 그 목적이 자기 자신이라는 점이다. 나를 위하여 하나님을 사랑하는 것이기 때문이다. 하나님이 사랑의 대상이 되지만 그 사랑은 자기 자신을 위한 것이다. 우리의 생애의 장애를 극복하기 위해 하나님을 사랑하고 우리의 생애의 문제를 해결하기 위해 하나님을 사랑한다. 이런 사랑이 무조건 다 나쁘다고 말할 수 없지만, 우리의 사랑은 거기서 더 나아가야 한다.

3단계, 하나님을 위해서 하나님을 사랑하는 것

하나님은 은혜로 우리의 사랑을 세 번째 단계로 인도하신다. 이 단계는 하나님을 위해서 하나님을 사랑하는 것이다. 나를 위하여 하나님을 사랑하는 두 번째 단계에서 하나님을 위하여 하나님을 사랑하는 세 번째 단계로의 변화가 어떻게 가능할까? 두 번째 단계에서 하나님의 사랑을 반복적으로 경험하다 보면 우리 마음에 하나님 자신을 알고 싶어하는 마음이 생긴다. 나 자신을 위해 하나님을 사랑했는데도, 하나님은 외면하지 않으시고 계속 내 문제를 해결해주시고, 어려움을 극복하게 해주신다. 이런 사랑 경험이 반복되다 보면 이제 우리 마음에는 자신의 문제와 상관없이 하나님을 향한 관심이 생긴다. 이토록 자비롭고 은혜로우신 하나님은 어떤 분이실까라는 질문이 서서히 생기기 시작한다. 하나님의 사랑을 자꾸 받다 보면 조금씩 우리의 이기적인 마음이 녹아지고 하나님 그분에게 관심이 모아지기 시작할 수밖에 없다. 그러면서 하나님이 누구신지를 조금씩 알아가게 된다. 내 문제를 통해서만 하나님을 보다가 내 문제와는 상관없이 하나님을 하나님으로 보기 시작하는 때가 바로 이때이다. 이런 단계에 도달했을 때 우리의 기도는 다음과 같을 것이다.

이제 우리는 우리의 필요 때문에 하나님을 사랑하지 않습니다. 하나님이 얼마나 좋으신 분인지를 직접 맛보고 알았기 때문입니다.

이 단계에 들어가면 이웃을 사랑하는 것도 훨씬 쉬워진다. 하나님을 진심으로 사랑하는 자는 하나님이 사랑하시는 대상을 동일하게 사랑하기 때문이다. 하나님의 이웃 사랑은 어떠했을까? 하나님은 이웃을 위해 이웃을 사랑했다. 하나님은 우리를 사랑하되 우리를 위해 우리를 사랑했다. 하나님의 사랑이 우리를 위한 것임을 깨닫게 될 때 우리도 자신을 위해서가 아니라 하나님이 하시는 것처럼 이웃을 위해서 이웃을 사랑할 수 있다.

4단계, 하나님을 위해서 자기를 사랑하는 것

사랑의 마지막 단계는 하나님을 위해서 자기를 사랑하는 것이다. 이 단계에서 사랑은 사랑하는 사람 자기 자신에게로 되돌아온다. 하지만 자신을 위해 자신을 사랑하던 첫 번째 단계와는 달리 이제는 하나님을 위해서 자기를 사랑한다. 자신을 사랑하되 이제는 자신을 위해서 자기를 사랑하지 않고, 하나님을 위해서 자신을 사랑한다. 자신을 사랑하는 목적이 자신이 아니라 하나님이 된다. 이 사랑이 가능한 때는 나를 사랑하는 일과 하나님을 사랑하는 일에 차이가 없게 될 때이다. 어떻게 나를 사랑하는 것이 하나님을 사랑하는 것이 될까? 인간은 다 타락하여 자기 중심성의 덫에 걸렸는데, 자기를 사랑하는 것이 어떻게 하나님을 사랑하는 일이 되는지 의구심이 들지 않을 수 없다. 이런 사랑은 자칫하면 자기를 우상시하는 위험에 빠질 수 있다는 말이 나올 법도 하다. 자기 사랑이 자기 우상화가 아니라 하나님을 사랑하는 것이 되려면 자기애만을 고집하는 나 자신의 변화가 필요하다. 그런 변화는 가능할까?

고린도전서 15:25에 따르면 그리스도께서 지금 왕 노릇 하시는데 그의 통치는 만물에서 악과 부정과 죄를 없애는 일이다. 만물 위에서 진행되는 그리스도의 왕 노릇의 궁극적인 목적을 바울은 다음과 같이 말한다.

하나님이 만유의 주로서 만유 안에 계시려 하심이라(고전 15:28).

하나님은 마지막 날 자신의 세계 안에 친히 내주하실 것인데, 지금 그리스도께서 하시는 왕 노릇은 바로 하나님의 집안을 세우고 청소하는 일이다. 그리스도께서 모든 죄와 악과 슬픔을 이 세상과 우리 몸에서 제거하신 후 우리에게 새로운 몸을 주시고 세상을 새롭게 하실 그때, 하나님은 만유의 주로서 만유 안에 거하신다. 만유의 주께서 만유 안에 거하실 때 내 몸이 하나님의 온전한 거처가 된다. 하나님이 내 안에 나는 하나님 안에 거하는 연합이 문자적으로 가능해진다. 그때에야 나를 사랑하는 일이 바로 하나님을 사랑하는 일이 된다. 하나님이 내 안에 거하시기 때문이다. 이 단계에서 우리는 하나님과 한마음이 되고, 또 우리의 뜻과 하나님의 뜻이 하나가 된다. 그때 우리의 기도는 오직 단 하나, '하나님의 뜻이 이루어지이다'가 될 것이다.

한 사람이 사랑의 네 번째 단계에 도달하는 일은 죽을 몸이 생명의 몸으로 바뀌고, 육체의 욕심을 이루는 몸이 성령의 열매를 맺는 몸으로 변화되며, 인간의 왜곡된 속성이 하나님의 성품으로 변화되는 부활의 때에 이뤄질 것이다. 그러면 생전에 이 사랑을 경험하는 것은 불가능할까? 하나님이 은혜를 베푸사 육신의 몸을 입고 살아가는 이때에도 하나님을 위해 하나님을 사랑하고 더 나아가 나를 위해 하나님을 사랑하는 그런 숭고한 사랑을 체험하게 해주시기를 기도할 수 있다. 기도 가운데서나 혹은 말씀에 사로잡힘으로써 오직 하나님의 영으로만 충만해져 자기는 없어지고 오직 그리스도께서 내 안에 계신다는 사실만이 중요하여 그분 안에서만 안식을 찾는 은혜를 경험할 수 있기를 다만 소원할 뿐이다. 어쩌면 십자가의 요한(John of the Cross)이 『갈멜산 등정』(*The*

Ascent of Mount Carmel)에서 말했던, "밤은 사랑하는 분과 사랑받는 이를 연합시켜 사랑받는 이를 사랑하는 이 안에서 변화시킨다"라는 고백이 이런 뜻일 수 있다.[6] 보이지 않으신 분 안에 머무르려면 보이는 모든 것 심지어 나 자신도 볼 수 없는 밤이 와야 한다. 남이 나를 볼 수 없고 나도 나를 볼 수 없는 밤은 내 존재가 오직 그분 안에 있음을 비로소 깨닫는 시간이다. 십자가의 요한에게 그 밤은 은유적으로 하나님의 영광이 나를 덮어 내 육신의 눈이 어두워지는 것을 가리키리라. 바울이 삼층천을 체험했던 것처럼(고후 12:1-4) 하나님이 긍휼을 베푸시어 우리도 그 사랑을 잠시라도 체험한다면 자기를 위해 자기를 사랑한다든지 아니면 자기를 위해 하나님을 사랑하는 자신을 보며 고통스러운 감정을 느끼게 될 것이다. 혹 바울에게 허락하셨던 것처럼 그런 사랑을 죽을 육신을 가진 우리에게 찰나의 순간에라도 허락하신다면 그 이유는 하나님의 사랑의 진정한 가치를 깨닫게 하시어 우리로 진정한 사랑을 향한 순례를 멈추지 않도록 하게 하시기 위함일 것이다. 하지만 성경이 분명하게 말하는 것은 이런 사랑은 우리의 몸이 부활의 몸을 입고 새 하늘과 새 땅이 도래할 때에야 가능하다.

* * *

사랑에는 네 가지 단계가 있다. 첫 단계에서는 자신을 위해서 자신을 사랑한다. 그리고 두 번째는 자신을 위해 하나님을 사랑하는 단계이

---

6. 이 구절은 십자가의 요한의 『갈멜산 등정』이라는 시의 5연(stanza)의 일부이고 원문은 다음과 같다. "O night that has united the lover with his beloved, transforming the beloved in her lover." Kieran Kavanaugh(ed), John of the Cross Selected Writings (New YORK; Mahwah: Paulist Press, 1987), 55.

고, 그다음은 하나님을 위해서 하나님을 사랑하는 단계이며, 마지막에 우리는 사랑의 완성에 들어가 하나님을 위해서 자신을 사랑하게 된다. 이 마지막 사랑은 주님이 오실 때, 새 하늘과 새 땅이 임하여 우리의 몸이 그리스도와 같은 부활의 몸을 입을 때 가능하다. 그때는 그토록 자기중심적이었던 나를 하나님이 변화시켜 주심으로써 하나님의 온전한 성전이 되어 나를 사랑하는 것이 하나님을 사랑하는 일이 될 것이다. 이 사랑의 마지막 단계를 고대하며 사랑의 여정을 이어가자.

제6장
예수, 우리의 화평[1]

그리스도는 "우리의 화평"('에이레네 헤몬')이다(엡 2:14). 이 평화 선언에서 주목해야 할 것은 바울이 1인칭 복수('우리')를 사용하여 그리스도가 "우리의 화평"이라고 한 점이다. 그리스도의 평화는 "우리"('헤몬')의 평화로 이어진다는 것이다. 바울이 "우리"를 사용한다는 점에 주목해야 하는 이유가 있다. 다 같은 사람이지만, 사람이 모여 '우리'가 되는 사회를 만들면 그곳엔 틈이 생기고 담이 만들어져 온 것이 인간 사회 현실이다. 인류 역사는 신분, 피부색, 그리고 성별을 바탕으로 '우리' 안에 담을 세우고, 그 담 너머에 존재하는 사람은 '이방인' 취급한 역사였다는 사실을 아무도 부인할 수 없다. 특히 작금의 한국 사회는 세대별로 '무슨 세대'라 부르며 상호 이질감이 세대 간에 확장되고 있는 것은 물론이고, 지역적으로는 수도권과 비수도권 간의 경제적, 문화적, 종교적 격차가 날이 갈수록 심화되고 있다. 사실 한국 사회에 있어왔던 여러 종류의 사회적 갈라치기는 부패한 정치인과 언론의 '공작' 탓이 크다. 사회

---

1. 이 글은 2023년 2월 7일 자 〈기독신문〉(2375호)에 실린 글임을 밝혀둔다.

기득권 세력은 군사 정권 시절에는 이념적 색깔론을 내세워 자신들의 기득권을 지키려 했고, 민주화 이후에는 지역 감정을 바탕으로 지역 갈등을 부추겼으며, 최근에는 나이와 성별을 바탕으로 이 사회를 갈라치기 하고 있다. 세속적 권력을 얻고 지키기 위한 방편이었다. 현실이 이렇다 보니 사람은 결코 평화로운 '우리'가 될 수 없을 것이라는 절망감마저 들게 한다. 그럼에도 불구하고 교회는 절망만 하고 있을 수 없다. 그리스도가 '우리'의 화평이라는 선포는 그리스도께서 그의 몸 된 교회에 주신 소명이기 때문이다.

평화가 현실이 된 초기 교회

바울의 화평 선포는 그리스도가 우리(유대인과 이방인) 가운데 놓인 담을 무너뜨리시어 (비록 획일화는 아니더라도) 우리가 공생 공존할 수 있는 이유가 돼야 한다는 말이다. 초기 교회에서 그리스도는 실제로 갈등을 화평으로 바꾸는 역할을 했다는 증거가 있다. 로마 제국의 공식 언어는 라틴어였지만 변방에서는 행정이나 법정 용어로만 활용됐고, 대신 그리스어가 제국 전체에서 공용 언어(lingua franca)로 사용됐다. 그런데 당시 사회에서 언어는 소통의 도구였을 뿐만 아니라 문화적 우열을 나타내기도 했다. 사람들은 그리스어를 사용하는 사람이 그리스어를 사용하지 않는 사람보다 문화, 정치 그리고 도덕적으로 우월하다고 여기며 그리스어를 모르는 사람을 야만인('바르바로스')이라 불렀다.[2] 이처럼 언어

---

2. 고대 여러 문헌에서(롬 1:14; 고전 14:11; Aristotle, *Politics* 1.2 [trans. J.E.C. Welldon; New York: Macmillan, 1988], 2-3) 야만인('바르바로스')은 그리스어를 사용하지 않는 사람이나 혹은 그리스어를 사용하더라도 애틱-아오닉 그리스어를 사용하지 않는 사람을 가리킬 때도 사용됐다. 하지만 '야만인'이라는 어휘가 그리스나 로마 입장에서 적국을 향한 조소의 의미를 담아 발화된 증거가 많다. 위에서

와 인종에 따라 사람의 우열을 나누던 사회에서 복음서의 예수님이 하신 일이 있었다.

1세기 팔레스타인 유대인들은 아람어로 대화했고 '역사' 속에 사셨던 예수님도 아람어로 말씀하셨다.[3] 그런데 '기록된 복음서'에 등장한 예수님은 그리스어로 말씀하신다. 역사 속에 사셨던 예수님이 아람어로 말씀하셨다면 기록된 복음서의 예수님도 아람어로 말씀하시리라 기대할 수 있겠지만 복음서의 예수님이 사용하시는 언어는 그리스어이다. 예수님의 언어가 아람어에서 그리스어로 바뀐 것이다. 보다 정확하게 말하면 복음서 저자가 예수님의 언어를 바꾼 것이다. 그리스-로마문학 장르상 '전기'로 알려진 복음서가 예수님을 소개하는 역사적 기록이라면 아람어로 말씀하시는 예수님이 나오는 것이 자연스럽다. 그럼에도 복음서는 예수님이 아람어가 아닌 그리스어로 말씀하시도록 기록

언급된 저작에서 아리스토텔레스의 어조에도 이런 조소가 담겨있다. 아리스토텔레스는 그리스에는 "자연적 통치자"와 "자연적 백성"이 있는 반면 야만인에게는 "자연적 통치자"는 없고 "남성 노예와 여성"뿐이라고 주장한다. '야만인'이 경멸의 어조로 쓰인 다른 예를 위해서는 고전 그리스어 사전인 Liddell and Scott, '바르바로스' II를 보라. 마르쿠스 바르트와 헬무트 블란케(Markus Barth and Helmut Blanke, *Colossians* [AB 34B; New Haven and London; Yale University Press, 1994], 416은 "야만인은 다른 것 가운데서 언어와 문화 그리고 도덕을 기초로 경멸어조로 외국인을 지시하는 어휘"였다고 말한다.

3. 1세기 팔레스타인은 이중 언어의 사회였다는 입장이 있고(이상일, "예수 전승과 복음서 전승의 이중 언어적 전달-1세기 팔레스타인과 안디옥의 경우", 신약논단 17.2 [2010], 257-294), 예수님 역시 그리스어를 사용할 수 있었다는 복음서의 증거(로마 백부장과의 대화, 마 8:5-13; 수로보니게 여인과의 대화, 막 7:25-30; 빌라도와의 대화, 막 15:2-5; 마 27:11-14; 눅 23:2-4; 요 18:29-38)도 분명히 있다. 하지만 예수님의 모국어가 아람어였다는 증거는 부인할 수 없다는 것이 신약학계의 중론이다. 이런 중론을 위해서는 Stanley E. Porter, "Greek of the New Testament," *Dictionary of New Testament Background*, eds., Craig A. Evans & Stanley E. Porter (Leicester: IVP, 2000), 426-435을 보라.

했다. 복음서 저자는 왜 예수님의 언어를 바꾸었을까? 복음서를 읽고 들을 사람의 언어적 상황 때문이었다. 청자가 아람어는 모르고 그리스어만 알았다. 공생애 기간 동안 예수님이 만났던 사람은 대부분이 유대인이라 같은 아람어로 소통이 가능했다. 하지만 후에 복음이 여러 민족으로 전해지기 시작하면서 아람어를 모르고 그리스어만 아는 사람이 예수님을 주로 믿는 일이 일어났다. 이때 사복음서의 저자에게 선택지는 두 개가 있었다. 하나는 예수님이 말씀하셨던 아람어로 예수님의 어록을 기록하되 이방 청자는 예수님의 언어를 배워 예수님의 말을 듣도록 하는 것이고, 다른 하나는 예수님으로 하여금 그의 모국어(아람어) 대신 듣는 사람의 언어(그리스어)로 말하게 하는 것이었다. 초기 교회가 어떤 선택을 내렸는지는 복음서의 언어가 말해준다. 복음서의 예수님은 그리스어로 가르치시고 선포하시며 꾸짖으시고 치료하시며 기도하신다. 교회는 듣는 사람의 언어로 예수님이 말씀하시도록 복음서를 기록했다. 복음서에서 볼 수 있는 예수님의 언어의 변화는 '언어의 성육신'이라고 말할 수 있다. 말씀('로고스')이 육신('사릌스')이 되신 하나님은 언어까지 듣는 사람의 언어로 말씀하셨다는 것이 복음서에서 '그리스어로 말씀하시는 예수님'이 뜻하는 바이다.

그런데 마가복음에는 반전이 있다.[4] 마가복음은 이탈리아에 거주하던 그리스도인을 위해 기록됐기에 청자는 라틴어나 그리스어를 사용하는 사람이었음이 틀림없다. 그런 언어적 배경을 가진 청자는 마가복음의 예수님이 그리스어를 사용하시자 '예수도 야만인('바르바로스')은 아니구나'라고 생각했을 것이다. 하지만 그런 그들이 이내 당황할 수밖에 없

---

4. '반전'이라는 키워드로 서술하는 아래 내용은 박윤만, 『마가복음』, 427-429에서 이미 다룬 바 있다.

는 상황을 맞이하게 된다. 그리스어로 말씀하시던 예수님이 갑자기 야만어인 아람어로 "달리다굼"("소녀야 일어나라", 막 5:41)이라 하시고 또 "에바다"("열리라", 7:34)라고 말씀하신다. 그리고 마가는 말해진 아람어의 뜻이 무엇인지 그리스어로 곧 번역해준다("달리다굼 하시니 번역하면 곧 내가 네게 말하노니 소녀야 일어나라 하심이라", 5:41; "에바다 하시니 이는 열리라는 뜻이라", 7:34). 예수님의 아람어 말씀이 그리스어로 번역된 것을 접하면서 예수님의 인종적 기원이 그리스인이 아닌 '바르바로스'라는 사실을 새삼 자각하게 됐을 것이다. 이에 그리스어를 사용하는 '문명인 예수'를 생각했던 사람은 갑자기 당황하며, 언어와 인종에 기초한 우열 의식에 기반하여, '예수가 야만인이었구나'라고 가치 평가를 했을 법하다. 하지만 본문에는 이런 사회 문화적 편견을 뒤집어엎는 사건이 예수님의 야만어 말을 들은 이들에게 일어난다. 이미 죽어 그의 말을 들을 수도 없는 야이로의 열두 살 된 딸에게 "달리다굼"이라 하시자 소녀가 살아나고, 귀먹고 말을 더듬던 사람에게 "에바다"라고 하시자 듣는 데 장애를 가진 사람의 귀가 열려 듣게 된다. 이 순간 중요해진 것은 아람어냐 그리스어냐가 아니었다. 지금까지 언어와 문화에 기반한 우열 의식을 당연시했던 이들이 인정하지 않을 수 없었던 사실은 언어보다 언어를 사용한 사람의 능력이었다. 예수님이 말씀하시니 그 아이가 살아나고, 예수님이 말씀하시니 그 사람의 닫혔던 귀가 열리는 것을 보게 됐다. 적어도 복음서를 읽는 초기 교회 안에서는 언어와 인종에 따라 사람을 차별하는 문화가 예수님으로 인해 무너지기 시작했다는 것은 부인될 수 없다. 오랫동안 사람을 나누고 차별하던 그리스-로마 사회의 인종적, 언어적 갈라치기가 예수님을 만나자 무력화되기 시작했던 것이다.

　　우리가 살펴본 복음서의 예수님이 사용하시는 언어와 관련된 이야기는 사용하는 언어로 사람을 차별하던 사람이 다 한 가족으로 교회 안에서 살 수 있게 된 배후에 무엇이 있었는지를 알려준다. 예수님을 주로 믿는 일은 당시 절대화된 모든 사회 문화적 가치를 상대화시키는 능력이었던 것이다. 바로 이런 이유 때문에 바울은 다음과 같이 선언할 수 있었다. "[새 사람에게는] 헬라인이나 유대인이나 할례파나 무할례파나 야만인['바르바로스']이나 스구디아인이나 종이나 자유인이 차별이 있을 수 없나니 오직 그리스도는 만유시요 만유 안에 계시니라"(골 3:11).

예수 그리스도의 공로, 교회의 유일한 터

예수님이 '우리'의 화평이신 또 다른 이유가 있다. 인간 사회는 타고난 조건이나 개인과 국가의 성취 정도를 근거로 우월의식이나 열등감을 가지기도 한다. 그런데 교회는 태생적 조건이나 후천적 업적 혹은 직업이나 성별이 아니라 오직 하나님의 은혜에 의한 믿음 하나에만 기초하여(엡 2:8) '우리'가 된 곳이다. 하나님에게서 거저 받은 선물인 죽으시고 부활하신 그리스도와 성령 때문에 함께하게 된 곳이 교회라면, 어떻게 태생적 조건이나 후천적 성취 조건이 교회의 모양을 결정하게 허락할 수 있겠는가. 그런 일은 원칙적으로 일어날 수 없고 일어나서도 안 된다. 그리스도는 '우리의 화평'이라는 바울의 선언에는 이런 의미가 담겨 있었다. 예수님이 만든 새 사람, 새 창조의 사람의 모습이 어떠한지 바울은 말한다. "누구든지 그리스도와 합하기 위하여 세례를 받은 자는 그리스도로 옷 입었느니라. 너희는 유대인이나 헬라인이나 종이나 자유인이나 남자나 여자나 다 그리스도 예수 안에서 하나이니라"(갈 3:27-28; 또한 고전 12:12-13을 보라).

* * *

교회는 하나님의 선물인 주 예수님에 대한 믿음 하나에만 의지하여 세워지고 유지되는 하나님의 새로운 '사회'이다. 지금 우리 사회는 성별과 세대와 이념으로 나누어지고, 국가 간에는 경제와 군사력 차이를 발판으로 남의 나라를 짓밟고 침략하는 악이 자행되고 있다. 하지만 교회는 이 현상을 지지할 수 없고 지지해서도 안 된다. 교회는 인간의 공로가 아닌 오직 그리스도의 공로로만 세워진 곳인 까닭에 인간적 '냄새'가 원칙적으로 스며들어올 수 없기 때문이다. 더불어 그리스도는 우리의 화평이시라는 고백이 교회 안에서의 현실이기만 한 것은 아니다. 교회는 믿지 않는 사람 역시 하나님의 형상이자 하나님의 피조물로 여기며 존중한다. 그러하기에 그리스도는 '우리'의 화평이시라는 선포가 교회 담장 밖으로까지 뻗어나가야 한다. 만일 우리가 주로 믿고 충성하는 그리스도가 교회의 머리이실 뿐만 아니라 온 세상의 주라고 진정으로 믿는다면 말이다.

제7장
오네시모의 귀환[1]

빌레몬서는 바울이 빌레몬에게 보낸 편지다. 바울의 다른 서신과 비교했을 때 빌레몬서만 가지는 몇 가지 특징이 있다. 첫째, 서신은 한 장, 총 스물다섯 절로 되어 있어 바울서신 중 가장 짧다. 일반적인 속도로 읽으면 2분도 채 걸리지 않는 스물다섯 절이 이천 년 동안 읽혀진 하나님의 말씀으로 전해져 왔다. 둘째, 빌레몬서는 바울이 한 개인에게 보낸 편지다. 바울이 쓴 대부분의 편지는 교회에 보낸 것이다. 물론 개인에게 보낸 서신으로 디도서와 디모데전후서가 있지만 그 둘은 목회서신으로 분류되어 디도와 디모데가 목회할 때 따라야 할 교훈을 담고 있다. 반면 빌레몬은 목회자가 아니고 바울을 통해 예수님을 믿은 지 얼마 되지 않은 초신자다. 이런 까닭에 빌레몬서는 목회서신이 아니라 그냥 친구 사이에 주고받는 개인서신으로 분류된다. 그런데 스물다섯 절로 기록된 이 개인서신이 성경책이 됐다. 그것은 바로 빌레몬서가 빌레몬만 아니

---

1.   이 글은 2023년 2월 14일과 2월 21일 자 〈기독신문〉(2375호, 2377호)에 실린 글임을 밝혀둔다.

라 모든 교회 모든 성도가 따라야 할 보편타당한 가르침을 주기 때문이다.

빌레몬 외 다른 한 사람 오네시모가 있다. 그는 빌레몬의 종이다. 어느 날 빌레몬이 오네시모를 불렀는데 오네시모가 오지 않는다. 집 안을 아무리 찾아보아도 오네시모가 보이지 않는다. 종이 주인의 허락도 없이 갑자기 사라졌다. 도망간 것이다. 그런데 어느 날 도망갔던 오네시모가 갑자기 나타났다. 모두가 놀랐다. 몰래 떠났다가 제 발로 돌아왔다. 돌아온 오네시모 손에는 편지가 들려져 있었다. 바울이 오네시모의 주인인 빌레몬에게 보낸 편지, 곧 우리가 읽는 빌레몬서였다. 오네시모는 그것을 그의 주인에게 건넨다. 오네시모는 왜 떠났었으며, 떠난 그에게는 무슨 일이 있었을까? 그리고 그는 왜 다시 돌아왔으며, 바울은 이 일에 왜 개입했고 편지는 어떤 말을 하는가?

왜 떠났나

15절에 따르면 "그가 잠시 떠나게 된 것은"이라고 말한다. 오네시모가 "잠시" 빌레몬을 떠나게 된 것이 업무차 어디로 간 것이 아니라 잘못을 저질러 도망간 것이라고 보아야 할 이유가 있다.

> 그[오네시모]가 만일 네[빌레몬]게 불의를 하였거나 네게 빚진 것이 있으면 그것을 내[바울] 앞으로 계산하라(몬 18절).

오네시모는 주인인 빌레몬에게 "불의"를 행했고 또 "빚진 것"이 있었다. 오네시모가 일하다가 주인 빌레몬에게 고의나 혹은 실수로 심각한 재정적인 손해를 입혔다고 볼 수 있다. 그런데 문제는 오네시모가 그것을 감당할 수 없어 도망을 간 것이다. 그 결과 오네시모는 삼중고를 겪게 됐다. 첫째, 종이 주인에게 불의를 행했다. 둘째, 감당할 수 없는 재정적인 손해를 끼쳤다. 셋째, 자신이 그것을 책임질 능력이 없다는 것을 알게 되자 아무런 허락 없이 집을 떠나버렸다. 노예는 원칙적으로 주인의 재산이기에 노예가 도망간 것은 노예가 주인의 재산을 '도둑질'한 것이며 도망간 노예는 '도둑'으로 여겨졌다.[2] 도망간 노예로서 오네시모의 미래는 이제 한 치 앞을 내다볼 수 없게 됐다. 로마의 노예들은 해방되는 일이 많았다. 고대 이탈리아에서 발견된 비문들을 보면 30세 이전에 죽은 사람 중에서 노예였던 적이 있는 1,126명 가운데 59.3%가 해방됐고, 30세 이후에 죽은 사람 중에서 노예였다가 해방된 사람은 89.3%나 됐다.[3] 이렇듯 로마의 노예 해방 비율이 50% 이상 됐는데 중요한 것은 이 노예 해방의 조건이다. 이런 노예 해방은 오직 주인의 판단과 결정에 달렸다. 종이 성실하게 일하여 자신과 집에 많은 유익을 가져왔다고 판단하면 주인은 그를 해방시켜 주곤 했다. 노예 해방의 가능성은 종의 성실에 비례했다. 하지만 오네시모는 이제 영원히 노예로 남을 수밖에 없었다. 아니, 영원히 노예로 남는 게 문제가 아니었다. 로마법에 따르면 도망간 노예(fugitivi)는 심한 매질은 물론이고 사지절단과 같은 가혹한 징벌로 죽임을 당할 수도 있었다.[4] 게다가 그는 불의를 행했고 빚까지 지고 도망갔다. 오네시모의 운명은 이제 최악의 상황에 처할 수밖에 없었다.

---

2.   Bruce W. Frier(편집자) and Fred H. Blume(역자), *The Codex of Justinian* (Cambridge: Cambridge University Press, 2016), Book 4, Title 1.

3.   김규섭, "로마의 사회적, 법적 배경에서 바라본 갈라디아서 5:13의 자유와 예속," 「신약연구」 18.4 (2019), 580.

4.   Bruce W. Frier, *The Codex of Justinian*, Book 4, Title 1.

오네시모의 선택

도망간 오네시모는 어떤 선택을 내렸을까. 오네시모는 감옥에 갇혀 있던 바울에게 갔다. 사고 친 노비가 사도를 찾아간 것이다. 이유가 있다. 자신이 저지른 불의와 재정적인 손실을 갚을 능력이 없던 오네시모는 마지막 시도를 했다. 중재자를 찾는 것이었다. 로마법에 따르면 노예가 스스로 해결할 수 없는 문제에 직면했을 때 주인의 신실한 지인에게 중재를 요청할 수 있었다.[5] 바울은 오네시모의 마지막 최후의 보루였다. 오네시모는 자신과 빌레몬 사이에 개입하여 어떤 식으로든지 도와줄 수 있는 사람은 바울밖에 없다고 생각하고 바울을 찾아간 것이다. 하지만 오네시모가 바울을 찾아갈 때 주인인 빌레몬의 허락을 받지 않았을 가능성이 매우 높다. 바울은 빌레몬에게 "네게 그를 돌려 보내노니"(12절)라는 말이나 "그가 잠시 떠나게 된 것"(15절)이라는 말이 이를 지지한다. 오네시모는 그의 목숨을 위험에 빠뜨릴 '도망한 노예'라는 낙인을 각오한 채 바울을 마지막 해결자로 삼아 찾아갔다. 그런데 여기서 질문이 생긴다. 오네시모는 왜 하필 바울을 찾아갔을까. 빌레몬의 집은 종을 둘 정도로 부유했기에 그 주위에 덕망을 갖춘 사람이 많이 있었음이 분명하다. 그런데도 바울을 찾아간 것은 빌레몬에게 바울이 매우 영향력 있는 인물로 여겨졌기 때문일 가능성이 높다. 바울이 빌레몬에게 한 말인 "네 자신이 내게 빚진 것"(19절)은 빌레몬이 바울을 통해 예수님을 만나 새 생명을 얻게 된 사실을 언급하는 말로 보는 것이 가장 자연스럽다. 따라서 바울의 복음을 듣고 예수님을 믿게 된 빌레몬이 평소에 바울

---

5. 바울과 동시대 때 로마에서 높은 벼슬아치가 종이나 자유인(한때는 종이었다가 해방됐고 그럼에도 여전히 주인에게 속해 있는 사람)을 위해 중재 역할을 하는 예를 위해서는, Justinian, *Digest* 21.1.17.4; Pliny the Younger, *Letters* 9.21-24을 보라.

을 존경하고 있다는 것을 오네시모는 알았고, 주인이 존경하는 사람에게 부탁하면 도움을 받을 수 있지 않을까 하는 기대가 있었기 때문에 바울을 찾아갔다고 볼 수 있다.

떠난 오네시모에게 일어난 일

그런데 바울을 찾아간 오네시모에게 뜻밖의 일이 일어난다. "갇힌 중에서 낳은 아들"(10절)이 말하듯 오네시모가 바울을 만나 예수님을 주로 믿어 하나님의 가족이 된 것이다. 예수님이나 바울 시대 랍비들이 자신의 가르침을 받는 제자를 "아들"로 부르는 것은 일반적인 관례였다. 바울은 그의 복음을 듣고 탄생하게 된 교회나 회심자와의 관계를 유모와 자녀 혹은 아비와 아들로 종종 묘사한다(고전 4:15, 17; 갈 4:19; 딤후 1:2; 딛 1:4). 따라서 갇힌 중에서 오네시모를 낳아 그가 아들이 됐다는 것은 오네시모가 영적으로 다시 태어나 하나님의 아들이 됐다는 사실을 축약한 표현으로 보아야 한다. 오네시모가 도움을 요청하러 감옥에 있던 바울을 찾아갔다가 그곳에서 예수님을 만난 것이다. 종이 '아들'이 되고, 그가 찾아간 감옥이 영적으로 다시 태어나는 '분만실'이 됐다. 사실 오네시모가 바울에게 간 것은 복음을 듣기 위함이 아니었다. 다만 자신이 불의와 재정적인 문제를 해결하는 데 도움을 받기 위해 갔다. 그런데 찾아간 바울을 통해 뜻밖에도 복음을 듣고 그리스도인이 됐다. 그것은 하나님의 일하심이었다. 하나님은 인생의 난관을 극복하고자 도움을 얻으러 간 자리가 난관만 아니라 존재 자체가 새로워지는 자리가 되게 하셨고, 사람의 종을 하나님의 자녀로 바꾸셨으며, 사람을 가두는 감옥을 새 생명을 잉태하는 영적 분만실로 바꾸셨다. 하나님은 그 모든 것을 그렇게 바꾸어 나가신다. 역사 속에서 진행되고 있는 하나님의 나라는 일상의 얼굴로 찾아온다.

빌레몬서에는 하나님이 인간의 연약함이나 악을 하나님의 선으로 바꾸어 나가신다는 바울의 믿음이 직접적으로 나타난다. 바울은 15절에서 오네시모의 도망을 두고 "잠시 떠나게 된 것"이라고 표현한다. "떠나게 된 것"('에코리스테')은 원어에는 수동태로 되어 있다. 바울은 오네시모가 도망갔다고 말할 수 있었음에도 그가 '떠나지게 되었다'고 말하고 있다. 바울은 오네시모의 '떠나짐' 배후에 능동적인 참여자로 누가 관여했다고 보았을까? 학자들은 이런 수동태를 '신적 수동태'라고 표현한다. 이는 하나님이 능동적 주체자가 되어 어떤 사건이 일어났을 때 그 사건을 수동태로 표현하는 문법을 일컫는 말이다. 바울은 하나님이 오네시모가 떠나는 일에 개입하셨다고 믿고 있었기에 이런 수동태를 사용하고 있음이 틀림없다. 사실 잘못을 하고 도망가는 일은 오네시모에게는 큰 비극을 불러올 만한 잘못이었고 빌레몬에게도 재정적 손실을 발생시킨 일이었다. 모두에게 손해였던 일이다. 그러나 바울은 재정적인 관점보다 하나님이 무슨 일을 하려 하시는지 보려 했다. 비록 잘못된 일일지라도 그 속에서 하나님의 일하심을 보려 한 것이다. 바울은 오네시모가 비록 떠날 때는 어떤 손해를 입히고 떠났지만, 떠나고 난 후에는 감옥에서 예수를 믿게 됐고, 그리고 돌아갈 때는 이어지는 절이 말하듯 빌레몬과 종과 주인의 관계를 뛰어넘어 영원한 가족 관계로 들어갈 수 있게 된 것이 다 하나님의 일하심 때문이라는 것을 말하고 싶었다. 바울의 이런 표현은 구약에 나오는 요셉의 이야기에서 형제들의 악을 선으로 바꾸신 하나님에 대한 요셉의 고백을 떠올리게 해준다(창 45:5; 50:20). 요셉과 같이 바울도 하나님의 섭리적인 역사를 보고 있다. 인간의 죄와 악을 선으로 바꾸어 나가시는 하나님의 섭리 말이다.

돌아오는 오네시모

바울은 오네시모를 빌레몬에게 돌려보낸다. 문제의 발생지로 되돌려 보내되 돌아가는 오네시모 손에 친필로 쓴 편지를 쥐어 보낸다. 빌레몬은 돌아온 자신의 종 오네시모를 그 앞에 세워두고 영적 아비인 바울이 보낸 편지를 읽어본다. 편지를 다 읽은 후 앞에 있는 오네시모를 본다. 빌레몬의 눈에 들어온 오네시모의 존재는 떠날 때와 동일하다. 그런데 달라진 것이 있다. 도망갔던 자가 제 발로 찾아온 것도 그렇고, 불의와 빚을 감당하지 못해 도망갔는데, 어떤 결과든 받아들이겠다며 찾아온 것은 분명히 그에게 어떤 내적인 변화가 일어났다는 것을 말한다. 이뿐만 아니다. 도망갈 때는 종이었는데, 그가 들고 온 편지에 따르면 돌아올 때는 형제가 됐다(몬 16절). 떠날 때는 불의를 행하고 손해를 끼친 '무익한 자'(11절 상반절)였는데, 돌아올 때는 '유익한 자'(11절 하반절)가 됐다. 심지어 한 노비를 두고 사도 바울은 그가 자신의 "심복"(12절)이 됐다고 한다. "심복"이라는 말의 그리스어('스플랑크논')는 내장 혹은 심장이라는 뜻도 가진다.[6] 이 단어는 7절에도 나온다. 그곳에서 바울은 빌레몬의 사랑과 믿음 때문에 많은 성도들이 얻은 유익을 "성도들의 마음['스플랑크논']이 너로 말미암아 평안함을 얻었으니"라고 한다. 한 명의 변화는 다른 사람의 '마음' 상태에 영향을 끼침으로써 성도의 마음을 평안하게 한다. 성도는 심장과 심장으로 연결된 관계이기 때문이다. 이제 다시 바울은 자신의 심장을 빌레몬에게 보낸다. 이와 동시에 빌레몬 역시 바울의 심장이다. 바울의 심장의 평안함은 빌레몬이 그의 종 오네시모를 형제로 환영할 때 얻을 수 있다고 말한다. 물론 빌레몬은 오네시모가 자신의 종이기에 자신의 '소유물'이라고 생각했고 돌아온 그를 보며 잃

---

6.   BDAG, '스플랑크논'.

어버렸던 소유물을 되찾았다고 생각했을 수 있다. 하지만 그가 읽게 된 편지에 따르면 바울이 오네시모를 두고 자신의 '심장'이라 말하고 있기에 빌레몬은 그의 영적 스승인 바울과 그의 종인 오네시모가 한 몸이 됐다는 놀라운 소식을 받아들이지 않을 수 없게 됐다. 이제 빌레몬은 오네시모를 당시 사회의 신분 제도에 따라 함부로 대할 수 없게 됐다. 바울을 대하듯 오네시모를 대하도록 요청받은 것이다. 더불어 13절에서 바울은 오네시모를 빌레몬에게 돌려보낸 후 그가 오네시모를 다시 자신에게 보내 주기를 간청한다. 그 이유는 "갇힌 중에서 네 대신 나를 섬기게 하고자" 함이었다. 바울은 빌레몬이 "동역자"(17절)로서 그가 하는 하나님 나라 사역에 도움을 주는 것이 마땅하다는 전제로 이 말을 한다. 그런 후 바울은 빌레몬이 직접 하지 않고도 자신을 섬기는 길이 있다고 말한다. 그의 종 오네시모를 돌려보내어 자신을 돕도록 하는 것이 빌레몬이 바울을 섬기는 것이라고 한다. 바울은 지금 빌레몬과 오네시모가 한 몸이기 때문에 오네시모의 섬김이 빌레몬의 섬김을 대신할 수 있다고 말하는 것이다. 사실 주인인 빌레몬과 종인 오네시모의 신분 차이로 인해 그들이 하는 일에 질적 차이가 있다고 생각할 수 있지만 바울은 그렇게 생각하지 않았다. 바울은 빌레몬에게 '네가 해야 하는 일을 오네시모가 할 수 있고 오네시모가 하는 일이 곧 네가 내게 하는 일이라'라고 말하고 있다.

이 모든 변화 뒤에는 오네시모의 영적 출생이 있다. 오네시모가 예수님을 주로 믿어 하나님의 자녀로 다시 태어나자 그의 존재와 관계와 삶의 방식 전반에 변화가 생겼다. 이전의 주인이 자신의 형제가 됐고, 이전에는 자신의 잘못을 회피하던 자가 그것을 책임지겠다며 돌아오는 자가 됐으며, 이전에는 단순한 일꾼에 불과하던 자가 또 한 사람(바울)의 심장이 됐다. 게다가 주인이 시키는 일만 하던 노비였던 자가 주인을 대신하여 바울을 섬기는 자가 됐고(13절), 이전에는 아랫사람이었던 자가 예수님을 만난 후에 사도의 존재의 '중심'이 됐다. 그래서 바울은 17절에서 빌레몬에게 오네시모를 영접할 때 마치 나를 영접하듯이 그를 영접하라고 말한다. 바울은 감옥에서 낳은 아들 오네시모를 자신의 심장이라 말할 뿐 아니라 자신과 동격으로 여기고 있는 것이다. 그가 '나'이고 내가 '그'이기에 그를 대할 때 나를 대하듯 하라고 빌레몬에게 말하고 있다. 바울은 오네시모의 이런 변화된 존재를 그 자신과 오네시모에게만 적용하지 않고 다른 사람도 인정하고 받아들이도록 말하고 있는 것이다.

무엇보다, 오네시모는 이제 복음을 담는 그릇이 된다. 바울은 오네시모를 빌레몬에게 보내며 오네시모와 관련된 문제에 해결책을 제시한다. 바울은 빌레몬에게 오네시모가 그에게 불의를 하였거나 빚진 것이 있다면 자신에게 계산하라고 했다(18절). 갚을 능력이 없는 자를 위해 바울이 대신 갚아주겠다고 말한다. 바울의 입장은 힘없는 자의 편에 서는 것이다. 이런 입장을 가지도록 한 배후에는 바울이 전한 복음이 있다. 죄는 우리가 짓고 해결은 예수님이 하셨다는 복음 말이다. 그러니 바울이 그 복음을 따라 잘못은 했지만 갚을 능력이 없는 오네시모를 위해 자신이 대신 갚겠다고 했다. 바울에 따르면 이런 태도는 자신만 아니라 빌레몬 역시 취해야 할 태도라고 말한다. 바울은 빌레몬 역시 갚을 능력이 없는 자 오네시모를 위해 복음의 정신을 실천하기를 바란다.

네 자신이 내게 빚진 것은 내가 말하지 아니하노라(19절).

바울은 빌레몬에게 '당신도 내게 빚진 것이 있지만 그것을 갚으라는 말을 하지 않겠다. 그러니 당신도 잘 생각해 보라'고 말한 것이다. 빌레몬이 바울에게 진 빚은 재정보다 생명으로 보는 게 자연스럽다. 빌레몬은 바울의 복음을 듣고서 하나님의 자녀로 거듭나게 됐을 가능성이 높기 때문이다. 빌레몬의 영적 출생에서 유모 역할을 한 바울은 빌레몬에게 당신이 내게 빚을 졌으니 갚으라고 하지 않았다. 새로운 출생은 은혜로 이뤄진 것임을 알았기 때문이다. 은혜는 그런 것이다. 빌레몬은 은혜로 죄인에서 하나님의 자녀로 태어났다. 오네시모 역시 자신이 행한 잘못을 되돌릴 능력이 없어 죽음과 심한 매질 혹은 평생 노비로 살아가는 것 외에는 갚을 길이 없었다. 그런데 복음은 그런 자격 없고 능력 없는 노예를 하나님의 자녀로 만들었고, 빌레몬 역시 종을 형제로 받으라고 한다. 값없이 주어져 사람(의 신분과 관계 방식)을 바꾸는 것이 하나님 나라의 복음이다. 복음은 추상적인 이론이 아니라 삶의 방식을 바꾸는 창조적 능력이다.

빌레몬의 결단

이제 결정을 내려야 할 사람은 빌레몬이다. 제 발로 찾아와 용서를 구하며 자신 앞에 서 있는 오네시모를 어떻게 대해야 할지 빌레몬은 결정을 해야 한다. 그리스-로마 사회의 신분제도와 법률에 따라 오네시모를 대해야 하는가? 아니면 바울이 말한 대로 복음의 가치에 따라 오네시모를 대해야 하는가? 빌레몬이 어떤 결정을 내렸는지는 빌레몬서에 명시되지 않았다. 하지만 만일 빌레몬이 복음에 합당한 선택을 내리지 않고 당시 사회의 신분제도나 오네시모의 개인의 행위에 따라 판단했다면, 빌레몬 개인에게 보낸 사적 편지가 지금 우리에게 남아 있지 않았을 것이다. 그가 사도 바울의 권고에 따라 복음에 합당한 결정을 내리고 싶지 않았다면 이 편지를 없애버렸을 것이고 또 후에 교회들이 빌레몬의 행동에 변화를 가져오지도 못한 이 편지를 남겨 두지도 않았을 것이다. 그런데 빌레몬서는 유실되지 않고 신약성경에 들어갔다. 빌레몬서가 정경이 된 것은 빌레몬이 복음의 가치에 따라서 오네시모를 형제로 받아 그의 모든 잘못을 용서했고, 노비를 스승 바울의 심장으로 여겼으며, 자기를 대신하여 바울을 섬기는 고귀한 존재로 공경했음을 말해준다. 교회는 빌레몬과 오네시모의 관계를 두고두고 언급하며 복음의 능력을 보여주는 직접적인 증거이자 모델로 삼았기에 4세기 정경화 과정이 이뤄질 때 단지 스물다섯 절로만 구성된 이 책이 신약성경 중 한 권으로 채택될 수 있었을 것이다.

* * *

빌레몬서가 우리에게 주는 결론은 두 가지다. 첫째, 복음은 기존의 모든 가치가 할 수 없는 구원과 해방을 약한 자들과 눌린 자들에게 줄 수 있다. 오직 주인에게 잘 보여야 종에서 해방될 가능성을 절반 정도 확보할 수 있었던 사회에서 복음은 불의를 행하여 영원히 노비로 살다가 죽을 운명에 처한 오네시모를 주인 빌레몬의 '형제'가 되게 하고 사도의 '심장'이 되게 한다.

둘째, 한 명의 회심자를 얻는 일이 점점 어려워지고 있는 우리 시대에 복음의 능력이 전파되는 길을 빌레몬서는 제시해 준다. 오네시모가 예수님을 만나게 된 것은 바울이 그에게 찾아갔을 때가 아니라 종 오네시모가 제 발로 바울에게 찾아갔을 때였다. 오네시모는 그가 빠진 곤궁에서 벗어나고자 바울의 도움을 얻기 위해 찾아갔다가 하나님의 아들이 됐다. 한국 교회가 이 사회에 복음 전파자로 어떻게 쓰임 받을 수 있을까? 먼저 가족과 친구와 친척 그리고 이웃들에게 직접적으로 복음을 전하는 길이 있다. 이와 함께 빌레몬서는 또 다른 방법이 있다고 말한다. '간접적'인 방법이다. 곤경에 처한 오네시모가 자기 문제의 해결을 위해 사도의 도움을 받고자 찾아왔듯이 정부가 교회에 중재를 요청하고, 인권단체가 교회에 도움을 요청하고, 지역 사회 공동 단체가 교회에 도움을 요청하고, 교회는 복음의 정신으로 그 요청들에 반응할 때, 세상이 복음을 맛보고 그 과정에서 영적 출생이 일어난다는 것을 빌레몬서는 직접 보여준다. 비록 당장에는 어떤 반응과 결과가 나오지 않을지라도 하나님이 사랑하시는 세상과 사회를 위해 인내로 섬기고 긍휼과 자비의 사역을 이어갈 때 세상이 교회 안에서 복음의 능력을 귀로만 아니라 온몸으로 체험하게 될 날을 주님이 허락하실지 누가 알겠는가.

제8장
하나님의 정의란 무엇인가

성경 중 로마서만큼 기독교인에게 영향이 컸던 책은 없다. 교회에 초석을 놓는 데 일조한 오리게네스, 크리소스토모스, 아우구스티누스 등과 같은 교부들은 물론, 가장 위대한 신학자 중의 하나로 일컫는 토마스 아퀴나스, 종교개혁의 두 거장 루터와 칼뱅, 감리교회를 창설한 존 웨슬리 등 삶의 전환을 겪거나 새로운 출발을 한 이들의 사상적 배경에는 로마서가 있었다.[1] 특히 로마서는 1500년 동안 이어져 오던 교회를

---

1.   오리게네스는 기독교 역사상 최초로 로마서 주석(총 10권)을 집필했고, 황금의 입이라 불린 크리소스토모스 역시 로마서를 강해한 책을 출간했다(『로마서 강해』, [서울: 지평서원, 1990]). 자신을 "말씀의 교사"로 부른 토마스 아퀴나스 역시 로마서 주석을 집필했다(Thomas Aquinas, *Commentary on Romans* [Ohio: Emmaus Academic, 2020]). 칼뱅은 그의 로마서 주석(『로마서』, [서울: 크리스천다이제스트, 2013], 11) 서문에서 로마서는 "성경 속에 깊숙이 감춰진 모든 보화들로 통하는 문"이라고 말한다. 이 외에 로마서가 아우구스티누스와 존 웨슬리의 회심에 어떤 기여를 했는지 또 카를 바르트에게 어떤 영향을 주어 자유주의 신학으로부터 그를 돌아

개혁하여 로마 카톨릭과 구분된 개혁파 교회를 탄생시킨 책이기도 하
다. 루터의 종교 개혁은 로마서에 나오는 하나님의 의에 대한 깨달음에
의해 촉발됐기 때문이다.[2]

　이렇게 로마서가 교회사에서 중요한 역할을 한 것은 로마서가 복음
을 명료하게 말하고 있는 까닭이다. 바울은 로마서 1:15에서 "나는 할
수 있는 대로 로마에 있는 너희에게도 복음 전하기를 원하노라"고 말한
다. 로마서는 로마교회에 복음을 전하기 위해 기록됐다. 로마서 전체가
바울이 전하고자 한 복음의 내용을 담고 있다. 하지만 오늘 우리의 관심
은 3장이고 특히 그곳에서 서술된 사람 구원을 위한 하나님의 주도권에
집중하고자 한다.

　바울은 3장에서 유대인과 이방인이나 할 것 없이 사람이라면 모두
에게 좋은 소식인 복음을 소개한다. 그런데 바울은 무엇이 그들에게 좋
은 소식인지를 말하기 전에 그들이 지금 어떤 상태에 있는지를 먼저 말
한다. 바울은 "유대인이나 헬라인이나 다 죄 아래에 있다"(3:9)고 선언한
다. 바울은 여기서 죄들이라고 하지 않고 단수 죄라고 말한다. 복수로
죄들을 말할 때는 범죄이지만 단수를 사용해서 죄를 말할 때는 범죄하
게 하는 세력이다. 죄의 세력은 사람을 종으로 삼고 그 세력의 영향 아
래서 살게 하는 권력자이다. 그래서 바울은 모든 사람은 죄를 짓는다고

　서게 했는지에 대해서는, 존 스토트, 『로마서 강해』 (서울: IVP, 1996), 14-20을 보
　라.

2　루터(Martin Luther, *Luther's Works*, vol 34 [Philadelphia: Fortress Press, 1960],
　337)는 다음과 같이 말한다. "드디어, 하나님의 자비로, 밤낮 묵상하던 중 나는 다음
　과 같은 [하나님의] 말씀의 맥락에 주의하게 되었다. '그 안에 하나님의 의가 계시
　되었나니 기록된 바 "믿음으로 의로운 사람은 살리라." 이 말씀에서 나는 하나님의
　의는 의로운 사람이 하나님의 선물 곧 믿음으로 산다는 것임을 이해하기 시작했
　다."

말하기 전에 먼저 "죄 아래" 있다고 말한다. '아래'에 있으면 지배를 받기 때문이다.

사실 죄('하마르티아')라는 말은 바울이 처음으로 쓴 말이 아니다. 그리스나 로마 사람도 '죄'라는 말을 사용했다. 기원전 1세기 사람 아이스킬로스(『아가멤논』 1197)는 '죄'를 '실수'와 동의어로 사용하고, 플라톤(『법률』 660c)이나 아리스토텔레스(『시학』 1453a 10)는 비극적 영웅들이 가진 '결점'을 죄라고 말한다.[3] 하지만 바울은 다르다. 바울은 죄를 사람이 가끔씩 범하는 실수나, 영웅의 결점 정도로 보지 않는다. 바울이 단수로 죄를 이야기할 때 그 죄는 실수가 아니라 실수하게 만드는 세력이고, 존재가 가진 일부 결점이 아니라 존재 자체가 결점이 되게 하는 세력(power)이다. 그리스-로마 사회에서 죄는 인간이 보완해야 할 어떤 부족분이지만 바울에게 죄는 인간을 통제하는 권세(자)이다. 죄와의 관계에서 인간은 죄를 관리할 수 있는 주인이 아니라 죄의 통치를 받는 종이다. 죄는 인간이 메꾸어 가야 할 부족한 부분이 아니라 해방받아야 할 군주다. 당시 사회에 있던 '죄 담론'에 뛰어든 바울이 밝힌 점은 죄 앞에 선 인간의 무력함이다. 바울에게는 비극적 영웅만 아니라 모든 인간을 비극으로 이끌고 있는 것이 죄이다. 죄는 모든 인간을 비극으로 몰아가기 위해 인간의 육신에 들어와 자리를 잡고 있다("육신 **안에** 있는 죄", 롬 8:3).[4] 그러니 육체를 가졌다면 죄의 다스림을 받는 죄의 사람(죄인)이 될 수밖에 없다.

---

3.   이런 예는 *The Brill Dictionary of Ancient Greek*, '하마르티아'를 참고했다.
4.   개역개정에는 "육신에"로 되어 있지만 그리스어 원문에 "에"를 가리키는 '엔'은 '안'을 뜻하는 전치사이다.

"죄 아래"에 있는 세상의 현실

그러므로 성경은 의인은 없고 하나도 없다고 말한다. 육신을 가진 모든 인간은 다 죄의 지배 아래에 있기 때문이다. 동료 앞에서 죄인이고, 이웃 앞에서 죄인이며, 홀로 있을 때도 죄인이고, 자연 앞에서도 죄인이며, 무엇보다 인간을 있게 한 창조주 앞에서 죄인이다. 의인은 없다. 한 사람도 없다. 바울의 인간론에 따르면 인간은 '다 치우쳐['엑세클리난'] 함께 무익하게 되었다'(롬 3:12) '치우치다'('엑클리노')는 말의 원문 뜻은 '이탈하다'이다. 개역개정이 번역한 '치우치다'는 '이탈하다'의 원문과 크게 다르지 않다. 둘 사이의 의미적 유사성은 현대적 비유를 통해 설명할 수 있는데, 버스를 타고 가다가 갑자기 급브레이크를 밟으면 모든 승객들이 제자리를 벗어나 앞으로 다 쏠린다. 죄가 사람 속에 개입하자 사람들은 전부 하나님 앞에서의 자기 자리를 급격하게 떠나 한곳으로 쏠렸고 그렇게 쏠린 곳은, 그것이 사람이든 자신이든 다른 피조물이든 아니면 돈이나 성과 권력이든, 우상이다. 그렇게 생명의 원천에 떠난 인간은 이제 스스로 그 원천을 찾아갈 수 없다. 이해력은 타락하여 하나님을 깨닫지 못하고(11절), 의지는 무능해져 "하나님을 찾[지 않으며]", 마음 또한 일그러져 "눈앞에 하나님을 두려워함이 없[다]"(18절).[5] 땅에서 뽑힌 나무가 그러하듯 생명의 원천을 떠난 인간은 결국 무익한 존재가 되었다.

인류는 각 시대마다 어떤 사람을 향해 종종 진정성 있고, 독창적이며, 바른 정신을 가지고 있고, 모범적이며, 개성 있고, 애정이 넘치며, 매력적이고, 지적이며, 위엄이 있고, 절제를 잘하며, 용기가 있다는 말을 해왔다. 인간의 어떤 모습을 묘사하는 말임에 틀림없다. 하지만 이런 묘

5.   풀핏주석번역위원회, 『로마서(상)』, 풀핏성경주석 (서울: 한국광보개발원, 1982), 200.

사는 인간의 특정 부분을 보여주는 말이지 전체로서의 인간의 모습에 대한 평가는 아니다. 다시 현대적 비유를 들자면 부패한 우유를 보며 그것은 흰색이고 액체라고 맞는 말을 할 수 있지만 그것이 우유의 주된 역할인 먹을 수 있는 상태에 이르는 말인 것은 아니다. 우유가 부패해지면 더 이상 먹을 수 없다. 우유의 생명은 끝이다. 인간도 마찬가지다. 인간이 아름답다거나 진정성 있고 독창적이며 개성 있고 애정이 있으며 위엄이 있다고 말을 할 수 있지만, 죄 아래에 있는 이상 그 모든 아름다움은 부패로 돌아가고, 진정성은 위선으로 변질되며, 독창성은 독선으로 바뀌고, 애정은 집착으로 변질된다. 인간이 자신의 존재와 생명의 근원이신 하나님에게서 돌아섰기 때문이다. 그 결과는 무익한 존재가 되는 것이다. 우유에 이로운 균이 들어오면 발효되어 요거트가 되지만 유해균이 들어오면 부패한다. 발효와 부패는 다르다. 인간이 생명의 근원이신 그분 안에 머무를 때는 유익한 존재가 되지만 죄 아래 들어가면 무익한 존재가 된다. 죄는 아름다움을 추함으로, 독창을 독선으로, 개성을 아집으로, 애정을 집착으로, 위엄을 오만으로, 절제를 방탕으로, 용기를 무모함으로 변질시키는 세력이다. 이때 사는 길은 그런 못생긴 나를 감출 때가 아니라 생명의 근원에 접붙일 때 열린다. 하지만 한 번 뽑힌 뿌리는 스스로 제자리 찾아가지 않고 갈 능력이 없다. 그런데 더 큰 문제는 인간이 생명을 찾는 데 있어서 무능력하다는 것이 아니라 우리 앞에 심판대가 있다는 것이다(롬 2:2, 5, 12, 16; 14:10-12). 그 심판대에는 정의로 심판하실 하나님이 계신다. 누가 이 심판대를 통과할 수 있는가. 의인은 없고 한 사람도 없기에 심판을 없던 걸로 할까. 그러면 하나님은 정의로운 분이 아니시다.

하나님의 행동

하나님은 어떻게 할 것인가. 보시기에 선하다 하셨고, 자신의 형상을 닮은 인간이 죄의 파괴적 힘에 눌려 살다가 마지막에 공의의 심판을 받아야 하는 현실에서 창조주의 선택은 무엇인가. 하나님의 선택은 인간에게 '좋은 소식' 곧 복음('유앙겔리온', 롬 1:16)을 주시는 것이다. 하나님의 복음은 심판대를 치워버렸다거나 혹은 하나님이 심판의 기준을 바꾸었다는 소식이 아니다. 만일 그렇게 하신다면, 다시 말하지만, 하나님은 정의로운 심판주가 될 수 없다. 하나님은 그러시는 분이 아니다. 공의의 실행은 변함없이 모든 사람을 기다리고 있고 하나님은 그 일을 하실 것이다. 그것이 하나님의 속성이시기 때문이다. 그러면 한 평생 죄의 세력 아래 살다가 마지막 심판대 앞에 서야 할 사람에게 주신 좋은 소식은 무엇인가.

좋은 소식, 하나님의 선물

하나님이 죄의 세력에 붙들려 살던 인간, 마지막 심판대를 향해 나아가던 인간에게 주신 복음은 하나님이 죄인에게 **선물**을 주셨다는 소식이다.[6] 선물은 관계 좋은 사람끼리 주고받는 것이다. 그런데 하나님은 선물을 주셨는데, 받을 만한 어떤 자격도 갖추지 못했고, 그 선물에 어울리지도 않는 존재, 원수에게 주셨다(롬 5:10). 복음이 무엇인가. 하나님

---

6. John M. G. Barclay, *Paul and the Gift* (Grand Rapids, Michigan: Eerdmans, 2015), 474-475. 바울이 "죄들"이라는 복수를 사용하여 대리적 속죄 신학을 어떻게 전개하고 있는지를 위해서는 Simon Gathercole, *Defending Substitution: An Essay on Atonement in Paul* (Grand Rapids, Michigan: Baker Academic, 2015)을 보라. 또한 로마서에서 바울이 "죄"라는 단수를 사용하여 "우주적 폭군"으로서 **죄를 서술하고 있다는 것에 대한** 탁월한 책을 위해서는 Matthew Croasmun, *The Emergence of Sin* (Oxford: Oxford University Press, 2017)을 참고하라.

이 원수에게 '선물'을 주셨다는 소식이다.[7] 만일 하나님이 선물을 주시
되 받을만한 자에게 주셨다면 그 일은 좋은 소식이라기보다는 당연한
소식이다(참고. 롬 4:4). 하나님이 하신 일이 당연한 것이 아니라 복음인
이유는 하나님이 원수에게 선물을 주셨기 때문이다.

하나님이 원수에게 주신 선물은 무엇인가? 하나님이 주신 선물은
바로 죽고 부활하신 예수 그리스도시다. 하나님은 죄인에게 **자신**을 선
물로 주신 것이다.

> 한 사람 예수 그리스도의 은혜로 말미암은 선물은 많은 사람에게 넘쳤
> 느니라. 또 이 선물은 범죄한 한 사람으로 말미암은 것과 같지 아니하
> 니(5:15-16).

선물의 능력

하나님의 선물 수여가 가진 놀라운 점은 자격 없는 자에게 예수 그
리스도라는 선물을 주셨다는 데에만 있는 것이 아니다. 더 놀라운 것은
선물을 받은 후 그것을 받은 자에게 일어나는 일이다. 선물을 줄 때는
자격 없는 자에게 주지만 일단 주어지면 그 선물은 수혜자를 전혀 다른
존재로 바꾸어 나간다. 이런 점에서 선물에는 "창조적 능력"이 있다.[8]

첫째, 선물은 받은 자의 신분을 즉각적으로 변화시킨다.

---

7.   바클레이(*Paul and the Gift*, 1-2, 449-561)가 지적한 것처럼 바울은 다른 서신에서
     와 같이 로마서에서도 "그리스도 사건"을 언급하기 위해 다음과 같은 어휘군을 사
     용하는데, "은혜"('카리스'), "선물" 혹은 '값 없는 것'('도레아' 혹은 '도레마'), "은
     사"('카리스마'), "값 없이" 등이 그것이다(롬 3:23-24; 5:15-17).

8.   Barclay, *Paul and the Gift*, 461.

모든 사람이 죄를 범하였으매 하나님의 영광에 이르지 못하더니 그리
스도 예수 안에 있는 속량으로 말미암아 하나님의 **은혜**로['카리티'] **값
없이**['도레안'] 의롭다 하심을 얻은 자 되었느니라(롬 3:23-24).

죄인이 선물/은혜를 받자 의인으로 신분이 바뀐다. 의인에게 선물
을 주어 의를 더 행하게 하는 것이 아니라 죄인에게 선물을 주어 의인
으로 바꾸는 것이 (바클레이의 용어를 사용하자면) "선물의 창조적 능력"이
다. 어떻게 이런 일이 일어나는가. 모든 사람은 "죄 아래에 있다"(3:9).
"죄 아래"라는 말은 앞서 본 것처럼 죄의 세력하에 있다는 말이다. 그러
니 사람은 죄를 지어서 죄인이 아니라 죄인이라서 죄를 짓는다. 인간은
존재론적으로 죄인인 것이다. 그런데 하나님께서 그런 죄인에게 예수
그리스도를 선물로 주자, 그 선물을 받은 사람이 죄의 세력에서 "속
량"('아포뤼트로세오스', 해방)받아 그 지배에서 벗어난다.[9] 그 이유는 예수
그리스도께서 그의 죽음과 부활로 죄의 세력을 이기셨고 승리(곧 해방)
를 그를 선물로 받은 자에게 주시기 때문이다. 그리스도를 선물로 받은
자는 그리스도의 승리를 자신의 승리로 선물 받는 것이다. 이것이 선물
의 능력이다. 그리스도는 그 이름만 아니라 그리스도께서 이루신 모든

9. 쥬엣(Robert Jewett, *Romans* [Minneapolis: Fortress Press, 2007], 282-283)은 24절
    에서 사용된 "속량"을 가리키는 그리스어 '아포뤼트로세오스'의 정확한 뜻을 두고
    학자들 사이에서 논의된 네 가지 의미를 다음과 같이 소개한다. (1) 어떤 그룹을 포
    로됨에서 해방시킴, (2) 포로를 속량하기 위해 지불하는 속량물, (3) 법적 해방이나
    구매에 의해 한 노예를 자유롭게 하는 일, (4) 죄의 용서를 통한 구원을 서술한 전문
    적 신학 개념. 24절에서 사용된 "속량"이 어떤 의미에서 사용되었는지에 대한 학자
    들의 논쟁은 여전히 진행 중이지만 필자는 고대 사회의 노예 제도의 배경하에서 사
    용된 포로됨으로부터의 해방의 의미가 24절의 "속량"의 의미라고 본다. 이는 본 구
    절의 근접 맥락인 3:9에서 바울은 이미 죄를 사람을 포로로 만드는 죄의 세력으로
    규정하고 있기 때문이다.

사역을 선물로 주신다. 그리스도를 선물로 받을 때 우리는 죄에서 속량
(해방)받아 죄인이 아니 의인이 되는 것이다. 우리를 의롭다 하는 그 의
는 우리의 것이 아니라 예수 그리스도의 의이다. 그리스도를 받으면 그
의 의까지 선물로 받는 것이다. 이것이 하나님이 죄인에게 주시는 복음
곧 선물이다.

둘째, 하나님의 선물이 가져오는 또 다른 변화는 지은 죄에 대한 책
임의 문제와 관련 있다. 하나님은 예수 그리스도를 선물로 받은 사람이
전에 지은 죄를 '간과'하신다.

> 이 예수를 하나님이 그의 피로써 믿음으로 말미암는 화목제물['힐라스
> 테리온']로 세우셨으니 이는 하나님께서 길이 참으시는 중에 전에 지은
> 죄[복수. '하마르테마톤']를 간과['파레시스']하심으로 자기의 의로우심
> 을 나타내려 하심이니(3:25).

하나님께서 죄를 "간과"('파레시스')한다는 것은, 그 말의 문자적 뜻이
암시하듯이, 죄인의 죄를 처리하기보다 다만 눈감아 주신다는 것이 아
니다. 만일 그렇게 하시면, 다시 말하지만, 하나님은 정의로운 분이 아
니시다. 사용된 '간과'는 문장에서의 쓰임으로 그 뜻이 파악돼야 하고,
현 맥락에서 그 뜻은 이렇다. 하나님은 죄인을 위해, 죄인을 대신해서
죽으신 예수 그리스도를 "화목제물"('힐라스테리온')로 삼으셨기에 그 믿
는 자의 '죄들'을 간과하시는 것이다. 예수 그리스도를 가리키기 위해
사용된 "화목제물"은 구약에서 언약궤의 뚜껑을 가리킬 때 사용된 어
휘인 '힐라스테리온'(출 25:17-20)으로 말해졌다. 그러니 그리스도의 "화
목제물"로서의 역할에 대한 추가적인 의미는 구약의 성소와 그 역할을

배경으로 발견할 수 있다. 그의 백성 가운데 자리 잡은 성소가 말하는 바는 하나님은 그의 백성 가운데 좌정해 계시기를 원하신다는 것이다 (참고. 고전 15:28; 계 21:1-3; 22:3). 하지만 거룩하신 하나님은 죄가 있는 곳에는 임재할 수 없다. 따라서 하나님은 일 년에 한 번 대속죄일에 대제사장이 온 백성의 죄를 위해 염소를 잡아 그 피를 언약궤 뚜껑 위에 뿌리도록 함으로써 백성의 죄가 속죄되도록 하셨다(레 16:30, 33-34; 23:27). 다시 그의 백성 가운데 임재하시고자 함이었다. 죄가 그의 백성 가운데 있을 때 하나님의 선택은 그의 백성을 버리시기보다 죄를 떠나보내심으로 그의 임재를 이어가시는 것이었다. 이처럼 구약의 대속죄일에 언약궤 위에서 일어난 일을 본문의 배경으로 삼는다면 하나님이 예수님을 "화목제물"로 삼으셔서 전에 지은 죄를 간과하셨다는 말의 뜻은, 사람이 지은 범죄 때문에 받아야 하는 형벌을 예수님이 대신 받아 죄책을 처리하셨다는 뜻과 함께, 하나님이 다시 그의 백성 가운데 거하실 수 있도록 예수님이 화목제물이 되셨다는 의미를 내포한다고 볼 수 있다. 하나님은 그런 예수님을 선물로 주셨고, 그 선물을 믿음으로 받는 사람은 다시 하나님의 영광의 성소가 되도록 하셨다.[10]

셋째, 자격 없는 자에게 주어진 하나님의 선물은 그 받은 자를 죄에서 해방시켜 죄인이 아닌 의인이 되게 하고, 그가 전에 지은 죄 또한 대

---

10 라이트는 롬 3:24-26에 대한 자신의 해석(N. T. 라이트, 사이먼 개더콜, 로버트 스튜어트, 『혁명의 십자가 대속의 십자가』 [서울: IVP, 2022], 61)에서 바울의 주장은 형벌의 대리적 속죄가 아니라 "자기 백성과 함께 거하시는 하나님"이 그 주제라고 말했다. 본 장에서 밝힌 것처럼 필자는 예수님의 대리적 죽음으로 죄인의 형벌을 대신 처리하셨다는 것이 롬 3:24-26에서의 바울의 논지라고 보기에 형벌의 대리적 속죄를 부정하는 라이트에 주장에 동의할 수 없다. 그럼에도 '힐라스테리온'이 암시하듯이 바울이 현 본문에서 죄를 제거하시고 그의 백성 가운데 거하시기를 원하시는 하나님이라는 주제를 담아낸다고 본 라이트의 주장은 적절하다.

신 처리받게 하셨다. 그런데 선물의 능력은 이것만 아니다. 하나님께서 선물을 주실 때 수혜자는 자신의 신분과 같은 '겉모습'만 아니라 내적인 상태 역시 선물과 전혀 어울리지 않았다. 선물 받은 자 안에 어떤 숨겨진 잠재성도 없었다. 모두가 부패했고 목구멍은 열린 무덤이었다. 그런데 놀라운 일이 선물 수여 후에 나타난다. 일단 선물을 받자 그리스도의 형상이 수혜자 안에 **빚어지기** 시작한다(롬 8:29). 죄인의 위선은 그리스도의 진실로, 독선은 독창성으로, 집착은 애정으로 성화된다.

한 사람도 예외 없이 모든 사람이 죄를 지어 하나님의 성전이 되기는커녕 다가오는 공의의 심판을 피할 수 없는 상황에서 하나님은 인간이 상상하지도 못했고 할 수도 없었던 일을 하셨다. 자격 없고 어울리지 않는 사람에게 그리스도를 선물로 주어 그 선물에 어울리는 존재로 창조해 나가는 것이었다. 하나님의 은혜의 창조적 능력이다.

인류에게 예수님이 왜 '좋은 소식'인가. 이유는 바로 자력으로 벗어날 수 없는 죄의 세력에서 우리를 해방시키신 분이 예수님이시기 때문이고, 마지막 공의로운 심판 때 우리를 기다리고 있는 형벌을 **대신** 받으신 분이 바로 예수님이시기 때문이며, 그 심판대 앞에 섰을 때 하나님께 내어 놓을 삶의 열매를 맺게 하시는 분이 예수 그리스도이시기 때문이다.

하나님이 불의하신가

세상은 하나님의 은혜가 불공평하다고 말할 수 있다. 자격 없는 자에게 선물을 주신 것은 게임의 룰을 어기신 것이라고 말이다. 아침 9시부터 오후 5시까지 일한 사람과 오후 4시에 와서 5시까지 일한 사람은 분명 다른 보상이 주어져야 한다는 것이다. 그런데 의롭지 못한 사람을

의롭다 하는 하나님의 은혜는 이 법칙의 위배처럼 보인다.[11]

하지만 이런 주장은 행동한다고 자부하는 자, 이미 자격 조건을 갖춘 자, 스스로 의롭다고 여기는 자, 사회적으로 본다면 상징자본을 이미 가져 누리는 자가 내세우는 공의이다. 하나님의 선물 수여와 관련된 정의는 다르다. 하나님의 정의는 자격 갖춘 자에게 주는 보상이 아니라, 자격 없는 자에게 선물을 주어 자격 있는 자로 창조하고, 능력 없는 자에게 은혜를 주어 능력 있는 자로 변화시키며, 경건하지 않은 자에게 선물을 주어 경건한 자로 만든다. 이것이 깨어진 세상을 구원하시는 하나님의 정의이다. 그 하나님의 의는 다름 아닌 그리스도 예수이시다. 죽으시고 부활하신 예수 그리스도를 불의한 자에게 선물로 주시어 그를 믿고 그의 의를 힘입어 심판 때 구원을 받도록 하는 것이 하나님의 세상 구원 프로젝트다. 첫 창조 때 하나님은 사람을 창조하셔야 할 그 어떤 의무도 없으셨지만 은혜로 생명을 주셨고, 새 창조 때에도 자격 없는 자에게 그리스도를 선물로 주셨다. 처음부터 끝까지 우리의 존재를 설명할 단 하나는 하나님의 선물 곧 은혜이다.

* * *

기독교가 당시 유대교나 그리스-로마의 종교, 그리고 오늘날의 여러 종교와 근본적으로 다른 점이 있다. 다른 모든 종교의 출발은 인간의 행위이지만 기독교 신앙의 근거는 인간의 행위가 아닌 신의 행위라는 면이다. 기독교의 구원의 근거는 인간이 신을 위해 무엇을 했느냐가 아닌 신이 인간을 위해 무엇을 하셨느냐. 고대 사회나 지금이나 모든 종

---

11. Barclay, *Paul and the Gift*, 72-73.

교는 구원의 조건을 인간의 행위와 인간의 조건에 둔다. 하지만 예수 그리스도를 통해 계시된 하나님은 달랐다. 하나님은 인간의 문화자본(성별, 사회적 계층, 부의 정도, 출신 지역과 인종)과는 상관없이, 또 인간의 행위와는 관계없이 모든 종류의 사람들이 예수 그리스도를 향한 믿음 하나만으로 하나님과의 관계(구원) 안으로 들어갈 수 있다고 말한다. 하나님의 은혜가 구원의 기초라는 기독교의 주장에는 인간의 흔적이 전혀 없다.

　더불어 구원받았더라도 혹시 내가 잘못되지 않을까 두려움이 생길수 있다. 그럴 때마다 우리는 자격 없던 우리에게 주어진 하나님의 선물인 그리스도의 창조적 능력에게로 돌아가 우리는 무능하지만 그분은 능력이 있으시다는 사실을 되새겨야 한다. 우리가 선물을 받은 때는 우리가 무능하고 무자격자였을 때였다. 우리의 목구멍이 열린 무덤이었을 때, 곧 우리가 하나님과 원수가 되었을 때 "원수와 화해하기 위해 이렇게까지 애를 쓰신 분"이 하나님이시라면, 하나님은 그 사랑을 받은 신자가 구원의 완성을 향해 나아가는 동안은 어떻게 그들을 신실하게 이끌지 않으실 수 있겠는가.[12] 신자가 앞으로 마주하게 될 수많은 난관과 어려움을 뚫고 마지막 심판대 앞에 설 때까지 자신을 선물로 주신 예수 그리스도는 우리 가운데서 변치 않고 일하실 신실한 주님이시다는 사실이 우리의 유일한 소망이다.

12.　Barclay, *Paul and the Gift*, 478.

제9장
"복음의 진리" 위에 선 교회

갈라디아서에서 바울은 게바(베드로, 요 1:42)를 대면하여 책망한다.[1] 누구를 '대면하여 책망한다'는 것은 얼굴을 똑똑히 보며 꾸짖는다는 말이다. 바울이 베드로를 심하게 꾸짖은 것이다. 베드로는 예수님의 수제자이고 바울은 베드로보다 늦게 예수님을 믿었다. 바울은 베드로가 예수님의 제자가 되어 따라다니던 시절 예수님을 알지도 못했고, 그 후에 베드로가 죽고 부활한 예수님이 세상의 주라고 선포하고 있을 때(행 2:36)에도 바울은 기독교를 박해하고 있었다(8:1; 9:1-2, 21). 그런데 뒤늦게 예수님을 믿은 바울이 신앙의 선배라고 할 수 있는 베드로를 심하게 꾸짖었다. 그것도 "모든 자"(갈 2:14)가 보는 앞에서 그랬다. 이는 바울과 베드로가 함께 안디옥교회에 있을 때 베드로가 행한 어떤 일 때문이었다. 바울에 따르면 베드로가 취한 태도는 "외식"('휘포크리시스', 13절)이자 "복

---

1. '게바'는 '바위' 혹은 '돌'이라는 뜻의 아람어이고 '베드로'는 동일한 뜻의 그리스어이다. 갈라디아서에서 바울은 아람어 이름인 게바를 더 선호해서 사용(1:18, 2:9, 11, 12, 14)하고 베드로는 2:7-8에서만 사용한다.

음의 진리['텐 알레테이안 투 유앙겔리우']를 따라 바르게 행하지 아니"(14절)한 것이었다. 여기서 많은 질문이 생긴다. 베드로가 행한 외식이 무엇이고 또 어떻게 했기에 일찍부터 예수님의 제자였던 베드로가 복음의 진리에 따라 행하지 않았다고 바울에게 책망받았는가?[2] 도대체 복음의 진리는 무엇인가?

안디옥 사건

바울과 베드로와 바나바가 팔레스타인 북서쪽 시리아 지방의 안디옥교회에 있을 때였다. 안디옥교회는 유대인 성도로만 구성된 예루살렘교회와 달리 다양한 인종이 함께 모인 곳이었다.[3] 사도행전 13:1은 안디옥교회가 사람을 세워 선지자와 교사 역할을 한 사람으로 바나바, 니게르라 하는 시므온, 구레네 사람 루기오, 분봉 왕 헤롯의 젖동생 마나엔과 및 사울을 소개한다. 바나바는 유대인이었고, 시므온은 유대인 이름이었는데, 별명이 니게르이다. 니게르는 라틴어로 얼굴이 검은 사람이란 뜻이다. 그는 흑인으로서 일찍이 유대교로 개종했다가 다시 그리스도인이 된 사람일 수 있다. 루기오는 구레네 사람이고, 구레네는 북아프리카에 있던 나라이다. 그는 비유대인이다. 마나엔은 갈릴리의 왕이었던 헤롯의 젖동생(어릴 적부터 친구로 지내던 사람을 일컫는 말)이었다. 그리고 사울이다. 신분적으로 높은 사람이나 낮은 사람, 인종적으로 유대인과 비유대인이 뒤섞여 있는 교회가 안디옥교회였다.

---

2. 여러 후기 사본들에는 갈 2:11의 인물이 '게바'가 아닌 '베드로'로 나온다. 이는 공관복음과 사도행전에 등장하는 요한의 아들 시몬이 아람어 이름인 '게바'보다 그리스어 이름인 '베드로'로 초기 교회에 더 잘 알려졌고, 또 실제로 2:7-8에 나오는 '베드로'라는 이름에 따른 서기관의 수정이라고 봐야 한다.
3. 본서 제2부 제13장 '뒤바뀐 도착지'를 보라.

그런 교회에 유대 그리스도인인 베드로와 바나바 그리고 바울이 가서 그들과 함께 한 식탁에 둘러앉아 밥을 먹고 있었다. 베드로 옆에는 그리스인도 있었을 것이고 바나바와 바울 옆에는 아프리카인이나 로마인도 있었을 텐데 모두가 한 상에 둘러앉아 식탁 교제를 하고 있었다. 그 식사는 성찬이었을 수도 있고 아니면 일반 식사였을 수도 있다. 하지만 초기 교회는 식사하기 전에 성찬을 시행했기에(고전 11:20-21; 참고, 행 2:46; 20:7) 그들의 식사는 그리스도의 몸과 피를 먹었던 은혜를 이어가는 공동식사였다. 이렇게 한 상에 둘러앉아 밥을 먹고 있는데 갑자기 밖에서 누군가가 교회로 들어오는 소리가 들렸다. 방문한 사람들은 당시 예루살렘교회의 지도자였던 야고보에게서 온 사람들이었다. 이윽고 그들이 유대인과 이방인이 섞여 한 상에서 밥을 먹고 있던 안디옥교회에 들어왔다. 그러자 베드로가 갑자기 밥숟가락을 슬며시 놓고 그 자리를 떠나려고 일어섰다. 이 광경을 보고 있던 바나바와 동료 유대인들도 이어서 서로 눈치를 살피더니 베드로처럼 숟가락을 내려놓고 그를 따라나섰다.

평가

바울이 베드로를 향해 격분한 것은 바로 그때였다. 자리에 그대로 앉아 있던 바울은 함께 있던 모든 사람에게 다 들리도록("모든 자 앞에서 … 이르되", 갈 2:14) 베드로와 바나바와 다른 유대인들을 향해 소리쳤다. 이건 "외식"이자 "복음의 진리를 따라 바르게 행하지 아니"하는 것이라고 했다. 그리스-로마 사회에서 "외식"은 '연극인이 무대 위에서 수행하는 역할'을 가리켰고, 비유적으로는 '가장'(simulation)이나 '가식'(pretense)

이라는 의미로도 쓰였다.[4] 현 맥락에서 바울은 비유적인 의미로 사용하여, 베드로가 실제로는 이방인과 식탁 교제를 나누었음에도 마치 그러지 않은 것처럼 보이고자 취한 태도는 '가식'적 행동이라며 책망하고 있다. 바울은 베드로가 식사 예절을 어겼다고 야단치는 것이 아니다. 바울에 따르면 베드로의 행동은 "복음의 진리"를 무시하는 일이었다. 바울이 모든 사람 앞에서 베드로를 책망한 것은 그의 "행동은 안 좋은 예의 극치이므로 절대로 본받지 말아야" 할 자세임을 교훈하기 위해서였다.[5]

겉으로 드러난 현상

도대체 베드로의 행동이 왜 그렇게 비난받아야 하는 일인가? 밥을 먹다가 나간 일이 왜 복음의 진리를 무시하는 일이며, 신자가 결코 해서는 안 되는 일이라고 바울은 말하고 있는가? 고대 사회에서 식사는 같은 신분의 사람들끼리 가지는 교제의 장이었다.[6] 그런데 기독교 성찬과 공동식사에서는 이런 사회적 관습이 무너지기 시작했다(행 2:44-47; 눅 14:21-24; 참고, 막 10:35-45, 특히 42-45; 참조. 고전 11:18-34).[7] 기독교 예배에 참여한 구성원(엡 5:22-6:9; 골 3:18-4:1; 벧전 2:18-3:7)이 보여주듯 예배와 함께 이뤄진 성찬과 공동식사에는 남녀, 종과 자유인, 유대인과 비유대인이 다 함께 참여했다. 특히 성찬에서는 모두가 한 덩어리의 빵과 한 잔의 포도

---

4.   Montanari, *The Brill Dictionary of Ancient Greek*, '휘포크리시스'.
5.   김선용, 『갈라디아서』 (서울: 비아토르, 2020), 40.
6.   이 점은 할 타우직, 『기독교는 식사에서 시작되었다』 (서울: 동연, 2018), 제4장에서 잘 소개됐다.
7.   할 타우직, 『기독교는 식사에서 시작되었다』, 제6장, 제7장 참고.

주에 참여('코이노니아'[8])했다.[9] 당시 식사 전통에서 전례가 없는 일이 기독교 성찬과 공동식사에서 벌어진 것이다. 성찬과 공동식사는 우리 모두는 한 분 그리스도의 지체이고 하나님의 한 가족이라는 것을 드러내는 자리가 됐다.

　　그런데 베드로가 그런 공동식사가 진행되던 자리를 떠나 다른 곳으로 가게 됨에 따라 그 밥상에는 비유대인만 남게 됐다. 이것은 그리스도가 가져온 한 몸이자 한 공동체이며 한 가족이 된 교회를 '찢는' 행위였다. 특히 수제자이자 교회에서 영향력이 컸던 베드로가 그렇게 함으로 바나바나 다른 유대인들도 따라갔다. 결국 남은 성도는 그들이 유대인이 아니라는 이유 때문에 스스로를 부끄럽게 여기게 됐다. 그래서 '우리도 베드로나 바나바처럼 유대인이 되어야 하는가'라는 생각을 하게 됐다. 바울은 이런 상황을 알았기에 베드로를 향해 "[당신은] 어찌하여 억지로 이방인을 유대인답게 살게 하려느냐"(갈 2:14)라고 책망했다. 초기 교회의 수제자인 베드로와 영향력 있는 지도자인 바나바(행 4:36-37; 11:22-26)가 식사 자리에서 물러서는 일은 남겨진 이방 성도로 하여금 그들은 이류 성도라는 생각을 가지게 했고, 결국 그들이 할례를 받은 유대인의 전통을 따라야 할 것 같은 압박으로 작용했을 것이다.[10]

　　그러면 베드로는 왜 식사 자리에서 물러났을까? 유대인은 이방인들

8.　바울은 '코이노니아'라는 단어를 다양한 맥락에서 사용하는데 중요한 용례로는 그리스도와의 '교제'(고전 1:9), 그리스도의 피에 '참여'(고전 10:16), 다른 성도를 위한 '연보' 그 자체(롬 15:26; 고후 9:13)와 연보에 '참여'(고후 8:4) 등이 있다. '코이노니아'는 우리말에 있는 단순한 친교의 차원을 넘어 그리스도와의 신비로운 연합과 그의 죽음과 부활이 가져오는 구원에 참여하는 일이자 재정적인 필요가 있는 성도를 위해 기꺼이 자신의 것을 내어놓는 헌신도 포함한다.

9.　참고, 『디다케』 9:4.

10.　J. Louis Martyn, *Galatians* (AB 33A; New York: Doubleday, 1997), 245.

과 공동식사를 하는 것을 매우 경계했다. 이방인들은 제의적으로 부정하고 그들이 만든 음식은 레위기에 나오는 정결법에 따라 만들지 않았다고 생각했다.[11] 그러니 같이 먹으면 하나님의 말씀을 어기는 것이라고 생각했다. 그런데 전혀 다른 새로운 공동체가 탄생했다. 그 모임에서는 인종, 성별, 신분에 관계없이 다 함께 같은 밥상에 앉아 하나의 떡과 하나의 잔으로 식사를 했다. 그들은 바로 교회(하나님의 '에클레시아')였다. 그렇게 다양한 인종, 신분, 성별의 사람이 교회로 모였는데도 밥상이 나눠지지 않고 한 밥상에서 함께 성찬을 하며 밥을 먹게 한 힘은 오직 하나였다. 곧, 죽고 부활하신 그리스도를 믿는 믿음이다.

> 사람이 의롭게 되는 것은 율법의 행위로 말미암음이 아니요 오직 예수 그리스도를 믿음으로 말미암는 줄 알므로 우리도 그리스도 예수를 믿나니 이는 우리가 율법의 행위로써가 아니고 그리스도를 믿음으로써 의롭다 함을 얻으려 함이라(갈 2:16).

모인 사람의 사회, 문화, 인종, 육체적 조건이 다 달랐음에도 그들이 함께 식탁 교제를 할 수 있었던 것은 그들이 예수님을 믿어 의롭다 함을 받은 사람이라는 사실 하나 때문이었다. 그 믿음은 하나님의 은혜 곧 선물이었다(21절; 엡 2:8-9). 그리스도인은 하나님의 선물인 그리스도와 성령을 받은 사람이라는 이유만으로 함께 모여 식사를 같이 할 수 있었다. 죽고 부활하신 그리스도라는 선물은 이전에는 계급, 신분, 성별, 인종에

---

11. 박윤만, *Could Jews have a Table Fellowship with Gentiles in Any Way? - A Study of Meals in the Second Temple Jewish Literature (200 BCE - 200 CE)* - "고대 유대인들은 어떤 방식으로 이방인들과 식탁 교제를 가질 수 있었는가?(제2성전 시기[200 BCE-200 CE]의 유대 문헌에 등장하는 식사 연구)", 「신약연구」 21.1 (2022), 8-36.

따라 서로 무시하며 살던 이들을 한 가족이 되어 한 상에서 밥을 먹게
하는 하나님의 창조적 능력이었다.[12]

복음의 진리는 무엇인가

갈라디아서 2:11-16의 맥락에서 본다면 "복음의 진리"는 오직 죽고
부활하신 예수님을 믿는 그 믿음 하나로 의롭게 된다는 선언이다. 그러
므로 복음의 진리는 그리스도 예수를 믿어 하나님의 의로운 가족이 된
형제자매가 하나님의 아들의 '몸과 피'를 먹고 마시는 식사 공동체를
탄생시켰다. 복음의 진리가 얼마나 창조적이면서 혁명적인 메시지인지
는 복음이 조선시대에 어느 양반집에 들어가 양반으로 하여금 노비와
겸상을 하게 만들었다는 상상을 해 보면 짐작할 수 있다. 교회를 특징짓
는 것은 인간의 공로가 아니라 예수님의 공로다. 예수님을 믿어 그의 의
로 의롭게 된 사람이 바로 성도다. 바울은 이것을 5:6에서 이렇게 말한
다. "예수 안에서는 할례나 무할례나 효력이 없으되 사랑으로써 역사하
는 믿음뿐이니라"(5:6). 율법의 관점에서는 정결법을 지키지 않는 이방
인과 밥을 먹는 것이 죄이지만 복음의 진리는 이방인과 함께 밥을 먹을
수 없다고 말하는 것이 '죄'라고 한다(참고, 2:15).

바울에 따르면 복음의 진리는 그리스도의 몸 된 교회에서 누구와
밥을 먹는지를 통해 드러난다. 그런데도 베드로는 예수 그리스도를 믿
는 믿음 하나로 한 상에 둘러앉게 된 교회에서 그들 앞에 있는 사람이
유대인이 아니라는 이유만으로 같이 밥을 먹을 수 없는 것처럼 행동했
다. 그런 베드로의 행동은 교회를 교회 되게 하는 일에 그리스도 외에
인간의 조건이라는 기준을 가져오는 것이었기에 오직 하나님의 은혜에

---

12. 바클레이, 『바울과 은혜의 능력』, 125.

기초한 복음의 진리를 무시한 행동이었다. 교회는 예수 그리스도 한 분으로 충분하다. 예수 그리스도 한 분만으로 모든 차이를 극복하고 모두가 같이 예배드리며 한 상에서 밥을 먹을 수 있는 곳이 교회임에도 베드로는 그 진리에서 물러서 버렸다.

베드로의 더 깊은 동기

베드로와 같은 큰 제자가 어찌하다가 복음의 진리를 무시하게 됐을까? 베드로가 복음의 진리를 포기한 순간은 목에 칼이 들어왔던 때가 아니었고, 우상을 섬길 것인지 아니면 복음의 진리를 따를 것인지를 선택해야 하는 순간도 아니었다. 무엇보다 베드로가 복음의 진리를 몰랐기 때문에 식사 자리에서 물러선 것도 아니었다. 사도행전 10:9-16에 따르면 베드로는 이방 백부장 집에 가기 전 정해진 기도 시간에 지붕에 올라가 기도하던 중 환상을 본다. 유대인들이 정결치 못하다고 본 생물이 담긴 보자기가 하늘에서 내려온 뒤 소리가 들려 "일어나 잡아 먹어라"(행 10:13)고 했다. 하지만 베드로는 "속되고 깨끗하지 아니한 것을 내가 결코 먹지 아니하였나이다"(14절)고 말했다. 그러자 하늘에서 "하나님께서 깨끗하게 하신 것을 네가 속되다 하지 말라"(15절)는 음성이 들렸다. 이런 일이 세 번씩이나 반복(16절)된 후 이방 백부장 고넬료가 보낸 사람이 도착했고 베드로는 "내가 그들을 보내었느니라"(20절)라는 성령의 음성을 들은 후 이방 백부장의 집에 가서 복음을 전했다. 그리고 성령이 임하는 것을 본 후 세례를 베풀었다. 그때 베드로는 "내가 참으로 하나님은 사람의 외모를 보지 아니하시고 각 나라 중 하나님을 경외하며 의를 행하는 사람은 다 받으시는 줄 깨달았도다"(34-35절)라고 고백했다. 게다가 갈라디아서 2:9에 따르면 베드로는 야고보와 요한과 함께

할례자에게 복음을 전하고 바울은 바나바와 함께 무할례자인 이방인에게 복음을 전하기로 약속했다. 곧, 하나님의 백성이 되는 일에 있어서 이방인은 할례나 "율법의 행위"(갈 2:16)가 필요 없다는 것을 베드로도 인정했다.[13] 그런데 그때는 복음의 진리를 알고 인정했는데, 안디옥교회에서는 잠시 잊었던 것일까? 아니다. 복음의 진리를 알았기에 이방 안디옥교회에서 이방인과 함께 식사를 같이 할 수 있었다. 그런데도 밥을 먹다가 말고 일어난 이유를 12절이 말한다.

> 야고보에게서 온 어떤 이들이 이르기 전에 게바가 이방인과 함께 먹다가 그들이 오매 그가 할례자들을 두려워하여 떠나 물러가매(12절).

두려움 앞에서 진리의 복음을 옆에 제쳐 두었다. 복음에 대한 무지가 아니라 두려움 때문이었다. 평상시에는 복음에 따라 살았지만 순간적으로 생긴 두려움 때문에 그렇게 했다. 베드로는 과연 무엇을 두려워했던 것인가. 베드로가 두려워했던 것은 야고보에게서 온 사람들이었다. 복음에 대한 무지가 아니라 사람에 대한 두려움이 진리 앞에서 후퇴하게 만든다. 야고보에게서 온 사람들은 보수적 유대 그리스도인으로서 그들은 하나님의 백성이 되는 데 있어서 그리스도를 믿는 믿음과 함께 유대적 전통(토라, 할례, 식사법)을 지켜야 한다고 믿었다. 특히 할례는 강력했을 것인데, 예수님도 할례를 받았기 때문이다. 어쨌든 베드로가

---

13. 오직 예수를 믿음으로만 하나님의 가족이 되고 나머지는 모두 지엽적인 것이 되어 버렸다. 할례, 음식법, 정결법 등은 모두 이제 해도 되고 안 해도 되는 부차적인 문제가 됐다. 그것이 복음이었다. 서로를 구분하는 인간적인 조건이나 일등 이등을 나누는 기준 같은 것들은 모두 다 뒷전이 되게 하고 오직 그리스도라는 선물 하나로 한 가족이 되게 하는 것이 복음의 진리다.

할례나 "율법의 행위" 없이도 믿음으로만 하나님의 의로운 가족이 될 수 있다는 복음을 진리로 받았지만 보수적 유대 기독교인이 오자 갑자기 그들의 눈치를 보기 시작한 것이다. 당시 유대인들은 주후 70년에 유대의 패망으로 끝났던 로마와의 전투 국면에 서서히 들어가고 있었다. 특히 유대 역사학자 요세푸스에 따르면(『유대 전쟁사』 2.13.4-5; 20.8.6) 로마 황제 클라우디우스(Claudius)에 의해 펠릭스(Felix)가 유대 총독으로 임명된 주후 52-60년에는 팔레스타인에 많은 거짓 선지자들이 일어나 로마를 대항하여 무력 저항 운동을 하자며 유대인을 선동하고 있었다.[14] 이때 강경 보수 유대인들은 유대 정체성의 결속을 위해 평소 율법과 성전에 해이한 자세를 가진 유대 그리스도인에 대한 감시 활동을 강화했을 것이 틀림없다. 베드로도 이런 상황에 굴복한 것으로 보는 것이 자연스럽다. 바울은 베드로의 그런 행동을 가리켜 위선이라고 말한다. 말로는 복음의 진리를 고백해 놓고는 행동으로는 아니었기 때문이다.

바울의 입장

바울은 다른 것은 몰라도 예수님을 믿는 믿음 하나로 하나님의 의로운 가족이 된다는 복음의 진리는 결코 타협할 수 없었다. 그리스도의 죽음과 부활이 만든 교회가 그리스도를 믿고 충성하고 있다는 증거는 공동식사에서 드러나야 한다는 것이 바울의 한결같은 입장이었다(고전 11:26). 다 함께 그리스도의 몸과 피를 먹고 또 그 후 함께 한 식탁에 앉아 식사를 나누는 일은 우리가 그리스도에게 속해 있다는 것과 함께 서로에게 헌신되어 있다는 것을 확증하는 시간이기 때문이다. 그런데 신자들이 인간적 조건의 차이로 서로 함께 먹을 수 없다면 서로의 짐을 져

---

14. 박윤만, 『마가복음』, 925.

주는 상호 책임 의식(갈 6:2)도 사라질 수밖에 없다고 판단했을 것이다.[15]
바울이 격분한 이유는 베드로의 행동이 그리스도의 중심성을 망각하는
행위이자 성도는 한 몸에 속해 있기에 서로 짐을 져주는 공동체라는 상
호 책임 의식을 무너뜨리게 하는 결과로 이어질 수 있었기 때문이었다.
어쩌면 우리는 바울이 심했다고 말하고 싶어 할 수도 있다. 밥을 먹다가
밥숟가락을 놓고 자리를 옮긴 것이 그렇게 화를 낼 일인가라는 생각이
든다. 하지만 바울은 달랐다. 복음의 진리는 일상에서 드러나야 하고 진
리의 능력은 사소한 차이를 만들어 내는 것으로 증명되어야 한다고 바
울은 믿었다.

* * *

예수님을 믿음으로 하나가 된 하나님의 가족은 문화적 특징이나 정
치적 입장 혹은 육체적 조건의 차이로 결코 나눠질 수 없다. 지지하는
정치인이 달라도 성별이 달라도 나눠질 수 없다. 결코 그럴 수 없다. 육
체적 표지, 문화적 유산, 정치적 입장으로 서로 나누고 분열하던 "내"가
그리스도와 함께 십자가에 못 바히고 이제는 "나를 사랑하사 나를 위하
여 자기 자신을 버리신 하나님의 아들"(2:20)이 내 안에 사신다고 고백
하는 사람의 모임이 바로 교회이기 때문이다. 정치, 경제, 지역, 경제적
차이로 인한 갈등의 골이 점점 더 깊어지는 한국 사회에 교회가 소망이
라고 말할 수 있으려면 이 '진리의 복음'이 교회의 기초가 되어야 한다.

---

15. 바클레이, 『바울과 은혜의 능력』, 125.

제10장
기후 위기 앞에 선 교회: 구원의 총체성

2020년 1월 코로나바이러스가 대한민국을 강타했다. 사실 인류는 수많은 전염병과 싸워 왔다. 장티푸스, 콜레라, 이질, 사스, 메르스, 그리고 코로나. 하나를 이기면 또 다른 하나가 그 모양을 바꾸어 우리 앞에 다시 나타났다.[1] 그러다 보니 과학이나 의학으로 바이러스의 문제를 완전히 해결한다는 것은 불가능해 보인다. 어느 한 시기에 창궐한 바이러스에 대응하여 치료제가 개발되면 그다음에는 그것에 내성을 가진 다른 바이러스가 등장하고 또다시 그것을 극복하면 이번엔 더 강한 독성과 더 강한 내성을 가진 바이러스가 나타난다. 그러니 신종 바이러스 앞에서 인간이 무력감을 가지는 것은 이상한 게 아니다. 하지만 이런 무력감을 느끼는 것이 현실이라 하더라도, 우리는 지금까지 해왔던 것처럼 새로운 바이러스에 맞서 해야 하는 일이 있다. 공공보건 의료기관은 더

---

1. 1919년 1월 〈매일신보〉는 스페인 독감으로 무려 742만 명의 조선인 환자가 발생했다고 보도했다. 당시 한반도 인구가 1,600만 명이었으니 절반 가까이 감염된 것이다. 사망자 수도 14만 명에 이르렀다고 한다. https://www.hani.co.kr/arti/society/rights/930941.html(2023년 2월 27일 검색).

확충될 필요가 있고, 치료제는 개발돼야 하며, 공공 방역체계는 더욱 촘촘해져야 한다.[2]

죽음에 대한 깨달음

바이러스 하나를 극복하면 또 다른 하나가 나타나는 악순환을 두고 인간이 해야 하는 일은 상식적인 노력만 아니다. 기독교인에게 필요한 것은 신학적 성찰이다. 치명적인 질병 앞에 선 인간이 기억해야 할 일이 있다. 인간 안에는 아무리 노력해도 어쩔 수 없는 불가항력적인 세력 곧 죽음의 바이러스가 활동하고 있다는 사실이다. 인간의 필멸은 특별한 성찰이 필요한 일이 아니다. 인간이 매일 경험하는 현실이기 때문이다. 그런데 이상한 일이 있다. 인간은 죽음의 바이러스에 대해 너무 순진한 생각을 가지고 있다는 것이다. 신종 바이러스와의 싸움에서는 사회 모든 에너지를 쏟아부어 그것의 퇴치를 위해 싸운다(심지어 교회로 모여 예배드리는 것도 중단하면서까지!). 완전한 승리가 불가능할 걸 알면서도 노력을 포기하지 않는다. 그런데 숱한 바이러스가 숙주로 삼는 인간 육체의 필멸성을 두고는 참으로 안이한 태도를 가진다. 우리는 이미 치명적인 죽음의 바이러스에 '감염'됐음에도 그 사실을 망각하며 산다. 다른 경우에는 비현실적인 철학을 가지고 와서 '죽음, 그건 자연의 한 현상이니 그냥 친구로 삼아 받아들여라'라고 말하기도 한다. 또 다르게는 죽음의 시

---

2. 2020년 3월의 한 신문 기사에 따르면, "국내 공공보건 의료기관 비율은 5.8%(224곳)로 경제협력개발기구(OECD) 평균 51.8%에 크게 못 미친다. 의사도 1천 명당 2.3명으로 OECD 평균 3.4명의 68% 수준에 불과하다. 감염병 전문가인 감염내과 의사도 300명이 안 된다. 이번 기회에 공공병원을 늘리고, 공공의료대학 설립 등 공공의료 인력 확충 방안도 적극 추진해야 한다"고 말한다. https://www.hani.co.kr/arti/opinion/editorial/930925.html(2023년 2월 27일 검색).

기를 늦출 수 있는 기술 과학의 발전을 강조하며 위안과 안도를 느끼게 하기도 한다.

이런 종류의 위안과 안도는 죽음의 바이러스를 은폐시키는 것이자 그것의 무지막지한 힘을 축소하거나 오판하게 만들 뿐이다. 은폐와 축소는 위험하다. 무엇보다 죽음의 존재를 은폐하고 그 파괴적 힘을 축소시키는 일은 치명적이다. 인간이 사망의 세력에서 구원받는 길 자체를 차단해 버리기 때문이다. 죽음의 세력은 은폐를 통해서 확장된다. 코로나바이러스 감염 경로도 마찬가지였다. 자신이 감염된 것을 알고도 그것을 숨긴 채 일상생활을 하여 불특정 다수의 사람이 바이러스에 노출됐다는 소식을 바이러스 발발 초기에 여러 차례 확인한 바 있다. 게다가 은폐가 개인의 차원을 넘어 사회적으로 진행될 때 그 파괴력은 배가 된다. 2020년 3월 초에 모 일간지에 일본 호세이대학 법학과 교수인 야마구치 지로의 글이 게재됐다. "코로나 대응, 일본은 한국과 왜 다른가"라는 제목으로 실린 글에서 지로 교수는 일본은 감염자 또는 감염 우려가 있는 사람을 발견하는 데 지극히 소극적이라고 밝혔다. 우리나라 질병본부와 같은 역할을 하는 일본 후생노동성은 2020년 2월 18일에 하루 3,800건에 대한 검사가 가능한 장비를 갖추었다고 발표했으면서도 그 이후 실제 검사는 하루 100건에도 이르지 못했다고 지적했다. 그리고 바이러스 검사에 대해 소극적인 데에는 일본이 2020년 여름에 개최하기로 한 도쿄올림픽 탓이 컸다는 것이다. 예정대로 올림픽을 열기 위해서는 세계를 향해 일본이 위험하지 않다고 호소해야 하기 때문에, 실제로는 바이러스가 일본 사회에 퍼지고 있는데도 애써 그것을 은폐, 축소하고 있다는 것이다. 그의 결론은 이렇다. "아베 신조 총리 아래에서 총리의 잘못을 지적하고 진실을 보도록 진언하는 측근은 없다. 권력의 엄한 명령은 겁쟁이 부하에게는 효과가 있지만, 바이러스에 대해서는 무력하다. 사실을 은폐하면 반드시 나중에 뼈아픈 대가를 치르지 않을까 나는 두렵다."[3]

건강에 치명적인 위험을 가져올 수 있는 코로나바이러스를 제대로 해결하는 길이 감염 사실의 은폐가 아니라 직시하는 데에서부터 시작된다면, 하물며 죽음의 바이러스가 숙주로 삼는 육체의 필멸성은 얼마나 더하겠는가. '어차피 죽을 것이니 사는 동안 인생을 즐기라'와 같은 철학은 우리를 구원할 수 없다. 인간은 필멸로부터 만물은 부패로부터 '구원'받는 첫 출발은 피조물이 죽음의 바이러스에 감염된 현실을 회피하기보다 그것을 진지하게 받아들이는 데에서 시작된다. 죽음은 폭력적 힘이다. 그것은 예고 없이 뜻밖의 장소에서 뜻밖의 시간에 찾아와 인간이 맺어온 그토록 소중한 관계, 주고받은 사랑, 존재의 아름다움, 숭고한 생명을 폭력적으로 빼앗은 뒤 결국 재로 만들어 버린다.

길이 있는가

죽음은 창조주 하나님이 만드신 것이 아니기에 피조물의 본래적 요소가 아니다. 그것은 피조물이 창조주에게 등을 돌린 결과로서 인간이 자초한 일이다. 그러니 창조주는 그가 보시기에 선하다고 한 세상이 죽음의 세력으로 인해 부패로 돌아가는 일에 결코 익숙해지지 않으신다. 오히려 하나님은 이 죽음을 결코 하나님의 세상에 그냥 두시지 않겠다고 이야기하셨고, 결국 그것을 해결하는 첫 삽을 뜨셨다. 히브리서 2:14-15이다.

---

3.   https://www.hani.co.kr/arti/opinion/column/930557.html(2023년 3월 1일 검색).

자녀들은 혈과 육에 속하였으매 그도 또한 같은 모양으로 혈과 육을 함께 지니심은 죽음을 통하여 죽음의 세력을 잡은 자 곧 마귀를 멸하시며 또 죽기를 무서워하므로 한평생 매여 종노릇하는 모든 자들을 놓아주려 하심이니(2:14-15).

죽음과 부패의 세력을 이기는 유일한 길은 예수님이다. 예수님이 온 세상의 구원자인 까닭은 이 세상의 어떤 종교 지도자도 하지 않았고 할 수도 없었던 일을 역사 속에서 하셨기 때문이다. 그 일은 부활로 죽음을 무장해제시키신 일이며, 십자가의 용서로 죽음을 초래한 죄를 씻어 주신 일이다. 사실 죄는 그 존재를 숨긴 채 활동하면서 다른 사람에게 죄를 전가한다. 하지만 죄는 은폐한다고 사라지는 것이 아니고 전가한다고 나를 떠나는 것이 아니다. 오히려 은폐와 전가는 죄의 활동 경로이다. 하지만 십자가에 달린 나사렛 예수께서 죄와 죽음의 문제를 해결하는 길은 달랐다. 예수님은 죽음의 바이러스인 죄를 은폐하거나 축소하지 않으셨고, 또 자연의 일부분으로 받아들이도록 우리에게 도를 닦으라고 하지도 않으셨다. 예수님의 길은 먼저 죄를 드러내시고 그러고는 용서하시는 것이었다. 무죄한 예수님이 죽어가던 십자가는 자기의 정치적 안정을 위해 무리의 요구에 따라 예수님을 십자가에 넘긴 정치인 빌라도의 죄를 드러내는 자리였고, 자신보다 더 큰 인정을 받는 예수님을 향해 시기에 불타오른 종교인 대제사장들의 죄를 드러내는 자리였으며, 강력한 메시아를 원했으나 정작 그가 군인들에게 붙잡히자 그를 버리고 도망친 제자들의 죄를 드러내는 자리였고, 무엇이 옳고 그른지를 판단하지 않고 선동에 의해 움직이는 생각 없는 무리의 죄를 드러내는 자리였다. 예수님은 정치적 명분이라는 이름으로, 종교 제도라는 이름으로, 제자라는 이름으로, 대중의 요구라는 이름으로 은폐되어 있던 죄를 십자가로 다 드러내셨다. 하지만 들추어내시기만 하지 않으시고 그것을 다 짊어지신 채 십자가에서 외치셨다.

아버지 저들을 사하여 주옵소서. 자기들이 하는 것을 알지 못함이니이다(눅 23:34).

죽음을 가져온 악이 힘을 잃게 된 것은 바로 이때였다. 죄를 드러내고 용서할 때 악이 무력해지는 것을 예수님이 친히 보여주셨다. 그러므로 기독교는 말한다. 코로나바이러스만 아니라 죄의 바이러스가 숙주 삼은 육체의 죽음과 그것을 초래한 죄의 문제를 해결하기 원한다면 예수님을 구주로 믿고 따르라고.[4]

죄의 연대성

그러나 코로나 사태의 시기에 그리스도인이 해야 하는 일은 이게

---

4.   세상에는 수많은 종교가 있다. 그런데 어떤 종교도 부활을 구원의 길로 말하지 않는다. 그러니 모든 종교는 가는 길만 다르지 결국 다 같은 목적지에 도달하는 것이 아닌가라는 말을 할 수 없다. 어떤 종교도 기독교가 말하는 것처럼 종교 창시자가 죽음과 죽음의 원인인 죄를 해결했다고 말하지 않는다. 그러나 예수님은 피조물에 부패와 죽음을 가져온 죄를 해결하시되 사람을 용서하심으로 해결하시고, 죄가 가져온 결과인 죽음에 대해서도 육체적인 부활로 승리하셨다고 말한다. 기독교의 진리는 간단하다. 예수님을 주로 고백하면, 영원한 멸망으로 이끄는 죄가 용서되고, 예수님의 부활 생명이 죽을 육체에 역사하여 죽음을 이기게 함으로써 육체에 살면서도 죽음의 세력에 휘둘리지 않고 죽어서도 다시 부활할 것이다. 어떤 종교가 죽음의 문제를 현실적으로 다루면서도 삶을 이렇게 아름답게 노래하고, 희망을 말할 수 있는가.

다가 아니다. 평소 우리가 알고 있었지만 이번 일로 우리가 다시 한번 더 확신하게 된 사실이 있다. 바로 선한 일이나 악한 일, 그 모두에서 확인된 감염의 힘이다. 한 명에게 있던 바이러스가 수십 명, 수백 명, 수천 명의 감염으로 이어진다. 마찬가지로 죄는 사회적 연대를 통해 확장된다. '너의 죄가 해결되지 않으면 내가 죄에 감염되고, 내 죄가 해결되지 않으면 네가 죄의 사슬에 매인다.' 인간 사회는 그물망처럼 서로 촘촘히 얽힌 조직체인 까닭이다. 그러면 죄의 세력을 이기는 길은 무엇일까? 그것에 '감염'된 사람은 안 만나고, '감염'된 사물은 안 만지며, '감염'된 장소에는 안 가기만 하면 될까? 피해서 거룩을 지키려는 시도는 바리새인의 길이었다. 바리새인은 제사장이 성소에서만 지키던 정결법을 일반 사람도 지켜야 한다고 가르치며 일상생활에서 정결을 위해 부단히 힘썼다. 그러면서 정결법에 관심 없는 사람을 '땅의 사람'이라고 부르며 그들과는 일체의 교제를 하지 않았다. 피하는 것이 거룩을 지키는 길이라고 믿으며 그들은 부정한 물건은 만지지 않았고, 부정한 사람과는 만나지 않았으며, 부정한 곳에는 가지 않았다. 하지만 예수님은 달랐다. 그리스도의 길은 피해서 거룩을 지키는 것이 아니라 부정한 사람을 만나고 그들과 식탁 교제를 나누며 다른 사람을 거룩하게 하는 것이었다. 그러고는 결국 부활로 모든 날을 거룩한 날 곧 안식일이 되게 하셨다. 그러니 죄악을 이기는 길은 바리새인의 '분리' 모델보다 예수님의 '참여' 모델을 따라 선의 연대를 더욱 공고화하는 것이다. 서로 돌아보고 짐을 서로 지며 남의 부족을 위해 기도하고 권면하며 넘어진 자를 일으켜 세우는 등 공동체적 연대를 강화하는 것이 죄악의 사슬을 끊는 길이다. 히브리서 10:23-25은 말한다.

약속하신 이는 미쁘시니 우리가 믿는 도리의 소망을 움직이지 말며 굳게 잡고 서로 돌아보아 사랑과 선행을 격려하며 모이기를 폐하는 어떤 사람들의 습관과 같이 하지 말고 오직 권하여 그날이 가까움을 볼수록 더욱 그리하자(10:23-25).

교회의 길

마지막 세 번째로 그리스도인이 기억해야 하는 일이 있다. 신종 바이러스는 생태 위기와 무관한 것이 아니다. 신영전 한양대학교 의대 교수는 "나쁜 바이러스는 없다"고 주장한다.[5] 박쥐와 바이러스는 원래부터 있었는데 그것이 왜 지금처럼 인간에게 해가 되는 존재가 됐는가? 신 교수는 인간이 깊은 동굴 속에 잠자고 있던 바이러스의 벌집을 건드렸다고 주장한다. 기후 변화, 급속한 도시화, 야생 동물 서식지 파괴 등은 신종 바이러스의 위험을 높이고 있다. 인류 역사에 감염병은 늘 있어왔는데, 이전에는 사람에게 병을 일으키지 않았던 것이 언제부터인가 질병을 가져오게 됐을 때 그것을 신종 병원체라고 말한다. 그러면 어떻게 이렇게 유례없이 많은 신종 병원체가 등장하게 됐는지에 대한 김창엽 서울대학교 보건대학 교수의 진단은 다음과 같다. 2000년대 초에 나온 통계에 따르면 사람과 짐승 모두에게 병을 일으키는 병원체가 전체 병원체 중 61%였다.[6] 이 말은 사람의 건강과 동물의 건강을 따로 생각하지 말아야 한다는 말이기도 하고, 또 짐승의 병원체가 사람에게 옮겨오지 않도록 사람과 짐승 사이에 생태적 거리 유지가 필요하다는 말이기도 하다. 이 적당한 거리두기가 이뤄지지 않으면 사람과 짐승 모두

5.   https://www.hani.co.kr/arti/opinion/column/931142.html(2023년 3월 1일 검색).
6.   https://www.hani.co.kr/arti/PRINT/928736.html(2023년 3월 1일 검색).

에게 병을 일으키는 병원체가 짐승으로부터 인간에게 쉽게 전염을 일으켜 신종 병원체가 생길 수 있다. 예컨대, 서부 아프리카에서 에볼라라는 전염병이 유행했었는데, 이는 동물의 병이 사람에게 옮겨지면서 시작됐다. 산림 파괴와 경제 개발로 동물의 서식지가 점점 좁아지고 그들의 삶의 터전이 상실되자, 결국 사람과 동물의 접촉이 늘어나 동물의 병이 사람에게 옮겨지기 시작했다고 보고 있다. 또한 프랑스의 악스-마르세유대학교의 장-미셸 클라베리 교수팀은 27,000년에서 48,500년 전 형성된 동시베리아 영구동토층에서 얼어버린 바이러스 7종을 찾아내 번식력이 여전히 살아 있음을 확인했다고 사전출판논문집인 '바이오아카이브'에 최근에 발표했다.[7] 이것은 기후 위기로 지구의 평균 기온이 계속 높아질 경우 영구동토층이 녹으면서 그 속에 있던 바이러스가 다시 지상에 노출되어 재활동할 수 있음을 의미한다. 바이러스의 재활동에 대한 염려가 괜한 것이 아님을 보여주는 연구가 더 있다. 캐나다 오타와대학교 연구진이 2022년 10월 영국 '왕립학회보비(B)'에 발표한 논문에서 북극권 호수의 토양과 침전물을 수집해 유전자 분석을 한 결과 얼음 속에 갇혀 있던 바이러스와 세균이 기후 변화로 풀려나면서 야생동물을 감염시킨 상태에 있다고 판단했다.[8] 따라서 바이러스를 완전히 박멸해서 감염병 문제를 해결하겠다는 것은 문제를 잘못 진단한 결과이다. 모든 미생물을 없애면 인간도 존재할 수 없다. 신종 바이러스 문제를 해결하는 길은 병원체를 가진 미생물과 인간이 적당한 거리에서 공생을 해 나가는 것이어야 한다. 이를 위해 인간이 무자비한 생태 파괴

7.   〈한겨레신문〉 2022년 12월 1일 목요일, "기후 & 과학" 21면(https://www.hani.co.kr/arti/science/science_general/1069151.html[2023년 3월 1일 검색]).

8.   〈한겨레신문〉 2022년 12월 1일 목요일, "기후 & 과학" 21면(https://www.hani.co.kr/arti/science/science_general/1069151.html[2023년 3월 1일 검색]).

를 그만 두어야 하고, 생물들을 집단적으로 모아 놓고 항생제를 퍼부어 가며 기르는 공장식 사육장과 양식장을 중단해야 한다는 것이 기후 위기 전문가의 중론이다. 맞는 말이다. 그리고 이런 주장은 이미 기독교가 가르쳐 왔던 것이다. 총체적 구원은 인간이 자연을 대하는 태도의 문제까지 포함한다고 가르쳐 왔기 때문이다. 동양에서는 자연을 인간 위의 존재(신적)로 보며 숭배의 대상으로 삼았고, 서양에서는 자연을 인간 아래의 존재(재료거리)로 보며 약탈의 대상으로 삼았다. 그러나 성경은 자연이 하나님의 신성과 영광을 반영한다고는 믿지만 숭배는 하지 않고, 하나님이 주신 선물이자 인간 생활을 가능케 하는 재료고 알고 사용하지만 남용은 하지 않도록 가르친다. 게다가 인간과 자연은 모두 창조주 하나님을 예배하는 동료이기에 서로 존중하는 거룩한 공생이 가능하다는 가르침을 준다.

* * *

코로나바이러스는 우리가 망각으로 혹은 철학이나 기술 과학의 발전으로 은폐, 축소시켜 왔던 실존 곧 인간은 죽음의 세력에 감염된 존재라는 사실을 새삼 깨닫게 해주었다. 인간 필멸은 코로나바이러스 사태가 끝난다고 종식되는 실존이 아니다. 인간이 육체를 가진 이상 죽음의 바이러스는 결코 그 세력이 약해지지 않고 활동한다. 이런 인간에게 구원의 길이 나사렛 예수에 의해 열렸다. 그리스도의 죽음과 부활은 필멸이라는 인간의 실존을 창조주 하나님이 끝내기 시작하셨음을 보여주는 역사적 사건이다. 코로나바이러스를 극복하는 길은 그것을 드러내어 감염경로를 차단하고 치료하는 일이듯이 나사렛 예수께서 인간을 죽음의 세력에서 구원하고자 걸으신 길도 그와 같다. 십자가로 죽음의 바이러스 배후에 죄가 있음을 드러내신 후 그것을 용서하셨고, 부활하심으로 창조주 하나님이 죄와 죽음에 감염된 피조물을 새롭게 창조하기 시작하셨음을 보여주셨다. 교회가 살아가고 전할 복음은 바로 이런 총체적 복음이다. 기독교의 구원은 인간은 죄와 사망에서 자연은 부패에서 해방되어 하나님의 영광과 선하심을 맛보도록 하는 총체적 갱신을 의미한다. 이것이 코로나바이러스 사태 때 교회가 다시 기억해야 할 복음의 내용이다.

제11장
은혜, 자연과 인간이 하나님과 함께
춤추게 하는 능력[1]

전통적으로 우리나라 사람은 자연과 친하게 지내며 살아왔다. 가을에 감나무에 달린 홍시를 딸 때면 맨 꼭대기에 남은 홍시 서너 개는 까치밥이라며 따지 않고 그대로 둔다. 또 소달구지를 끄는 소 뒤에서 농부는 일하는 소가 힘들다며 달구지에 타지 않고 내려서 걸어가는 모습을 오래전 농촌에서 종종 목격할 수 있었다. 옛날 사람은 자연이 주는 열매를 먹고 살면서도 자연을 위하는 태도를 잊지 않았다. 산과 들과 강은 굳이 무엇을 '히려' 히지 않고 그냥 존재히며 그 존재만으로도 다른 생명체에 유익이 된다. 옛 사람의 배려는 그런 자연에 의존해 살면서 자연스럽게 배운 바일 것이다. 그러다가 거대한 산업화의 물결이 이 나라에 들어왔다. 개발과 발전이라는 이름하에 자연은 자원이 되고 그 가치는 경제적 효용성으로만 매겨지기 시작했다. 그 결과 여러 어두운 소식이 계속 들려온다. 지구에 살던 생명체의 역사를 알려주는 화석 기록을 연

---

1. 본 장은, 바클레이, 『바울과 은혜의 능력』, 303, 341-346을 읽는 중 얻은 통찰을 바탕으로 하고 있다.

구한 자료에 따르면 지구상에 존재했던 생물종들은 지금까지 평균 100만 종당 매년 0.1%의 비율로 멸종해왔다. 그런데 세계자연보존연맹의 보고에 의하면 지난 10년 동안 467종의 생물이 멸종했다. 매년 46.7종의 생물이 멸종한 셈이다. 통계상으로 보면 지난 10년 동안 생물의 멸종률은 지구 역사상 평균 멸종률보다 467배나 높았다.[2] 과학자들에 따르면 지구상에 800만 종의 동식물이 있는데, 그중 멸종 위기에 처한 종은 100만 종에 달한다. 급속한 멸종은 기후 변화, 무분별한 개발로 인한 숲의 파괴와 외래종의 유입에 의해 가속화된다는 게 중론이다. 인간이 자연을 먹을거리로 사용하는 것이 왜 잘못이겠는가? 자연이 없다면 인간은 생존 자체가 불가능하고 무엇보다 하나님은 자연 만물을 창조하시고는 그것이 인간의 먹을거리가 되도록 허용하셨다. 그럼에도 불구하고, 지난 1-2백 년 동안 인류가 추구해 온 산업화의 문제는 자연을 자원으로만 여기며 이용하고 남용해서 그 복원력까지 무너지게 했다는 것이다.

우리는 우리를 둘러싼 자연과 어떤 관계를 맺고 살아야 하는가? 한국 교회 곳곳에서 시작된 환경운동은 자연을 성역으로 받들어 모시자는 운동이 아니다.[3] 그것은 불가능하고 성경이 말하는 바도 아니다. 사실 하나님은 인간으로 하여금 먹을거리를 자연에서 찾게 하셨고(창 1:29; 2:16), 자연 역시 존재 자체가 베풂이다. 그러니 인간은 자연을 이용거리로 삼지 말아야 한다는 것은 그리스도인이 가져야 하는 태도가 아니다.

---

2. https://www.sciencetimes.co.kr/news/%EC%A7%80%EB%82%9C-10%EB%85%84%EA%B0%84-%EB%A9%B8%EC%A2%85%EB%90%9C-%EB%8F%99%EB%AC%BC%EC%9D%80/(2023년 2월 24일 검색).

3. 대표적인 기독교 환경운동 단체로는 '기독교환경교육센터 살림'이나 '한국 교회생명신학포럼' 등이 있다.

우리가 모색해야 하는 관계는 자연도 살고 인간도 살며 하나님께는 영광이 되는 길이다.

고린도후서 9:10에는 길을 찾는 우리를 도울 수 있는 함의가 있다.

> [상반절] 심는 자에게 씨와 먹을 양식을 주시는 이가
> [중반절] 너희 심을 것을 주사 풍성하게 하시고
> [하반절] 너희 의의 열매를 더하게 하시리니(9:10).

상반절에서 바울은 하나님이 농부에게 "씨"와 "양식"을 주시는 분이라고 말한다. 이와 같은 농사의 일반 법칙은 이사야 55:10에 나오는 본문으로서 하나님의 입에서 나간 말씀은 그 백성 가운데서 반드시 성취된다는 점을 말하고자 빗댄 자연 원리다. 그러나 바울은 하나님을 문장의 주어로 삼아 농사를 가능케 하는 자연의 원리 배후에 하나님이 계신다는 점을 주목하게 한다. 하나님은 먹을 양식을 주시되 하늘에서 (쌀이 아닌!) 햇볕과 비가 내려와 심은 농작물이 열매를 맺게 하심으로 먹을 양식을 주신다. 자연법칙이 하나님이 은혜를 주시는 방식이다. 계절에 따라 온도와 햇볕의 양을 달리하여 곡식이 자라게 하시고, 낮과 밤의 기온차를 만들어 당도 높은 과일을 허락하시며, 바람이 불어 수술에 있던 꽃가루가 다른 암술로 날아가 열매를 맺게 하는, 자연의 선순환이 인간을 먹이시고 돌보시는 하나님의 손길이다.

그런데, 중반절에서 바울은 일반 은혜를 말하는 데서 한발 더 나아가 하나님이 심을 것을 주시되 "풍성하게" 주신다고 한다. '먹고 살만하다'에서 '삶이 풍성하다!'라는 말이 나오게 하시는 분이 하나님이시다. 일용할 양식도 은혜이지만 삶이 잔치가 되는 것은 '풍성한' 은혜이

다. 하나님은 은혜가 풍성한 분이신데 어찌 그런 은혜를 그의 형상을 닮은 사람에게 베풀지 않으시겠는가? 더 나아가 사람에게 풍성한 은혜를 주실 때에 이와 동일한 은혜를 자연에게도 베푸신다. 심을 작물과 먹을 양식이 풍성하다는 것은 그만큼 자연의 생명력과 생태계가 약동한다는 말이다. 자연이 풍성해야 인간이 풍성할 수 있다. 자연은 신음하는데 인간만 풍성하면 그것은 자연이 착취당했다는 뜻이다. 자연도 인간도 함께 춤추는 어울림이 하나님의 은혜가 만드는 복된 조화다.

그러면 자연과 인간이 함께 춤추며 하나님께 영광을 돌리는 길은 무엇인가? 바울이 하반절에서 말하는 "의의 열매"에 그 길이 있다. 중반절과 하반절을 이어서 읽으면 이렇다. "[하나님이] 너희 심을 것을 주사 풍성하게 하시고 너희 의의 열매를 더하게 하시리니." 심을 것을 주사 풍성하게 하신다는 것은 이전 농사가 풍성했다는 것을 뜻한다. 당해에 심을 것이 많다는 것은 이전 농사의 열매가 풍성했고 땅의 생명력이 그만큼 살아 있다는 말이다. 바울은 하나님이 그렇게 하시는 분이라고 주장한다. 왜 그렇게 하시는가? 그렇게 하셔서 맺으시려는 열매가 있기 때문이다. 하나님이 맺으시려는 열매는 "의의 열매"이다. 땅에 씨를 심은 자로 하여금 의의 열매를 풍성히 맺도록 하고자 땅의 소산을 풍성하게 하신다. 하나님은 인간으로 하여금 의의 열매를 풍성하게 맺도록 하시고자 농사의 열매를 풍성하게 하신다. 의의 열매가 무엇이기에 땅도 사람도 풍성하게 하는 이유가 될 수 있을까.

의의 열매

"의의 열매"는 '의가 맺는 열매'라는 뜻으로 해석하는 것이 본문 흐름상 자연스럽다. 그러면 열매를 맺는 "의"는 무엇인가? 바울이 말하는

"의"는, 최근 바울 신학자들 사이에서 가장 활발하게 논의되고 있는 주제 중 하나로서, 예수 그리스도로 말미암아 우리가 가지게 된 하나님과의 바른 관계 혹은 상태로 정의할 수 있다. 남녀가 부부로 만나면 또 하나의 '생명'을 열매로 얻듯이 우리 역시 그리스도로 말미암아 하나님과 바른 관계에 들어가고 나면 맺는 열매가 의의 열매다. 하지만 그렇게 해서 맺는 의의 열매의 구체적인 내용이 무엇인지는 아직 밝혀지지 않았다. 10절에서 바울은 "너희 의의 열매를 더하게 하시리니"라고 한 후 곧바로 11절에서 "너희가 모든 일에 넉넉하여 너그럽게 연보를 함은"이라고 말한다. 그러하기에 고린도후서에서 바울이 말하는 "의의 열매"는 고린도교회가 예수님을 주로 믿은 후 기근으로 곤경에 빠진 예루살렘교회를 위해 보내는 먹을 양식 혹은 연보를 가리킨다. 고린도인이 복음을 듣고 하나님과 바른 관계에 들어가자 땅을 통해 하나님께 받은 양식을 자기도 먹고 또 옆으로도 흘려보낸다. 바울은 그렇게 옆으로 보내는 양식을 "의의 열매"라고 말한다. 마게도냐교회와 고린도교회가 유대 교회와 선물을 나누도록 하시고자, 하나님은 그들의 땅에 '심을 것을 주시되 더욱 풍성히 주신다'. "심을 것"은 곡물이기에 그것을 풍성하게 주신다는 것은 땅을 살려 한 해 농사를 풍성하게 하시겠다는 뜻이다. 자연이 인간과 함께 춤출 때는 인간이 자연을 자원으로만 보지 않고 하나님의 선물로 여기며 서로 나누기를 시작할 때다. 땅이 사느냐 아니냐는 뜻밖에도 땅에 달린 것이 아니라 땅 위에 사는 인간의 태도에 달려 있다. 많은 경우 자연의 역기능은 인간의 탐욕이 원인이다. 자연이 나와 이웃과 다른 동물을 위해 주어진 선물인데도, 내 것이라고만 여기며 대하니 자연이 신음한다. 세상이 어떻게 해야 살맛 나는 곳이 되는가. 땅의 생명력과 자연의 선순환은 인간에게 달려 있다. 자연은 나와 이웃과 다른 동식물을 위해 주어진 선물이다라는 생각을 가지고 서로 선물 나누기를 할 바로 그때 자연은 춤추기 시작한다. 사람이 어깨동무하면 땅도 덩달 아 춤춘다.

하늘에서 내려와 옆으로 흘러가는 은혜

하지만 오해하지 말아야 할 것이 있다. 바울은 지금 구제하면 사람 도 땅도 복받고 하나님도 우리에게 복을 더해 주신다고 말하는 것이 아 니다. 이런 가르침은 바울의 복음이 결코 아니다. 복음은 너와 나 그리 고 자연이 받는 복의 출발은 인간의 능력이 아니라 하나님의 은혜라고 말한다.

> 형제들아 하나님께서 마게도냐교회들에게 주신 은혜를 우리가 너희에 게 알리노니 환난의 많은 시련 가운데서 그들의 넘치는 기쁨과 극심한 가난이 그들의 풍성한 연보를 넘치도록 하게 하였느니라. 내가 증언하 노니 그들이 힘대로 할 뿐 아니라 힘에 지나도록 자원하여 이 은혜와 성도 섬기는 일에 참여함에 대하여 우리에게 간절히 구하니(8:1-4).

바울은 하나님이 마게도냐(빌립보와 데살로니가)교회에 주신 은혜를 알 려주겠다고 한 후 마게도냐교회가 극심한 가난 가운데 있었지만, 넘치 는 기쁨이 있어서 가난한 예루살렘교회를 위해 풍성한 연보를 했다고 말한다. 주목해야 할 것은 바울이 지금 풍성한 교회에서 풍성한 연보가 나왔다고 말하지 않는다는 점이다. 오히려 데살로니가교회와 빌립보교 회는 환난의 시련만 아니라 극심한 가난 중에 있었는데도 자기와 비슷 한 어려움 가운데 있던 유대 교회를 향해 풍성한 연보를 보냈다고 말한

다. 바울에 따르면 마게도냐교회가 한 연보는 은혜의 창조적 능력이 성
도 안에 역사한다는 증거다. 은혜는 자격 있는 자에게 주어 더 잘하게
하는 것이 아니라 자격 없는 자에게 주어 할 수 있게 하며, 있는 자에게
주어 더 많이 가지도록 하지 않고 없는 자에게 주어 부요하게 하는 능
력이다. 하나님이 마게도냐교회에 은혜를 주시자 마게도냐교회도 "극
심한 가난"(2절) 가운데 있었지만 가난한 유대 교회에 연보를 보낸다. 그
들은 부유해서가 아니라 받은 은혜가 풍성해서 나누었다. 그들도 어려
웠지만 어려운 이웃 교회를 위해 나누게 한 하나님의 은혜는 주 예수
그리스도이시다.

> 우리 주 예수 그리스도의 은혜를 너희가 알거니와 부요하신 이로서 너
> 희를 위하여 가난하게 되심은 그의 가난함으로 말미암아 너희를 부요
> 하게 하려 하심이라(9절).

"주 예수 그리스도의 은혜"에서 소유격 "의"는 동격으로 이해하여
'주 예수 그리스도라는 은혜'로 이해하는 것이 자연스럽다. 마게도냐교
회가 받은 은혜는 죽고 부활하신 그리스도 자신이었다. 그리스도를 선
물로 받은 자 안에는 그리스도라는 자아가 창조된다. 마게도냐교회가
그리스도를 선물로 받자 교회 안에는 그리스도의 자아가 창조됐고, 그
리스도께서 가난하게 되어 (죽으심으로) 가난한 자를 (부활 생명으로) 부요하
게 하셨듯이 극심한 가난 가운데 있던 마게도냐교회 역시 가난한 유대
교회에 풍성한 선물을 할 수 있었다. 하나님의 선물로서의 그리스도는
가난한 자를 부요하게 하고 메마른 자를 풍성하게 하는 창조적 능력이
다.

은혜의 창조적 능력은 마게도냐교회에 이어 고린도교회 안에서도 역사한다.

> 하나님이 능히 모든 은혜를 너희에게 넘치게 하시나니
> 이는 너희로 모든 일에 항상 모든 것이 넉넉하여
> 모든 착한 일을 넘치게 하려 하심이라(9:8).

바울은 하나님이 마게도냐교회에 그러하셨던 것처럼 고린도교회에도 "모든 은혜를['카린'] … 넘치게" 하실 것인데, 그 결과 성도가 하는 "모든 일에 항상 모든 것이 넉넉"해질 것이라고 말한다. 바울이 "모든", "항상", "모든 것"과 같은 어휘를 통해 말하려고 한 것은 하나님의 값없는 선물은 받는 자의 삶을 풍성하게 만드는 능력이라는 것이다. 그러면 은혜가 만드는 풍성함이란 무엇일까? 바울은 이어지는 절에서 말한다.

> 심는 자[농부]에게 씨와 먹을 양식을 주시는 이가
> 너희 심을 것을 주사 풍성하게 하시고
> 너희 의의 열매를 더하게 하시리니(10절).

농부에게 "씨와 먹을 양식을 주시는 이"이신 하나님은 고린도 성도가 농사를 지을 수 있도록 "**심을 것**을 주사 풍성하게 하시"는 분이라고 한다. 이런 맥락에서 본다면 고린도교회에 주시는 하나님의 은혜는 그들이 짓는 농사의 풍년을 위해 땅의 생명력을 더하게 하시는 능력으로 보는 것이 자연스럽다. 하나님이 그러한 은혜를 주시는 이유는 "착한 일을 넘치게"(8절) 하도록 하고 또 "의의 열매"가 풍성하도록 하기 위해

서이다. "착한 일"이나 "의의 열매"는 고린도후서 8-9장의 흐름으로 보면 하나님이 주신 먹을 양식(은혜)을 이웃 교회로 흘려보내는 것이다(특히 9:3-5). 하나님의 은혜는 땅의 생명력이 약동하도록 하여 농부에게 풍년을 가져오게 할 뿐만 아니라 그 열매를 이웃과 나누게도 한다. 땅의 소산물도 은혜이고 그것을 나누는 행위도 은혜(8:4, 6-7)이며 무엇보다이 모든 것을 가능하게 하는 것인 예수 그리스도도 은혜다.

다시 하늘로 올라가는 은혜

그런데 은혜는 사람과 자연만 춤추게 하지 않고, 하나님께 영광을 돌려드리게 한다. 하늘에서 내려온 은혜가 가난한 나를 부요하게 했다가, 옆으로 흘러 이웃을 부요하게 한 후 이젠 다시 하나님께 돌아가게 하는데, 이는 유대 교회가 마게도냐와 고린도교회의 연보(은혜)를 받은 후 이로 말미암아 하나님께 감사를 드리기 때문이다.

> 너희가 모든 일에 넉넉하여 너그럽게 연보를 함은 그들이 우리로 말미암아 하나님께 감사하게 하는 것['유카리스티안']이라(9:11).

고린도교회의 연보는 그것을 받은 유대 교회로 하여금 하나님께 "감사하게" 한다. 여기서 사용된 '감사하다'의 그리스어('유카리스테오')는 '은혜'('카리스')와 동일어군에 속한다. 하나님의 은혜를 나누는 행위는 그것을 받은 자로 하여금 하나님의 은혜에 감사를 드리게 한다. 은혜의 선순환 작용은 13-14절에서 더욱 뚜렷하게 나타난다.

> 이 직무로 증거를 삼아 너희가 그리스도의 복음을 진실히 믿고 복종하

제3부 1세기 지중해 세계에서 오는 빛

는 것과 그들과 모든 사람을 섬기는 너희의 후한 **연보**로 말미암아 하나님께 영광을 돌리고 또 그들이 너희를 위하여 간구하며 하나님이 너희에게 주신 지극한 **은혜**로 말미암아 너희를 사모하느니라(13-14절).

바울은 유대 교회가 마게도냐와 고린도교회로부터 풍성한 은혜를 받고 한 일이 세 가지라고 고린도교회에 말한다. 첫째는 하나님께 영광을 돌리는 것이었고, 둘째는 "너희를 위하여 간구"하는 것이며, 셋째는 "너희를 사모"하는 일이었다. 선물은 그것을 받은 사람으로 하여금 하나님께는 감사하게 하고, 선물을 준 사람을 위해서는 기도하고 사모하는 마음을 가지도록 만든다. 서로를 사모하게 하고 하나님께는 기도와 감사를 드리게 하는 것이 은혜가 만드는 예배이다. 선물은 가뭄으로 메말라 가던 사람으로 하여금 하나님께 감사하게 했고, 기도하게 했으며, 성도 사이에 서로 사모하는 마음을 만들었다. 감사와 기도와 사모가 함께 공존하는 일은 예배 중에 일어난다. 은혜는 가난한 중에도 사람을 춤추게 하고, 메말라 가던 자연을 생명력으로 약동하게 하며, 자기만 생각하던 자들을 하나님께 영광 돌리는 사람으로 바꾸는 창조적 능력이다.

바울은 고린도후서 8-9장의 결론으로 "말할 수 없는 그의 은사[은혜]로 말미암아 하나님께 감사['카리스']하노라"(15절)라고 말한다. 바울이 하나님께 감사의 예배를 드릴 수밖에 없었던 이유는 은혜의 능력을 보았기 때문이다. 하나님의 선물이신 주 예수님이 자신을 우리에게 주시자, 그 선물을 받은 교회가 지금까지는 자기가 잘해서 이뤄낸 것이라고 생각한 모든 것이 다 은혜임을 깨달아, 그리스도께서 그러하셨듯이, 그 선물을 성도와 나누기 시작했다. 그렇게 성도를 통해 은혜를 받은 사람은 다시 하나님께 감사의 예배를 드린다. 은혜가 하늘에서 내려와 내게서 이웃에게로 흘러가자, 땅의 소출 역시 더욱더 풍성해지고 이웃은 감사와 예배를 드리게 된다. 바울은 마지막으로 "은혜로 말미암아 하나님께 감사"한다(15절). 사람 사는 세상에서 사람과 사람이 땅과 함께 춤추며 하나님께 영광을 돌릴 수 있게 된 것은 받을 자격 없는 자에게 베풀어진 그분의 은혜 때문에 이 모든 것이 가능해졌음을 알게 됐기 때문이다.

* * *

우리는 자연을 어떻게 보아야 하는가. 자연은 하나님의 선물이고 하나님의 은혜의 통로다. 자연과 자연에게서 나온 씨 그리고 먹을 양식을 대하는 우리의 자세는 하나님의 은혜의 원리를 따라야 한다. 까치밥과 소달구지의 예는 비록 선조들이 하나님을 몰랐지만, 자연에 담긴 하나님의 은혜의 원리를 깨달았기에 가능했던 삶의 방식이다. 선조들은 자연을 통해 은혜를 깨달았지만 우리는 자연과 더불어 자기 자신을 선물로 주신 예수 그리스도를 통해 은혜의 능력을 깨달았다. 자연과 그리스도가 그러하듯 만일 교회가 은혜 나누기를 계속 한다면 자연과 사람이 함께 춤추며 하나님께 영광을 돌리는 일 또한 계속 될 것이다.

제12장
하나님의 주권과 인간의 책임

    기독교는 하나님과 인간의 역할을 두고 상호 모순처럼 보이는 두 가르침을 준다. 창조주이자 새 창조주이신 하나님은 **주권적인** 뜻을 가지고 이 땅에서 누구의 간섭도 없이 그의 뜻을 온전히 이루어가시며, 인간에게는 하나님의 뜻에 따라 살아야 하는 **책임**이 있다. 전능하신 하나님이 전적인 주권을 가지고 자신의 뜻을 우리 가운데서 온전히 이루고 계신다는 것이 기독교의 근본적 신앙이다. 그런데 그런 절대 존재이신 하나님 앞에서 인간이 뭔가 해야 할 것이 있다는 것, 그러니까 하나님이 누구의 간섭이나 도움 없이도 자신의 뜻을 다 이루어가시는 마당에 하나님에게 순종하며 살아야 하는 책임이 사람에게 있다는 가르침이 어떻게 공존할 수 있을까?

    좀 더 자세히 살펴보자. 모든 것이 하나님의 뜻에서 비롯됐다. "창조와 보존(계 4:11), 통치(잠 21:1; 단 4:35), 그리스도의 고난(눅 22:42), 선택과 유기(롬 9:15 이하), 중생(약 1:18), 성화(빌 2:13), 신자의 고난(벧전 3:17), 우리의 삶과 운명(약 4:15; 행 18:21; 롬 15:32), 그리고 삶을 이루는 가장 사소한 세부 사항들조차" 다 하나님의 주권적인 뜻에서 비롯된다.[1] 물론 하나님도 하실 수 없는 것이 있다. 하나님은 죽으실 수 없고 악을 행하실 수도 없으며 거짓말하실 수 없고(민 23:19; 히 6:18) 변하실 수 없으며(삼상 15:29) 자기를 부인하실 수 없다(딤후 2:13).[2] 또 이미 일어난 일을 일어나지 않은 것처럼 만들지 못하신다. 그러나 하나님도 하시지 못하는 일이 있다는 것이 하나님이 능력이 부족하다거나 세상에는 하나님의 뜻이 잘 이뤄지지 않는 영역이 있다는 것을 말하지는 않는다. 이는 하나님이 죽으실 순 없지만 죽은 자를 살리실 수는 있고, 하나님이 악을 행하실 수는 없지만 악을 선으로 바꾸실 수는 있으며, 하나님이 과거가 된 일을 일어나지 않은 일로 만드실 순 없지만 이미 일어난 일을 비록 그것이 그의 뜻을 거역하는 일이었을지라도 자신의 선한 뜻을 이루는 재료로 삼으실 수 있다는 말이다. 그러므로 우리 그리스도인은 세상에는 어떤 것도 하나님의 주권적인 뜻 밖에서 일어나는 것이 없다는 사실을 믿고 산다. 이 믿음이 하나님의 절대 주권을 향한 신앙이다.

그렇다면 내가 책임져야 할 것은 무엇인가? 하나님이 전적인 주권을 가지고 내 삶을 이끌고 계시는 세상에서 나는 어디까지 책임을 지고 행동을 해야 하는 것일까? '예수님이 모든 것을 다스리니 내가 뭘 해도 그리스도의 뜻은 다 이루어질 것이다'고 말해도 되는가? 아니면, '왕이신 예수님의 일하심은 내 손의 움직임에 달려 있기에 내 손을 내려놓으

---

1.   헤르만 바빙크, 『개혁과 교의학』, 371.
2.   헤르만 바빙크, 『개혁과 교의학』, 380.

면 예수님의 손도 멈춘다, 그러니 난 내 손을 멈출 수 없다'고 말해야 하는가? 시편 118:9에서 저자는 "여호와께 피하는 것이 고관들을 신뢰하는 것보다 낫도다"라고 고백한다. 여기서 여호와를 의지하는 것과 고관들을 신뢰하는 것을 비교 대조한다. 이 말은 하나님의 주권을 믿는 사람은 인맥 같은 것에 매달리지 않아야 한다는 말인가? 아니면, 우선순위의 문제에서 하나님을 먼저 신뢰하라는 것인가? 우리가 하나님의 전적인 주권과 인간의 책임을 삶의 두 축으로 삼아 살다 보면 많은 일에서 선택의 고민을 할 수밖에 없는 게 현실이다.

성경이 가르치는 바

하나님의 주권과 인간의 책임이라는 주제에 바울은 어떤 입장을 가졌는지 살펴보자.

> 너희 안에서 착한 일을 시작하신 이가 그리스도 예수의 날까지 이루실 줄을 우리는 확신하노라(빌 1:6).

하나님은 성도와 교회 안에서 시작한 일은 반드시 이루신다는 게 바울의 확신이다. 바울의 이 신앙은 하나님의 절대 주권을 향한 신앙과 다름 아니다. 그런 바울이 또 말한다.

> 항상 복종하여 두렵고 떨림으로 너희 구원을 이루라(2:12).

하나님이 시작하셨으니('알파') 하나님이 마치시겠다('오메가')는 상황에서 우리가 해야 하는 일은 구원을 이루는 일이라고 말한다. 바울만 아니다. 예수님은 요한복음 6:44에서 말씀하신다.

> 나를 보내신 아버지께서 이끌지 아니하시면 아무도 내게 올 수 없으니
> (6:44).

그에게 나아가는 일은 아버지 하나님의 전적인 인도하심의 결과라
고 하신 예수님은 14:1에서는 전혀 다른 어조의 말씀을 이어가신다.

> 하나님을 믿으니 또 나를 믿으라(14:1).

믿는 일을 두고서 어떻게 보면 서로 충돌이 되는 하나님의 주권과
인간의 책임에 대한 말씀이 예수님의 가르침으로 기록되어 있다. 바울
역시 성령의 사역을 두고 동일한 가르침을 준다. 바울은 하나님을 "너
희에게 성령을 주시고 너희 가운데서 능력을 행하시는 이"(갈 3:5)라고
한 후에 "너희는 성령을 따라 행하라"(5:16)고 말한다. 하나님이 성령을
주시며 능력으로 신자 안에서 일하고 계시기에 신자는 성령을 따라 행
해야 한다.

이처럼 기독교 교리의 핵심인 구원론과 성령론에서 하나님의 주권
과 인간의 책임은 함께 강조되고 있다. 구원은 하나님이 시작하셨고 이
루시는 일임과 동시에 우리 역시 구원을 이루어가야 하고, 우리의 믿음
은 하나님의 주도권으로 이뤄지지만 그럼에도 불구하고 우리가 예수님
을 믿어야 하며, 하나님이 성령을 주시며 능력 가운데 일하고 계시지만
우리는 성령에 순종해야 한다. 기계문명에 익숙한 현대인의 사고로는
어느 한 주체가 앞서 이끌면 객체가 된 존재는 수동적으로 따라갈 수밖

에 없다고 생각한다. 예컨대 사람은 자동으로 움직이는 에스컬레이터 위에 가만히 서 있기만 하면 위로 올라간다. 그런데 성경이 말하는 하나님의 주권과 인간의 책임의 역할은 이런 모델과 거리가 멀다. 하나님은 우리 안에서 능력으로 일하시면서 우리에겐 그저 '가만히 있으라'고 말씀하시는 분이 아니다. 하나님은 '할 수 있는 능력을 주시는 분'(빌 4:13)이시면서 동시에 '행하라고 명령하시는 분'이시다(갈 5:16). 물론, 조금 후에 우리가 다루겠지만 하나님이 '넌 가만히 있어도 된다'고 말씀하실 때도 있다("너희는 … 가만히 서서 여호와께서 오늘 너희를 위하여 행하시는 구원을 보라", 출 14:13).

두 가르침은 서로 긴장을 일으킨다. 전능하신 하나님은 전적인 주권을 가지고 그의 뜻을 이루시는데도 신자에게 '구원을 이루라', '믿어라', '성령을 따라 행하라'고 하시는 것이 쉽게 이해가 되지 않을 수 있다. 그럼에도 예수님과 바울은 우리와 달리 하나님의 주권과 인간의 자유가 서로 충돌되는 것처럼 생각하지 않았다. 성경의 가르침이 이렇다면 우리가 해야 하는 일은 두 가르침 사이의 긴장을 해소하는 것이 아니라 어느 한쪽으로 치우치지 않는 것이다.

첫째 극단

하나님이 모든 것을 이끌고 계시기에 난 그냥 살아도 된다고 생각하거나, 이래도 저래도 하나님의 뜻은 이루어질 것이기에 내가 애를 쓰고 아등바등하는 것은 다 부질없는 일이라고 생각하는 태도는 하나님의 주권만 붙들고 인간의 책임은 무시한 결과다. 교회가 한때는 이와 비슷한 잘못에 빠지기도 했다. 성경의 가르침은 말세가 될수록 사회는 점점 더 나빠진다는 것이기에, 교회가 사회에서 해야 할 일은 별로 없다며 세상일에 무심하게 지냈던 적도 있다. 예수님 시대에도 비슷한 생각을 가지고 살아가던 사람이 있었는데, 에세네파 혹은 쿰란 공동체로 알려진 무리다. 유대 역사학자 요세푸스(『유대 고대사』 13.172; 18.18)에 따르면 그들은 하나님의 절대 주권에 대한 믿음을 가진 채 하나님이 부패한 예루살렘과 세상을 곧 멸망시킬 것이라고 믿으며 유대 광야에 들어가 살았다. 반면 예수님은 그들과 마찬가지로 하나님의 주권을 믿었지만 광야가 아닌 마을 한가운데에 들어가 하나님 나라 운동을 펼치셨다.

둘째 극단

하나님의 주권에 치우치면서 인간의 책임을 무시하는 것이 극단적 입장이라면 또 다른 극단은 인간의 책임 쪽으로 무게 중심이 쏠리면서 하나님의 주권을 약화시키거나, 아니면 인간의 손과 하나님의 손을 동일시해 버리는 태도다. 예수님 시대에도 이런 극단에 치우친 사람이 있었는데, 사두개인과 헤롯이었다. 헤롯은 하나님을 정치 제도와 동일하게 여기고, 사두개인은 하나님을 종교 제도와 동일시했다. 이런 동일시가 이뤄진 사회에는 무슨 일이 일어날까. 그들은 하나님의 일하심을 믿지만 자신의 종교 제도와 정치 제도를 뛰어넘는 하나님의 통치는 기대하지 않았다. 그들에게 하나님은 성전이나 왕궁과 같은 종교 정치 시스템과 동일했기 때문이다. 만일 어느 누가 자신의 제도를 뛰어넘는 하나님의 통치를 말하면 조직의 관리자(왕과 서기관 및 대제사장)에게 그는 죽임을 당할 수 있었다. 이런 식의 하나님 나라 선포는 하나님의 이름으로 절대화된 종교 정치 시스템의 상대화를 의미했다. 하나님의 나라 선포자인 예수님의 죽음은 이런 종류의 충돌과 무관하지 않다. 제도와 지도자를 하나님의 주권과 동일시하는 이런 흐름이 중세와 근대로 이어져 교회의 지도자는 '예수님'이 되고 예배당 건물은 '성전'이 됐다. 이런 동일시를 정당화하기 위해 여러 신학이 동원됐지만 그런 신학은 인간의 자기 확대 욕망에 불과했다. 교회가 하나님의 주권을 인간의 책임 아래 넣어 버리는 순간, 교회 건물은 올라가고 교회 지도자는 점점 더 많은 힘을 가질 수 있었을는지는 모르겠지만, 결국 찾아온 것은 기독교의 쇠락과 하나님을 향한 무관심이었다(기독교에서는 이 현상을 인본주의의 승리라고 하고 서구 교회에서는 세속화라고 한다).[3] 이처럼 하나님의 주권과 인간의 책임의 문제 사이에 존재하는 긴장을 섣불리 해결하려고 하다가 어떤 사람은 모든 것이 인간의 손에 달렸다고 믿는 자유의지 신봉자가 됐고, 다른 사람은 모든 것은 하늘의 뜻에 달려 있다고 믿는 운명론자가 됐다. 이 두 입장은 하나님의 주권과 인간의 책임의 문제를 다룸에서 양극단으로 갔다.

그러면 어떻게 해야 하는가

성경은 한쪽으로 치우치지 말고 둘 다 붙잡으라고 한다. 공중 외줄타기를 하는 사람이 공중에 설치한 줄을 길로 삼아 걷는 때는 외줄이 팽팽하게 긴장될 때이다. 느슨해지면 못 걷는다. 신앙의 걸음도 이렇다. 서로 모순되는 것 같지만 하나님의 주권과 인간의 책임 둘 다를 단단히 붙잡고 살아가는 것이다. 길은 그럴 때 만들어진다.

빌립보서 2:12-13에는 하나님이 이 두 축을 붙들고 살아가는 사람을 실제 삶에서 인도하시는 모습이 어떠한지를 보여주는 한 예가 나온다. 바울은 말한다.

---

3. 이러한 주장은 톰 라이트, 『마침내 드러난 하나님 나라』 (서울: IVP, 2009). 187-194의 내용에 빚졌음을 밝혀둔다.

너희 구원을 이루라. 너희 안에서 행하시는 이는 하나님이시니 자기의 기쁘신 뜻을 위하여 너희에게 **소원**[문자적 뜻, "원하는 바"]을 두고 행하게 하시나니 (2:12-13).

하나님이 우리 가운데서 자기의 기쁘신 뜻을 이루시기 위해 행하시는 방법 중의 하나는 우리에게 소원을 품게 하시고 그 소원에 따라 살게 하시는 것이다. 바울은 그 소원이 하나님이 주권적인 뜻을 이루시기 위해 우리에게 심어 놓은 방편이 될 수 있다고 말한다. 하나님의 일하심은 우리의 두 손을 놓게 만들지 않고 오히려 활동을 촉진한다! 그러니 하나님의 주도권을 믿는 사람일수록 자신의 소명과 소원을 최선을 다하여 이루려는 일이 일어날 수밖에 없다고 말해야 한다. 주위에서 '왜 그렇게 열심히 사니'라고 물으면 우리는 '모든 것이 다 내게 달려 있기 때문이다'라고 답하지 않고, '나의 최선이 하나님이 자신의 주권적인 뜻을 이루시는 통로이기 때문이다'라고 답해야 한다. 그런 사람이 바로 그리스도인이다. 염려되는 바가 없는 것은 아니다. 내 소원이 변질될 수 있기 때문이다. 하지만 우리 가운데 행하시는 하나님은 우리의 소원의 내용을 변화시켜 나가시는 절대 주권자이심을 믿어야 한다. 하나님은 우리의 손에 제한되지 않으시고 우리 가운데서 우리를 통해 자신의 뜻을 이루시는 분이다.

소원이 좌절될 때

소원을 품고 사는 인생에 위기가 올 때가 있다. 어떤 일을 소명으로 삼아서 혹은 하나님이 주신 소원이라고 분명히 확신하며 시작했다가 원하는 대로 잘되지 않을 때 성도가 지녀야 하는 태도는 무엇인가. 하나님의 주권과 인간의 책임 이 두 축 모두를 단단히 붙잡고 최선을 다해 살아온 사람일수록 자신의 손발이 무력해지는 순간에도 길을 잃지 않는다. 어쩌면 더욱 확실하게 주의 길을 걸을 수 있을 때가 바로 이때이다. 왜 그럴까. 지금까지 믿고만 있었던 자신의 손보다 크신 하나님의 손을 실제로 경험하는 시기가 바로 이때이기 때문이다.

예수님은 하나님의 나라가 가까이 오고 있다고 선포하시고 또 그 선포에 걸맞게 사셨다. 그러나 하나님의 주권만 강조하다가 인간의 책임을 무시한 에세네파처럼 사막에 들어가 고립된 삶을 살지 않으셨고, 또 인간의 책임만 강조하다가 하나님의 주권을 무시한 헤롯과 사두개인처럼 왕궁과 성전에만 머물지 않으셨다. 대신 예수님은 제3의 길을 걸으셨다. 예수님은 사막도 그리고 왕국이나 성전도 아닌 마을 한복판에서 주어진 소명에 따라 약한 자를 치료하셨고 소외된 자와 같이 밥을 먹으셨으며 당시 권력의 핵심에 있던 대제사장 및 서기관의 불의를 지적하셨다. 그러나 예수님은 능동적인 사역만 하신 게 아니었다. 그의 손과 발을 통해 하나님의 나라가 실현될 것이라고 믿으며 일하시던 예수님의 손과 발이 묶이게 됐다. 그때 무슨 생각을 하셨을까. 그렇게 열심히 일하시던 손발이 묶였으니 이젠 하나님의 일하심도 멈출 것이라는 생각을 하게 되셨을까. 아니다. 그러지 않으셨다. 하나님의 손이 자신의 사역을 통해 일하신다고 믿으며 불철주야 일하시던 예수님이 그의 손과 발이 묶이는 순간에도 좌절하지 않고 여전히 하나님에 대한 믿음을 지킬 수 있었던 것은 하나님의 손은 물리적 손과 힘에 의해 묶이지 않는다는 것을 아셨기 때문이다. 예수님의 손발이 십자가에 못 박혀 있을 때에 오히려 하나님의 구원 역사는 그 절정에 도달했다. 악이 예수님의 손과 발을 묶었다며 기세등등해진 그 순간이 오히려 지금까지 은밀히 활동했던 모든 악이 들춰진 순간이 됐고, 죄악과 죽음의 세력이 하나님 나라의 담지자를 죽였다고 안심하던 순간이 오히려 그 악의 세력이 멸해지는 순간이 됐다(롬 8:3; 골 2:14-15; 히 2:14). 평소 예수님에게는 하나님이 자신 '안'에서, 자신을 '통해'서 일하시기도 하지만 때론 자신 '밖'에서도 일하신다는 믿음이 있었기에(참고, 엡 4:6) 십자가의 무력함을 받아들일 수 있었다(막 9:12; 14:21). 예수님은 하나님의 주권을 믿는 자의 최고의 삶의 방식은 주어진 조건에서 최선의 삶을 살아가는 것이고 최선의 삶을 더 이상 살 수 없을 때조차도 하나님의 최선은 중단되지 않는다는 것을 믿는 것임을 실제로 보여주셨다.

바울도 마찬가지이다. 소원과 소망이 하나님이 우리를 통해 일하시는 방법이라고 가르친 바울이 감옥에 갇혔을 때 한 말은 다음과 같다.

> 형제들아 내가 당한 일이 도리어 복음 전파에 진전이 된 줄을 너희가 알기를 원하노라(빌 1:12).

바울의 몸은 묶였지만 바울 안에 계신 하나님은 묶이지 않으셨다. 그는 하나님이 내 안에서와 나를 통해서도 일하시지만 나 없이도 하실 수 있다는 것을 믿었다.[4] 그런데 나 없이도 하나님은 일하신다는 절대 주권을 향한 신앙이 그로 하여금 늘 자신의 수동성만을 말하게 하지는

---

4. "하나님도 한 분이시니 곧 만유의 아버지시라 만유 위에['에피'] 계시고 만유를 통일['디아']하시고 만유 가운데['엔'] 계시도다"(엡 4:6). 에베소서는 바울의 인생 후반기에 기록된 서신이라는 것을 감안하면 이런 표현은 자신의 생애 내내 만나고 경험했던 하나님이 어디에서 어떻게 일하셨는지를 명료하게 드러낸 것이다. 하나님은 자신 안에서 일하시기도 하지만 자신 위에서 자신을 초월하여 일하시는 분이시기도 하다.

않았다. 그는 자신은 감옥에 매여도 하나님은 매이지 않으신다고 믿었음에도 자신이 감옥에서 풀려나도록 기도하라고 부탁한다.

> 이것이 너희의 간구와 예수 그리스도의 성령의 도우심으로 나를 구원에 이르게 할 줄 아는 고로(19절).

여기서 바울이 말하는 "구원"은 '감옥에서 풀려나는 것'이라고 보는 것이 맥락상 자연스럽다. 바울은 자신이 감옥에 갇힌 것도 유익하다고 여겼으면서 왜 나오려고 하는가? "내게 사는 것이 그리스도니 죽는 것도 유익함이라"(21절)고 말했으면서 왜 살려 했을까? 바울에게 하나님은 나 없이도 일하실 수 있는 분이지만, 또 나를 통해 일하시는 분이기도 했다. 감옥에서 바울은 어떤 하나님을 붙잡아야 할지 고민했다. 나 없이 일하시는 하나님인가? 아니면, 나를 통해 일하시는 하나님인가? 이때 바울이 그 결정을 위한 기준으로 삼은 것이 있다. 바로 감옥에 있는 동안 그에게 생긴 소원이다. 그 소원을 따라 그는 '나 없이도 일하시는 하나님'을 붙잡기보다 '나를 통해 일하시는 하나님'을 붙잡아야 할 때라고 믿었다. 그때 바울을 이끌던 소원이 무엇인지는 23-25절이 말해준다.

> 내가 그 둘 사이에 끼었으니 차라리 세상을 떠나서 그리스도와 함께 있는 것이 훨씬 더 좋은 일이라 그렇게 하고 싶으나 내가 육신으로 있는 것이 너희를 위하여 더 유익하리라. 내가 살 것과 너희 믿음의 진보와 기쁨을 위하여 너희 무리와 함께 거할 이것을 확실히 아노니(23-25절).

바울을 움직였던 소원(참조. "자기의 기쁘신 뜻을 위하여 너희에게 소원을 두고 행하게 하시나니", 빌 2:13)은 사랑하는 성도의 유익이었다. 내 소원이 상황에 따라 바뀌는 것을 부정적으로만 볼 필요는 없다. 적어도 하나님의 주권을 믿는다면 말이다. 바울 역시 성도가 그리스도의 온전한 자로 세워지는 일을 위해서 자신이 감옥에 있다가 없어지는 것이 유익한지, 아니면 나가는 것이 유익한지를 생각했고 그 결과 나가는 것이 유익하다는 소원이 생겼다. 새로운 소원이 생기자 그 소원을 이루고자 그 자신이 먼저 기도했고 교회에도 기도를 부탁했으며 또한 성령님이 그 소원을 이루실 것을 믿었다.

* * *

전능하신 하나님은 자신의 주권적인 뜻을 자신이 지은 세상과 사람 가운데서 온전히 이루어가는 가운데 인간의 책임은 자주 지나치게 부각되거나 과소평가됐다. 이 두 가지는 서로 충돌이 되는 것 같지만 성경은 긴장이 되더라도 그 두 축의 균형을 잃지 말고 둘 다 붙잡고 살라고 한다. 그럴 때 살 길이 열린다. 길은 하나님이 우리 안에 만드는 소원이다. 하나님은 자신의 기쁘신 뜻을 위하여 우리로 소원을 두고 행하게 하신다. 또한 우리의 소원을 따라 사는 길이 하나님의 기쁘신 뜻을 우리 가운데 이루시는 일이 되게 하신다. 때론 우리의 소원이 좌절될 때가 있는데 그때는 이 두 축을 단단히 붙잡아야 한다. 자신의 기쁘신 뜻을 이루시는 하나님의 손은 우리 손보다 크시기 때문이다. 우리의 손발이 무력해져 하나님의 손의 역사를 그 어느 때보다 더 뚜렷하게 경험하는 그 때 우리에게 새로운 소원을 주실 수 있다. 새로운 소원을 붙들고 새로운 시작을 하는 일은 이렇게 일어난다. 소원의 갱신은 우리의 인생에서 하나님이 자신의 뜻을 이루어 나가시는 길이다. 하나님의 주권과 인간의 책임 사이에서 긴장의 끈을 놓지 않고 살다 보면 어느 날 주님 앞에 서게 될 텐데 그때 우리의 고백이 무엇이겠는가. 그저 '전능하신 하나님을 믿으며 인생을 최선을 다해 살았지만 주님, 자랑할 것이 내게는 하나도 없습니다'라고 할 뿐이다.

제13장
바울이 말하는 참된 사도의 표지

고린도교회는 바울이 대략 주후 1세기 중반에 고린도 지역에 들어가 세운 교회이다(고전 2:1-5; 3:6, 10; 4:15; 고후 10:14 이하; 행 18:1 이하).[1] 바울이 들어가기 약 90년 전에 고린도 도시는 큰 변화를 겪었다. 원래 고린도는 그리스 도시였지만 로마가 주전 146년에 점령하여 차지했고 그로부터 102년 동안은 폐허로 남아 있었다.[2] 그러다가 주전 44년에 '로마 도시 건축 사업'(Centuriation)의 일환으로 고린도는 새로운 도시로 거듭났는데 기존에 남아 있던 그리스 도시 구조와 건축물은 다 제거되고 그

---

1. 바울이 고린도 지역에 들어가 복음을 전한 시기를 결정하는 데 있어서 중요한 두 기준은 행 18:1-17과 클라우디오 칙령이 발표된 시기이다. 전통적으로는 칙령은 주후 49년도에 발표된 것으로 믿어져 주후 49-52년 사이에 바울이 고린도에서 복음을 전했다고 알려졌지만, 최근 클라우디오 칙령이 주후 41년에 발표됐다는 주장이 새롭게 제기되면서 바울의 고린도 지역 선교가 주후 41-44년 사이에 이뤄졌다는 입장도 있다. 이러한 논의를 위해서는 David G. Horrell, *The Social Ethos of the Corinthian Correspondence: Interests and Ideology From 1 Corinthians to 1 Clement* (Edinburgh: T & T Clark, 1996), 73-77을 보라.
2. Pausanias, 『그리스에 관한 묘사』 2.1.2.

자리에 전형적인 로마식 건물과 구조가 들어서게 된 것이다.[3] 따라서 바울이 들어갔을 당시 고린도는 로마의 정치·경제·문화의 직접적인 영향권 아래에서 로마 문화에 대한 강한 자부심으로 뭉쳐져 있었다는 것을 추측할 수 있다. 그런 그들이 낯선 이방인인 바울이 들어와 전한 '복음'이라는 메시지를 들은 후 놀랍게도 그것을 받아들인다. 고린도교회는 이런 배경 가운데 시작된 것이다. 고린도인들에게 회심을 가져온 복음이 무엇인지는 고린도전서 15장에 요약되어 있는데, 예수 그리스도라는 분이 십자가 형틀에 처형당했다가 사흘 만에 부활했고(고전 15:3-4), 지금은 온 세상의 주로 다스리고 있다(고후 4:5)는 것이었다.

문제는 바울이 고린도교회를 개척한 후 다른 지역으로 복음을 전하러 떠났을 때 일어난다. 그가 에베소에 있을 때(고전 16:8) 고린도교회로부터 공개적인 질문을 받았다. 그 질문은 다음과 같다.

그리스도께서 내 안에서 말씀하시는 증거를 너희가 구함이니(고후 13:3)[4]

고린도교회는 바울에게 십자가에서 죽었다가 부활하신 그리스도께서 바울 당신 "안에서"[5] 말씀하시고 있다는 증거를 내놓으라고 말했다.

3. Bruce W. Winter, *After Paul Left Corinth* (Grand Rapids, Michigan: Eerdmans, 2001), 1-25.
4. 이 질문은 고린도교회에 있었던 소수의 "죄 지은 자들"(고후 13:2)이 제기한 것이라 볼 수 있다. 하지만 바울은 13:2에서 "전에 죄 지은 자들과 그 남은 모든 사람에게" 경고하고 있다는 것을 기억해야 한다. 이것은 바울이 소수의 사람만 아니라 고린도교회 전체와 어떤 갈등을 겪고 있다는 것을 말해준다. 이것이 13:3에서 바울이 자신의 대화 상대자를 2인칭 복수("너희가")로 지시하고 있는 이유다.
5. 전치사 "안에서"(그리스어, '엔')는 은유적으로 '수단'이나 '도구'의 의미로 사용되기도 한다. 그러므로 바울을 향한 고린도인들의 질문은 다음과 같이 바꿀 수 있다. '그리스도께서 바울 당신을 도구로 사용하고 있다는 것을 증명해 보라' 또는 '온 세

'예수님이 부활하셨다는 사실은 믿겠는데 그분이 당신 같은 사람을 통해서 일하고 있는지는 잘 모르겠으니 증거를 대달라.' 이런 내용이었다. 바울과 고린도교회 사이에는 팽팽한 긴장이 흐르고 있음을 알 수 있다. 또한 고린도교회 안에 바울(과 그의 복음)에 대한 불신이 싹트기 시작했음을 감지할 수 있다. 바울로서는 이제 이 질문에 답하지 않고 그냥 넘어갈 수 없다. 무엇보다 부활한 그리스도께서 자신 안에 일하고 있다는 것이 설명돼야 자신만 아니라 고린도인들, 그리고 모든 일에서 부활의 주님이 말씀하시고 또 일하고 계신다는 것을 증명할 수 있을 것이기 때문이다.

바울과 고린도 성도들 사이에 있었던 일

고린도후서의 여러 본문은 고린도인들의 불신이 지도자로서의 바울의 자격을 두고 일어난 것임을 말한다. 같이 있을 때는 몰랐는데 막상 그가 눈에서 멀어지자 고린도인들에게 바울은 "육신을 따라 자랑"할 만한 어떤 것을 갖춘 지도자로 보이지 않았던 것이다(11:18; 참조. 10:2-4). "육신"의 기준으로 보았을 때 바울은 온 세상의 주님을 전하는 사람처럼 보이지 않았던 것이다. 바울의 메시지는 죽었다가 부활한 예수님의 왕되심에 관한 것이었는데, 그것을 전하는 바울은 그 메시지에 어울리지 않는 "육신"을 가지고 있었던 것이다. 그런 고린도인들에게 바울은 "너희는 외모['프로소폰']만 보는도다"(10:7)라고 응수한다. 이제 바울은 "육신"('사륵스')과 "외모"('프로소폰')만을 보는 그의 회중에게 부활한 그리스도께서 자신을 통해 일하고 계신다는 사실을 어떻게 증명해 보일까? 바울 때문에 고린도인들이 '시험'에 들었던 이유를 먼저 살펴보자.

―――――――――――――――

상의 주이신 그리스도께서 당신을 통해 말씀하고 있다는 증거가 있는가?'

바울의 말솜씨 혹은 수사(rhetoric)

바울은 고린도인들이 자기를 비난하면서 했던 말을 인용한다.

> 그들의 말이 그의 편지들은 무게가 있고 힘이 있으나 그가 몸으로 대할
> 때는 약하고 그 말도 시원하지 않다 하니(10:10).

'바울의 편지는 설득력 있지만 그가 직접 사람을 대하며 말을 할 때
는 도대체가 무슨 말을 하는지 알아들을 수가 없다.' 이런 뜻이다. 특히
"말도 시원하지 않다"('엑수테네메노스')는 말을 문자적으로 번역하면 '말
이 경멸스럽다'이다(참조. 고전 2:3-4). 고린도인들은 바울의 말솜씨(rheto-
ric)를 아주 낮게 평가하고 있음이 틀림없다. 바울은 고린도후서 11:6에
서 위의 사실을 시인한다. "내가 비록 말에는 부족하나['이디오테스']."
말솜씨와 관련하여 바울은 자기를 '이디오테스'라고 표현한다. 그리스-
로마 문화에서 '이디오테스'는 전문 수사학 교육을 받지 못한 아마추어
를 지칭하는 기술적 용어였다.[6] 고린도 성도들은 그들의 지도자인 바울
의 말 능력에 대하여 깊은 불신을 가지고 있었고 바울 역시 이 사실을
인정한다. 고린도교회에서 바울의 '말'이 관심이 될 수밖에 없었던 문화
적 이유가 있다. 바울 당시에 로마 사회에서 글을 읽고 쓸 수 있는 사람

---

6.   예를 들어, 다음을 참조하라. Lucian, *Jupiter Tragoedus*. 27: "그는 대중 앞에서 연설
     할 만한 용기가 전혀 없으며 그의 언어는 숙련되지 못했다['이디오테스']." 또한 요
     세푸스, 『유대 고대사』 2.271에 따르면, "나[모세]는 평범한 사람으로서 내 백성을
     설득할 말을 어떻게 해야 찾을 수 있는지 모르겠습니다." 요세푸스의 경우에 '이디
     오테스'는 분명하게 고전 수사학에 대한 모세의 무지를 표현하고자 사용되고 있다.

은 전체 인구의 15%에도 미치지 못했다.[7] 그런 높은 문맹률을 가진 사회에서 대중을 이끌 지도자에게 요구된 역량은 말솜씨였다. 그리스-로마 교육제도의 핵심으로 수사학이 자리 잡고 있었던 것 역시 이러한 맥락에서 이해될 수 있다. 하지만 고린도교회의 지도자 바울은 그 당시 지도자의 첫째 자격 조건에 속했던 수사학을 제대로 교육 받지 못한 아마추어였다. 바울의 이러한 말 실력은 당연히 로마 문화에 강한 높은 자부심을 가진 고린도인들에게 공동체 지도자로서 그는 자격 미달이라는 부정적 평가를 내리게 하는 데 일조했을 것이다.

바울의 '신령한' 능력

바울서신 중 유독 고린도전서에만 은사를 다루는 장이 있다(12장). '사랑 장'으로 알려진 13장은 "더욱 큰 은사"와 "가장 좋은 길"(12:31)에 대한 안내서로 제시되고 있다. 14장 역시 은사 중 하나인 방언과 예언 그리고 방언 통역에 대한 권고이다. 은사의 종류와 특징을 설명하고자 상당히 긴 분량을 할애한 것은, 고린도전서 14:12("너희도 영적인 것을 사모하는 자인즉")이 밝히듯이, 고린도교회가 가진 신령한 은사들에 대한 높은 관심을 반영하는 것이었다. 이런 교회 분위기에서 그들의 지도자 바울의 모습은 성도들에게 어떻게 비쳐졌을까? 바울 역시 여러 신령한 경험을 했다고 밝힌다. 고린도후서 12:1-4에서 그는 삼층천에 올라가 주의 환상을 보고 계시를 들은 경험이 있다고 밝히고 있다. 하지만 바울은 천상 경험 시에 그가 몸 안에 있었는지 몸 밖에 있었는지 알 수 없다고 말한다. 또한 바울은 그가 경험한 것을 말로 표현할 수도 없다고 말한다.

---

7.   William Harris, *Ancient Literacy* (Cambridge, Massachusetts: Harvard University Press, 1989), 22, 267-72.

가장 신비로운 경험을 이야기하는 순간 바울은 자신의 '무지'와 '무능'을 강조하고 있는 것이다. 바울의 이런 영적 경험이 신령한 은사를 가지고 있음을 자랑하던 고린도인들에게 어떻게 이해됐을까? 그의 성도들은 자신들이 경험한 은사들을 자랑하는데, 바울은 '알 수 없고' '할 수 없는' 자신을 말한다. 고린도인들에게 바울이 존경보다는 무시를 받기 시작한 것은 어쩌면 이상한 일이 아니다.

바울은 또 다른 능력 이야기를 들려준다. 12:7은 하나님께서 바울 자신이 받은 계시가 "지극히" 커서 "너무 자만하지 않게 하시려고" 자신의 육체에 "가시"를 주셨다고 말한다. "가시"가 무엇을 의미하는지에 대한 논의가 오랫동안 있었다. 다수의 학자들은 가시가 바울의 육체의 질병을 가리킨다고 보았다.[8] 하지만 다른 학자는 바울이 가는 곳마다 따라다니며 그를 핍박했던 대적자를 의미한다고 보기도 한다.[9] 하지만 "가시"가 무엇을 가리키든지 그것이 바울에게 고통스러운 요소였다는 것은 분명하다. 그래서 바울은 하나님께 가시를 제거해 달라는 기도를 세 번 반복했다. 구약성경에서 3이라는 숫자는 주로 하나님의 구원(호 6:2; 욘 1:17)과 나타나심(출 19:11, 16)과 연관된 숫자이다.[10] 그러므로 세 번 기도했다는 말에는 하나님의 구원에 대한 강한 기대를 담았다는 뜻이 있다. 하지만 바울의 기도는 응답이 거부된다. 그리스도께서 거부하시면서 바울에게 다음과 같이 말씀하셨다고 말한다.

---

8. 트롤(Thrall, M. E. Thrall, *2 Corinthians 8-13* [London: T & T clark, 2020], 808)은 가시를 바울의 육체의 질병으로 본다. 이런 입장에 있는 학자를 위해서는 Thrall, *2 Corinthians 8-13*, 814-818을 보라.

9. T. Y. Mullins, "Paul's Thorn in the Flesh", *Journal of Biblical Literature* 76 (1957), 299-303; Paul Barnett, *The Second Epistle to the Corinthians* (Grand Rapids, Michigan: Eerdmans, 1997), 570.

10. 박윤만, 『마가복음』, 601

내 은혜가 네게 족하도다(12:9).

온갖 신령한 능력들이 자신들에게 나타남을 자랑하고 있는 고린도 교회에서 그들의 지도자는 자신의 병도 치료시킬 능력이 없는 사람으로 비쳐지고 있다. 더군다나 바울은 그 가시를 "사탄의 사자"(12:7)로 표현한다. 자신의 몸에 '붙어' 있는 사탄의 사자가 '떠나도록' 간구했지만, 주님으로부터 응답이 거부되어 어쩔 수 없이 계속 "사탄의 사자"를 육체에 지니고 다닐 수밖에 없었다. 그런 육체를 가진 바울을 보며 고린도 교회는 생각한다. '부활하신 그리스도이자 온 세상의 주 되신 그리스도께서 그를 통해 말씀하고 있는 것이 사실인가?'

재앙을 몰고 다니는 지도자

고대인들은 인간의 모든 재난과 복이 신에 의해 결정된다는 믿음을 가지고 있었다. 복은 신의 축복이요 재난은 신의 분노의 탓으로 돌렸다. 그런 시대에 주 예수의 복음을 전한다는 바울은 복받은 사람의 부류에 포함됐을까? 고린도후서 11:23-27에서 바울은 살면서 자신이 겪은 경험을 세 가지 범주로 나누어 들려준다.

첫째, 동족(유대인)의 위협에 늘 직면했다(23절에서 그는 유대인들로부터 맞아[이 동사는 4번 반복된다] 죽을 뻔했다고 고백한다!).

둘째, 자연의 위험을 늘 직면하며 살았다(파선, 바다 여행 중 길 잃음, 강과 광야의 위험 등).

셋째, 생존에 필요한 기본적 조건(먹고 자고 입는 문제)의 결핍에 늘 시달렸다.

고대인들의 눈에 바울의 그 같은 모습은 단순히 고생을 많이 한 사람으로만 이해되지는 않았을 것이다. 바울이 자신에게 일어난 일로 열거한 목록은 사실 신들에게 벌받은 사람에게나 있을 법한 재앙 목록이었다. 더불어 배고픔이나 자지 못함과 같은 역경은 그 당시 사회 구조(계급사회)를 고려한다면 사회제도로부터 적절한 보호를 받지 못했던 하류층 사람(노예와 천민)이 직면할 수 있었던 곤란이었다. 그러므로 그들의 지도자가 수사적 능력에 문제가 있고, 몸에는 "사탄의 사자"로 부른 "가시"를 가지고 있으며, 그리고 일상에서는 천재와 인재에 끊임없이 노출된 삶을 살아가고 있는 것을 알게 된 고린도인들은 그와 같은 바울이 그가 말하는 세상의 주 되신 그리스도의 도구로 쓰임 받고 있는지를 의심하기 시작했던 것이다.

다메섹에서 도망

바울은 11:30에서 바울은 다시 "약한 것"을 자랑하겠다고 말한다. 이번에는 자신의 자랑 내용이 결코 거짓이 아님을 하나님도 아신 바라고 맹세까지 하면서 자랑거리의 진정성을 부각시킨다. 하지만 자랑 내용은 다시 뜻밖이다. 자기가 다메섹 성에 있을 때 아레다 왕이 자신을 잡고자 그곳을 포위했던 순간 자기는 광주리를 타고 들창문으로 성벽 아래로 내려와 도망간 것을 자랑한다(32-33절). 생각해 보아야 할 것은 바울이 이 이야기를 하면서 자신의 어떤 약함을 자랑하려고 했는지이다. 어떤 학자는 현 본문이 말하는 것처럼 도망가고자 "성벽을 내려[간]" 것은 이어지는 12:4에서 그가 셋째 하늘에 "이끌려 간" 경험에 대한 의도적 대조라고 본다.[11] 현재 몸을 떠나 삼층천에 '올라'가 하늘의 경

---

11. P. E. Hughes, *Paul's Second Epistle to the Corinthians* (NICNT; Grand Rapids,

험을 한 그였을지라도 현 생명이 위험에 처했을 때에는 성벽 아래로 '내려가' 도망간 겁 많은 자신을 자랑하고 있다고 볼 수 있다. 또 다른 학자는 바울이 역설적으로 자랑하려 한 약함은 도망간 방식 곧 광주리를 타고 도망간 것이라고 본다.[12] 광주리를 타고 들창문으로 도망가는 방식은 용기의 전형이라기보다는 굴욕의 모습이라 볼 수 있기 때문이다.[13] 셋째, 바울은 31-33절에서 그리스-로마 전쟁 문화의 '성벽 왕관'(*corona muralis*, '코로나 무랄리스') 상(award) 의식을 패러디하고 있다는 주장이 있다.[14] 이 상 의식은 전쟁 중 포위된 적의 성벽 위에 가장 먼저 오른 용맹한 군인에게 성벽 모양의 관이 수여되는 것이었다.[15] 혹 후보자가 여럿일 경우 신들 앞에 맹세하여 증언의 참됨을 증명하도록 요구한 예도 있다(Livy, *History of Rome* 26.42-13, 특히 12). 이 배경으로 본다면 바울은

12.　G. Guthrie, *2 Corinthians* (BECNT; Grand Rapids; Baker Academic, 2015), 575.

13.　Thrall, *2 Corinthians* 8-13, 764.

14.　이런 입장을 따르는 학자는 아래와 같다: E. A. Judge, "The Conflict of Educational Aims in New Testament Thought", *Journal of Christian Education* 9 (1966), 32-45; V. P. Furnish, *II Corinthians* (AB 32A; New York, 1984), 542. 하지만 최근 포락(Matthew Pawlak, "Paul's Escape from Damascus [2 Cor 11.32-3] and the corona muralis," *NTS* 69 [2022], 183-184)은 고후 11:31-33에는 '코로나 무랄리스' 상과 관련된 배경이 함의됐다고 추론할 만한 언어적 배경이 없다는 점과 그 상이 바울 시대에 여전히 수여됐다는 증거가 없다는 점을 들어 바울이 다메섹 성에서 도망간 이야기를 할 때 '코로나 무랄리스'를 염두에 두었을 가능성이 없다고 주장했다. 하지만 바울이 다메섹 도망 이야기를 하기 전 하나님께 하는 맹세는 Livy, *History of Rome* 2.48.12에 나오는 것과 같은 그 상 수여 전 군인들이 신 앞에서 한 맹세와 유사성이 있다는 점은 쉽게 간과될 수 없다. 이런 유사성은 바울이 '코로나 무랄리스' 상을 알았기에 그 같은 맹세를 역설적으로 사용하고 있다는 가능성을 추론하게 한다.

15.　그리스-로마 사회에 이런 상이 있었다는 점에 대해서는 Valerie A. Maxfield, *The Military Decorations of the Roman Army* (University of California Press, 1981), 76-79 참조.

1961), 422.

지금 그 상을 받을 만한 군인의 행동과 반대로 행했다는 것을 자랑한다. 그 상을 받고자 군인들이 자기가 있던 다메섹 성벽을 오르려 할 때 그는 그들을 피해 작은 들창문을 통해 성벽 아래로 내려와 도망갔다고 말한다. 즉, 바울의 자랑은 '반영웅적인' 자랑이다. 적의 성에 가장 먼저 올라간 영웅적 행적을 자랑하던 시대에 그는 '적'을 피해 내려와 도망간 것을 자랑하고 있다.

바울이 약함을 자랑한다고 했을 때 위 세 가지 중 어느 것을 염두에 두었을까? 첫째 제안(삼층천에 오름과 성벽 아래로 내려감의 대조)은 아직 언급하지 않은 12:1-4을 전제로 한 것이기에 11:31-33의 배경으로 삼기는 무리가 있어 보인다. 게다가 12:1-4에서 바울이 삼층천에 올라간 이야기 역시 자신의 약함을 자랑하는 차원에서 하고 있기에 11:31-33과 내용상 대조를 이룬다고 보기 어렵다. 보다 본문에 근거한 해석은 두 번째 제안(도망가는 방식에 의거한 논증)이다. 하지만 그리스-로마의 '코로나 무랄리스' 상에 근거한 세 번째 논증도 무시할 수는 없다. 바울이 다메섹에서 성벽을 내려가 도망간 사실을 자랑하기 전 하나님 앞에 하는 '맹세'는 그의 자랑을 성벽 왕관 상의 패러디로 볼 때 쉽게 이해될 수 있고, 앞서 본 것처럼 실제로 '코로나 무랄리스' 상을 수여하기 전에 후보 병사들에게 신들 앞에서 맹세를 하게 하여 자신의 증언의 진실성을 확증하도록 한 예가 있기 때문이다.

바울의 응답에 내포된 의미

바울은 고린도교회가 제기한 심각한 질문에 답하고자 자신이 그리스도의 사도이며 부활한 그리스도께서 자신을 통해 일하시고 있다는 것을 증명하고자 했다. 이를 위해 10-13장에서 "자랑"이라는 단어를 열

쇠 말로 사용한다. 사실 바울은 육신을 따라 자랑하는 사람을 조심하면
서 "자랑하는 자는 주 안에서 자랑"하라고 가르쳤다(10:17). 그러던 바울
이 11:18에서는 자신에게도 육신을 따라 자랑할 만한 것이 있다며 태도
를 바꾼다. 하지만 자기가 그리스도의 일꾼임을 자랑하고자 내세운 목
록은 뜻밖에도 그가 겪은 동족의 위협, 자연의 위험, 생존에 필요한 조
건의 결핍, 응답 받지 못한 기도, 붙잡힘을 피해 도망 다니는 삶으로 채
워져 있다. 결론적으로 본다면 바울이 자랑하고 있는 약한 것들이란 고
린도인들이 그들의 지도자에게 그러한 것들이 있다는 사실로 인해 부
끄러워했을 뿐만 아니라 그의 사도됨마저 의심하게 만든 것들과 다른
것이 아니었다.

바울이 약함을 자랑하는 이유

바울의 대답은 분명하다. 바울이 자기에게서 "사탄의 사자"가 떠나
도록 기도하자 12:9에 예수 그리스도께서 응답하시기를 "내 능력이 약
한 데서 온전하여짐이라"고 하셨다. 그리스도께서 '네 기도는 들어 줄
수 없다'는 말을 들었을 때 바울은 큰 기쁨으로 반응한다. 이후 바울은
12:9-10에서 자신의 깨달음을 이렇게 요약한다.

> 나의 여러 약한 것들에 대하여 자랑하리니 이는 그리스도의 능력이 내
> 게 머물게 하려 함이라. 그러므로 내가 그리스도를 위하여 약한 것들과
> 능욕과 궁핍과 박해와 곤고를 기뻐하노니 이는 내가 약한 그때에 강함
> 이라(12:9-10).

바울은 그리스도의 능력이 나타나는 통로가 있다는 것을 믿었다. 그

통로는 바로 약함이었다. 일반적으로 사람들은 강해질 때 능력을 드러
낼 수 있다고 믿는다. 그러나 바울은 반대로 생각한다. 그 이유는 그가
주로 섬기며 선포하고 있었던 그리스도 때문이었다.[16] 그리스도의 능력
은 바울이 약했을 때 가장 강하게 역사한다. 그러하기에 그리스도의 능
력이 계속 바울에게 머물러 역사하게 하는 길은 자신의 약함을 받아들
이고 살아가는 길이었다. 자신의 약함이 곧 강함이 될 수 있다고 바울이
믿었던 이유는 그리스도의 능력이 나타나는 원리 때문이었다.

하지만 이것이 다가 아니다. 바울은 "약함"을 복음의 본질에 연결한
다. 이것은 바울이 약함을 그리스도의 능력이 나타나는 통로로 믿을 수
있었던 더 근본적인 이유가 무엇인지 밝히 말해준다. 13:4을 보자.

> 그리스도께서 약하심으로 십자가에 못 박히셨으나 하나님의 능력으로
> 살아 계시니 우리도 그 안에서 약하나 너희에게 대하여 하나님의 능력
> 으로 그와 함께 살리라(13:4).

죽은 자를 일으키시는 하나님의 능력은 그리스도의 십자가라는 약
함을 통해서였다. 바울은 이 사실을 믿었다. 갈릴리 사역 동안에 예수님
은 죄인들로 여겨졌던 약한 사람을 환영해주셨고 마지막에는 능력 있
어 보이는 사람들 앞에서 무력한 죽음을 맞이하셨다. 그러나 연약해서
들어간 무덤이 하나님의 새 생명을 잉태하는 '모태'가 됐다. 바울이 약
함을 자랑한 이유는 이것이다. 그리스도의 약함은 하나님의 능력의 통

---

16. 블랙(David Allan Black, "PAULUS INFIRMUS: The Pauline Concept of
Weakness," *Grace Theological Journal* 5.1 [1984], 81)은 바울이 "약함"이라는 어휘
를 고린도후서에서 기독론적으로 발전시키고 있다고 적절하게 지적한다.

로인 것을 부활하신 예수를 만남으로 바울이 깨달았기 때문이다. 부활의 능력이 나가는 문은 십자가였다. 이것이 부활한 그리스도께서 여전히 십자가의 '상처'를 가지고 나타나신 이유이다(요 20:19-29).

그러므로 바울은 자신 있게 말한다. '그리스도 예수께서 내 안에서 말씀하고 일하고 계신다는 증거는 바로 내가 겪은 실패, 자연적 재앙, 고난, 매 맞음, 수치, 배고픔, 기도 응답되지 않음, 그리고 병약함과 같은 약함 그 자체다.' 마치 그리스도의 무력함을 통해 세상을 살리고 구원하는 하나님의 능력이 나타난 것처럼 그리스도를 왕으로 모시고 그 안에 머물고 있는 바울 역시 자신의 약함과 실패 그 자체가, 바로 부활한 그리스도께서 세상 가운데서 자신을 통해 계속 일하시는 증거라고 확증한다.

이 확증을 한 후 바울은 고린도후서 13:5에서 고린도인들에게 "믿음 안에" 있는지 "자신을 시험하고 너희 자신을 확증['도키마제테']하라"고 한다. 고린도 교인들은 바울에게서 그리스도께서 그를 통해 말씀하고 계시는 "증거"('도키멘')를 구했다. 고린도인들이 바울에게 구한 "증거"와 바울이 고린도인들에게 요구한 "확증"은 같은 어원('도키마제인', '검증하다')에서 나온 말이다. 바울은 고린도인들이 자신에게 한 그 질문으로 그들에게 질문하고 있는 것이다. '나 바울은 지금까지 그리스도께서 내 안에 역사하고 있는 증거를 보여주었다. 너희 고린도인들은 어떤가? 너희도 나처럼 믿음 안에 제대로 있는지 스스로 검증해 보라.' 믿음 안에 있는지 점검하는 것이 무엇을 말하는지는 이어지는 본문을 통해 확인할 수 있다. 바울은 그들이 "믿음 안에" 있는지 시험하라고 한 후 곧바로 "예수 그리스도께서 너희 안에 계신 줄을 너희가 스스로 알지 못하느냐"라고 질문한다. '믿음 안에 있는지 자신을 시험하는 것'은 그

리스도께서 그들 안에서 또 그들을 통해서 말씀하시며 일하고 계신다
는 것을 믿고 있는지 시험하고 검증해 보라는 뜻이다.

* * *

약함을 통해 그리스도의 능력이 나타난다는 바울의 가르침이 어느
시대 어떤 상황에서든지 교회의 삶에 적용 가능한 원리가 될 수 있을
까? 바울이 "약함"이라는 어휘를 고린도서신에서 특별히 많이 사용하
는 것은 고린도교회의 특수한 상황 때문일 수 있다. 따라서 그의 약함
담론은 고린도교회에서만 적실성을 가질 수 있다는 주장이 가능하다.[17]
고린도 성도가 바울이 고린도를 떠난 후 교회에 들어온 "지극히 크다는
사도들"(고후 11:5)의[18] 영향을 받아 "외모"를 근거로 그를 평가절하하고
있었다는 것을 고려하면 이런 주장이 어느 정도 타당한 것처럼 보인다.
"약한 것들 외에 자랑하지 아니하리라"(12:5)는 말은 바울이 고린도교회
에서 자신의 사도직을 변호하고자 특별히 부각시킨 말이라고 볼 수 있
기 때문이다. 게다가 바울은 약함만이 사도의 표지라고 보지 않는다. 고
린도후서 12:12이 말하는 것처럼 "사도의 표['세메이온']가 된 것은 내
가 너희 가운데서 모든 참음과 표적과 기사와 능력을 행한 것"이라고
분명히 밝힌다. 표적과 기사와 능력은 기적적인 현상을 가리키는 어휘
들로서 바울의 사역에 줄곧 나타난 일이기도 했다(롬 15:19; 살전 1:5). 그러

---

17. Black, "PAULUS INFIRMUS", 81.
18. "지극히 크다는 사도들"이라는 말은 바울이 조합한 낱말로서 냉소적 의미가 담겨
    있다.

나 고린도서신에 드러난 바울의 약함 담론이 고린도교회의 특별한 상황 때문에 발생한 것이라 할지라도 바울의 그 같은 가르침이 모든 교회에 진리로 받아들여져야 할 이유가 있다. 첫째, '약한 바울'은 고린도서신에서만 드러난 모습이 아니다. 데살로니가전서 2:2("우리가 먼저 빌립보에서 고난과 능욕을 당하였으나")과 3:3("아무도 이 여러 환난 중에 흔들리지 않게 하려 함이라. 우리가 이것을 위하여 세움 받은 줄을 너희가 친히 알리라")은 고난과 환난이 그가 전하는 복음과 어우려져 얘기될 뿐 아니라 3:3은 환난을 받은 것이 그리스도인의 마땅한 길이라고 가르치기까지 한다. 또한 바울은 몸에 할례를 받은 표를 하나님의 백성의 자랑거리로 삼는 갈라디아교회를 향해 그의 자랑은 오직 자기 몸에 난 "예수의 흔적들[타 스티그마타]"(갈 6:17)이라고 밝힌다.[19] 갈라디아서 6:17의 근접 맥락인 12절에서 바울은 이미 신자가 됐음에도 할례를 받으려는 사람은 "그리스도의 십자가로 말미암아 박해를 면하려 함"이라고 밝히고 있다. 이것은 바울이 자랑한 예수의 '스티그마'는 고린도후서에서 말한 것과 같은 예수 그리스도로 말미암아 받은 고난과 환난으로 인해 그의 몸에 지니게 된 외적/내적 상처를 지시한다고 보는 것이 가장 자연스럽다.[20] 이런 증거는 바울의 약함 담론이 그의 복음의 중심에 있던 것이라고 보게 한다. 둘째로, 바울은 고린도서신에서 사도로서 그가 가진 약함이 복음의 중심과 불가분의 관계에 있다고 밝힌다. 그리스-로마 시대의 요구에 따라 외적인 자격 기준과 겉으로 드러난 능력을 가장 먼저 앞세우던 고린도교회를 향해 바울은, 이미 본 것처럼, 복음의 능력이 그런 표지에 종속되는 것이 아니라 그것과 반대되는 약함을 통해서도 드러날 수 있음을 분명

---

19. 박윤만, 『그 틈에 서서』 (서울: 죠이북스, 2020), 342-346.
20. 박윤만, 『그 틈에 서서』, 344-345.

히 밝혔다. 만일 그리스-로마 사회가 정해 놓은 지도자의 외적인 기준과 반대되는 표지가 하나님의 능력이 나타나는 통로라면 사회가 설정한 기준은 교회 안에서 그 힘을 잃어버릴 수밖에 없다. 무엇보다, 하나님께서 옛 시대를 종식하고 새 창조를 시작(고후 5:17)하신 방식이 나사렛 예수의 죽음과 부활이라면 하나님의 능력의 통로가 "약한 것들"(고후 12:5)(약한 것들'만'이 아니다!)이라는 주장은 비단 이천 년 전 고린도교회에서만 적실성을 가진 가르침이라고 말할 수 없는데, 이는 예수 그리스도를 통한 하나님의 구원 사역은 어제나 오늘이 변함없기 때문이다.

구약성경

창세기
1장 170
1-2장 17, 18-19 주1
1:1 17, 18 주1
1:1-2:3 18, 18 주1, 22
1:2 18 주1
1:3 18 주1
1:4 27
1:5 18 주1, 170
1:6 18 주1
1:8 170
1:9 18 주1
1:9-10 27
1:10 18 주1, 27
1:11 18 주1
1:12 27, 30
1:13 170
1:14 18 주1
1:15 18 주1
1:18 27
1:19 170
1:20 18 주1
1:21 27
1:22 129
1:22하반절 30
1:23 170
1:24 18 주1
1:26 18 주1, 348, 350
1:27 158, 347-348, 389
1:28 28, 30, 41, 319
1:29 18 주1, 466
1:31 27, 170
2장 24, 26 주7, 214 주3
2:1-3 213
2:3 17, 212
2:4 18, 18 주1
2:4 이하 18 주1
2:4-25 18, 22, 24
2:5 18 주1, 19-20
2:7 18-19 주1, 19, 24, 26, 118

2:8 18 주1
2:10 30
2:10-14 30
2:15 20
2:16 466
2:18 22-23
2:18-25 18 주1
2:19 23
2:20 23
2:20하반절 23
2:20-25 389
2:21-22 23
2:25 18
3장 348
3:5 41, 320
3:8 348
3:16 42-43
3:19 25
3:23 19
3:23-24 328
4:2 19
4:12 19
4:13 45
5장 42 주4
5:1 346
5:3 345-346, 348
6-9장 17
6:4 32
6:5 27
6:5-6 27
8:13 28
8:22 319
9:1 30, 45
9:6 348
9:7 30
10장 28-29, 31-32, 31 주5, 34 주10
10:5 28-29, 32, 36
10:6-20 29
10:8 32
10:10 31-32
10:20 29, 32, 36
10:25 28
10:30 29
10:31 29, 32, 36

10:32 28
11장 31, 31 주5, 34 주10
11:1 32
11:1-9 31, 49, 131
11:2 32
11:4 32-33, 41, 42 주3, 360
11:6 33, 35
11:7 33-34
11:8 34
11:9 32, 34
11:10-11 43
11:10-26 42
11:10-12:4 49
11:12-13 43
11:14-15 43
11:16-17 43
11:18-19 43
11:20-21 44
11:22-23 44
11:24-25 44
11:26 44
11:26-32 42
11:27-12:3 131
11:31 45
11:32 46 주5
12-50장 17
12:1 46, 48
12:1-2 77
12:2 41, 42 주3
12:3 36, 41
12:4 46
12:7 48
13:14-15 94
13:15 48, 92
13:16 42
15:4 49
15:5 42
15:8 49
16:15-16 49
17:17 49
21:8-21 48
22:1 48
22:2 48

22:18 84
22:23 45
26:4 84
27:16 59
27:22 59
27:29 64
27:35 59
28:13-14 77
28:14 84
28:14-15 54, 61
28:15 56
28:20-21 61, 63
29:27 19
32-33장 53
32:1 55
32:2 55
32:5 56
32:6 56
32:7 57
32:9-11 58
32:12 59
32:24 60
32:25 62
32:28 60
32:30 63
33:3 64
33:4 57
33:9 57
33:10 64
33:11 59, 64
33:12 57
37:1-45:15 67
37:3 74
37:7 70
41:25 88
41:51 68
41:54-57 81
42:7 70
42:9 70
42:13 73
42:21 34 주9, 70
42:24 71
43:28 73
44:14 72
44:16 72

44:16상반절 73
44:17 73
44:18-34 72
44:19 73
44:20-26 73
44:27-29 73
44:30 74
44:33 74
45장 72
45:1-8 72
45:3 74
45:5 69, 82-83, 420
45:5상반절 75
45:5-8 76
45:6 82
45:7 82-83
45:7-8 79
45:8 69
46:31-34 80
46:31-47:26 79
47:1 80
47:1-2 80
47:3상반절 80
47:3하반절 80
47:6 80-85
47:13 81, 84
47:15 84
47:16 84
47:17 84
47:18 84, 84-85 주4
47:18
47:18-19 86
47:19 87
47:20 84, 84 주4
47:23 87
47:23-24 87
47:24 86
47:25 87
50:20 420

출애굽기
3:12 329
6:3-4 329
14:13 481
15:13 330
15:17-18 330
19:6 324
19:11 496

19:16 353, 496
20:1-17 207
20:10 208
20:11 208
25장 346
25:8-9 132
25:9 346
25:17-20 435
25:40 346
26:12-13 307
30:34-35 303
30:36 303
30:37-38 304
33장 348
33:18 349
33:20 349
33:22-23 349
36:8 19
36:34 19

레위기
11:45 208
15:19-33 261
16:30 436
16:33-34 436
19:2 158
23:27 436
25:9 353
25:14-43 86

민수기
20:1-13 95
23:19 478
27:12-13 93
27:12-14 95

신명기
1:1 92
3:25 92
3:26-27 93
5:12-15 208
12:10-12 331
34장 94-95
34:1 94, 96
34:1-12 91
34:3 94
34:4 94-95
34:6 96

34:7 95
34:10-12 95

여호수아
4:7 132

사무엘상
15:29 478

사무엘하
23:21 110, 110 주2

열왕기상
18:41-46 251

역대상
28:2 304

욥기
34:15 25

시편
2:1-12 153
2:7 153
5:10 152
7:15 152
9:15-16 152
10:2 152
18:29 267
23편 103, 105
23:1 106
23:1-2 105
23:1-3상반절 104
23:2 106
23:2-3 104 주1
23:3상반절 107
23:3하반절 108
23:3하반절-4 104
23:4 110 주2
23:4상반절 108
23:4하반절 110
23:4-5 104
23:5 104, 111
23:5-6 104, 111
23:6 112
33:3 182
40:3 182
42편 253

55:16-17 165-166
55:17 169-170
82:6-7 323-324
96편 182
96:1 182-183
96:10 183
96:13 183
98편 182
98:1 182
98:2 183
98:9 183
115:15 32
117:1 39
118:17 192
118:9 479
148:11-13 39
149편 182
149:1 182
149:6-7 183

잠언
16:31 181
21:1 478

전도서
5:2 32

이사야
27:13 353
40:3 332
40:10-11 160
42:7-9 222
42:13 161
44:8 161-162
44:28 36
45:1 36
45:9 158
49:14-16 159
55:10 467
57:15 32
65:17 186

예레미야
5:5 201
17:9-10 187
18:6 158
31:31-32 185
51:27 353

예레미야애가
3:22-34 187

에스겔
1장 345-346 주1
36:26 186

다니엘
1:1-2 131-132
1:2 132
1:2상반절 132
1:3-6 132
1:20 132
2장 140
2:3 135
2:11 133
2:12 133
2:15 134
2:16 134
2:17-18 140
2:18 134
2:19 134
2:20-23 134
2:28-29 135
2:34-35 142
2:35 138
2:35상반절 136
2:37-38 136-137 주3
2:38 140
2:40 136
2:44 137
2:46-47 138
3장 140
3:1 139
3:2 139
3:3 139
3:5 139
3:7 139
3:12 139
3:14 139
3:17-18 140
3:18 139, 141
3:25 141
3:28-29 142
3:29 142
4:26 136-137 주3
4:32 136-137 주3

4:35 478
4:36 136-137 주3
5장 150
5:2-3 132
5:18 136-137 주3
5:18-23 151
5:26 136-137 주3
5:28 136-137 주3
5:30-31 150
6:1 136-137 주3
6:10 166
6:26 136-137 주3
6:28 136-137 주3
8:1 136-137 주3
8:21-27 35
9:27 320
11:31 320
12:2-3 132
12:11 320

호세아
3:5 166 주3
6:2 496

요엘
1:15 215 주4
2:1 353

아모스
5:18 215 주4

오바댜
1:15 114

요나
1:2 116, 127
1:2상반절 115
1:2하반절 115
1:3 117, 122
1:4 118
1:5 123
1:6 118
1:7 116
1:9 119, 129
1:10 120
1:11 120
1:12 120
1:14 121

1:16 122
1:17 122, 496
2장 119
2:2 122
2:6 123, 124 주4
3장 125
3:2 125
3:3 114, 125
3:4 113, 125
3:5 125
3:5-9 114
3:6 125
3:8 116
3:9 114, 126
3:10 115, 126
4장 128
4:1 127
4:2 115, 121, 127, 129
4:3 128
4:6 116
4:8 128
4:9상반절 128
4:9하반절 128
4:10-11 127, 129
4:11 126

하박국
1:2-4 145-146
1:4 154
1:5-11 146
1:12-17 147
1:13-16 147
2장 148
2:1 147
2:2 148
2:2-20 148
2:3 148
2:4 154
2:6-8 35
2:8 149
2:10 149
2:14 155
2:17 149
2:20 148
3:1-19 155
3:2 155
3:14 149
3:16 156

3:16-19 155
3:18-19 145

스바냐
2:3 215 주4

스가랴
1:16 332
2:1-5 332
3:1-10 332
8:22-23 332-333
9:9 333
9:14 353
14:9 333
14:16-17 333

신약성경

마태복음
4:9 153
4:10 153
5:17-20 199
5:24 53, 66
5:39 152
5:48 158
6:9 32
6:28 359
8:5-13 409 주3
11:27 201
11:28 200
11:28상반절 200
11:28하반절 200
11:28-29 195
11:29 201, 202 주1
11:29상반절 201
11:30 200
13:31 359
23:1-4 196
23:4 198
23:23 198, 200
25:40 307
26:52 152
27:11-14 409 주3

마가복음
1:21-28 211
1:25 252

1:27 188
1:35 168
2:5 259-260, 267
2:11 258, 267
2:22 188
2:27 214 주3
2:28 214 주3
3:1-6 211
4장 237-240, 243,
    249
4:1 249
4:1-3 248
4:1-34 248
4:3 240
4:4 239
4:4-9 235
4:9 240
4:14-20 235
4:31 244
4:32 244
4:35 247
4:35-41 247
4:36 249
4:38 250
4:39 251
4:40 254
5:25-34 260
5:27 240
5:29 261
5:33 262
5:34 267
5:41 411
6:45-52 247
7:24 336
7:25 240
7:25-30 409 주3
7:34 411
8:13-21 247
8:18 240
8:27 333
8:33 153
9:2 100
9:4 100
9:12 486
9:30-34 333
9:30-37 263
9:31 263
9:32 263-264
10:32 333

10:35-45 444
10:42-45 444
10:45 228, 374
10:46 239-240, 333
10:46-52 238
10:47 241
10:48 240-241
10:51 241
10:52 241-242, 333
11:1-11 333
11:17 333
12:30-31 397
13:32 322
14장 309
14:21 486
15:2-5 409 주3
16:1-8 265

누가복음
1:1-2 270
1:3 26 주6
4:7 153
4:8 153
4:16-21 211
6:12 168
8:1 270
8:1-3 269, 273
8:2-3 270-272
8:3 269, 273-274
9:28 271
13:10-17 211
14:1-6 212
14:21-24 444
17:33 376
18:28 273
18:29-30 273
22:20 188
22:24 363
22:24-30 363
22:25-27 277
22:31-32 364
22:39 167
22:39-41 167
22:42 478
23:2-4 409 주3
23:24 458
23:43 20 주2
23:49 269, 278
23:55 278

24:1-10 269
24:6 278
24:10 269
24:25-27 262
24:44-45 262

요한복음
1:2-3 25
1:3 26
1:10-11 312
1:12-13 324
1:14 203, 258 주3,
    298, 307, 313
1:18 298, 311
1:29 365-366
1:32 365
1:33-34 365
1:35-42 299
1:36 300, 365-366
1:38 299, 311
1:38하반절 300
1:39 300
1:42 441
1:46-51 262
3:3 26 주6
3:3-8 26
3:30 364, 366
3:31 26 주6
4:24 347
5:2-9 212
5:17 25, 212, 319
6:44 480
6:48 306
6:51 323
6:63 26
8:32 222, 227
9:1-34 212
9:6-11 25
9:7 294
9:37-38 294
10:3-5 290
10:30 309
10:34-35 323
10:39 309
11장 285
11:1-45 308
11:3 310-311
11:8 310
11:11 310

11:16 310
11:24 263
11:34 308 주2
11:38 311
11:39 305
11:44 285
11:44-45 308
11:47-53 310
11:50 310
11:53 310
11:57 311
12장 311
12:3 305
13장 311
13:1 311
13:14 311 주3
13:23 296-297
14:1 480
14:6 227, 306
15:1 306
15:9 298-299
18:29-38 409 주3
19:7 227
19:9 227
19:10 227
19:11 26 주6
19:12 227
19:23 26 주6
20:1 283
20:2 284, 286
20:8 284
20:9 285
20:11 286
20:13 286
20:14 287
20:15 286
20:16 287-289
20:17 288
20:19-29 503
20:21 89
20:22 25
20:25 294
20:27 295
20:28 295
20:29 295
20:30-31 293
21:7 297
21:15 297
21:16 297

21:17 297, 306
21:20 293
21:24 293, 295

사도행전
1장 217
1:8 336
1:12 197, 217
2:6 37
2:8 37
2:11 37, 337
2:17 335
2:17-22 335
2:36 441
2:44-47 444
2:46 443
3:1-13 362
3:11 362
3:12-13 362
4:36-37 445
5:36 363
8:1 441
8:9 363
8:10 363
8:20 363
8:21 363
9:1-2 441
9:21 441
10:9 169
10:9-16 448
10:13 448
10:14 448
10:15 448
10:16 448
10:20 448
10:34-35 448
11:19 339
11:20 339
11:22-26 445
13:1 442
13:14 216
13:44 216
14:8-15 362
14:9-10 362
14:11 362
14:14 362
14:21 334
15:2 334
15:10 201

15:20 217
15:22 334
15:29 217
15:35 334
17:2 216
18:1 이하 491
18:1-17 491 주1
18:4 216
18:21 478
18:22-23 334
20:7 215, 217, 443
20:22 334

로마서
1:11-12 391
1:14 408 주2
1:15 428
1:16 432
1:23-27 374
2:2 431
2:5 431
2:12 431
2:16 431
3장 428
3:9 428, 434, 434 주9
3:11 430
3:12 430
3:18 430
3:23-24 433 주7, 434
3:24 434 주9
3:24-26 436 주10
3:25 53, 435
4:4 433
4:13 50
4:17 49
4:19 48-49
5:8 66
5:10 53, 66, 432
5:15-16 433
5:15-17 433 주7
6:1-5 28 주2
7:14-25 374
8:3 429, 486
8:17 375
8:29 437
9:15 이하 478
9:21-23 158
12:2 354, 356

12:10 39, 389, 391
12:16 391
13:8 391
14:5-6 214, 217
14:10-12 431
14:19 391
15:19 504
15:22-29 382
15:26 445 주8
15:32 478
16:7 279, 279-280 주6
16:25-26 338, 350

고린도전서
1:9 445 주8
2:1-5 491
2:3-4 494
3:6 491
3:10 491
3:16 335
4:15 419, 491
4:17 419
6:19 335
7:4 392
8:13 232
10:16 445 주8
11:18-20 215
11:18-34 444
11:20-21 443
11:26 450
12장 495
12:12-13 412
12:31 495
13장 395, 495
13:4-8 395
13:8 395
14장 495
14:11 408 주2
14:12 495
15장 492
15:3-4 492
15:25 402
15:28 403, 436
15:31 367
15:51-52 263, 353
16:2 189, 215
16:8 492
16:13 164

고린도후서
2:14 309, 313 주4
3:17 347
3:18 357
4:5 492
5:17 190-191, 506
5:18-19 53, 66
8-9장 473-474
8:1-4 470
8:2 471
8:4 445 주8, 473
8:6-7 473
8:9 471
9:3-5 473
9:8 472
9:10 467, 469, 472
9:11 469, 473
9:13 445 주8
9:13-14 473-474
9:15 474-475
10-13장 500
10:2-4 493
10:7 493
10:10 494
10:14 이하 491
10:17 501
11:5 504
11:6 494
11:18 493, 501
11:23 497
11:23-27 497
11:30 498
11:31-33 499-500, 499 주14
11:32-33 498
12:1-4 404, 495, 500
12:4 20 주2, 498
12:5 504, 506
12:7 496-497
12:9 497, 501
12:9-10 501
12:12 504
13:2 492 주4
13:3 492, 492 주4
13:4 502
13:5 503

갈라디아서

1:18 441 주1
2:7-8 441 주1, 442 주
　　2
2:9 441 주1, 448
2:11 441 주1, 442 주2
2:11-16 447
2:12 441 주1, 449
2:13 441
2:14 441-443, 441 주
　　1, 445
2:15 447
2:16 446, 449
2:20 451
2:21 446
3:5 480
3:9 26 주6
3:27-28 412
4:19 419
5:1 201, 222
5:6 447
5:13 232
5:14 232
5:16 480-481
6:2 451
6:12 505
6:15 190
6:17 505

에베소서
2:8 412
2:8-9 446
2:14 407
4:6 486, 486 주4
5:22-6:9 444
5:29 397

빌립보서
1:6 479
1:12 486
1:19 487
1:21 487
1:23-25 487
2:6-7 322
2:12 479
2:12-13 483-484
2:13 478, 488
3:20-21 354
4:13 481

골로새서
1:15 351
1:15-16 350
1:18 191, 351
1:26-27 350
2:14-15 486
2:16-17 217-218
2:16-19 214
3:1 355
3:10 355
3:10-11 191
3:11 39, 412
3:18-4:1 444

데살로니가전서
1:5 504
2:2 505
3:3 505
5:2 215 주4
5:17 169

데살로니가후서
2:2-4 319-320

디모데전서
3:4-5 274
3:12 274
5:8 274

디모데후서
1:2 419
1:8 381, 382
2:1 382
2:11-12 231
2:13 185, 478
3:1-2 398
3:16 257
4:7-8 381
4:9-11 381
4:16 381

디도서
1:4 419

빌레몬서
1:7 421
1:10 419

1:11상반절 421
1:11하반절 421
1:12 418, 421
1:13 422-423
1:15 416, 418, 420
1:16 421
1:17 422-423
1:18 416, 423
1:19 418, 423

히브리서
1:2 352
1:6 352
2:10-11 352
2:14 486
2:14-15 456-457
6:18 478
10:23-25 459-460

야고보서
1:18 478
2:2 216
4:15 478
5:17 251

베드로전서
2:1-3 160 주3
2:5 143
2:17 141
2:18-3:7 444
3:17 478

베드로후서
3:10 215 주4

요한계시록
1:10 215, 215 주4
2:7 204
2:10 204
2:17 204
2:26 204
3:5 204
3:12 204
3:21 204
4:11 478
5:5 77
5:5-6 184
5:6 184

5:8-10 183-184
5:9 184
7:9 39
12:1-5 184
12:17 137
13장 137
14:3 184
20:1-6 184
21:1 185
21:1-3 436
21:24-26 39
22:3 436

구약외경

마카비1서
10:30 86

기타 문헌들

『레위의 증언』
18:10-11 20

**『고대 근동 아시아 문
　헌』(ANET)**
313 150
315-16 150

『디다케』
8:1-3 165
9:4 445
14:1 215

**『마그네시아인들에게
　보내는 편지』**
9:1 215, 216

**『트라야누스에게 보내
　는 편지』**
10.96 216

**바빌로니아 탈무드,
　『타아니트』**
24a-25b 251